Altersvorsorge von abhängig Erwerbstätigen
– Bestandsaufnahme , Modellvergleich und Reformvorschläge

DISSERTATION

zur Erlangung des Grades
eines Doktors der Wirtschaftswissenschaftlichen
Fakultät der Universität Bayreuth

vorgelegt von
Rainer Mauer
aus Bamberg

Dekan:	Prof. Dr. Dr. h.c. Wolfgang Gitter
Erstberichterstatter:	Prof. Dr. Jochen Sigloch
Zweitberichterstatter:	Prof. Dr. Heymo Böhler

Tag der mündlichen Prüfung: 31.07.1996

Altersvorsorge von
abhängig Erwerbstätigen

Unternehmen und Steuern

Band 1: Lutz Schmidt
Maßgeblichkeitsprinzip und Einheitsbilanz
1994. ISBN 3-7908-0751-6

Band 2: Klaus Henselmann
Erfolgsmessung und Steuerbelastung
1994. ISBN 3-7908-0752-4

Band 3: Andreas Bertsch
Rechnungslegung von Konzernunternehmen
1995. ISBN 3-7908-0842-3

Band 4: Alfred Krätzschmar
Alterssicherung und Besteuerung
Eine modellgestützte Analyse für Leibrenten
1995. ISBN 3-7908-0889-X

Band 5: Claudius Theurer
Pensionszusagen und ihre Dynamisierung auf lange Sicht
1996. ISBN 3-7908-0921-7

Band 6: Thomas Egner
Performancemessung bei Wertpapier-Investmentfonds
1998. ISBN 3-7908-1106-8

Band 7: Bernhard Engelbrecht
Grundsätze und Technik ordnungsmäßiger Immobilienbewertung
1998. ISBN 3-7908-1107-6

Rainer Mauer

Altersvorsorge von abhängig Erwerbstätigen

Bestandsaufnahme, Modellvergleich und Reformvorschläge

Mit 45 Abbildungen

Physica-Verlag
Ein Unternehmen
des Springer-Verlags

Reihenherausgeber
Prof. Dr. Jochen Sigloch, Universität Bayreuth

Autor
Dr. Rainer Mauer
Lautensackstr. 2c
D-80687 München

ISBN-13: 978-3-7908-1113-1 e-ISBN-13: 978-3-642-95935-6
DOI: 10.1007/978-3-642-95935-6

Die Deutsche Bibliothek – CIP-Einheitsaufnahme
Mauer, Rainer: Altersvorsorge von abhängig Erwerbstätigen: Bestandsaufnahme, Modellvergleich und Reformvorschläge / Rainer Mauer. – Heidelberg: Physica-Verl., 1998
(Unternehmen und Steuern; Bd. 8)
ISBN-13: 978-3-7908-1113-1

Umschlaggestaltung: Erich Kirchner, Heidelberg

SPIN 10677998 88/2202-5 4 3 2 1 0 – Gedruckt auf säurefreiem Papier

Geleitwort

Die Altersvorsorge abhängig Erwerbstätiger ruht im Regelfall auf drei Säulen:

- Die erste Säule stellt für Arbeitnehmer die gesetzliche Rentenversicherung, für Beamte die staatliche Beamtenvorsorge dar,

- die zweite Säule ist für Arbeitnehmer die Betriebliche Altersversorgung mit ihren verschiedenartigen Durchführungswegen und

- als dritte Säule kommen allgemein die verschiedensten Formen privater Altersversorgung in Betracht.

Die erste Säule der Altersversorgung abhängig Erwerbstätiger steht aus mehreren Gründen im Brennpunkt aktueller Diskussionen: Zum einen ist vom Bundesverfassungsgericht die steuerliche Ungleichbehandlung der Altersversorgung bei der gesetzlichen Rentenversicherung einerseits und der Beamtenversicherung andererseits als verfassungsmäßig bedenklich moniert und mit der Aufforderung an den Gesetzgeber versehen worden, in diesem Bereich für eine gleichmäßige steuerliche Behandlung Sorge zu tragen. Zum anderen stellt die auf hohem Niveau andauernde Arbeitslosigkeit den sogenannten Generationenvertrag in Frage, mit dessen wohlklingendem Titel die Tatsache bemäntelt wird, daß beide Versorgungswerke als vollständig deckungslose Umlageverfahren ohne jegliche Kapitalvorsorge ausgestaltet wurden - ein Umstand, der diese Versorgungswerke bei zunehmender Arbeitslosigkeit, wenn nicht in ihrem Bestand, so doch in ihrem bisherigen Niveau ernsthaft bedroht.

Die höchstrichterliche Forderung nach steuerlicher Gleichbehandlung und die krisenhafte Entwicklung der ersten Säule der Altersvorsorge für abhängig Erwerbstätige bilden den Hintergrund für die vorliegende Arbeit und sind Anlaß, eine sorgfältige Bestandsaufnahme der Alterssicherungssysteme durchzuführen und auf der Grundlage EDV-gestützter Modellvergleiche einen Reformvorschlag zu entwickeln, der den wesentlichen Anforderungen Rechnung tragen kann.

Die Bestandsaufnahme bestätigt die steuerliche Ungleichbehandlung in eindrucksvoller Weise: Die Argumentation basiert auf einem Investitionskalkül, der von einer gegebenen Nettokonsum-Position während der Beschäftigungs- und Rentenphase die jeweils erforderlichen Bruttoeinkommen in der Aktiven- und Rentenphase berechnet. Die Modellrechnungen sollen zunächst eine Antwort auf die Frage geben, ob die Altersversorgung unter investitionsrechnerischen Gesichtspunkten „vorteilhaft“ ist, d.h., ob die geleisteten Beiträge durch hinreichend hohe Altersleistungen kompensiert werden. Betrachtungszeitpunkt ist dabei das Ende der aktiven Zeit bzw. der Beginn der Rentenphase. Zum zweiten soll mit dem Modellvergleich die Frage beantwortet werden, ob die Mitglieder verschiedener Gruppen von abhängigen Erwerbstätigen für gleich hohe Erträge in der Rentenphase unterschiedlich hohe Aufwendungen in der Ansparphase aufbringen müssen. Die Modellanalyse zeigt, daß Arbeitnehmer in der Privatwirtschaft investitionsrechnerisch in der aktiven Phase höhere Beiträge leisten, als sie in der Rentenphase Leistungen empfangen; für Arbeitnehmer im öffentlichen Dienst gilt das Umgekehrte; für Beamte erweist sich die Beamtenversorgung zwangsläufig dann als positives Investment, wenn - allerdings sehr strittig! -die „Gehaltsverzichtsthese“ abgelehnt wird und damit von Beamten rechentechnisch keinerlei Beiträge für die Altersvorsorge aufzuwenden sind.

Nach der Diskussion bedeutsamer Reformvorschläge wird ein eigener Reformvorschlag mit dem Anspruch vorgelegt, daß er einerseits den Vorgaben des Bundesverfassungsgerichts entspreche und Ungleichbehandlungen im (Steuer- und Sozial-) Abgabenrecht vermeide. Der entwickelte Reformvorschlag geht dahin, eine allgemeine gesetzliche Grundsicherung vorzusehen, die am Sozialhilfe-Existenzminimum orientiert wird. Dem Zwangscharakter dieser Grundsicherung entsprechend ist steuerrechtlich eine nachgelagerte Besteuerung vorzusehen, d.h. die Beitragsleistungen sind steuerfrei zu stellen und die Rentenleistungen sind voll zu besteuern. Erwünschte Rentenleistungen über das Grundsicherungsniveau hinaus sind demgegenüber grundsätzlich aus versteuertem Einkommen anzusparen, die Besteuerung in der Rentenphase darf dann allerdings korrespondierend nur den Zinsanteil - in tatsächlicher Höhe oder in pauschalierter Ertragshöhe (Ertragsanteil) - erfassen.

Die vorliegende Arbeit zur Altersvorsorge von abhängig Erwerbstätigen greift ein hochaktuelles und drängendes Problem auf. Ausgehend von einer kenntnisreich erarbeiteten Bestandsaufnahme, die die völlig divergierende steuerrechtliche Behandlung unterschiedlicher Formen der Altersversorgung offenlegt und im Rahmen eines Rechenmodells quantifiziert. Die in dieser Form erstmalig erarbeiteten rechnerischen Ergebnisse liefern den überzeugenden Beleg für eine schwerwiegende Ungleichbehandlung der verschiedenen Alterssicherungssysteme. Der eigene Reformvorschlag mit einer allgemeinen obligatorischen Grundsicherung in Höhe des Existenzminimums erscheint - jenseits aller Übergangsprobleme - als ein möglicher Lösungsweg zu der verfassungsrechtlich gebotenen Gleichbehandlung der Alterssicherungssysteme im Steuerrecht.

Der konzeptionell-systematische Ansatz und der konkrete Lösungsvorschlag, mit dem ein bereits früher diskutiertes „Grundrentenmodell“ wieder aufgegriffen, über die bloße Aktualisierung hinaus mit beachtenswerten Argumenten weiterentwickelt und um den Aspekt der konsistenten Besteuerung erweitert wird, sind nicht nur wissenschaftlich verdienstvoll, sondern verdienen auch Beachtung im Rahmen der aktuellen Diskussion um die überfällige Reform der Rentenbesteuerung.

Bayreuth, im November 1997 Prof. Dr. J. Sigloch

Inhaltsübersicht

Inhaltsverzeichnis

Abbildungsverzeichnis

Abkürzungsverzeichnis

Abb.	Abbildung
Abs.	Absatz
AG	Arbeitgeber
ALV	Arbeitslosenversicherung
AN	Arbeitnehmer
Anf.	Anfügung
ArEV	Arbeitsentgeltverordnung
Art.	Artikel
AV	Altersversorgung
Az.	Aktenzeichen
BAnz	Bundesanzeiger
BAT	Bundesangestellten-Tarifvertrag
BeamtVG	Beamtenversorgungsgesetz
BFH	Bundesfinanzhof
BFHE	Sammlung der Entscheidungen und Gutachten des Bundesfinanzhofs
BGBl	Bundesgesetzblatt
BiRiLiG	Bilanzrichtliniengesetz
BStBl	Bundessteuerblatt
BT-Drucks.	Bundestags-Drucksache
Buchst.	Buchstabe
BVerfG	Bundesverfassungsgericht
d.h.	das heißt
DM	Deutsche Mark
EGHGB	Einführungsgesetz zum Handelsgesetzbuch
EP	Entgeltpunkte
EStG	Einkommensteuergesetz
etc.	et cetera

f.	folgende
ff.	fortfolgende
gem.	gemäß
GG	Grundgesetz
GmbH	Gesellschaft mit beschränkter Haftung
HdWB	Handwörterbuch
Hervorh.	Hervorhebung
HGB	Handelsgesetzbuch
Hrsg.	Herausgeber
i.d.R.	in der Regel
i.V.m.	in Verbindung mit
insbes.	insbesondere
KV	Krankenversicherung
m.E.	meines Erachtens
Nr.	Nummer
PLV	Private Leibrentenversicherung
RGBl	Reichsgesetzblatt
RRG	Rentenreformgesetz
RV	Rentenversicherung
Rz.	Randziffer
S.	Seite(n)
SGB	Sozialgesetzbuch
Sp.	Spalte
sv-pflichtig	sozialversicherungspflichtig
TDM	Tausend Deutsche Mark
u.a.	unter anderem
usw.	und so weiter
v.	vom
VBL	Versorgungsanstalt des Bundes und der Länder
Verf.	Verfasser

VersorgungsTV	Versorgungstarifvertrag
vgl.	vergleiche
VZ	Veranlagungszeitraum
z.B.	zum Beispiel
z.T.	zum Teil
zvE	zu versteuerndes Einkommen

Einführung

I. Problemstellung

Der Aufbau einer den individuellen Ansprüchen angepaßten Altersversorgung gehört zu den existentiellen Problemen, mit denen sich prinzipiell jeder Mensch im Laufe seines Lebens zwangsläufig auseinandersetzen muß.[1] Dabei sind für die individuelle Ausgestaltung der Altersversorgung vor allem folgende Aspekte von Bedeutung:

- die Zugehörigkeit zu einer bestimmten Gruppe von Erwerbstätigen,
- der Lebensstandard, der im Alter erreicht und/oder gehalten werden soll und
- die Einschätzung der wirtschaftlichen Entwicklung während des weiteren Lebens.

Das System der Altersvorsorge ist zunächst einmal davon abhängig, ob und wenn ja zu welchem - gegebenenfalls staatlich geregelten - Versorgungssystem eine Person gehört. Ausgehend von der zunächst groben Unterteilung in abhängig und unabhängig Erwerbstätige,[2] wird z.B. der Angestellte in einer Personenunternehmung vom Eigentümer dieser Unternehmung abgegrenzt. Dies geschieht dadurch, daß der Angestellte - als Beispiel für einen abhängig Beschäftigten - in aller Regel im Rahmen seiner Sozialversicherungspflicht in das System der staatlichen Altersversorgung durch die Zwangsmitgliedschaft in der gesetzlichen Rentenversicherung eingebettet ist, wohingegen der Unternehmer - als Beispiel für einen unabhängig Erwerbstätigen - selbst in aller Regel nicht sozialversicherungspflichtig ist, d.h. über die Höhe und Art seiner Altersversorgung weitestgehend selbst bestimmen kann. Dagegen kann aber aus der fehlenden Sozialversicherungspflicht nicht unbedingt auf die Nicht-Existenz einer Zwangsversorgung rückgeschlossen werden. Denn neben der gesetzlichen Rentenversicherung existieren noch andere Zwangsversicherungssysteme, z.B. die sogenannten „Berufsständischen Versorgungseinrichtungen" für bestimmte (freie) Berufe oder das besondere System der Beamtenversorgung[3].

Altersvorsorge bedeutet immer Konsumverzicht heute für einen temporal nachgelagerten Konsum. Es kommt somit zu monetären interperiodischen Transfers, die

---

1 Vgl. Schmähl, W., Alterssicherung (Zeitschrift für Gerontologie 1980), S. 668 ff.

2 Unter abhängig Erwerbstätigen werden all diejenigen Arbeitnehmer zusammengefaßt, die Einkünfte aus nichtselbständiger Tätigkeit nach § 19 EStG beziehen und sozialversicherungspflichtig sind, sowie als eigenständige Gruppe die Berufsbeamten. Alle anderen Erwerbstätigen zählen somit zur Gruppe der unabhängig Erwerbstätigen.

3 Das in sich geschlossene Gesamtversorgungssystem für Beamte, Richter, Soldaten und deren Angehörige leitet sich aus Art. 33 Abs. 2-5 GG (Recht auf den Zugang zu öffentlichen Ämtern) ab.

zunächst einmal auf die gleiche Person begrenzt sind. Nun ist einleuchtend, daß die Höhe des Konsumverzichts heute in aller Regel vom geplanten Konsumpotential in der Zukunft, d.h. während der Phase der „Nicht-Mehr-Erwerbstätigkeit" abhängig ist. Damit setzt bei gegebenem Einkommen und Vermögen der geplante Lebensstandard während der Altersphase die Vorgaben für den Umfang der Altersvorsorge während der Erwerbsphase: Das Ziel eines höheren Lebensstandards im Alter erzwingt gleichzeitig einen höheren Konsumverzicht in der Erwerbsphase.

Die Prognose des geplanten Konsumbedarfs in der Altersphase wird nicht zuletzt entscheidend von der wirtschaftlichen Entwicklung beeinflußt. Dabei ist der Begriff „wirtschaftliche Entwicklung" sehr weit zu fassen: beeinflussende Faktoren sind dabei neben verschiedenen gesamtwirtschaftlichen Größen wie Produktivität, Bruttosozialprodukt, Inflation, Kapitalmarktzins usw. auch die Gesamtwirtschaft umrahmende Bedingungen wie Erwerbsquote, Steuerrecht, Sozialversicherungsrecht, demographischer Bevölkerungsaufbau etc. All diese Faktoren beeinflussen sowohl gemeinsam als auch einzeln die Höhe des geplanten Konsumniveaus und bei Gegenüberstellung mit dem zur Verfügung stehenden Konsumniveau auch die Entscheidung für die Art der Vorsorge - letztere, soweit sie frei wählbar ist. Daneben haben diese Faktoren auch noch Einfluß auf die verschiedenen Zwangsvorsorgeeinrichtungen generell.

Damit wird deutlich, daß die Faktoren der Beeinflussung der Altersvorsorge

- sich sehr vielfältig gestalten und
- abhängig von der Gruppe der Erwerbstätigen unterschiedlich wirken.

Wenn aber die Entscheidung für die Altersvorsorge anscheinend nicht unter neutralen Voraussetzungen gefällt werden kann, stellt sich die Frage, inwiefern die unterschiedlichen Faktoren jeweils beeinflussend wirken und ob eine solche Wirkung sinnvoll, d.h. wünschenswert ist.

II. Ziel und Vorgehensweise der Untersuchung

Ziel der Untersuchung ist es,

- den Aufbau der Altersvorsorge für verschiedene Gruppen von abhängig Erwerbstätigen zu analysieren und
- eventuelle Verzerrungen, die aus den oben angeführten unterschiedlichen Wirkungen resultieren könnten, - unabhängig von ihrem Ursprung - aufzuzeigen.

Ausgehend von solchen Verzerrungen, die bei Existenz von wirtschaftlich gleichen Sachverhalten als unerwünscht zu qualifizieren sind, soll eine grundlegende Reform hinsichtlich der sozialversicherungsrechtlichen und der steuerrechtlichen Qualifikation der Altersvorsorge entwickelt werden, die sicherstellt, diese Verzerrungen weitestgehend auszuschließen und auch möglichst keine neuen entstehen zu lassen.

Hierzu müssen zunächst im *Ersten Teil* definitorische Grundlagen bestimmt werden. Gegenstand dieses Teils ist neben einer Abgrenzung des Begriffs „Altersvorsorge“ auch die Erläuterung der verschiedenen Gruppen von „abhängig Erwerbstätigen“, die sich in die Gruppen der Arbeitnehmer in der Privatwirtschaft, der Arbeitnehmer im öffentlichen Dienst und der Beamten unterscheiden lassen.

Im *Zweiten Teil* der Arbeit werden die unterschiedlichen Alterssicherungssysteme und -möglichkeiten dieser drei Typen abhängig Erwerbstätiger sowohl hinsichtlich ihrer historischen Entwicklung als auch ihrer derzeitigen Ausgestaltung umrissen, um eine fundierte Ausgangsbasis für den im Anschluß daran durchzuführenden Modellvergleich zu bilden. Dabei soll vor allem auch geklärt werden, wie es zu der so unterschiedlichen steuerrechtlichen und sozialversicherungsrechtlichen Behandlung der abhängig Erwerbstätigen kommen konnte und ob eine solche differenzierte Behandlung noch eine Existenzberechtigung hat.[4]

Der Vergleich der Altersvorsorge der verschiedenen Typen von Erwerbstätigen steht im Mittelpunkt des *Dritten Teils* der Arbeit.

Gegenstand des Vergleichs wird die Simulation des Lebensablaufs eines Mannes sein, der am 01. Januar 1970 geboren wurde, d.h. zum 01. Januar 1995 25 Jahre alt geworden ist.[5] Ab diesem Zeitpunkt wird seine Erwerbsphase und seine Altersphase bis zu seinem - nach der statistischen Lebenserwartung geschätzten - Tod mit Vollendung des 79. Lebensjahres betrachtet. Dieser Mann hat nun - theoretisch - die Möglichkeit, sich zu Beginn seines Berufslebens für eine der drei definierten Typen von Erwerbstätigkeiten zu entscheiden, wobei ein wichtiges Kriterium hierbei seine Netto-Konsumposition für den vor ihm liegenden Lebensweg ist.

Um ihm diese Entscheidung zu erleichtern, wird die Simulation selbst anhand eines vollständigen Finanzplans über den oben beschriebenen Zeitraum von 54 Jahren

---

4 An dieser Stelle sei nur auf die eigenständige Versorgung der Beamten im Rahmen der Alimentationsverpflichtung des Staates gegenüber seinen Staatsdienern und auf die generelle Sozialversicherungspflicht in der gesetzlichen Rentenversicherung hingewiesen. Steuerrechtlich zeigt sich die unterschiedliche Behandlung - unabhängig von deren Auswirkungen - in der Erfassung der Altersbezüge aus diesen Versorgungswerken: Während die Beamtenpension grundsätzlich voll als nachträgliche Einkünfte aus Nichtselbständiger Arbeit nach § 19 Abs. 1 Nr. 2 EStG besteuert werden, werden die Renten aus der gesetzlichen Rentenversicherung lediglich mit ihrem Ertragsanteil als Sonstige Einkünfte nach § 22 Nr. 1 Buchst. a EStG erfaßt.

5 Die Annahme dieses Geburtsdatums geschieht vor allem aus dem Vereinfachungsgrund, daß damit eine unterjährige Betrachtung des Lebenszyklus - wie sie z.B. aus dem Zeitpunkt des Übergangs von der Erwerbs- in die Altersphase notwendig werden würde - außer acht gelassen werden kann.

hinweg durchgeführt. Darin werden basierend auf verschieden variierbaren Ausgangsgrößen wie z.B.

- angestrebte Netto-Konsumposition zu Beginn des Betrachtungszeitraums,
- angestrebtes Nettokonsumniveau in der Altersphase im Verhältnis zur zuletzt erreichten Netto-Konsumposition in der Erwerbsphase,
- nominaler Rechenzins,
- erwartete Inflation,
- erwartete Lohnsteigerungen,
- vorzunehmende Steuertarifanpassungen und
- gewählter Erwerbstyp

die entsprechenden übrigen Größen dieser Veranlagung - wegen der interaktiven Beziehung vieler Variablen zueinander - zumeist durch Iteration berechnet.[6]

Aus diesen Berechnungen ließen sich verschiedene Vergleichsgrößen ableiten. Aufgrund spezieller Anforderungen, die an späterer Stelle noch erläutert werden sollen, wird als Vergleichsbasis der jeweiligen durchgeführten Simulationen die ceteris paribus entstandenen Aufwendungen und Erträge zum Aufbau einer „wunschgemäßen" Altersversorgung herangezogen. Hierzu müssen diese Größen auf einen bestimmten Zeitpunkt bezogen und damit auf- oder abgezinst werden.

Ausgehend von dieser Vergleichsgröße läßt sich auch der Vergleichsmaßstab ableiten, der eine Aussage darüber liefern soll, ob es tatsächlich zu Verzerrungen innerhalb und zwischen den einzelnen Typen von Erwerbstätigen und Formen der Altersvorsorge kommt. Dabei kommen verschiedene Vergleichsmaßstäbe in Betracht.

Grundsätzlich wird auf einen sogenannten „Mit-Ohne-Vergleich" abgestellt, d.h. es soll untersucht werden, um wieviel besser oder schlechter sich die Person, die Altersvorsorge betreibt, in ihrer Netto-Konsumposition während der Erwerbs- und während der Altersphase stellt als ohne die Investition in das Gut „Altersvorsorge". Daher werden die jährlichen Differenzen in den Netto-Konsumpositionen „mit-und-ohne-Altersvorsorge" auf den Zeitpunkt des Eintritts in den Ruhestand auf- oder abgezinst.

---

6 Dabei ist von Bedeutung, daß es - wegen der Festlegung der Netto-Konsumposition sowohl in der Erwerbs- als auch in der Altersphase - zu einer Rückrechnung auf das hierzu benötigte Brutto-Erwerbseinkommen kommt. Daher hat z.B. der sich aus dem Brutto-Erwerbseinkommen ergebende Beitrag zur gesetzlichen Rentenversicherung Einfluß auf die Höhe der Steuerzahlung (über seine Abzugsfähigkeit im Rahmen der Vorsorgeaufwendungen nach § 10 EStG) und auf die Höhe der Netto-Konsumposition in der Erwerbs- und in der Altersphase, was dann wiederum Rückwirkungen auf die Höhe des hierzu benötigten Brutto-Erwerbseinkommens hat usw.

Um jedoch eine endgültige Aussage über eventuell vorhandene Ungleichmäßigkeiten innerhalb einer Gruppe und/oder zwischen Gruppen von Erwerbstätigen treffen zu können, bedarf es verschiedener Thesen, die durch die Ergebnisse der Simulation bestätigt oder verworfen werden können.

Inhalt dieser Thesen ist folgender:

1. Eine mögliche Form der Altersversorgung ist für das Individuum dann ineffizient, wenn die Summe der auf den Zeitpunkt des Eintritts in die Rentenphase abgezinsten Erträge aus der Altersversorgung kleiner ist als die Summe der auf den gleichen Zeitpunkt aufgezinsten Aufwendungen.

2. Müssen vergleichbare Mitglieder verschiedener Gruppen von Erwerbstätigen unter ceteris paribus - Bedingungen unterschiedlich hohe Aufwendungen bei gleich hohen Erträgen für eine mögliche Form der Altersversorgung aufbringen, dann existiert eine Ungleichbehandlung zwischen diesen Mitgliedern.

Allerdings ist mit der Bestätigung einer These noch keinerlei Aussage über den Hintergrund solcher Ungleichbehandlungen getroffen. Diese Hintergründe können und müssen erst in einem zweiten Schritt gefunden werden, indem die Ursachen für eventuell vorhandene Ungleichbehandlungen gleicher wirtschaftlicher Sachverhalte isoliert und dargestellt werden. Dazu gilt es, die einzelnen Wirkungen zu isolieren

Unter Zuhilfenahme graphischer Auswertungen verschiedener Simulationsläufe werden die interaktiven Zusammenhänge der einzelnen Beeinflussungsfaktoren dargestellt und verdeutlicht.

In einem Zwischenergebnis werden anschließend die Erkenntnisse aus dem Modellvergleich zusammengefaßt und gegenübergestellt. Sie bilden die Ausgangsbasis für die folgenden Überlegungen hinsichtlich einer Reform der sozialrechtlichen und steuerrechtlichen Behandlung der Altersvorsorge in Deutschland.

Im *Vierten Teil* der Arbeit werden zunächst - für die weitere Vorgehensweise bedeutsame - theoretische Hintergründe steuerrechtlicher und sozialversicherungsrechtlicher Grundprinzipien erläutert. Dabei müssen zwangsläufig neben der grundsätzlichen Frage einer Einkommensteuer-Tarifgestaltung sowie der intertemporalen und interpersonalen Einkommenszurechnung und/oder -erfassung auch die Bedeutung von Versicherungs- und Beitragsäquivalenzprinzip für die Altersversorgung im allgemeinen und die gesetzliche Rentenversicherung im speziellen näher untersucht werden. Ausgehend von diesen Überlegungen wird eine Referenzbasis entwickelt werden, die als Grundlage für die kritische Auseinandersetzung mit bestehenden Reformvorschlägen und für die Entwicklung eines eigenen Reformvorschlages dient.

Unter Bezugnahme auf diese Referenzbasis werden anschließend ausgewählte Reformvorschläge verschiedener Institutionen und Gruppen in ihren Grundzügen dargestellt und kritisch betrachtet. Dabei wird sich möglicherweise herausstellen, daß die untersuchten Reformvorschläge meist zwar interessante Ansätze zu einer sinnvollen Reform der Altersvorsorge besitzen, jedoch insgesamt nicht den zuvor an sie gestellten Anforderungen entsprechen können, weil im Ansatz meist eine integrierte Reform von Steuer- und Sozialrecht nicht vorhanden ist.

Sinnvoll erscheint daher, im *Fünften Teil* der Arbeit die Mängel des bestehenden Systems und die unbefriedigenden Ergebnisse bestehender Reformvorschläge als Ausgangsbasis für die Entwicklung eines eigenen Reformvorschlages zu verwenden.[7]

Der aus den bislang gewonnenen Erkenntnissen zu entwickelnde eigene Reformvorschlag hat als Ausgangsbasis die Einführung einer „gesetzlichen Grundsicherung". Von allgemeiner Bedeutung dabei ist die Tatsache, daß die Zwangsmitgliedschaft in dieser Institution nicht mehr von der Zugehörigkeit zu einer bestimmten Gruppe von Erwerbstätigen abhängig gemacht wird. Der Umfang der Grundsicherung muß sich am Sozialhilfe-Existenzminimum orientieren, um einen Anreiz für den eigenen „Arbeitswillen" zu bewahren.

Des weiteren ist auch die Loslösung dieser gesetzlichen Grundsicherung von sogenannten versicherungsfremden Leistungen von Bedeutung, um die langfristige Existenzsicherung einer solchen Einrichtung zu garantieren, indem sie unter anderem möglichst stabil gegenüber negativen demographischen Entwicklungen sein soll.

Zu klären bliebe zudem die einkommensteuerliche Behandlung der gesetzlichen Grundsicherung. So viel sei an dieser Stelle vorweggenommen: im Gegensatz zur gültigen Behandlung der Altersvorsorge im Einkommensteuerrecht wird ein systematischer Besteuerungsansatz vorgeschlagen. Zudem beschäftigt sich der Reformvorschlag auch mit der einkommensteuerlichen Behandlung der betrieblichen Altersvorsorge. Dabei wird auch hier Wert auf eine systematische steuerliche Behandlung gelegt werden.

Ebenso wird eine Regelung für weitergehende „private" Altersvorsorgemaßnahmen vorgeschlagen Sie unterscheidet sich konzeptionell zumindest von der steuerlichen Behandlung der gesetzlichen Grundsicherung, was als Ergebnis der momentanen Vorzugsbehandlung bestimmter privater Altersvorsorgemaßnahmen - z.B. der Kapitallebensversicherung - zu werten ist. Die Auseinandersetzung mit den im Rahmen einer solchen Reform zu erwartenden Umsetzungsprobleme beschließt diesen Teil der Arbeit.

---

7 Zur Tatsache, daß das Problem der Neustrukturierung der Altersvorsorge nicht nur auf Deutschland beschränkt ist vgl. Smith, L., Generations (Fortune v. 20.07.1987), S. 50 ff. sowie Conrad, C., Generationen (Sozialer Fortschritt 1988), S. 217 ff. Für einen Vergleich der Alterssicherung in der EG vgl. Dürkop, H., Alterssicherung (Dissertation Bayreuth 1992).

Abschließend werden die aus der Untersuchung gewonnenen Erkenntnisse insgesamt zusammengefaßt sowie einige Anstöße zum Aufwachen aus dem Dornröschenschlaf der „Die Renten sind sicher“-Haltung[8] gegeben.

---

8 Ein beliebtes Statement unseres Sozialministers Norbert Blüm: vgl. Blüm, N., Reform (Deutsche Rentenversicherung 1989), S. 289, Bundesministerium für Arbeit und Sozialordnung, Rente '93 (1993), S. 2 f.

Erster Teil: Definitorische Abgrenzungen und Grundlagen

In der Arbeit werden unterschiedliche Begriffe verwendet, die zwar bekannt sind und deren Bedeutung auch durchaus klar erscheint, obwohl diese oft in verschiedenster Weise interpretiert werden. Der eigentlichen Auseinandersetzung mit den Kernproblemen der angesprochenen Materie sind daher zunächst eine Definition und Abgrenzung wichtiger in der Arbeit verwendeter Begriffe voranzustellen. Dabei kann nicht ausgeschlossen werden, daß bestimmte Begriffe in der themenverwandten Literatur differenziert benutzt werden. Auf diese Unterschiede wird an geeigneter Stelle hingewiesen und ein Abweichen von anderen Begriffsdefinitionen begründet.

Von elementarer Bedeutung für die vorzunehmende Untersuchung sind die Begriffe der Altersvorsorge und des abhängig Beschäftigten.

I. Begriff der Altersvorsorge

Die Sicherstellung einer den individuellen Ansprüchen angepaßten Versorgung mit lebensnotwendigen Gütern in den verschiedenen Lebensphasen kann als ein existentielles Grundbedürfnis jedes Individuums angesehen werden.[9]

Die einzelnen Lebensphasen lassen sich dabei nach dem Kriterium der Erwerbstätigkeit folgendermaßen charakterisieren:

- Phase der Noch-Nicht-Erwerbstätigkeit:
  von der Geburt bis zum Eintritt in die Erwerbstätigkeit;
- Phase der Erwerbstätigkeit;
- Phase der Nicht-Mehr-Erwerbstätigkeit:
  von der Beendigung der Erwerbstätigkeit bis zum Tod.

Unter Erwerbstätigkeit wird die Zurverfügungstellung der individuellen Arbeitskraft mit dem Ziel einer individuellen Einkommenserzielung verstanden. Das bedeutet, daß z.B. der Einsatz des Produktionsfaktors Kapital zur Einkommenserzielung nicht als Erwerbstätigkeit in diesem Sinne verstanden wird, obwohl auch hiermit Einkommenserwerb angestrebt wird.

Die Befriedigung der spezifischen Bedürfnisse in den einzelnen Lebensphasen kann nur mittels Gütern erfolgen. Dies ist jedoch an die Verfügbarkeit der entsprechenden Güter gebunden, deren Knappheit das Entstehen von Märkten bedingt. Der Erwerb

9 Zu grundlegenden Motiven der Altersvorsorge vgl. Speckbacher, G., Alterssicherung (1994), S. 6 ff.

dieser Güter erfolgt durch Tausch von Zahlungsmitteln - im allgemeinen Geld - als die übliche Form von Tauschintermediär. Die Verfügbarkeit von Geld ist somit zwingende Voraussetzung für die Bedürfnisbefriedigung. Normalerweise wird jedoch Geld lediglich im Rahmen einer Erwerbstätigkeit im obigen Sinne verdient. Da jedoch die Bedürfnisbefriedigung über das gesamte Leben hinweg aufrecht erhalten werden muß, muß es demnach auch zu einer Verteilung des während der Erwerbstätigkeit geschaffenen Konsumpotentials Geld auf die verschiedenen Lebensabschnitte kommen. Eine solche Handlung setzt natürlich voraus, daß während der Phase der Erwerbstätigkeit - nach der Befriedigung der dort existenten Bedürfnisse - noch nicht ausgeschöpftes Konsumpotential vorhanden ist, das auf die übrigen Abschnitte des Lebenszyklus verteilt werden kann.[10]

Eine solche intertemporale Verteilung muß aber zwangsläufig - zumindest bei der Verteilung auf den Abschnitt der Noch-Nicht-Erwerbstätigkeit - um einen interpersonellen Aspekt ergänzt werden: Das Individuum ist nicht in der Lage, einen der eigentlichen persönlichen Erwerbsphase temporal vorgelagerten Konsum eigenständig zu sichern. Vielmehr müssen andere Wirtschaftseinheiten für diese Versorgung aufkommen.

Dies erscheint primär gesehen relativ problemlos, weil Noch-Nicht-Erwerbstätige normalerweise in eine Umgebung eingebettet sind, in der Erwerbstätige z.B. die Eltern diese Rolle übernehmen können. Aus diesem Zusammenhang wird oft die vermeintlich schlüssige Forderung der versorgenden Eltern-Generation abgeleitet, daß die Unterstützung, die sie ihren Kindern über einen mehr oder weniger langen Zeitraum gewährt haben, lediglich als „Kredit" und nicht als Geschenk angesehen werden muß. Konsequenterweise verlangen die früheren „Unterstützer" ab dem Zeitpunkt ihres Eintritts in die Phase der Nicht-Mehr-Erwerbstätigkeit eine „Tilgung des Kredits" in Form einer dann stattfindenden Unterstützung durch ihrer mittlerweile erwerbstätigen Kinder.

Eine solch idealtypische Vorstellung setzt ganz konkrete Umweltbedingungen voraus, die nicht immer vorhanden sein können. Unter - vom idealtypischen Zustand abweichenden - makroökonomischen Bedingungen sind schwerwiegende Verteilungsprobleme evident, wie an späterer Stelle noch zu erläutern sein wird.[11]

---

10 Vgl. hierzu die grundlegenden Ausführungen von Feldstein, M., Extended Life Cycle Theory (American Economic Association 1976), S. 77 ff.; vgl. auch Peters, W., Invaliditätssicherung (1989), S. 7 ff. sowie Jacobs, K., Einkommensbezug (1991), S. 29 ff. Kritisch hierzu Leibfritz, W. u.a., Aufgabenteilung (1986), S. 50 ff.

11 Vgl. zu dem hier angesprochenem Problem des Generationenvertrages die Ausführungen auf S. 38 ff.

Daneben bleibt aber festzuhalten, daß eben auch diese beschriebenen idealtypischen Zustände unter bestimmten Konstellationen zu Problemen in anderen Wirtschaftsbereichen führen können.[12]

Damit hat sich gezeigt, daß der Begriff der Altersvorsorge individuell äußerst verschieden ausgelegt wird. Eindeutig ist hierbei lediglich die Abgrenzung, daß es sich zwingend um eine Konsumpotentialverlagerung von der Erwerbs- in die Ruhephase[13] handelt.

II. Begriff des „abhängig" Erwerbstätigen

A. Überblick

Der Begriff des „abhängig Erwerbstätigen"[14] ist nicht eindeutig geklärt. Unter Erwerbstätigkeit wird dabei primär der bereits im vorangegangenen Abschnitt beschriebene Vorgang der Zurverfügungstellung des Produktionsfaktors Arbeit zum Zwecke der Einkünfteerzielung verstanden.

Abhängig Erwerbstätige sind dadurch charakterisiert, daß ihre Erwerbstätigkeit auf einer vertraglichen Bindung zwischen ihnen als Arbeitnehmer und dem Empfänger dieser Erwerbstätigkeit als Arbeitgeber beruht. Konkret bedeutet das, daß ihnen für das Zurverfügungstellen ihrer Arbeit eine vertraglich mehr oder weniger festgelegte Entlohnung in Form von Geld zusteht.[15]

Betrachtet man den Arbeitsmarkt in der Bundesrepublik Deutschland und auch in verschiedenen anderen Ländern, so lassen sich entsprechend der Zielsetzung dieser Arbeit prinzipiell zwei verschiedene Arten von Arbeitgebern unterscheiden: die „Privatwirtschaft" und der „Staat".

Eine Unterscheidung von Erwerbstätigen nach dem Kriterium der Abhängigkeit und des Arbeitgebers soll nachfolgende Abbildung verdeutlichen:

---

12 Man denke in diesem Zusammenhang z.B.: an die Überbevölkerung in Ländern der Dritten Welt, die zu großen Problemen u.a. bei der Befriedigung der Grundbedürfnisse der Bevölkerung (Wohnraum, Nahrung,...) führen kann.

13 Sofern in der Arbeit diese Zeiträume beschrieben werden, werden kontextabhängig, aber auch synonym die Begriffe Anspar- und Absparphase/Auszahlphase usw. verwendet.

14 Synonym hierzu wird auch der Begriff „abhängig Beschäftigter" gebraucht.

15 Dabei ist nicht ausgeschlossen, daß die Entlohnung auch in Form von Sachmitteln, d.h. von sogenannten „geldwerten Vorteilen" zuerkannt wird. Aufgrund der schwierigen monetären Bewertung solcher Leistungen muß im Rahmen dieser Arbeit von solchen Arten der Entlohnung abstrahiert werden.

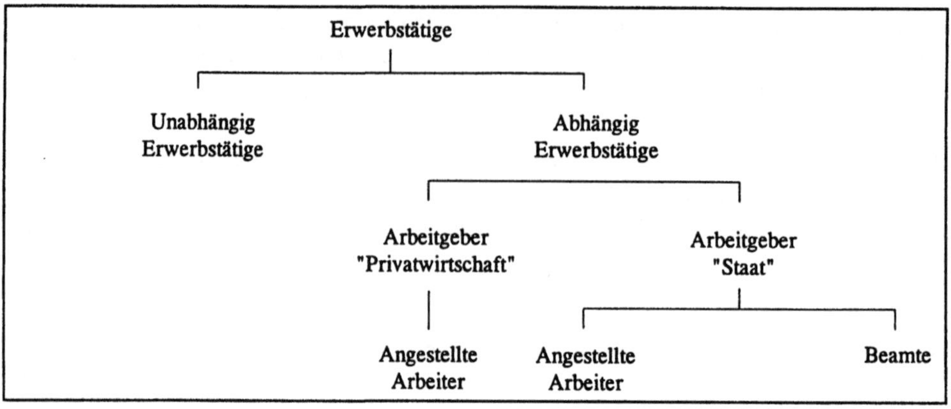

Abb. 1: Typisierung von Erwerbstätigen[16]

Im folgenden werden daher beide Gruppen näher charakterisiert und ihre typischen Eigenschaften herausgearbeitet.

Ähnlich zur Gruppe der „Nicht-Beamten“ unter den Arbeitnehmern im öffentlichen Dienst setzt sich auch die Gruppe der Arbeitnehmer in der Privatwirtschaft aus Arbeitern und Angestellten zusammen. Da eine solche Unterscheidung jedoch für die in dieser Arbeit verfolgten Zwecke nicht von Bedeutung ist, werden im folgenden diese beiden Bezeichnungen synonym verwendet.

B. Arbeitgeber „Privatwirtschaft“

Vergleicht man die Zahl der Arbeitnehmer in der Privatwirtschaft mit den Arbeitnehmern im öffentlichen Dienst[17] so wird deutlich, daß der überwiegende Teil der Arbeitnehmer in Deutschland im Dienste von Arbeitgebern der Privatwirtschaft steht.

Signifikant für diese Gruppe von Arbeitnehmern ist, daß

1. sie in einem Arbeitsvertragsverhältnis stehen,
2. das Unternehmen, das als Arbeitgeber in diesem Arbeitsvertrag auftritt, sich in privatem Eigentum befindet und
3. die Entlohnung des Arbeitgebers nicht im Rahmen des öffentlichen Tarifvertrags „Bundesangestelltentarif“ stattfindet.

---

[16] Quelle: Eigene Darstellung.

[17] Am 30.06.1993 waren ca. 23 % aller abhängig Erwerbstätiger im öffentlichen Dienst beschäftigt: vgl. Statistisches Bundesamt, Statistisches Jahrbuch 1995, S. 118 und 518.

C. Arbeitgeber „Staat“

Das Grundgesetz eröffnet in Art. 33 Abs. 2 jedem Bürger deutscher Staatsangehörigkeit die Möglichkeit zum Eintritt in den Staatsdienst[18]:

> „(2) Jeder Deutsche hat nach seiner Eignung, Befähigung und fachlichen Leistung gleichen Zugang zu jedem öffentlichen Amte.“

Die Möglichkeit, daß der Staat als Arbeitgeber auf dem Arbeitsmarkt auftritt, ist kein speziell deutsches Phänomen. Vielmehr sind diese besonderen Arbeitsverhältnisse in allen Ländern der Welt anzutreffen. Allerdings ist die Ausgestaltung solcher Vertragsbeziehungen durchaus unterschiedlich geregelt.

Je nachdem welche Rechte und Pflichten den „staatlichen Arbeitnehmern“ aus ihrem Arbeitsvertragsverhältnis zustehen oder erwachsen, kann man - speziell auf die Bundesrepublik Deutschland bezogen - zwei verschiedene Gruppen von Arbeitnehmern präzisieren: Beamte und andere Arbeitnehmer im öffentlichen Dienst.[19]

1. Beamte

Die dauernde Ausübung hoheitlicher Rechte soll in der Regel von Beamten und nicht von Angestellten und Arbeitern des öffentlichen Dienstes ausgeübt werden.[20] Die Spezifizierung von „hoheitlichen Rechten“ ist allerdings äußerst schwierig und umstritten.[21] Des weiteren regelt Art. 33 Abs. 5 GG, daß der Gesetzgeber „das Recht des öffentlichen Dienstes (..) unter Berücksichtigung der hergebrachten Grundsätze des Berufsbeamtentums zu regeln“ hat. Unumstritten ist die Tatsache, daß - obwohl hier vom „Recht des öffentlichen Dienstes“ gesprochen wird - im eigentlichen Sinne nicht die Vertragsbeziehung zwischen dem Staat und den Angestellten und Arbeitern im öffentlichen Dienst gemeint ist, sondern lediglich das Verhältnis zwischen Beamten und Staat.[22]

---

18 In diesem Zusammenhang sei auf das spezielle Problem der Abgrenzung und Bedeutung des Begriffes „öffentlicher Dienst“ hingewiesen. Da es dem Gesetz an einer allgemein gültigen Definition ermangelt, wird hilfsweise auf eine in der Literatur verwendete Erklärung zurückgegriffen: *„öffentlicher Dienst* im weiteren Sinne ist damit die *Beschäftigung im Dienste einer juristischen Person des öffentlichen Rechts*, (...)“ (Hervorh. im Original), Wagner, F., Beamtenrecht (1994), S. 1.

19 Daneben zählen auch die Richter und Berufssoldaten zu den Angehörigen im öffentlichen Dienst. Sie sollen jedoch nicht als selbständige Gruppe hier behandelt werden. Vielmehr wird von ihren speziellen Besonderheiten abstrahiert.

20 Vgl. Art. 33 Abs. 4 GG: „Die Ausübung hoheitsrechtlicher Befugnisse ist als ständige Aufgabe in der Regel Angehörigen des öffentlichen Dienstes zu übertragen, die in einem öffentlich-rechtlichen Treueverhältnis stehen.“

21 Vgl. zur Frage der Abgrenzung von „hoheitlichen Befugnissen“ nach Art. 33 Abs. 4 GG Schmidt-Bleibtreu, B./Klein, F., Kommentar zum GG (1990), Art. 33 Rz. 12.

22 Vgl. Schmidt-Bleibtreu, B./Klein, F., Kommentar zum GG (1990), Art. 33 Rz. 24c.

Im einzelnen sieht die konkrete Ausgestaltung des Beamtenrechts vor allem die Konkretisierung des in Art. 33 Abs. 4 GG angesprochenen „öffentlich-rechtlichen Treueverhältnisses“ vor. Welche konkreten Prinzipien aus dieser allgemein formulierten Beziehung zwischen dem Staat und seinen Beamten im Laufe der Zeit abgeleitet wurden, soll in nachstehender Abbildung verdeutlicht werden:

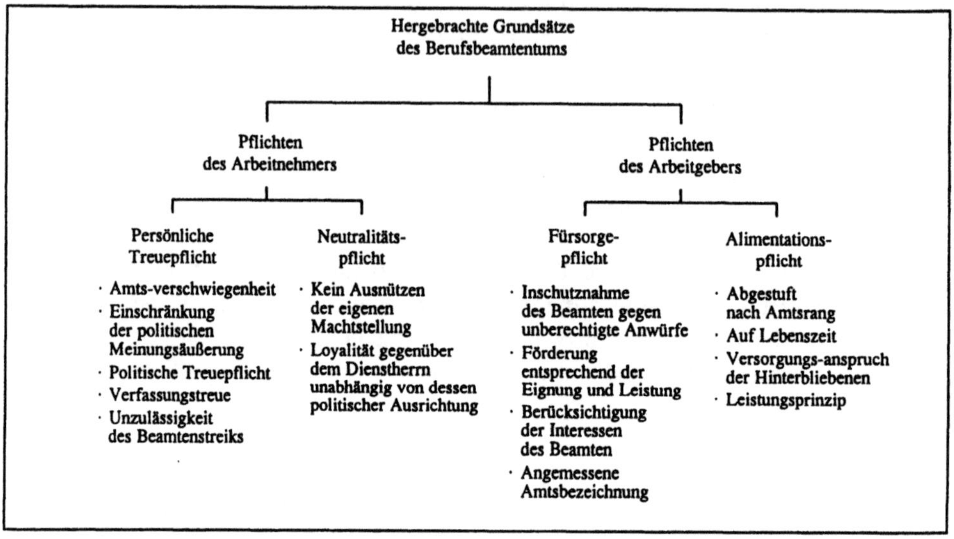

Abb. 2: Hergebrachte Grundsätze des Berufsbeamtentums[23]

Diese Grundsätze machen die besondere Stellung der Gruppe der Beamten unter allen anderen Arbeitnehmern deutlich.

Für diese Arbeit ist insbesondere das Alimentationsprinzip, das u.a. dem Beamten lebenslang eine angemessene Entschädigung für seine dem Staat geleisteten Dienste garantiert, von entscheidender Bedeutung. Es bedingt letztendlich für den Beamten, daß er explizit keine Beiträge für seine Altersversorgung (Pension) leisten muß, da sein Beamtenstatus nicht mit dem Eintritt in den Ruhestand endet. Der Übergang in den Ruhestand stellt - so auch der Wortlaut - lediglich eine (letzte) Versetzung - in den Ruhestand - dar. Mit dieser Versetzung erlöschen weder seine Rechte noch seine Pflichten z.B. in Form der Verschwiegenheit aus seinem Dienstverhältnis.

Eine weitere, besondere Konsequenz des Alimentationsprinzips ist für den Beamten und seine alimentationsberechtigten Familienmitglieder die Befreiung von der Versicherungspflicht in der gesetzlichen Krankenversicherung. Der Beamte und die alimentationsberechtigten Familienmitglieder haben einen Anspruch auf eine Beihilfe

23 Quelle: Eigene Darstellung in Anlehnung an Post, A./Braun, R., Beamtenrecht (1991), S. 25 ff.; Wagner, F., Beamtenrecht (1994), S. 14 ff.; Schmidt-Bleibtreu, B./Klein, F., Kommentar zum GG (1990), Art. 33 Rz.. 13 ff.

i.d.R. in Höhe von 50 % zu den entstehenden Krankheitskosten. Die übersteigenden Kosten werden meist in Form einer privaten Zusatzkrankenversicherung abgedeckt, so daß insgesamt beim Beamten ein größeres Leistungsspektrum versichert ist, als bei einem Mitglied der gesetzlichen Krankenversicherung.[24]

Aus der Ernennung des Beamten auf Lebenszeit folgt konsequenterweise ein Wegfall der Versicherungspflicht in der Arbeitslosenversicherung. Die seit dem 01.01.1995 eingeführte Pflegeversicherung hat für den Beamten keinerlei Auswirkungen auf sein verfügbares Einkommen, weil das Risiko des Beamten, ein Pflegefall zu werden, auch durch das Alimentationsprinzip abgesichert und in den Bereich der Krankenversicherung eingebunden wird.[25] Weitreichendere Konsequenzen dieses Alimentationsprinzips werden im Zweiten Teil der Arbeit erläutert.[26]

Wenn in der Untersuchung von Beamten gesprochen wird, so ist immer der Beamte auf Lebenszeit gemeint. Damit soll von Sonderproblemen z.B. der Betrachtung von Beamten auf Zeit oder zur Anstellung abstrahiert werden.

2. Angestellte und Arbeiter im öffentlichen Dienst

Wird in dieser Arbeit von Angestellten und Arbeitern im öffentlichen Dienst gesprochen, dann werden damit Arbeitnehmer im öffentlichen Dienst bezeichnet, die nicht in einem beamtenrechtlichen Verhältnis mit dem Arbeitgeber „Staat" stehen.

Inwiefern Arbeiter und Angestellte sich von den Beamten als die andere große Gruppe von Arbeitnehmer im öffentlichen Dienst unterscheiden, läßt sich anhand der spezifischen Beziehungen zwischen dem Arbeitgeber „Staat" und diesen beiden Beschäftigtengruppen abgrenzen:

---

24 Dabei erfolgt die Abdeckung der zusätzlichen Risiken aufgrund der individuellen Risikobereitschaft des Beamten, die nicht über die Beihilfe gedeckten Kosten selbst zu tragen oder zu versichern. Das höhere Leistungsspektrum ergibt sich aus der - zumindest noch derzeit gültigen - Leistungstabelle der verschiedenen Anbieter privater Krankenversicherungen.

25 Dabei wird von der Möglichkeit des Beamten abstrahiert, nicht durch die Beihilfe gedeckte Pflegekosten durch eine private Zusatzversicherung abzudecken.

26 Vgl. hierzu S. 13.

Abgrenzungskriterium	Beamte	Arbeitnehmer im öffentlichen Dienst
Rechtskreis	öffentliches Recht	Privatrecht (Arbeitsrecht)
Einstellung	Ernennung	Arbeitsvertrag
Vertragsfreiheit	keine (gesetzesbedingt)	individuell gestaltbar
Formanforderungen	Formstrenge	Formfreiheit
Entlassung	gesetzlich geregelt für bestimmte Ausnahmefälle	ordentliche und außerordentliche Kündigung möglich
Entlohnung	Alimentationsprinzip	Gegenleistungsprinzip
Arbeitskampf	Streikverbot	Streikrecht
Rechtsweg	Verwaltungsgericht	Arbeitsgericht

Abb. 3: Abgrenzungskriterien Beamte/Arbeitnehmer im öffentlichen Dienst[27]

Aus dieser Übersicht ließe sich dem ersten Anschein nach der Schluß ziehen, daß Angestellten und Arbeitern im öffentlichen Dienst grundsätzlich keine Rechte und Pflichten vergleichbar zu dem Dienstverhältnis der Beamten aus Ihrem Arbeitsverhältnis zustehen oder obliegen. Dies ist allerdings nur eine oberflächliche Schlußfolgerung. Abgesehen von der relativen Sicherheit eines Arbeitsplatzes im öffentlichen Dienst sind „Annehmlichkeiten" wie z.B. die (begrenzten) Beihilfeansprüche[28], Rabattgewährungen bei Versicherungen[29] und bestimmten Geschäften oder auch die Vorteile im Rahmen der Altersvorsorge durch die „Zusatzversorgung für Angestellte und Arbeiter im öffentlichen Dienst"[30] zumeist über die Versorgungsanstalt des Bundes und der Länder durchaus als positive Effekte einer Beschäftigung im öffentlichen Dienst anzusehen.

Grundsätzlich zeigt aber der Arbeiter und Angestellte im öffentlichen Dienst, was die Ausgestaltung seines Arbeitsvertrages - abstrahiert von den oben beschriebenen „Annehmlichkeiten" - betrifft, mehr Ähnlichkeit zu einem Arbeitnehmer in der Privatwirtschaft als zu einem Beamten. Als Beleg kann hier die uneingeschränkte Sozialversicherungspflicht des Angestellten und Arbeiters im öffentlichen Dienst

---

27 Quelle: Eigene Darstellung in Anlehnung an Wagner, F., Beamtenrecht (1994), S. 5.

28 Beihilfevorschriften v. 19. April 1985.

29 Z.B. wird allen Arbeitnehmern im öffentlichen Dienst bei Kfz-Versicherungen ein Abschlag aufgrund ihrer Zugehörigkeit zum öffentlichen Dienst gewährt.

30 Zur Zusatzversorgung im öffentlichen Dienst vgl. S. 81 ff.

angeführt werden, die ebenso wie beim Arbeitnehmer in der Privatwirtschaft besteht.[31]

So zeigt sich, daß sich beim Begriff des abhängig Erwerbstätigen Gemeinsamkeiten wie auch Unterschiede feststellen lassen. Die Unterschiede beschränken sich dabei aber insbesondere auf die konkreten vertraglichen und gesetzlichen Ausgestaltungen, wohingegen die grundsätzliche Begriffsklärung übereinstimmend an dem Kriterium der vertraglichen Abhängigkeit festzumachen ist.

---

31 Zur Erinnerung sei darauf verwiesen, daß der Beamte aufgrund seiner Rechte aus dem Alimentationsprinzip prinzipiell sozialversicherungsfrei ist; vgl. S. 14 dieser Arbeit.

Zweiter Teil: „Drei-Säulen-System" der Altersvorsorge

Ausgehend von der Darstellung des „Drei-Säulen-Systems" der Altersvorsorge werden nachfolgend die spezifischen Besonderheiten der Altersvorsorge innerhalb dieser Säulen für die verschiedenen Typen abhängig Erwerbstätiger abgegrenzt und charakterisiert.

Diese Darstellung bildet die Grundlage für den Dritten Teil der Arbeit, in dem im Rahmen eines Modellvergleichs eine Anwendung der hier gewonnenen Erkenntnisse auf das spezielle Problem der Gleichbehandlung zwischen den verschiedenen Typen von abhängig Erwerbstätigen und zwischen den verschiedenen Arten von Altersvorsorge erfolgt.

I. Bedeutung und Inhalt des „Drei-Säulen-Systems"

Die Altersversorgung von Privatpersonen setzt sich im Regelfall aus der staatlichen Versorgung, der betrieblichen Altersversorgung und der privaten Eigenvorsorge zusammen („Drei-Säulen-System").

Der Begriff „Drei-Säulen-System" der Altersvorsorge wurde in der Schweiz geprägt und entwickelt.[32] Obwohl von verschiedenen Kritikern dieser Begriffsbildung das Bild von Säulen abgelehnt wird, weil diese aufgrund ihrer unterschiedlichen Stärke - sprich Bedeutung für die Altersvorsorge - das „Haus" Altersvorsorge zum Wanken bringen könnten, soll dieser bildliche Begriff für die Zwecke der vorliegenden Arbeit beibehalten werden.[33]

---

32 In der Schweiz ist dieses allgemein verbreitete und anerkannte Prinzip der Altersversorgung sogar verfassungsrechtlich verankert. Vgl. hierzu die Ausführungen von Maurer, A., Schweizerische Alters- und Hinterlassenenversicherung (Versicherungsrundschau 1980), S. 57 f.; Kündig, M., Das schweizerische Obligatorium (Betriebliche Altersversorgung 1983), S. 95 ff.; Tschudi, H.-P., Drei-Säulen-Prinzip (Schweizerische Zeitschrift für Sozialversicherung und berufliche Vorsorge 1987), S. 1 ff., Heubeck, G., Komponenten der Vorsorge (Zeitschrift für die gesamte Versicherungswissenschaft 1970), S. 317 ff. Zur Weiterentwicklung dieses Systems vgl. Blumrath, P.-N., Entwicklungsmöglichkeiten (1987).

33 Vgl. Maydell, B. von, Betriebliche Altersversorgung (1983), in: Sachverständigenkommission Alterssicherungssysteme (Hrsg.), Berichtsband 2 (1983), S. 248.

Die Grundstruktur des Systems läßt sich der folgenden Abbildung entnehmen:

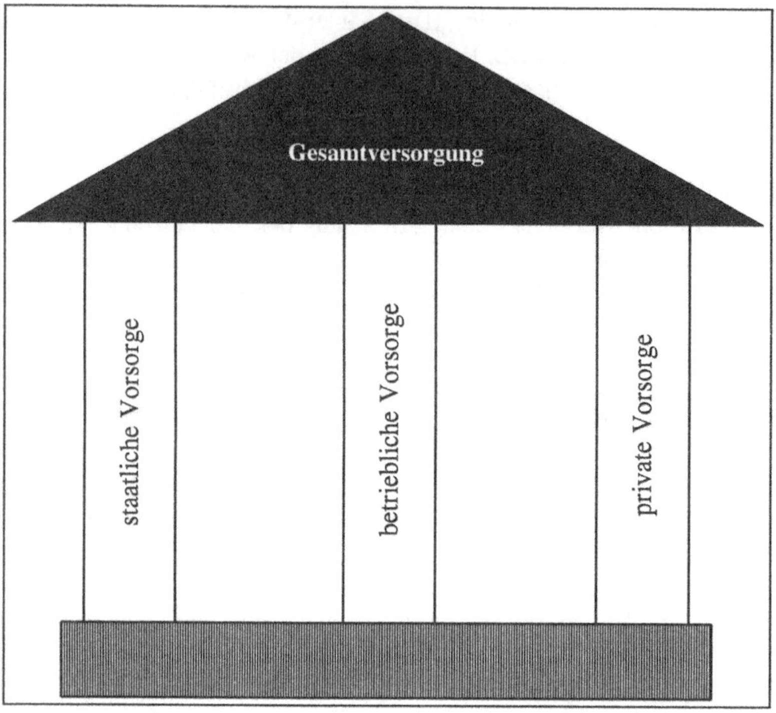

Abb. 4: Drei-Säulen-System der Altersvorsorge[34]

Das Kombination aus

- staatlicher (Zwangs-)vorsorge,
- betrieblicher Vorsorge und
- privater Vorsorge

bildet die für den Vorsorgenden entscheidende Höhe der Gesamtversorgung im Alter.

Die Bedeutung der einzelnen Säulen für die verschiedenen Typen von Erwerbstätigen ist jedoch unterschiedlich. Je nachdem, ob ein Erwerbstätiger z.B. zwangsweise in ein staatliches Vorsorgesystem eingebunden ist, können die anderen beiden Säulen - vorausgesetzt das Niveau aus der staatlichen Vorsorge entspricht bereits dem

---

34 Quelle: Eigene Darstellung.

gewünschten Gesamtvorsorgeniveau - auch ganz an Bedeutung verlieren.[35] Zudem ist auch die Handlungsfreiheit des Vorsorgenden bei betrieblichen Vorsorgemaßnahmen mitunter gänzlich eingeschränkt, da es weitestgehend im Ermessen des Arbeitgebers liegt, ob eine betriebliche Vorsorge durchgeführt wird oder nicht. Daher läßt sich feststellen, daß grundsätzlich lediglich im Bereich der privaten Vorsorge ein Handlungsspielraum für den Einzelnen liegt.[36]

Unabhängig Erwerbstätige hingegen können in der Regel - abgesehen von verschiedenen berufsständischen Versorgungseinrichtungen - ihr Altersvorsorgeportefeuille frei zusammenstellen. Ihnen bleibt neben der Möglichkeit eines freiwilligen Beitritts zur gesetzlichen Rentenversicherung auch der Weg der Vorsorge zumindest über private Vorsorgemaßnahmen. Auch die Möglichkeit betrieblicher Vorsorgemaßnahmen ist unter bestimmten Konstellationen gegeben.

Wie der vorstehenden Abbildung entnommen werden kann, spiegelt sich das System im Zusammenspiel der drei Komponenten staatliche, betriebliche und private Altersvorsorge wider.

Staatliche (Zwangs-)Vorsorge ist dadurch charakterisiert, daß der Versicherte nur indirekt - über seine Berufswahl - entscheiden kann, ob er dem System angehören will oder nicht.[37] Die Zwangsmitgliedschaft ist ein Teil des Ausdrucks des sozialen Aspekts der in Deutschland verfassungsrechtlich verankerten Wirtschaftsform der Sozialen Marktwirtschaft. Der Staat zwingt die Mehrzahl seiner Bürger - nämlich genau den Teil der Bevölkerung, dem er eine eigenverantwortliche Vorsorge nicht zutraut - zu ihrem „Glück" in Form einer Absicherung gegen bestimmte Risiken wie Alter, Erwerbsunfähigkeit, Tod, etc.

Dies geschieht aus der Sicht des Staates nicht ganz uneigennützig, würden die Bürger, die nicht eigenverantwortlich Vorsorge treffen würden, doch in Notsituationen nicht durch das engmaschig gestrickte soziale Netz in Deutschland fallen, sondern von der Sozialhilfe aufgefangen und damit von der Bevölkerung insgesamt versorgt werden. Dieses Risiko soll durch die Zwangsmitgliedschaft in Form der staatlichen Altersvorsorge ausgeschlossen oder zumindest abgemildert werden.

Mit der Grundsatzentscheidung für ein Zwangssystem ist die Organisationsform und die tatsächliche Ausgestaltung der Vorsorge aber noch nicht festgelegt. Der Gesetz-

---

35 Im Unterschied hierzu sieht *Thelen* keine Zukunft in der Altersvorsorge ohne die zweite und dritte Säule: vgl. Thelen, P., Lebensstandard-Sicherung (Handelsblatt v. 21.12.1993), S. 6.

36 Inwieweit dieser Handlungsspielraum eventuell aufgrund persönlicher finanzieller Möglichkeiten eingeschränkt ist wird an dieser Stelle noch außer acht gelassen.

37 Dies unterstellt, daß die aus einer Berufswahl resultierende Mitgliedschaft in einem Zwangsvorsorgesystem einen Faktor darstellt, der bei der Entscheidungsfindung Berücksichtigung findet.

geber hat sich für Körperschaften des öffentlichen Rechts (die Landesversorgungsanstalten und die Bundesversicherungsanstalt für Angestellte für den Bereich der gesetzlichen Rentenversicherung) oder aber für eine Organisation eingebettet in die bereits vorhandenen Verwaltungsstrukturen (für den Bereich der Beamtenversorgung) entschieden. Genauso gut wäre aber auch eine Zwangsversicherung bei privaten Versicherungsträgern möglich gewesen, wie sie z.B. die Ersatzkassen bei der gesetzlichen Krankenversicherung oder die Autoversicherer bei der Kfz-Haftpflichtversicherung darstellen.

Eine relativ große Gestaltungsfreiheit hat der Gesetzgeber den Wirtschaftssubjekten im Bereich der betrieblichen Altersversorgung gelassen. Zwar steckte er mit dem Gesetz zur betrieblichen Altersversorgung[38] den Rahmen für mögliche betriebliche Vorsorgemaßnahmen ab, dies jedoch vor allem mit dem Anliegen, den Arbeitnehmern, denen eine betriebliche Altersversorgung zuerkannt wurde, Rechtssicherheit zu gewährleisten. Wegen der den Unternehmen zugestandenen Gestaltungsfreiheit, zeigt die betriebliche Altersversorgung in Deutschland vielfältige Ausgestaltungen. Als zweite Säule der Altersversorgung gewinnt sie immer mehr an Bedeutung gewinnt, was vor allem im Mißtrauen gegenüber der gesetzlichen Rentenversicherung begründet ist, da immer mehr Versicherte dort ihre Ansprüche nicht mehr als gesichert ansehen.[39]

Die größte Freiheit im Rahmen der Altersversorgung kommt dem Versicherten aber im Bereich der privaten Vorsorgemaßnahmen zu. Nicht nur, daß er dazu weder gesetzlich verpflichtet - wie bei der gesetzlichen Rentenversicherung - noch vom „Wohlwollen“ einer anderen Vertragspartei - wie bei der betrieblichen Altersversorgung - abhängig ist, er kann noch dazu unter einer Vielzahl von Möglichkeiten der privaten Altersvorsorge wählen. Prinzipiell ist er dabei lediglich durch zwei Faktoren beeinflußt:

1. Der individuellen Möglichkeit, Konsumpotential der Erwerbsphase in die Altersphase zu verlagern und

2. dem individuell erstrebten Konsumpotential in der Altersphase.

Diese beiden Faktoren in Einklang miteinander zu bringen und auf eine der möglichen Formen der privaten Altersvorsorge zu übertragen, ist die persönliche Aufgabe des Vorsorgenden.

---

38 Gesetz zur Verbesserung der betrieblichen Altersversorgung v. 19. Dezember 1974, BGBl I 1974, S. 3610 ff.

39 Gleichwohl muß aber an dieser Stelle festgehalten werden, daß die Entscheidung für oder gegen betriebliche Altersversorgung nicht bei den Arbeitnehmern getroffen wird: Bei der betrieblichen Altersversorgung handelt es sich i.d.R. um freiwillige soziale Leistungen des Unternehmers.

II. Einkommensteuerliche Grundlagen im Zusammenhang mit der Altersvorsorge

Die einkommensteuerliche Behandlung von Altersvorsorgemaßnahmen ist in großen Bereichen dadurch geprägt, daß sie zwischen verschiedenen Typen von Erwerbstätigen und auch zwischen verschiedenen Vorsorgemaßnahmen Parallelen aufweist. Um daher Überschneidungen in der nachfolgenden Darstellung der Bestandteile des Drei-Säulen-Systems der Altersvorsorge bei abhängig Beschäftigten möglichst zu vermeiden, wird in diesem Abschnitt eine kurze systematische Darstellung der Kernpunkte des Einkommensteuergesetzes in Zusammenhang mit der Altersvorsorge gegeben.

A. Ansparphase

1. Grundsätzliche Überlegungen

Während der Phase des Erwerbs eines Anspruchs auf eine Altersversorgung ist es für den Steuerpflichtigen besonders von Bedeutung, ob der Fiskus sich z.B. im Rahmen der Einkommensbesteuerung finanziell an seiner Beitragsleistung beteiligt. Dies ist etwa der Fall, wenn der Fiskus dem Steuerpflichtigen den Abzug seiner Beiträge von der Bemessungsgrundlage gestattet. Damit verringert sich für den Steuerpflichtigen der vor Steuern benötigte Betrag, um einen bestimmten Beitrag für seine Altersvorsorge entrichten zu können, wie folgendes Beispiel zeigt:

	mit Abzug von der BG	ohne Abzug von der BG
Bruttoposition	*900*	*1000*
Beitrag	100	100
Bemessungsgrundlage	800	1000
Steuer (50%)	400	500
Nettoposition	400	400

Abb. 5: Entlastungswirkung der Abzugfähigkeit der Beiträge von der Bemessungsgrundlage[40]

40 Quelle: Eigene Darstellung.

Wie aus diesem Beispiel deutlich hervorgeht, muß der Steuerpflichtige, der den Beitrag zur Altersversorgung nicht von der steuerlichen Bemessungsgrundlage zum Abzug bringen darf, bei einem unterstellten Steuersatz von 50 % genau das Doppelte der zu leistenden Beitragszahlung verdienen, um in seiner Nettoposition mit dem Steuerpflichtigen gleich zu stehen, der seine steuerliche Bemessungsgrundlage um den zu leistenden Beitrag kürzen konnte.

Offen bleibt in diesem Zusammenhang zunächst auch noch die Frage, an welcher Stelle der Ermittlung des zu versteuernden Einkommens es zu einem Abzug der Beitragsleistung von der Steuerbemessungsgrundlage kommt. Bezogen auf das deutsche System wäre hierbei einerseits ein Abzug in Form von Werbungskosten und/oder Betriebsausgaben, auf der anderen Seite in Form von Sonderausgaben denkbar.

Über die steuerliche Abzugfähigkeit hinaus wäre natürlich auch eine Förderung der Beitragsleistung über direkte Transfers denkbar.

Prinzipiell wird im deutschen Einkommensteuerrecht der Weg über den Abzug der Beitragsleistungen als Sonderausgaben von der Steuerbemessungsgrundlage eingeschlagen. Allerdings hat der Gesetzgeber diese Abzugfähigkeit in qualitativer und quantitativer Hinsicht eingeschränkt.

In qualitativer Hinsicht erkennt der Fiskus nicht jede intertemporale Verlagerung des Konsumpotentials als abzugsfähige Vorsorgeaufwendung an: Nach § 10 Abs. 1 Nr. 2 EStG werden folgende Aufwendungen als abzugsfähige Vorsorgeaufwendungen qualifiziert:[41]

- Beiträge zu Kranken-, Pflege-, Unfall- und Haftpflichtversicherungen, zu den gesetzlichen Rentenversicherungen und an die Bundesanstalt für Arbeit (Buchst. a),
- Beiträge zu Lebensversicherungen unter bestimmten Bedingungen (Buchst. b) sowie
- Beiträge zu einer zusätzlichen privaten Pflegeversicherung unter bestimmten Bedingungen (Buchst. c).

Aber auch in quantitativer Hinsicht schränkt der Fiskus den Abzug dieser bereits qualitativ begrenzten Vorsorgeaufwendungen ein. Bei der Geltendmachung der Abzüge gewährt der Fiskus dem Steuerpflichtigen ein Wahlrecht zwischen dem Einzel-

---

41 Zur geschichtlichen Entwicklung der Abzugfähigkeit von Vorsorgeaufwendungen vgl. Winkler, E.-G., Entwicklung (Versicherungswirtschaft 1992), S. 688 f. sowie Dieckmann, E., Vorsorgeaufwendungen (Versicherungswirtschaft 1984), S. 752 ff.

nachweis (§ 10 Abs. 3 EStG) und der pauschalierten Berücksichtigung solcher Vorsorgeaufwendungen nach § 10c EStG.[42]

2. Nachweis der Vorsorgeaufwendungen nach § 10 Abs. 3 EStG

Für Vorsorgeaufwendungen[43] hat der Steuerpflichtige zunächst die Möglichkeit, im Rahmen eines Einzelnachweises je Kalenderjahr[44] verschiedene Höchstbeträge geltend zu machen. Grundsätzlich steht diese Möglichkeit jedem Steuerpflichtigen zu, unabhängig davon, ob es sich um einen abhängig Beschäftigten oder einen Selbständigen handelt.[45]

Zunächst wird dem Steuerpflichtigen in § 10 Abs. 3 Nr. 2 EStG ein Vorwegabzug in Höhe von 6.000 DM gewährt.[46]

Dieser Vorwegabzug wird bei bestimmten Gruppen von Erwerbstätigen um 16% ihrer Einnahmen gekürzt. Dabei werden unter Einnahmen unterschiedliche Bezüge erfaßt:

> „(1...)2Diese Beträge sind zu kürzen um 16 von Hundert der Einnahmen[47]
>
> a) aus nichtselbständiger Arbeit im Sinne des § 19 ohne Versorgungsbezüge im Sinne des § 19 Abs. 2[48], wenn für die Zukunftssicherung des Steuer-

---

[42] Die Darstellung wird hier für einen ledigen unbeschränkt Steuerpflichtigen vorgenommen. Vgl. kritisch zur quantitativen Begrenzung von Vorsorgeaufwendungen Tiedtke, K./Reuß, J., Höchstbetragsregelung (Deutsches Steuerrecht 1994), S. 957 ff.

[43] Unter dem Begriff der Vorsorgeaufwendungen werden dabei die Aufwendungen nach § 10 Abs. 1 Nr. 2 und 3 EStG verstanden.

[44] Unabhängig davon, ob die Voraussetzungen zum Abzug nur für einen Teil des Kalenderjahres vorgelegen haben, gelten die Höchstbeträge immer voll, d.h. es kommt zu keiner zeitanteiligen Kürzung: vgl. Nolde, G., Kommentar zu § 10 EStG, in: Hermann/Heuer/Raupach, ESt/KSt-Kommentar (1950/92), Anm. 393.

[45] Eine Auseinandersetzung mit dieser seit 1975 geltenden Rechtslage wurde u.a. von *Michel* vorgenommen: vgl. Michel, E., Verfassungsmäßigkeit (Betriebs-Berater 1975), S. 1246 ff. Zu den quantitativen Vorteilen aus dieser Regelung vgl. Laux, H., Steuerermäßigung (Anlage-Praxis 12/1993), S. 27 ff. Vgl. auch Stützel, D., Verfassungsmäßigkeit (Der Betrieb 1992), S. 758 ff.

[46] Vgl. 1. Begrenzungsstufe bei der Berechnung der pauschalierten Vorsorgeaufwendungen.

[47] Anm. d. Verf.: Unter dem Begriff Einnahmen werden die Bruttoeinnahmen und nicht die Einkünfte verstanden, wodurch die Kürzung der Einnahmen z.B. um Werbungskosten keine Auswirkung auf die Höhe der Bemessungsgrundlage der Kürzung hat. Vgl. hierzu auch Nolde, G., Kommentar zu § 10 EStG, in: Hermann/Heuer/Raupach, ESt/KSt-Kommentar , Anm. 406.

[48] Da Beamte, die in den Ruhestand versetzt wurden Einkünfte nach § 19 Abs. 2 EStG beziehen, fällt für diese die Möglichkeit der nachgewiesenen Vorsorgeaufwendungen - im Gegensatz zu den pauschalierten Vorsorgeaufwendungen - weg.

pflichtigen Leistungen im Sinne des § 3 Nr. 62 erbracht werden[49] oder der Steuerpflichtige zum Personenkreis des § 10c Abs. 3 Nr. 1 oder 2 gehört[50], und

b) aus der Ausübung eines Mandats[51] im Sinne des § 22 Nr. 4;"[52]

Zudem können Vorsorgeaufwendungen noch im Rahmen des Grundhöchstbetrags (§ 10 Abs. 3 Nr. 1 EStG) in Höhe von 2.610 DM, und des hälftigen Grundhöchstbetrags (§ 10 Abs. 3 Nr. 3 EStG) in Höhe von 1.305 DM, geltend gemacht werden

Folgendes Beispiel soll dieses Verfahren für einen ledigen abhängig Erwerbstätigen verdeutlichen:

Vorsorgeaufwendungen	12.000 DM
Arbeitslohn	65.000 DM
Kürzung Vorwegabzug (16 % * 65.000 DM)	10.400 DM
Verbleibender Vorwegabzug	0 DM
Grundhöchstbetrag	2.610 DM
Hälftiger Grundhöchstbetrag	1.305 DM
Abzugsfähige Vorsorgeaufwendungen	3.915 DM
Nicht abzugsfähige Vorsorgeaufwendungen	8.085 DM

Das Problem, das im Zusammenhang mit der Kürzung des Vorwegabzugs von Bedeutung ist, ist die Frage nach dem Grund einer solchen Kürzung. Allgemein wird diese Regelung mit dem Ziel der Gleichstellung von Arbeitnehmern, Beamten und Selbständigen begründet.[53] Da Selbständige im Gegensatz zu Arbeitnehmern und Beamten ihre Beiträge zur Altersversorgung - zumindest teilweise - zu 100% selbst finanzieren müssen, soll durch eine Kürzung dieser Pauschale um den fiktiven Arbeitgeberbeitrag zu den gesetzlichen Sozialversicherungen allen ein zumindest annähernd gleich hoher „Spielraum" für den Ansatz von Vorsorgeaufwendungen bei der Ermittlung des zu versteuernden Einkommens gewährt werden.

---

49 Mit diesen Leistungen ist unter anderem der Arbeitgeberanteil zur gesetzlichen Rentenversicherung gemeint. Damit wird sichergestellt, daß eine Kürzung des Vorwegabzugs lediglich für solche Steuerpflichtige vorgenommen wird, deren Beitragsleistung zu Ihrer gesetzlichen Alterssicherung zum Teil auch vom Arbeitgeber getragen wird.

50 Damit fallen z.B. auch Beamte in die Gruppe von Erwerbstätigen, deren Vorwegabzug gekürzt wird.

51 Z.B. Abgeordnete in den verschiedenen Parlamenten.

52 § 10 Abs. 3 Nr. 2 EStG.

53 Vgl. u.a. Nolde, G., Kommentar zu § 10 EStG, in: Hermann/Heuer/Raupach, ESt/KSt-Kommentar, Anm. 400.

3. Pauschalierung nach § 10c EStG

Sofern der Steuerpflichtige im Rahmen seiner Einkommensteuererklärung keine höheren Vorsorgeaufwendungen nachweisen kann, wird ihm in § 10c EStG zunächst ein Sonderausgaben-Pauschbetrag in Höhe von 108 DM für Sonderausgaben, die keine Vorsorgeaufwendungen im obigen Sinne sind[54], gewährt. Dieser Pauschbetrag steht ihm also auch zu, wenn er keine Vorsorgeaufwendungen leistet.

Die eigentliche Pauschalierung der Vorsorgeaufwendungen ermöglicht § 10c Abs. 2 EStG. Anwendungsvoraussetzung ist, daß der Steuerpflichtige „Arbeitslohn bezieht", d.h. Einkünfte aus nichtselbständiger Tätigkeit im Sinne des § 19 EStG hat und nicht unter die Gruppe des § 10c Abs. 3 fällt[55].

Die Ermittlung der abzugsfähigen Vorsorgeaufwendungen vollzieht sich in vier Schritten:

1. Ermittlung der Vorsorgepauschale (§ 10c Abs. 2 EStG):
   Die Höhe der Vorsorgepauschale wird durch Multiplikation des Arbeitslohnes (entspricht dem Brutto-Arbeitslohn abzüglich dem Versorgungsfreibetrag nach § 19 Abs. 2 EStG und dem Altersentlastungsbetrag nach § 24a EStG) mit dem Faktor 0,2. Der dabei ermittelte Betrag wird anschließend in drei Stufen betraglich begrenzt.

2. Erste Begrenzungsstufe (§ 10c Abs. 2 Nr. 1 EStG):
   Es darf höchstens ein Betrag abgezogen werden, der sich ergibt, wenn von 6.000 DM 16% des Arbeitslohnes subtrahiert werden.[56] Konnte dadurch nicht der ganze Betrag aus 1. berücksichtigt werden, kommt die zweite Begrenzungsstufe zum Tragen.

3. Zweite Begrenzungsstufe (§ 10c Abs. 2 Nr. 2 EStG):
   Zusätzlich zu dem Betrag aus 2. dürfen noch 2.610 DM als Vorsorgeaufwendungen pauschaliert geltend gemacht werden. Bleibt danach immer noch ein Teilbetrag aus 1. übrig, dann darf dieser zur Hälfte im Rahmen der dritten Begrenzungsstufe geltend gemacht werden.

4. Dritte Begrenzungsstufe (§ 10c Abs. 2 Nr. 3 EStG):
   Der nach den Schritten 2. und 3. verbliebene Teilbetrag aus 1. darf hälftig höchstens jedoch bis zu 1.305 DM als abzugsfähige Vorsorgeaufwendungen geltend gemacht werden.

Folgende Abbildung soll diesen Berechnungsvorgang verdeutlichen:

---

54 Vgl. dazu die Abgrenzung auf S. 24.

55 Z.B. wären das Beamte oder nicht sozialversicherungspflichtige Gesellschafter-Geschäftsführer einer GmbH.

56 Damit ist bereits bei einem Brutto-Jahresarbeitslohn von 37.500 DM diese erste Begrenzungsstufe „aufgebraucht".

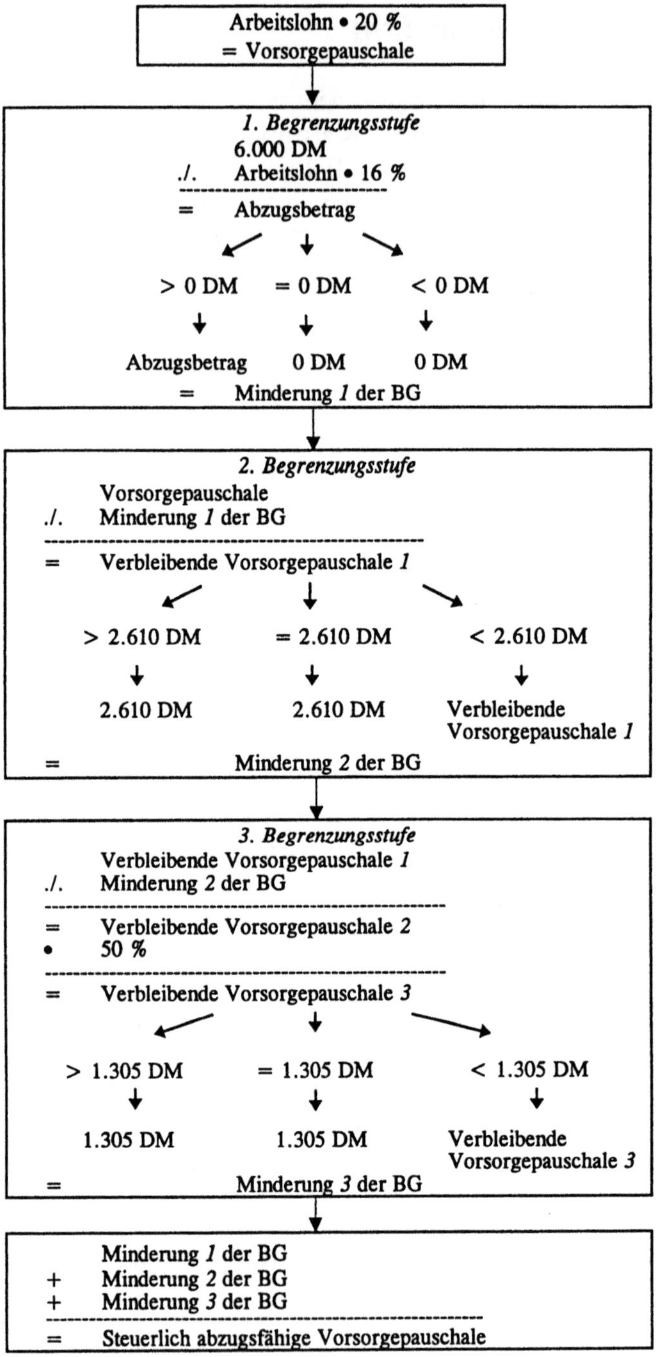

Abb. 6: Berechnungsschema zur steuerlich abzugsfähigen Vorsorgepauschale nach § 10c EStG

Folgendes Beispiel soll dieses Verfahren für einen ledigen abhängig Erwerbstätigen Arbeitnehmer verdeutlichen:

Arbeitslohn	65.000 DM
Vorsorgepauschale (20 % * 65.000 DM)	13.000 DM
Kürzung 1. Begrenzungsstufe (16 % * 65.000)	10.400 DM
Minderung 1 der Bemessungsgrundlage	0 DM
Minderung 2 der Bemessungsgrundlage	2.610 DM
Minderung 3 der Bemessungsgrundlage	1.305 DM
Abzugsfähige Vorsorgeaufwendungen	3.915 DM

Bezüglich der Höhe der abzugsfähigen Vorsorgeaufwendungen zeigt sich so kein Unterschied zur Einzelnachweisregelung.

Handelt es sich bei dem Vorsorgenden um eine Person aus der Gruppe des § 10c Abs. 3 EStG - z.B. um einen Beamten - so beträgt die Höhe der pauschaliert berücksichtigungsfähigen Vorsorgeaufwendungen 20% des Arbeitslohnes höchstens jedoch 2.214 DM.

Hierzu ebenfalls ein Beispiel für einen ledigen Beamten:

Beamtenbezüge	65.000 DM
Vorsorgepauschale (20 % * 65.000 DM)	13.000 DM
Begrenzte Vorsorgepauschale	2.214 DM
Abzugsfähige Vorsorgeaufwendungen	2.214 DM

In den Fällen, in denen der pauschalierte Ansatz von Vorsorgeaufwendungen im Rahmen der Sonderausgaben zu einem höheren abzugsfähigen Betrag führt als beim Einzelnachweis der Aufwendungen, wird der Steuerpflichtige von der Möglichkeit der Pauschalierung nach § 10c EStG Gebrauch machen.

Abgesehen von aus einer pauschalierenden Regelung zwangsläufig resultierenden Ungleichbehandlungen zwischen verschiedenen Typen von Vorsorgenden, wurde jedoch bei dieser Regelung offensichtlich verkannt, daß die Gruppe der Beamten - abstrahiert man von der weitverbreiteten Tatsache, daß Beamte meist - was z.B. ihre Krankenversicherung betrifft - eine private Zusatzversicherung mit 100%iger Eigenleistung der Beiträge abschließen - im Rahmen ihrer Altersvorsorge keine eigene Beitragsleistung haben. Damit verbleibt ihnen - wie sich an späterer Stelle im Rahmen eines Modellvergleichs dieser Arbeit noch zeigen wird - ein größerer Spielraum, um Beiträge zu weiteren privaten Vorsorgemaßnahmen steuerlich im Rahmen der abzugsfähigen Vorsorgeaufwendungen geltend zu machen.

B. Auszahlungsphase

Neben der dargestellten steuerlichen Behandlung während der Ansparphase knüpft der Fiskus in der Auszahlungsphase in verschiedener Weise eine Steuerpflicht an den Bezug von Einkünften im Rahmen der Altersversorgung an.

Da der Begriff der Altersversorgung sehr großzügig ausgelegt werden kann, sind Anknüpfungspunkte für eine Besteuerung an verschiedenen Stellen im Einkommensteuergesetz aufzufinden. Hier soll jedoch ausschließlich die Besteuerung von Renten aus der gesetzlichen Rentenversicherung und der Zusatzversorgung der Angestellten und Arbeiter im öffentlichen Dienst sowie der Beamtenpensionen dargestellt werden, weil diese Arten von Alterseinkünften von elementarer Bedeutung für die Thematik der vorliegenden Arbeit sind. Werden an späteren Stellen der Arbeit andere Vorsorgeinstrumente behandelt, wird in diesem Kontext die entsprechende Besteuerung vorgestellt.[57]

1. Besteuerung von Renten aus der gesetzlichen Rentenversicherung

Spezifisch für die Renten aus der gesetzlichen Rentenversicherung, daß es sich hierbei - unabhängig von der Rentenart - um Leibrenten[58] handelt. Die Zahlung der Rente ist somit an das Leben des Bezugsberechtigten gebunden.

Die Besteuerung der Leibrenten - in Rahmen der Einkunftsart der Sonstigen Einkünfte - ist in § 22 Nr. 1 Satz 3 Buchst. a EStG geregelt:[59] Der Besteuerung werden dabei lediglich die „Einkünfte aus Erträgen des Rentenrechts" - der sogenannte Ertragsanteil der Leibrente - unterworfen.[60]

Als Ertragsanteil in diesem Sinne gilt „für die gesamte Dauer des Rentenbezuges der Unterschied zwischen dem Jahresbetrag der Rente und dem Betrag, der sich bei gleichmäßiger Verteilung des Kapitalwerts der Rente auf ihre voraussichtliche Laufzeit ergibt, wobei der Kapitalwert nach dieser Laufzeit zu berechnen ist."[61]

---

57 Für einen internationalen Vergleich der Besteuerung von Altersrenten vgl. Scheil, X. B., Steuerbelastung (Sozialer Fortschritt 1982), S. 250 ff.

58 Vgl. ausführlich zum Begriff und Wesen von Leibrenten: Biergans, E., Renten (1993), S. 4 ff. Grundsätzlich zur Besteuerung von Renten vgl. Fischer, P., Rentenbesteuerung (Steuer und Wirtschaft 1988), S. 335 ff.

59 Vgl. Jansen, R., Kommentierung zu § 22 EStG, in: Hermann/Heuer/Raupach, ESt/KSt-Kommentar (1950/92)

60 Zu den Anfängen der Ertragsanteilsbesteuerung vgl. Hagedorn, R., Leibrenten (Neue Betriebswirtschaft 1953 - Beilage 2), S. 31 ff.

61 Lantau, K.-H., Neuregelung der Besteuerung (Betriebs-Berater 1955), S: 695.

Damit ergibt sich folgende Formel für die Berechnung des Ertragsanteils (E):[62]

$$E = R - \frac{B}{n} \qquad (1)$$

Da die statistische Restlebenserwartung in der Regel keine ganzzahlige Größe ist, wird die Berechnung des Kapitalwerts der Rente zu Beginn des Rentenbezugs (B) „durch Interpolation zwischen den Barwertfaktoren einer vorschüssigen jährlichen Zeitrente von 1 DM für den n nächstliegenden höheren ganzen und den n nächstliegenden niedrigeren ganzen Termin berechnet."[63]

Damit ergibt sich folgende Formel für die Berechnung von B:

$$B = R\left[\frac{q^n - 1}{q^{n-1} * (q-1)}\right] \qquad (2),$$

wobei

$$q = 1 + \frac{p}{100}$$

und p der Zinssatz 5,5 % ist.

Faßt man nun die Formeln (1) und (2) zusammen, so ergibt sich folgende Formel (3) zur Berechnung von E:

$$E = R\left[1 - \frac{(q^n - 1)}{n\,q^{n-1} * (q-1)}\right] \qquad (3).$$

Der sich aus dieser Berechnung ergebende Ertragsanteil E wird dann in bezug zur Rente R gesetzt, was den prozentualen Ertragsanteil ergibt, der dann wiederum auf- oder abgerundet wird.

Zum Zwecke der Vereinfachung kann der Ertragsanteil - abhängig von dem bei Beginn der Rentenzahlung vollendeten Lebensjahres des Rentenberechtigten - aus der Tabelle des § 22 Nr. 1 Buchst. a EStG als Prozentsatz vom Gesamtbetrag der Rente abgelesen werden.

---

62 Die Darstellung erfolgt in Anlehnung an Brockhoff, Besteuerung (Deutsche Steuer-Zeitung 1954), S. 399 ff.

63 Lantau, K.-H., Neuregelung der Besteuerung (Betriebs-Berater 1955), S. 696.

Die Ermittlung des Ertragsanteils soll an folgendem Beispiel deutlich gemacht werden:[64]

Ein männlicher Rentenberechtigter erhält nach Vollendung des 60 Lebensjahres eine jährliche Altersrente aus der gesetzlichen Rentenversicherung in Höhe von 20.000 DM. Nach der Sterbetafel für 1986/88[65] ergibt sich für den Rentenberechtigten eine statistische Restlebenserwartung von 17,55 Jahren.

Ausgehend von dem - im Steuerrecht üblicherweise verwendeten - Rechenzinssatz von 5,5 % ergibt sich dabei ein Kapitalwert bezogen auf die statistische Restlebenserwartung:

$$B = 20.000 \left[\frac{1{,}055^{17{,}55} - 1}{1{,}055^{17{,}55-1} * (1{,}055 - 1)} \right] = 233.748{,}13$$

Wendet man dieses Ergebnis nun auf die Formel zur Ermittlung des Ertragsanteils (1) an, so ergibt sich folgende Gleichung:

$$E = 20.000 - \frac{233.74{,}13}{17{,}55} = 6.681{,}02$$

Somit beträgt der Unterschied zwischen der laufenden Rentenzahlung und der Verteilung des Kapitalwerts auf die voraussichtliche Laufzeit 6.682,43 DM. Setzt man nun diesen Unterschiedsbetrag in Verhältnis zu der tatsächlich geleisteten Rentenzahlung so erhält man den für den gesamten Bezugszeitraum gültigen Ertragsanteil (EA) der Leibrente:

$$EA = \frac{6.681{,}02}{20.000} = 0{,}334 \approx 33\,\%$$

Vergleicht man diesen Wert mit dem Wert aus der Tabelle des § 22 Nr. 1 Buchst. a EStG, so kann man erkennen, daß dort ein etwas geringerer Ertragsanteil von 32 % für die Beispielskonstellation vorgesehen ist.[66]

In diesem Zusammenhang bleibt noch anzumerken, daß das Gesetz beim Rentenberechtigten nicht nach dem Geschlecht unterscheidet, obwohl sich die statistischen Restlebenserwartungen von Frauen und Männern erheblich unterscheiden, wie nachstehende Abbildung zeigt:

---

64 Dabei wird die Rechtslage ab dem VZ 1994 unterstellt. Mit dem VZ 1994 wurde die Ertragsanteilstabelle in § 22 Nr. 1 Satz 3 Buchst. a EStG geändert, indem zur Berechnung nicht mehr die Sterbetafel von 1970/72 sondern von 1986/88 herangezogen wurde. Vgl. Moench, D., Preis längeren Lebens (Deutsches Steuerrecht 1993), S. 898 ff.

65 Statistisches Bundesamt, Allgemeine Sterbetafeln 1986/88 für die Bundesrepublik Deutschland (Wirtschaft und Statistik 1991), S. 234 ff.

66 Diese Tatsache ist vor allem verwunderlich, da bei der Berechnung für die Beispielskonstellation exakt nach dem für die Berechnung der tatsächlichen Werte in der Ertragsanteilstabelle des § 22 EStG vorgesehenen Verfahren vorgegangen wurde.

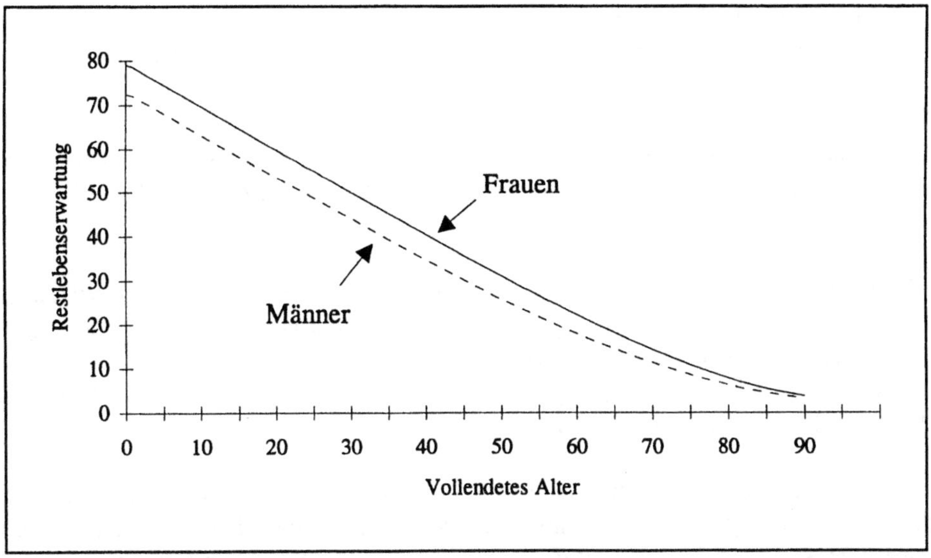

Abb. 7: Restlebenserwartung auf Basis der abgekürzten Sterbetafel 1991/93[67]

2. Renten aus der Zusatzversorgung des öffentlichen Dienstes

Die Renten aus der Zusatzversorgung für Angestellte und Arbeiter im öffentlichen Dienst bei der Versorgungsanstalt des Bundes und der Länder (VBL) sind nach Auffassung des Gesetzgebers ebenfalls Leibrenten und werden deshalb wie die Altersenten aus der gesetzlichen Rentenversicherung mit ihrem Ertragsanteil aus der Tabelle nach § 22 Nr. 1 Buchst. a EStG der Besteuerung unterworfen.

Die in diesem Zusammenhang sicherlich interessante Frage, ob es sich bei den Renten aus der Zusatzversorgung tatsächlich um solche Leibrenten oder aber um nachträgliche Einkünfte aus nichtselbständiger Tätigkeit im Sinne des § 19 Abs. 1 Nr. 2 EStG handelt - und damit einer Besteuerung wie die Beamtenpensionen unterworfen werden müßten - wird an späterer Stelle noch eingehend diskutiert werden.[68]

3. Besteuerung von Beamtenpensionen

Wenn Beamte die Voraussetzungen zur Pensionierung erfüllt haben, werden Sie in den Ruhestand versetzt. Das bedeutet, daß sie ihren Status als Beamter - mit allen Rechten und Pflichten - nicht verlieren, sondern auch während ihres Ruhestandes beibehalten. Konsequenterweise verlieren sie dadurch auch nicht ihren verfassungs-

---

67 Quelle: Eigene Darstellung in Anlehnung an: Statistisches Bundesamt, Abgekürzte Sterbetafeln 1991/93 für die Bundesrepublik Deutschland (Wirtschaft und Statistik 1995), S. 405 ff.

68 Vgl. hierzu S. 159.

rechtlich garantierten Anspruch auf eine angemessene Entschädigung; diese wird ihnen in Form ihrer Pension auch während ihres Ruhestandes weiterhin gewährt.

Daher wird die Beamtenpension steuerlich auch nicht als Leibrente - wie z.B. die Rente aus der gesetzlichen Rentenversicherung - besteuert, sondern sie wird unter den „nachträglichen“ Einkünften aus nichtselbständiger Tätigkeit gemäß § 19 Abs. 1 Nr. 2 EStG erfaßt.

Allerdings steht dem steuerpflichtigen Ruhestandsbeamten - da es sich bei seiner Pension um Versorgungsbezüge handelt - der Versorgungsfreibetrag nach § 19 Abs. 2 EStG in Höhe von 40 % dieser Bezüge höchstens jedoch 6.000 DM zu. Das bedeutet, daß bei der Ermittlung des zu versteuernden Einkommens der kleinere dieser beiden Beträge steuerfrei ist.

Zusätzlich steht dem Pensionär auch weiterhin die Möglichkeit offen, einkünftemindernde Werbungskosten nachzuweisen oder alternativ den Werbungskostenpauschbetrag nach § 9a Nr. 1 EStG in Höhe von 2.000 DM in Anspruch zu nehmen. Des weiteren bietet ihm das Einkommensteuergesetz auch die Möglichkeit, Vorsorgeaufwendungen wie bereits während seiner aktiven Beamtenzeit nachzuweisen oder zu pauschalieren.

III. Ausprägung des „Drei-Säulen-Systems“ bei abhängig Erwerbstätigen

Nachdem die einkommensteuerliche Behandlung der einzelnen Bestandteile des Drei-Säulen-Systems der Altersvorsorge dargestellt wurde, wird nun dessen Inhalt für die Gruppe der abhängig Beschäftigten Inhalt der folgenden Ausführungen sein.

Die Vorgehensweise wurde dabei so gewählt, daß - um Überschneidungen zwischen den einzelnen Darstellungen möglichst zu vermeiden - eine Unterteilung der Darstellung in die einzelnen Säulen der Altersversorgung und darunter in die verschiedenen Mitgliedergruppen dieses Typus des Erwerbstätigen erfolgt.

A. Historischer Überblick

Vor der Darstellung des status quo des „Drei-Säulen-Systems“ erfolgt an dieser Stelle zunächst ein Abriß über die historische Entwicklung der einzelnen Bestandteile. Naturgemäß kann im Rahmen dieser Arbeit nicht in detailliertester Weise auf die jeweilige historische Entwicklung eingegangen werden, so daß ein Überblick und Hinweise auf weiterführendes Schrifttum ergänzend eingefügt werden.

1. Gesetzliche Rentenversicherung

Die Entwicklung der gesetzlichen Rentenversicherung läßt sich - historisch betrachtet - in zwei Phasen aufteilen.[69]

a) Phase von der Arbeiterrentenversicherung von Bismarck bis zur Rentenreform des Jahres 1957

Die gesetzliche Rentenversicherung entstand im Jahr 1889 als „Gesetz betreffend die Invaliditäts- und Altersversicherung"[70] und war wichtiger Bestandteil des Gesamtkonzeptes des Reichskanzlers Bismarck[71] mit dem Ziel der sozialen Absicherung eines Großteils der Bevölkerung. Sie bildete neben der Einführung der gesetzlichen Krankenversicherung[72] und der gesetzlichen Arbeitslosenversicherung[73] einen weiteren Meilenstein in der Entwicklung der Sozialversicherung in Deutschland.[74]

Die gesetzliche Rentenversicherung - auch als Bismarck'sche Arbeiterversicherung bekannt - war in ihrer mittlerweile bereits mehr als 100-jährigen Geschichte vielfältigen Veränderungen unterworfen.[75]

In der Arbeiterversicherung Bismarck's aus dem Jahre 1889 waren zunächst vornehmlich „Personen, welche als Arbeiter, Gehilfen, Gesellen, Lehrlinge oder

69 Vgl. ausführlich zur historischen Entwicklung der gesetzlichen Rentenversicherung Ritter, G. A., Sozialstaat (1989), S. 60 ff. Zum internationalen Vergleich von Sozialversicherungssystemen vgl. Zöllner, D., Landesbericht Deutschland (1981), in: Köhler, P. A./Zacher, H. F., Ein Jahrhundert Sozialversicherung (1981), S. 51 ff.; Zöllner, D., Vergleich (Zeitschrift für die gesamte Versicherungswissenschaft 1980), S. 215 ff.; Casmir, B., Rentenversicherungssysteme (1990).

70 Vom 22. Juni 1889, veröffentlicht im RGBl 1889, S. 97 ff.

71 Vgl. hierzu auch Saul, K., Wirtschafts- und sozialpolitische Grundlagen (Zeitschrift für die gesamte Versicherungswissenschaft 1980), S. 177 ff.; Schmidt, I., Auswirkungen der Rentenreform (1961), S. 12 ff. Grundlegend zum Zusammenhang soziale Sicherheit im Wohlfahrtsstaat Hayek, F.A., Verfassung (1983), S. 361 ff.

72 Gesetz betreffend die Krankenversicherung der Arbeiter (Krankenversicherungsgesetz) v. 15. Juni 1883, RGBl 1883, S. 73 ff.

73 Gesetz über Arbeitsvermittlung und Arbeitslosenversicherung v. 16. Juli 1927, RGBl 1927, S. 187 ff.

74 Den (vorläufigen) Abschluß bildete die Einführung der Pflegeversicherung im Jahre 1995, bei der wiederum auf das bewährte Umlageverfahren und dem „Generationenvertrag" aufgebaut wurde: vgl. kritisch hierzu Schewe, D., Lehren (Sozialer Fortschritt 1994), S. 35 ff.

75 Vgl. ausführlichst zur Entwicklung der Bismarck'schen Arbeiterversicherung bis zur Rentenreform des Jahres 1957 Vogel, W., Arbeiterversicherung (1951). Für die speziellen Entwicklungen im Nachkriegsdeutschland vgl. Hockerts, H. G., Sozialpolitische Entscheidungen (1980), insbes. S. 320 ff. Ebenso Heinze, M., Möglichkeiten der Fortentwicklung (1984), in: Verhandlungen des fünfundfünfzigsten Deutschen Juristentages (1984), S. E7 ff. sowie Alber, J., Sozialstaat (1989), S. 44 ff.

Dienstboten gegen Lohn oder Gehalt beschäftigt werden"[76] erfaßt. Die Finanzierung der Leistungen aus der Versicherung wurden „vom Reich, von den Arbeitgebern und von den Versicherten aufgebracht"[77] - daran hat sich bis zum heutigen Tage nichts geändert. Das bedeutet, daß die Finanzierung zum einen durch Beitragsleistung zum anderen über einen Reichszuschuß - dem heutigen Bundeszuschuß - erfolgte. Ebenso unverändert blieb die Aufteilung des Beitrages hälftig auf Arbeitgeber und Arbeitnehmer.[78] Als Finanzierungsform war zu Beginn der gesetzlichen Rentenversicherung die Kapitaldeckung vorgesehen:

> „Die Höhe der Beiträge ist unter Berücksichtigung der in Folge von Krankheiten (§ 17 Absatz 2) entstehenden Ausfälle so zu bemessen, daß durch dieselben gedeckt werden die Verwaltungskosten, die Rücklagen zur Bildung eines Reservefonds (§ 21), die durch Erstattung von Beiträgen (§§ 30 und 31) voraussichtlich entstehenden Aufwendungen, sowie der Kapitalwerth der von der Versicherungsanstalt aufzubringenden Antheile an denjenigen Renten, welche in dem betreffenden Zeitraum voraussichtlich zu bewilligen sein werden."[79]

Die Höhe des angesprochenen Reservefonds wurde ebenfalls gesetzlich exakt definiert:

> „Die Rücklagen zum Reservefonds sind für die erste Beitragsperiode so zu bemessen, daß am Schlusse derselben der Reservefonds ein Fünftel des Kapitalwerths der in dieser Periode der Versicherungsanstalt voraussichtlich zu Last fallenden Renten beträgt."[80]

Zweck dieses Reservefonds war die Absicherung gegen das Risiko der Berechnung der aufzubringenden Finanzierungsmittel nach § 20 des Gesetzes. Daher wurde auch die Verwendung des Reservefonds gesetzlich vorgeschrieben: „Der Reservefonds sowie dessen Zinsen dürfen, solange der erstere die vorgeschriebene Höhe noch

---

76 § 1 Nr. 1 des Gesetzes betreffend die Invaliditäts- und Altersversicherung v. 22. Juni 1889, RGBl 1889, S. 97.

77 § 19 des Gesetzes betreffend die Invaliditäts- und Altersversicherung v. 22. Juni 1889, RGBl 1889, S. 104.

78 Vgl. § 19 des Gesetzes betreffend die Invaliditäts- und Altersversicherung v. 22. Juni 1889, RGBl 1889, S. 104. Der Beitrag wurde dabei nach Lohnklassen, die abhängig vom Jahresarbeitsverdienst in vier Gruppen aufgeteilt wurden (vgl. § 22 des Gesetzes betreffend die Invaliditäts- und Altersversicherung v. 22. Juni 1889, RGBl 1889, S. 105 f.), als wöchentliche Abgabe festgelegt (§ 96 des Gesetzes betreffend die Invaliditäts- und Altersversicherung v. 22. Juni 1889, RGBl 1889, S. 126).

79 § 20 des Gesetzes betreffend die Invaliditäts- und Altersversicherung v. 22. Juni 1889, RGBl 1889, S. 104.

80 § 21 des Gesetzes betreffend die Invaliditäts- und Altersversicherung v. 22. Juni 1889, RGBl 1889, S. 104.

nicht erreicht hat, nur in dringenden Bedarfsfällen mit Genehmigung des Reichs-Versicherungsamtes angegriffen werden."[81]

Diese Vorgehensweise allerdings hat sich mit der Rentenreform des Jahres 1957 entscheidend verändert.[82] Die Altersrenten aus der gesetzlichen Rentenversicherung des Jahres 1889 waren für die einzelnen Lohnklassen definiert und wurden lediglich in verschiedenen Rentenanpassungsgesetzen neu festgelegt.[83] Auch dieser Bestandteil der Bismarck'schen Arbeiterversicherung wurde im Rahmen der Rentenreform 1957 geändert.[84]

Angestellte wurden erst mit der Gesetzesänderung im Jahre 1911[85] in den Kreis der versicherungspflichtigen und -berechtigten Personen aufgenommen. Allerdings wurde dabei eine eigenständige Versicherung errichtet - die Angestelltenversicherung.[86] Die Existenz zweier getrennter Versicherungssysteme nebeneinander ist auch noch heute sichtbar: Arbeiter werden in den verschiedenen Landesversicherungsanstalten, Angestellte bei der Bundesversicherungsanstalt für Angestellte in Berlin erfaßt.

Gleichzeitig wurde mit dieser Gesetzesänderung eine Zusammenfassung der verschiedenen Gesetze zur Sozialversicherung in ein einheitliches Gesetzbuch - die Reichsversicherungsordnung - vorgenommen.[87]

In der Folge wurde die gesetzliche Rentenversicherung einer Vielzahl von Änderungen unterworfen, von denen die wichtigsten zunächst tabellarisch dargestellt und anschließend erläutert werden:

---

81 § 21 des Gesetzes betreffend die Invaliditäts- und Altersversicherung v. 22. Juni 1889, RGBl 1889, S. 104.

82 Vgl. hierzu S. 38 f. dieser Arbeit.

83 Vgl. §§ 25 ff. des Gesetzes betreffend die Invaliditäts- und Altersversicherung v. 22. Juni 1889, RGBl 1889, S. 106 ff.

84 Stichwort „Dynamisierte Rente". Vgl. hierzu S. 38 f. dieser Arbeit.

85 Versicherungsgesetz für Angestellte v. 20. Dezember 1911, RGBl 1911, S. 989 ff.

86 Zur historischen Entwicklung der Angestelltenversicherung vgl. Seiler P., Angestelltenversicherung (Die Angestelltenversicherung 1994), S. 121 ff.

87 Reichsversicherungsordnung v. 19. Juli 1911, RGBl 1911, S. 509 ff.

Änderungsbereiche / Rentenreform	Versicherten-Kreis	Versicherungsfremde Leistungen	Beitragsleistung	Rentenleistung	Finanzierungsverfahren
1911	X				
1957			X	X	X
1967	X		X		
1972	X	X	X	X	
1992		X		X	X

Abb. 8: Reformen der gesetzlichen Rentenversicherung[88]

Dabei darf jedoch nicht vergessen werden, daß eine wichtige Größe im Rahmen der gesetzlichen Rentenversicherung hier nicht erfaßt ist: der Beitragssatz. Dieser wurde in wesentlich kürzeren Abständen immer wieder - zumeist nach oben - verändert.[89]

b) Rentenreform des Jahres 1957

Als ein weiterer wichtiger Meilenstein in der Entwicklung der gesetzlichen Rentenversicherung ist die Rentenreform des Jahres 1957[90] zu nennen.[91] Die wichtigsten Bestandteile der Gesetzesänderung waren:

- Gleiches Beitrags- und Leistungsrecht für Arbeiter und Angestellte,
- dynamisierte, lohnbezogene Rentenformel,
- Rehabilitationsmaßnahmen haben Priorität vor Rentenbezug und
- Finanzierung der Renten durch die aktiv Versicherten („Umlageverfahren") auf Basis des sogenannten Generationenvertrags.

aa) Mackenroth-These

Die unter der Bezeichnung „Mackenroth-These" bekannt gewordene finanzwissenschaftliche Subsumption, daß „aller Sozialaufwand immer aus dem Volkseinkom-

---

88 Quelle: Eigene Darstellung.

89 Vgl. hierzu die Ausführungen von Nitsche, M., Geschichte des Leistungs- und Beitragsrechts (1986), insb. S. 492 ff.

90 Gesetz zur Neuregelung des Rechts der Rentenversicherung der Arbeiter v. 23. Februar 1957, BGBl I 1957, S. 45 ff.; Gesetz zur Neuregelung des Rechts der Rentenversicherung der Angestellten v. 23. Februar 1957, BGBl I 1957, S. 88 ff.

91 Vgl. hierzu auch Oeter, F., Überwindung des Versorgungsstaates (Deutsches Ärzteblatt 1956), S. 25 ff. Vorläufer dieser Entwicklung war auch der Beitrag von Lord Beveridge zum gleichen Problemkreis im Vereinigten Königreich Großbritannien: vgl. Beveridge, W., Beveridgeplan (1943) sowie Beveridge, W., Soziale Sicherheit (1946), S. 3 ff.

men der laufenden Periode gedeckt werden muß"[92] gilt als der Anfang vom Ende der kapitalgedeckten gesetzlichen Rentenversicherung.[93]

Diese anläßlich einer Tagung des Vereins für Sozialpolitik zum Thema „Die Reform der Sozialpolitik durch einen deutschen Sozialplan" im Jahre 1952 aufgestellte These besagt, daß ein volkswirtschaftlich und sozialpolitisch möglicher Sozialaufwand einer Periode nicht durch „Sparen" im privatwirtschaftlichen Sinne oder durch Fondsbildung durchgeführt werden kann, sondern, daß diese periodische Unterstützung von relativ sozial Schwachen immer in der gleichen Periode von den relativ sozial Starken aufgebracht werden muß.[94] Dieses These ist insofern richtig, als daß die reine Ansammlung von (Geld-)Kapital in Fonds nichts nützt, sie wäre unproduktiv. Im Zeitraum der Altersphase muß es dann ja zu einem Entsparen in Form einer Auflösung des während der Erwerbsphase gebildeten Kapitals kommen, wozu aber - im Modell einer geschlossenen Volkswirtschaft - wiederum jemand benötigt wird, der im gleichen Maße spart, soll es nicht zu einer - volkswirtschaftlich unerwünschten - negativen Netto-Gesamtinvestition kommen.[95]

Rürup faßt diesen Zusammenhang am Beispiel bereits bestehender Kapitalsammelstellen treffend zusammen[96]:

> „Ein Fonds, eine Bank oder eine Versicherung können nur Zinsen zahlen bzw. Erträge ausschütten, wenn sich jemand findet, der die eingezahlten Spargelder produktiv anlegt, mit ihnen wirtschaftet, das heißt

---

92 Mackenroth, G., Reform der Sozialpolitik, Schriften des Vereins für Sozialpolitik Band 4 (1952), S. 41.

93 Vgl. stellvertretend für viele: Ruf, T., Äquivalenzprinzip (Die Angestelltenversicherung 1979), S. 338; Rürup, B., Bevölkerungspolitisches Instrument (Deutsche Rentenversicherung 1979), S. 354; Rürup, B., Arbeitgeberbeiträge (Wirtschaftsdienst 1979) S. 547 f; Weise, H., Rentenfinanzierung (Finanzarchiv 1979), S. 399; Franke, H., Notwendigkeiten; in: Schenke, K./Schmähl, W. (Hrsg.) Alterssicherung als Aufgabe für Wissenschaft und Politik, Festschrift für Helmut Meinhold 1980, S. 11; Schewe, D., Sozialaufwand (Sozialer Fortschritt 1996), S. 35 ff; Külp, B., Mackenroth-Theorem (Wirtschaftswissenschaftliches Studium 1993), S. 82 ff. Ohne namentlich auf Mackenroth bezug zu nehmen findet sich auch ein Verweis auf seine These bei Nell-Breuning, O. v., Generationen (Wirtschafts-Woche v. 02.06.1978), S. 77.

94 Vgl. Mackenroth, G., Reform der Sozialpolitik, Schriften des Vereins für Sozialpolitik Band 4 (1952), S. 41.

95 Auf diese Tatsache wird oftmals die Begründung eines Umlageverfahrens aufgebaut, da es auch beim Kapitaldeckungsverfahren immer zu einem Entsparen und Sparen in gleicher Höhe und in der gleichen Periode kommen muß, so daß sinnvoller Weise auf das Intermediär „Kapital" - z.B. aufgrund der anfallenden Transaktionskosten - verzichtet werden kann, ohne daß sich real an der Konsumpotentialverlagerung etwas ändert.

96 Dabei ist die Übertragbarkeit dieser Erkenntnisse auf eine „Kapitalsammelstelle Rentenversicherung" ohne weiteres möglich.

> Leistungen erstellt, Einkommen erzielt und daraus Sollzinsen an die Bank oder Versicherung oder Dividenden an den Fonds zahlt."[97]

Wird hingegen unterstellt, daß das Vorsorge-Sparen in gleicher Höhe zu einer Investition in produktives Sachkapital führt, so kann dadurch durchaus ein sinnvolles Instrument zur Sicherung der Existenz im Alter entstehen.[98] Ähnlich formuliert auch *Blümle* diesen Zusammenhang: „Daß indessen durch die Akkumulation von Kapital und Humankapital das Produktionspotential künftiger Generationen erhöht und damit deren Last des Sozialaufwands erleichtert wird, erscheint ebenso einleuchtend, wie die oft zu hörende Warnung, daß wir durch die Schädigung der Umwelt und Ausbeutung der Ressourcen auf Kosten künftiger Generationen leben."[99]

Die Mackenroth-These beruht auf den Grundgedanken der keynesianischen Instabilitätshypothese und ist somit auch nur unter darin gesetzten Bedingungen gültig.[100] Der oben beschriebene Zusammenhang entspricht nämlich der „keynesianischen Bedingung", daß die Zunahme der Nettoersparnisse nicht zu einer gleich großen Zunahme der Nettoinvestitionen führt. Die gesetzliche Rentenversicherung - sofern sie als Instrument der sozialen Hilfe verstanden wird - könnte folglich nur über ein Umlageverfahren finanziert werden.

Generell muß gegen diese These eingewandt werden, daß sie ausschließlich eine einperiodige Betrachtungsweise beinhaltet, die allerdings - unter dem Gesichtspunkt der langfristigen Auswirkung von grundlegenden und/oder strukturellen Änderungen im Rahmen einer Sozialversicherung - um eine mehrperiodige Komponente erweitert werden muß. Der Erwerb von Ansprüchen in einer heutigen Periode - z.B. in Form von Beitragszahlungen - zieht zwangsläufig entsprechende Ansprüche an die Versorgung in späteren Perioden - z.B. in Form von Rentenzahlungen - nach

---

97 Rürup, B., Renten- und Pensionsfinanzierung (Deutsche Rentenversicherung 1995), S. 719.

98 Zur Veranschaulichung soll folgendes Beispiel dienen: Nach einem Schiffsunglück sind die Überlebenden auf einer einsamen Insel gestrandet. Die Überlebenden kann man in drei Gruppen unterteilen: die Noch-Nicht-Arbeitsfähigen (Kinder), die Arbeitsfähigen (Erwerbstätige) und die Nicht-Mehr-Arbeitsfähigen (Rentner). Zur Versorgung mit dem einzigen Nahrungsmittel Fisch sei nur die zweite Gruppe der Arbeitsfähigen in der Lage. Sie kann sich jetzt aussuchen, ob sie den lieben langen Tag die Fische mit den Händen fischt und unter den Überlebenden verteilt oder vielleicht noch etwas Kapital (Arbeitszeit) in die Herstellung eines Netzes investiert, mit dem sowohl die Versorgung der jetzt Alten und Jungen als auch - nach Weitervererbung des Netzes an ihre Kinder - ihre eigene Versorgung später erleichtert werden könnte.

99 Blümle, G., Ersparnisbildung (Wirtschafts-Studium 1992), S. 158.

100 Vgl. Külp, B., Finanzierungssysteme (Hamburger Jahrbuch für Wirtschafts- und Gesellschaftspolitik 1991), S. 37 f. Zur keynesianischen Instabilitätshypothese vgl. das grundlegende Werk von Keynes, J. M., The general theory of employment , interest and money (1936).

sich.[101] Alleine um einem subjektiv ausgeprägten versicherungsmäßigen Äquivalenzgedanken gerecht zu werden, erscheint daher eine intertemporale Konsumpotentialverlagerung durch Kaufkraftverschiebungen, sei es in Form von Vermögensansammlungen oder in Form einer Schaffung von relativen Rentenanwartschaften, durchaus sinnvoll.

Das bedeutet, daß selbst im Modell einer geschlossenen Volkswirtschaft während der Erwerbsphase zur intertemporalen Konsumverlagerung gebildetes Kapital durch seine Auflösung in der Altersphase wieder zu Konsumpotential wird und deshalb das zur Verfügung stehende Konsumpotential nicht nur aus dem Volkseinkommen - was der „Mackenroth-These" entsprechen würde - entstammen sondern auch durch den - aufgrund eines Verzichts auf Ersatzinvestitionen bedingten - Abbau eines bestehenden Kapitalstocks beruhen kann.[102] Nichtsdestoweniger stammt aber das tatsächliche Konsumpotential einer Periode immer nur aus dem erwirtschafteten Sozialprodukt dieser Periode, wenn man vom gesamtwirtschaftlich eher bedeutungslosen Fall einer Lagerhaltung abstrahiert.

Generell aber kann die Funktionalität eines Kapitaldeckungsverfahrens oder Anwartschaftdeckungsverfahrens lediglich aus mikroökonomischer Sicht als immun gegenüber Veränderungen im Bevölkerungsaufbau bezeichnet werden. Aus makroökonomischer Sicht allerdings zeigt eine „Veralterung der Bevölkerung" sowohl bei einem Umlage- als auch bei einem Kapitaldeckungsverfahren negative Wirkungen.[103]

Welche Folgerungen müssen aus den vorstehenden Zusammenhängen gezogen werden? Die „Mackenroth-These" ist nur in ihren abgesteckten Grenzen gültig. Mit einem Umlageverfahren werden nur teilweise dem Kapitaldeckungsverfahren immanente Schwächen beseitigt, jedoch ist auch das Umlageverfahren nicht ohne Probleme, wie die tatsächliche Entwicklung nach der Reform des Jahres 1957 gezeigt hat.

Dennoch war der Beitrag von *Mackenroth* einer der Auslöser für die mit der Rentenreform von 1957 verwirklichte Umstellung der gesetzlichen Rentenversicherung vom bis dato praktizierten Kapitaldeckungs- auf das Umlageverfahren.

---

101 Vgl. Schmähl, W., Aller Sozialaufwand (Hamburger Jahrbuch für Wirtschafts- und Gesellschaftspolitik 1981), S. 163 ff.

102 Diesen Zusammenhang formulierte *Neumann* als die modifizierte Mackenroth-These: „Unabhängig von der Finanzierungsmethode der Alterssicherung müssen die nicht mehr Erwerbstätigen aus dem Bruttosozialprodukt der jeweiligen Periode versorgt werden." Neumann, M., Entlastung 1986, S. 17.

103 Vgl. Ruland, F., Bedrängnis (Handelsblatt v. 28./29.01.1994), S. 6; ebenso Färber, G., Realkapitalbildung (Handelsblatt v. 11./12.02.1994), S. 6; Brunner, J. K./Falkinger, J., Umlageverfahren (Zeitschrift für Wirtschafts- und Sozialwissenschaften 1988), S. 617 ff.

bb) Schreiber-Plan

Der Beitrag von *Mackenroth* prägte auch die Ausführung von *Schreiber*, der in seinem Beitrag aus dem Jahr 1955 zu einer Reform der Sozialversicherungen[104] unter anderem für die Umstellung auf eine Umlagefinanzierung plädierte. Dieser Plan wird im folgenden in seinen Grundzügen dargestellt.

In seinem grundlegenden und richtungsweisenden Werk „Existenzsicherheit in der industriellen Gesellschaft" setzt sich *Schreiber* intensiv und eingebettet in historische Zusammenhänge mit der Entwicklung der sozialen Unterstützung innerhalb der jeweiligen Gesellschaftsform, d.h. von der agrarisch-strukturierten über die vorindustrielle hin zur industriellen Gesellschaft auseinander.[105]

Während bei der agrarisch-strukturierten Gesellschaft noch das Individuum seine Existenzsicherheit eingebettet in den Schoß einer sich gegenseitig unterstützenden Großfamilie fand, sieht *Schreiber* im industriellen Zeitalter die Gesellschaft an sich gefordert, die sozial Bedürftigen solidarisch zu unterstützen.[106] Er drückt das in einer einfachen These aus:

> „In der industriellen Gesellschaft stellt sich daher erstmalig das Problem der Verteilung des Lebenseinkommens auf die drei Lebensphasen: Kindheit und Jugend, Arbeitsalter und Lebensabend."[107]

Mit dieser Hypothese ist jedoch keinesfalls automatisch die Verpflichtung zur kollektiven sozialen Unterstützung innerhalb einer Gesellschaft verbunden. Vielmehr fordert diese These lediglich, daß jedes Individuum sein während der Phase des Arbeitsalters bezogenes Einkommen so investiert, daß seine Existenz auch in der Phase des Lebensabends gesichert ist.[108]

Wie aber kann er nun das genau bewerkstelligen? Prinzipiell stehen im hierfür drei Möglichkeiten offen:

1. Investition in Sachkapital während der Erwerbsphase, um dieses dann zeitlich verlagert in der Altersphase wieder zu konsumieren;

---

104 Schreiber W., Existenzsicherheit (1955).

105 Zu einer eingehenden Auseinandersetzung mit der historischen Entwicklung der „Altenversorgung" vor dem Hintergrund einer sich wandelnden Gesellschaft vgl. auch Dießenbacher, H., Generationenvertrag (Leviathan 1988), S. 457 ff.

106 *Schreiber* ist der Meinung, daß eine Verpflichtung zum sozialen Ausgleich durch den Arbeitgeber in Form eines sozial abgestuften Individualeinkommens in einer freien Marktwirtschaft letztendlich nur denjenigen schadet, dem es eigentlich hätte nützen sollen. Vgl. Schreiber W., Existenzsicherheit (1955), S. 5 ff.

107 Schreiber, W., Existenzsicherheit (1955), S. 7.

108 Die Sicherung der Existenz in der Vorerwerbsphase kann - logischerweise - nicht mittels einer Investition in der eigenen Erwerbsphase gesichert werden. Hier sind Vorleistungen - von welcher Seite auch immer - notwendig.

2. Investition in Humankapital - d.h. in Kinder - in der Hoffnung, daß die Kinder während der Zeit, in der sie sich in der Erwerbsphase und die Eltern sich in der Altersphase befinden, den Eltern dann Konsumpotential durch eigenen Konsumverzicht zur Verfügung stellen;

3. eine Kombination aus 1. und 2.

Man sieht, daß eine individuelle soziale Absicherung durchaus funktionieren kann.

Dieser Meinung widerspricht *Schreiber*, wenn er hervorhebt, daß eine effektive Absicherung allerdings nur durch eine Kombination der oben beschriebenen individuellen und einer zusätzlichen solidarischen Absicherung in einem größeren Kreis, d.h. innerhalb der Gesellschaft an sich, möglich ist.[109]

Als Ausgangspunkt des sich vor allem auf die gesetzliche Rentenversicherung beziehenden Reformvorschlages wurde die bis dato praktizierte Ausgestaltung der Rentenversicherung als Pflichtversicherung nach dem Kapitaldeckungsverfahren herangezogen. Aufgrund der sich von den Anfängen der Bismarck'schen Arbeiterrentenversicherung bis hin zu dem Zeitpunkt, zu dem Schreiber seinen Reformvorschlag formulierte, vollzogenen wirtschaftlichen Veränderungen wurde versucht, das Ziel und die Vorgehensweise bei der gesetzlichen Rentenversicherung neu zu überdenken und zu strukturieren. Dabei deckt er unverhüllt und auf eine beeindruckend klare und einfache Weise Mißstände z.B. im Zusammenhang mit dem Arbeitgeberanteil und dem Staatszuschuß zur Finanzierung der gesetzlichen Rentenversicherung auf.[110]

Die Ausführungen *Schreibers* basieren auf der grundlegenden Erkenntnis, daß unter der Prämisse einer stetig wachsenden Menge an Beitragszahlern, die gesetzliche Rentenversicherung niemals mit einer Schrumpfung ihres Geschäftsvolumens zu rechnen habe und infolge dessen es keine Notwendigkeit gäbe, Deckungskapital zu bilden, dessen Funktion - sprich die Wiederauflösung - nur bei schrumpfendem Geschäftsvolumen wahrgenommen werden müsse.[111] Daraus leitet *Schreiber* explizit eine Abkehr von der kapitalgedeckten hin zur umlagefinanzierten gesetzlichen Rentenversicherung ab.

---

[109] Vgl. Schreiber, W., Existenzsicherheit (1955), S. 8.

[110] Vgl. Schreiber, W., Existenzsicherheit (1955), S. 11 ff.

[111] Vgl. Schreiber, W., Existenzsicherheit (1955), S. 17. Abgesehen von der Tatsache, daß diese These niemals haltbar war, ist sie nach der Umkehrung der Bevölkerungspyramide zu einem Bevölkerungsbaum erst recht nur noch schwerlich nachzuvollziehen.

In einer Art Gesetzentwurf[112] faßt *Schreiber* seinen Reformvorschlag zusammen. Dabei beginnt er mit einer Grundbedingung, die als der sogenannte „Generationenvertrag“ [113] bezeichnet wird:

> „1. Die Gesamtheit der Empfänger von Arbeitseinkommen in der deutschen Bundesrepublik schließt miteinander folgenden Solidarvertrag:
> 2. (...)
> 3. Aus der Gesamtheit der Arbeitseinkommen wird sowohl dem Kinde und Jugendlichen (vor Erreichung des 20. Lebensjahrs) wie dem Alten (nach Vollendung des 65. Lebensjahrs) ein maßgerechter Anteil zugesichert.“[114]

Im weiteren sieht der Reformvorschlag folgende wichtige Regelungen vor:

- Versicherungspflicht besteht für jeden Arbeitstätigen[115] in der Bundesrepublik (damit auch für Selbständige und Beamte) wobei jeder einen prozentualen Anteil seines Brutto-Arbeitseinkommens als Beitrag leistet unter Verzicht auf einen Arbeitgeberanteil;[116]
- Erwerb einer relativen Stellung unter allen Beitragszahlern in Form von sogenannten Rentenanspruchspunkten Vergleich des eigenen versicherungspflichtigen Bruttoarbeitsentgelts mit dem durchschnittlichen Bruttoarbeitsentgelt aller Versicherten; die Summe aller Rentenanspruchspunkte bestimmt - multipliziert mit dem Quotienten aus aktuellem Beitragsaufkommen und der

---

112 Vgl. zu den folgenden Ausführungen die S. 22 ff in Schreiber, W., Existenzsicherheit (1955).

113 Die Bezeichnung „Vertrag“ ist in diesem Zusammenhang irreführend. Unter juristischen Gesichtspunkten betrachtet gehören zu einem Vertrag in der Regel sich entsprechende Willenserklärungen der Vertragspartner. Diese wurden jedoch zu keinem Zeitpunkt abgegeben. Vgl. kritisch zum Generationenvertrag Rürup, B., Bevölkerungsentwicklung (1993), in: Klose, H.-U. (Hrsg.), Altern hat Zukunft (1993), S. 264 ff.

114 Schreiber, W., Existenzsicherheit (1955), S. 23.

115 In der Regel zwischen dem 20. und 65. Lebensjahr, wobei der Gesetzgeber jedoch zur Flexibilisierung der Beitragszeit im gewissen Rahmen ermächtigt werden soll.

116 Von einem Arbeitgeberanteil wird abgesehen, da *Schreiber* zu der Ansicht gelangt ist, daß aufgrund einer verzögerten Produktivitätsanpassung der Arbeitsentgelte der sogenannte Arbeitgeberanteil sowieso bereits Arbeitsentgelt darstellt und nicht als solidarische Wohltat des Arbeitgebers mißverstanden werden sollte. Die Ansicht wird auch durch § 3 Nr. 62 Satz 1 EStG unterstützt, der die Arbeitgeberbeiträge zur Sozialversicherung - soweit er hierzu per Gesetz verpflichtet ist - ausdrücklich als steuerfreien Arbeitslohn bezeichnet.

Summe aller Anspruchspunkte der aktuellen Rentenbezieher - jährlich neu die Höhe einer Altersrente;[117]

- eine Überschußkassenhaltung darf von der Sozialversicherungsanstalt nicht durchgeführt werden. Um Finanzierungsengpässen vorzubeugen, sollen der Anstalt öffentliche Kreditzusagen gemacht werden;
- Die Möglichkeit einer Beitragsbemessungsgrenze bleibt ausdrücklich vorbehalten.

Mit dieser Reform der gesetzlichen Rentenversicherung sieht *Schreiber* jedoch nur einen Teil der Existenzsicherheit in einer industriellen Gesellschaft verwirklicht. Die andere unproduktive Phase des individuellen Lebenszyklus - die Zeit der Kindheit und Jugend - soll seiner Meinung nach ebenfalls in den Gesamtzusammenhang einbezogen werden.[118]

Eine individuelle Vorsorge wie sie oben für den Bereich der gesetzlichen Rentenversicherung angesprochen wurde, ist logischerweise für Vorerwerbsphase der Kindheit und Jugend nicht möglich. Damit wird deutlich, daß der von *Schreiber* bereits für den Bereich der Altersversorgung als einzig funktionierendes System propagierte „Generationenvertrag" im Bereich dieser Existenzsicherung eine essentielle Bedeutung erlangt.

Bereits im Jahre 1955 wurde eine Tendenz zum - in der heutigen Zeit extrem ausgeprägtem - Single-Dasein und der „DINK"[119]-Ehe (oder -Partnerschaft) erkennbar. Ein „Generationenvertrag", wie er für den Bereich der Altersvorsorge angestrebt wird, ist jedoch vor allem im Zusammenhang mit der dynamisierten Altersversorgung nur denkbar und funktionell, wenn - wie oben bereits erläutert wurde - das Verhältnis zwischen Erwerbstätigen und Rentnern im Zeitablauf gleich bleibt.

Schreibers Vorschlag zur monetären Unterstützung in der unproduktiven Phase der Kindheit/Jugend ist eine Art Vorschußeinkommen, das dem Kind/Jugendlichen während seiner erwerbslosen Zeit gezahlt wird und das es dann - in der eigenen produktiven Phase - wieder an die Gesellschaft zurückzahlen muß.

---

117 Damit würde es erstmals in der Geschichte der gesetzlichen Rentenversicherung in Deutschland zu einer dynamisierten Altersrente kommen, weil die Rentenhöhe direkt an die Höhe der im Zeitpunkt des Rentenbezugs versicherungspflichtigen Bruttoarbeitsentgelts anknüpft. Allerdings - und das ist das Bemerkenswerte an dieser Variante des Umlageverfahrens - muß unter anderem die Voraussetzung erfüllt sein, daß das zahlenmäßige Verhältnis von Rentenempfängern zu Beitragszahlern (der sogenannte Rentnerquotient) konstant bleibt. Vergrößert sich dieser Quotient, so wird sich die Steigerung der Altersrenten unterproportional zur Steigerung der versicherungspflichtigen Arbeitseinkommen verhalten.

118 Vgl. Schreiber, W., Existenzsicherheit (1955), S. 31 ff.

119 DINK = Double Income No Kids.

Zudem soll die Verpflichtung zur Rückzahlung der Kindheits- und Jugendrente vom Familienstand und der eigenen Kinderzahl des ehemals Begünstigten abhängig gemacht werden, was dem Vorschlag einen bevölkerungspolitischen Charakter verleiht, ohne den jedoch - wie bereits gezeigt wurde - das Verfahren der umlagefinanzierten gesetzlichen Rentenversicherung nach Schreiber nicht funktionieren kann.[120]

Der Inhalt dieser beiden „Generationenverträge" soll nachfolgend in einer Abbildung nochmals zusammengefaßt werden.

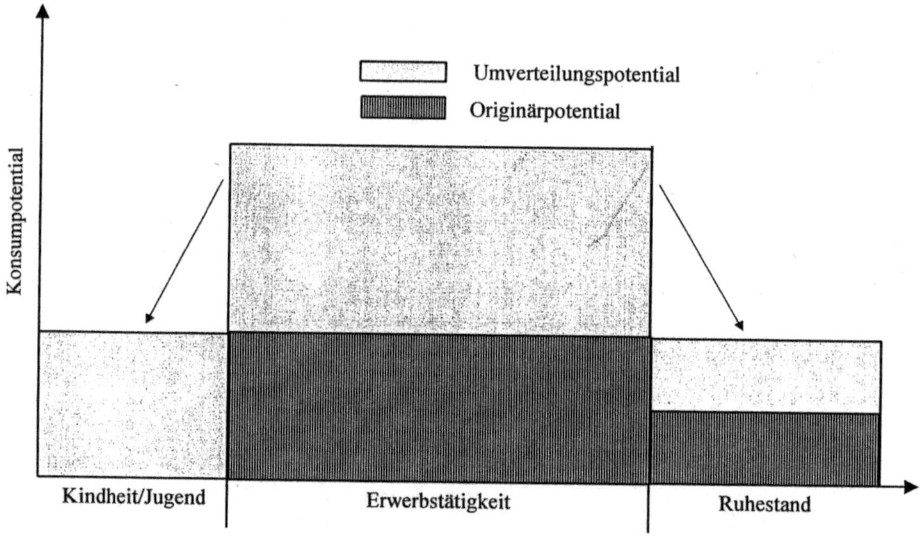

Abb. 9: Intertemporale Konsumpotentialverlagerung nach Schreiber - prinzipielle Vorgehensweise[121]

Wie ist nun der Reformvorschlag von *Schreiber* zu werten? Sicherlich sind einige Ansätze aus dem Vorschlag auf die wirtschaftliche und gesellschaftliche Situation der Zeit, in der dieser verfaßt wurde, zurückzuführen. Zudem darf dabei nicht verkannt werden, daß die gesamtwirtschaftliche und die bevölkerungspolitische Ent-

---

120 Zur detaillierten Ausgestaltung des Vorschlags der Kindheits- und Jugendrente vgl. Schreiber, W., Existenzsicherheit (1955), S. 32 ff. Insbesondere auf S. 34 zeigt Schreiber den genauen Zusammenhang zwischen seinem Umlageverfahren und der Kindheits- und Jugendrente auf: „Wer kinderlos oder kinderarm ins Rentenalter geht und, mit dem Pathos des Selbstgerechten für gleiche Beitragsleistungen gleiche Rente verlangt und erhält, zehrt im Grunde parasitär an der Mehrleistung der Kinderreichen, die seine Minderleistung kompensiert haben." Zur Problematik einer abnehmenden Reproduktionsrate vgl. auch Schmähl, W., Beiträge zur Reform (1988) Nr. 13 Alterssicherung und Familienlastenausgleich, S. 246 ff.

121 Quelle: Eigene Darstellung. Dabei wird kein Wert auf eine maßstabsgetreue Wiedergabe des Reformvorschlags gewählt; vielmehr soll daraus der Verteilungseffekt des erwirtschafteten Konsumpotentials einer Periode deutlich werden. Vgl. auch Schmähl, W., Einkommensentwicklung (Sozialer Fortschritt 1988), S. 221 ff.

wicklung nur schwerlich zu diesem Zeitpunkt abzusehen waren. Der Vorschlag ist jedoch teilweise in sich nicht schlüssig:

1. Die Tatsache, daß dem Individuum in der Gesellschaft die Fähigkeit zu einer eigenständigen, perönlichen Vorsorge aberkannt wird, läßt die These vom unmündigen Bürger, der nicht in der Lage ist vorausschauend zu handeln, wieder lebendig werden.

2. Ebenso ist die Begründung für die alleinige Gültigkeit einer umlagefinanzierten gesetzlichen Rentenversicherung in Verbindung mit einer dynamisierten Rente nicht zwingend richtig.[122]

Bemerkenswert bleibt jedoch die „Lastverteilung" einer schrumpfenden Bevölkerung auch auf die Rentenbezieher: dadurch, daß der aktuelle Wert der während der Erwerbsphase erworbenen Rentenpunkte sich aus dem aktuellen Beitragsaufkommen - und damit schlußendlich auch aus der Summe der Beitragszahler - bemißt, läßt man auch die Rentenbezieher an diesem Problem „teilhaben".[123]

Einige Teile des Vorschlags wurden in der Rentenreform von 1957[124] berücksichtigt. Als ein großer Fehler erwies sich allerdings die Tatsache, daß die Erkenntnis von *Schreiber*, daß ein Umlageverfahren und der damit verbundene „Generationenvertrag" ausschließlich als Vertrag zwischen drei Generationen gesehen werden darf (Stichwort: Kindheits- und Jugendrente!) auf einen „Generationenvertrag" zwischen zwei Generationen - nämlich den Erwerbstätigen und den Nicht-Mehr-Erwerbstätigen - gekappt wurde.[125] Wie oben bereits gezeigt wurde, steht die Lebenskraft des umlagefinanzierten Verfahrens der gesetzlichen Rentenversicherung in zwingendem Zusammenhang mit einem konstanten Rentnerquotienten. Genau dieser Zusammenhang wurde jedoch bei der Rentenreform 1957 nicht berücksichtigt; die bevölkerungspolitischen Förderinstrumente wurden auf andere sozialpolitische und steuerrechtliche Bereiche verteilt.[126]

---

122 Z.B. hat *Neumann* gezeigt, daß auch im Zusammenhang mit einer dynamisierten Rente die Möglichkeit einer kapitalgedeckten gesetzlichen Rentenversicherung - unter der einschränkenden Bedingung einer konstanten (exponentiellen) Zuwachsrate des Einkommens und einer gleichbleibenden bzw. vorausschaubaren Zinsniveauentwicklung - besteht: vgl. Neumann, M., Entlastung (1986), S. 27 ff.

123 Vgl. Tichy, R., 3-Generationen-Solidarität (Sozialer Fortschritt 1983), S. 135. Er bemängelt vor allem auch die Tatsache, daß diese Art der Rentenberechnung nicht in der Rentenreform von 1957 übernommen wurde.

124 Vgl. zum genaueren Inhalt S. 38 ff.

125 Vgl. Nell-Breuning, O. v., Generationen (Wirtschafts-Woche v. 02.06.1978), S. 78. In jüngerer Zeit wurde dieses Problem neu diskutiert: Vgl. Oeter, F., Was wir damals wollten, in: Wiegand, B., Sozialstaat am Ende (1994), S. 23 ff. sowie Fetsch, C. G., Echte Schreiberplan, in: Wiegand, B., Sozialstaat am Ende (1994), S. 33 ff.

126 Engels faßt diesen Zusammenhang sehr trefflich zu der Aussage zusammen: „der Nutzen der Kinder (wurde) sozialisiert, ihre Kosten aber privatisiert", Engels, W., Human-Kapital (Wirtschafts-Woche v. 10.04.1992), S. 154.

Es soll jedoch festgehalten werden, daß sich die Problematik einer sinkenden Nettoreproduktionsrate[127] in einer Gesellschaft bei einer umlagefinanzierten Rentenversicherung tendenziell stärker auswirkt als bei einer kapitalgedeckten Rentenversicherung.[128]

Mit der Einführung eines Umlageverfahrens und der gleichzeitigen dynamisierten Rentenanpassung wurden Entscheidungen getroffen, deren Bedeutung bis in die heutige Zeit fortwirkt. Die Dynamisierung der Renten und die Einführung einer umlagefinanzierten Deckung der Rentenansprüche muß vor dem Hintergrund des zwölf Jahre zuvor beendeten Zweiten Weltkriegs gesehen werden. Das Vermögen der Rentenversicherungsträger war für Kriegszwecke aufgebraucht oder durch die Währungsreform wertlos geworden. Was sonst blieb den Verantwortlichen in der Regierung in dieser Situation übrig, als - um die (dynamisierten) Rentenansprüche der Anspruchsberechtigten zu sichern - die Finanzierung über eine mehr oder weniger direkte Umleitung der Beiträge an die Rentenempfänger in Form von Rentenzahlungen vorzunehmen. Wer dachte in dieser von einem enormen „Wirtschaftswunder" geprägten Zeit an Probleme wie schlechte Konjunktur, steigende Lohnnebenkosten oder gar eine Veränderung der Alterspyramide hin zu einem Altersbaum? Vor diesem Hintergrund und nicht zuletzt auch begleitet durch die Ermunterung verschiedener Sachverständiger muß die Reform im nachhinein als wichtiger und richtiger Schritt in die Zukunft - wenn auch mit einem unguten Gefühl bei Berücksichtigung der heutigen Lage der gesetzlichen Rentenversicherung - betrachtet werden.

c) Finanzänderungsgesetz 1967

Mit dem Finanzänderungsgesetz im Jahre 1967[129] entfiel ein wichtiger Bestandteil der gesetzlichen Angestelltenrentenversicherung, der diese von Beginn an geprägt hatte: die Jahresarbeitsverdienstgrenze. Waren früher Angestellte dann nicht versicherungspflichtig, wenn ihr Bruttoeinkommen oberhalb der - jährlich neu festgelegten - Jahresarbeitsverdienstgrenze lag, so wurde dieser Passus mit Wirkung ab dem 01. Januar 1968 aufgehoben. Mit der Einführung der Beitragsbemessungsgrenze wurde zwar der Beitrag zur gesetzlichen Rentenversicherung in seiner Höhe nach

---

127 Mit der Bezeichnung Nettoreproduktionsrate wird das Verhältnis von Geburten zu Sterbefällen innerhalb einer Periode ausgedrückt. Vgl. detailliert zur Problematik der Auswirkungen demographischer Veränderungen u.a. auf die soziale Sicherung im Alter Schmähl, W., Bevölkerungsentwicklung, in: Felderer, B., Beiträge zur Bevölkerungsökonomie (1986), S. 169 ff.

128 Diese Feststellung resultiert aus der Tatsache, daß bei einer kapitalgedeckten Rentenversicherung eine sinkende Reproduktionsrate alleine nicht der Auslöser für Probleme ist. Vielmehr müssen hier auch noch andere gesamtwirtschaftliche Entwicklungen (z.B. Produktivität) negativ einwirken. Vgl. hierzu auch Grohmann, H., Abschätzung, in: Grohmann, H. u.a. (Hrsg.), Kapitaldeckungsverfahren (1987), S. 67 ff.

129 Gesetz zur Verwirklichung der mehrjährigen Finanzplanung des Bundes, II. Teil - Finanzänderungsgesetz 1967, v. 21. Dezember 1967, BGBl 1967, S. 1259 ff.

oben begrenzt, versicherungspflichtig waren fortan jedoch alle Angestellten.[130] Wie auch in den Jahren zuvor - bei Anheben der Jahresarbeitsverdienstgrenze - wurde den Angestellten, die durch die Gesetzesänderung nun versicherungspflichtig wurden, die Möglichkeit eingeräumt, sich auf Antrag von der Versicherungspflicht befreien zu lassen. Voraussetzung hierfür war im Jahre 1967, daß der Versicherte entweder

- das fünfzigste Lebensjahr vollendet hatte oder
- mit einem öffentlichen oder privaten Versicherungsunternehmen für sich und seine Hinterbliebenen eine sogenannte „befreiende Lebensversicherung" abgeschlossen hatte.[131]

Als befreiend wurde eine Lebensversicherung dann anerkannt, wenn sie bestimmte Kriterien erfüllte, die sie in bezug auf ihre Leistungen als adäquat zu einer Versorgung im Sinne der gesetzlichen Rentenversicherung qualifizierte. Im Zuge dieser Novellierung des Sozialrechts - fortan konnte im Normalfall kein abhängig Beschäftigter mehr aus der gesetzlichen Rentenversicherung „aussteigen" - kam es zu heftigen Diskussionen unter den Fachleuten, was wohl den Betroffenen bei ihrer Entscheidungsfindung zu raten sei.[132]

d) Rentenreform 1972

Der anhaltende wirtschaftliche Aufschwung in Deutschland und eine - nicht zuletzt aufgrund eines generativ vorteilhaften Aufbaus der Bevölkerung entstandene - finanziell äußerst günstige Situation der gesetzlichen Rentenversicherung haben den Gesetzgeber im Jahre 1972[133] zu einer weiteren Reform dieser Art Altersvorsorge

---

130 In jüngster Zeit scheiterte ein Versuch eines Pflichtversicherten, sich von der Versicherungspflicht aufgrund mangelnder Beitragsäquivalenz befreien zu lassen an einen Beschluß des Landessozialgericht Nordrhein-Westfalen: Beschluß v. 07.12.1994, L4 An 1/94 LSG NRW.

131 Vgl. Heubeck, G., Befreiungsversicherung (Betriebs-Berater Beilage 1/1968), S. 4.

132 Vgl. zu der Diskussion zum Thema 'Befreiende Lebensversicherung oder Versicherung in der gesetzlichen Rentenversicherung' u.a. Heubeck, G., Befreiungsversicherung (Betriebs-Berater Beilage 1/1968), Hartmann, W., Befreiung, in: o.V. Versicherungsschutz (Der Betrieb Beilage 14/1968), S. 3-4, Freyer, H., Befreiungsversicherung, in: o.V. Versicherungsschutz (Der Betrieb Beilage 14/1968), S. 4-6.

133 Gesetz zur weiteren Reform der gesetzlichen Rentenversicherung und über die Fünfzehnte Anpassung der Renten aus den gesetzlichen Rentenversicherungen sowie über die Anpassung der Geldleistungen aus der gesetzlichen Unfallversicherung (Rentenreformgesetz - RRG) v. 16. Oktober 1972, BGBl I 1972, S. 1965 ff.

veranlaßt, deren Folgen noch heute zu spüren sind.[134] Zentrale Elemente der damaligen Reform waren:[135]

- Öffnung der Rentenversicherung für Selbständige und Hausfrauen,
- Möglichkeit der Nachentrichtung von Beiträgen,
- Einführung der flexiblen Altersgrenze und
- Rente nach dem Mindesteinkommen.

Unter den Maßnahmen, die der gesetzlichen Rentenversicherung im Laufe der Zeit immer größere Finanzierungsprobleme bereiteten, sticht vor allem die Möglichkeit der Nachentrichtung von Beiträgen und die Einführung der flexiblen Altersgrenze hervor. Während bei letzterem die negative Wirkung noch umstritten ist,[136] brachte die Möglichkeit zur Nachentrichtung von Beiträgen für einen Zeitraum zurück bis zum Jahre 1957 für die finanzielle Situation der gesetzlichen Rentenversicherung nur Nachteile mit sich.[137]

Stieg die Höhe der zusätzlich an die Rentenversicherung geleisteten Beiträge aufgrund einer Nachentrichtung bis zum Jahre 1981 noch, so zeigte sich bald, was die Nachentrichtung - die auch noch äußerst lukrativ für die Versicherten gestaltet war, da die Bewertung der Beiträge für die Leistungsbemessung zu den historischen Werten durchgeführt wurde - tatsächlich für die gesetzliche Rentenversicherung bedeutete: den nachentrichteten Beiträgen folgten unmittelbar enorme, dynamisierte Ansprüche der Versicherten. Diese - zum Teil durch absurd hohe Renditen entstandenen - Rentenansprüche bedeuteten große Probleme und wirken zum Teil auch noch auf den heutigen Tag fort.

---

134 Mit dieser Reform wurden aber die Probleme der gesetzlichen Rentenversicherung nicht beseitigt: vgl. Mur, G., Soziale Rentenversicherung (Soziale Sicherheit 1979), S. 1 ff und 33 ff.

135 Vgl. kritisch zur Rentenreform von 1972 Hoernigk, R., Rentenreformgesetz (Betriebs-Berater 1972), S. 1417 ff.

136 Die negativen Wirkungen eines Absinkens der Altersgrenze zur Inanspruchnahme der Altersrente und eine damit verbundene Zunahme der Zahl der Leistungsempfänger könnte temporär durch eine gleichzeitig damit verbundene Zunahme der Zahl der Erwerbstätigen und damit eine Steigerung der Beitragseinnahmen kompensiert werden. Langfristig gesehen muß jedoch eingeräumt werden, daß jede Maßnahme zur Steigerung der Erwerbsquote vor allem den Aufbau von späteren Ansprüchen gegenüber der gesetzlichen Rentenversicherung bedeutet und diese gestiegenen Ansprüche nur begrenzt durch eine höhere Erwerbsquote abgefangen werden kann: irgendwann ist die „Sättigung“ - und sei es bei Erreichen der Vollbeschäftigung - erreicht.

137 Der Wert der Nachentrichtung wurde nämlich nicht am tatsächlichen Beitragsniveau des Jahres, in dem der Beitrag entrichtet wurde sondern des Jahres, für das er bezahlt wurde, gemessen.

2. Zusatzversorgung im öffentlichen Dienst

Die Idee einer zusätzlichen Versorgung der Arbeitnehmer im öffentlichen Dienst, die keine Beamte sind, geht bereits auf Maßnahmen vor der Einführung der gesetzlichen Invaliditäts- und Hinterbliebenensicherung (der heutigen gesetzlichen Rentenversicherung) zurück. Im Jahre 1859 richteten die preußischen Staatsbahnen eine Unterstützungskasse für ihre Arbeiter ein. Diesem Beispiel folgten nicht nur andere Staatsbahnen, sondern auch kommunale Einrichtungen.[138]

Während und in der Zeit nach dem Ersten Weltkrieg kam es immer mehr zu einer Verlagerung der Aufgaben in staatlichen und kommunalen Verwaltungen weg vom Beamten und hin zum Arbeitnehmer im öffentlichen Dienst. Aus dieser Tatsache und der schwierigen mit hoher Inflation verbundenen Wirtschaftslage ergab sich die Notwendigkeit einer geeigneten Vorsorge für den Personenkreis der Arbeitnehmer im öffentlichen Dienst. Die Wege, die damals eingeschlagen wurden, waren jedoch sehr unterschiedlich: Während die kommunalen Verwaltungsträger mit sogenannten Ruhelohnverordnungen, in denen den Arbeitnehmern eine Aufstockung ihrer Sozialversicherungsrente auf das beamtenrechtliche Versorgungsniveau garantiert wurde, des Problems Herr wurden, kam es seitens des Reiches und der meisten Länder am 26. Februar 1929 zur Gründung einer - der heutigen Versorgungsanstalt des Bundes und der Länder vergleichbar ausgestalteten - Versorgungskasse, der Versorgungskasse des Reiches und der Länder (ZRL).[139]

Die Zusatzversorgung im öffentlichen Dienst war also bereits in ihren Ursprüngen immer als Aufstockung der gesetzlichen Rentenversicherung ausgestaltet.

Die Mittelaufbringung zur Finanzierung der Renten aus der Zusatzversorgung erfolgte von Anfang an mittels einer Umlagezahlung des Arbeitgebers an die jeweilige zentrale Versorgungskasse.[140] Diese Umlagezahlung wurde aber - im Laufe der historischen Entwicklung - teilweise von den Arbeitgebern, teilweise von den Arbeitnehmern geleistet.

Nach dem Zweiten Weltkrieg wurde die ZRL im Jahre 1951 in die VBL (Versorgungsanstalt des Bundes und der Länder) umbenannt.

Einen entscheidenden Einschnitt brachte die Reform der gesetzlichen Rentenversicherung des Jahres 1957 mit der Einführung der dynamisierten Rente und dem Wechsel zum Umlageverfahren bei der Finanzierung der Renten auch für die Zu-

---

138 Vgl. insgesamt hierzu Schneider, H.-P., Zusatzversorgung (1982), in: Sachverständigenkommission Alterssicherungssysteme, Berichtsband 2 (1982), S. 211 ff.

139 Vgl. Schneider, H.-P., Zusatzversorgung (1982), in: Sachverständigenkommission Alterssicherungssysteme, Berichtsband 2 (1982), S. 212.

140 Dies natürlich aber nur dann, wenn die Versorgungskasse haushaltstechnisch wie organisatorisch aus dem jeweiligen Verwaltungshaushalt ausgegliedert war.

satzversorgung im öffentlichen Dienst mit sich. Die bruttolohn-orientierte Steigerung der Renten aus der gesetzlichen Rentenversicherung ergab zusammen mit der ergänzenden Sicherung in Form der Rente aus der Zusatzversorgung des öffentlichen Dienstes bisweilen eine „Überversorgung" der in den Ruhestand getretenen Arbeitnehmer. Diese Überversorgung zeichnete sich durch ein verfügbares Nettoeinkommen der Rentner aus, das teilweise das verfügbare Nettoeinkommen dieser Rentner während ihrer aktiven Erwerbsphase erreichte oder sogar überschritt. Dies war aber neben dem Übergang zur bruttolohnbezogenen Steigerung der Renten aus der gesetzlichen Rentenversicherung und einem - bei gleichzeitig zunehmender Belastung der Aktiveneinkommen mit höheren Abgaben in Form von Steuern und/oder Beiträgen - Rückgang der verfügbaren Einkommen unter den Erwerbstätigen vor allem ein Resultat der unbefriedigenden einkommensteuerlichen Behandlung der Renten sowohl aus der gesetzlichen Rentenversicherung als auch aus der Zusatzversorgung im öffentlichen Dienst, worauf an späterer Stelle noch näher eingegangen werden wird.[141]

Diese Konstellation war - zusammen mit Problemen bei der Finanzierung der Zusatzversorgungsanstalten - Ausgangspunkt für grundlegende Reformen, die Anfang der 60er Jahre in Angriff genommen und 1967 abgeschlossen wurden.

3. Beamtenrechtliche Altersversorgung

Wie das Berufsbeamtentum generell, so hat auch die lebenslange Versorgung der Beamten im Rahmen des Alimentationsprinzips eine weit zurückreichende Geschichte. Nachdem in früherer Zeit den „Staatsdienern" vielfach über den Gnadenweg für besondere Verdienste auch über die aktive Berufstätigkeit hinaus eine Versorgung in Form einer Pension gewährt wurde,[142] wurde erstmals im Königreich Preußen durch das „Preußische Civil-Pensions-Reglement für die Staatsdiener" vom 30.04.1825[143] die Zahlung von Pensionen gesetzlich zugesichert. Mit dem „Preußischen Zivilruhegehaltsgesetz" von 1872[144] und dem gleichlautenden „Reichsbeamtengesetz" von 1873[145] wurden diese Regelungen von Grund auf neu geordnet und gleichzeitig im gesamten Deutschen Reich eingeführt. Mit dem „Gesetz betreffend die Fürsorge für die Witwen und Waisen der Reichsbeamten der Zivilverwaltung" von 1881[146] und dem „Gesetz betreffend die Fürsorge für die

---

141 Vgl. hierzu die Interpretation der Ergebnisse aus dem Modellvergleich auf S. 133 ff.

142 Vgl. Schneider, W., Grundlagen (Recht im Amt 1986), S. 110. Ausführlich zur Geschichte des deutschen Beamtentums vgl. Hattenhauer, H., Geschichte (1993).

143 Zitiert nach Schneider, W., Grundlagen (Recht im Amt 1986), S. 110. Gerechter Weise muß man an dieser Stelle jedoch bemerken, daß eine erste gesetzliche Kodifizierung nicht in Preußen sondern in Bayern und das bereits im Jahre 1805 durch die Bayrische Hauptlandespragmatik erfolgte.

144 Zitiert nach Schneider, W., Grundlagen (Recht im Amt 1986), S. 110.

145 Vgl. RGBl 1873, S. 61 ff.

146 Vgl. RGBl 1881, S. 85 ff.

Witwen und Waisen der unmittelbaren Staatsbeamten“ von 1882[147] wurden auch die Aspekte der Hinterbliebenenversorgung in die Beamtenversorgung eingebettet.

Einen entscheidenden Schritt für die Ausgestaltung des Berufsbeamtentums in der heutigen Zeit stellte die Kodifizierung der Rechte und Pflichten der Beamten in der „Verfassung des Deutschen Reichs vom 11.08.1919“[148] - der sogenannten Weimarer Verfassung - dar. Hier wurde dem Berufsbeamtentum - und damit auch der Versorgung der Beamten - zum ersten Mal Verfassungsrang eingeräumt. Über eine wechselvolle Geschichte hat sich dies bis in das Grundgesetz der Bundesrepublik Deutschland vom 23.05.1949[149] fortgepflanzt.

B. Versorgung auf Basis gesetzlicher Zwangsvorsorgemaßnahmen

1. Versorgung von Arbeitnehmern in der Privatwirtschaft und im öffentlichen Dienst - gesetzliche Rentenversicherung -

Bezüglich der Versicherungspflicht im Rahmen der Sozialversicherungen und damit auch im Rahmen der gesetzlichen Rentenversicherung lassen sich zwischen dem Arbeitnehmer in der Privatwirtschaft und dem Arbeitnehmer im öffentlichen Dienst keine Unterschiede erkennen. Damit erübrigt sich in diesem Abschnitt eine getrennte Behandlung der verschiedenen Typen von Erwerbstätigen.

Der folgende Abschnitt gibt einen Überblick über Funktionsweise und einkommensteuerliche Behandlung der gesetzlichen Rentenversicherung als Bestandteil des gesetzlichen Sozialversicherungssystems.[150]

a) Status Quo der gesetzlichen Rentenversicherung

Die gesetzliche Rentenversicherung in ihrer heutigen Ausgestaltung ist geprägt durch ein Nebeneinander mehrerer „Dachorganisationen“. In der Bundesversicherungsanstalt für Angestellte (BfA) mit Sitz in Berlin werden die sozialversicherungspflichtigen Angestellten, in den verschiedenen Landesversicherungsanstalten (LVA) die sozialversicherungspflichtigen Arbeiter erfaßt.[151]

---

147 Zitiert nach Schneider, W., Grundlagen (Recht im Amt 1986), S. 110.

148 Vgl. RGBl 1919, S. 1383 ff.

149 Vgl. BGBl 1949, S. 1 ff.

150 Als weitere Bestandteile der gesetzlichen Sozialversicherung werden im allgemeinen noch die Arbeitslosenversicherung sowie die gesetzliche Krankenversicherung/Pflegeversicherung gesehen. Zum Teil wird unter diesem Oberbegriff noch zusätzlich die gesetzliche Unfallversicherung miteingebunden.

151 Vgl. zur Organisation der gesetzlichen Rentenversicherung §§ 125 ff. RRG 1992 und André, A., Organisationsfragen (Sozialer Fortschritt 1994), S. 7 ff.; Schmid, G./Scheib, R., Rentenversicherung (Neue Wirtschaftsbriefe Fach 27), S. 3935 ff.; Bundesminister für Arbeit und Sozialordnung, Soziale Sicherheit (1991), S. 145 ff.

Daneben existiert auch noch die knappschaftliche Rentenversicherung, in der Arbeiter und Angestellte im Bergbau einer besonderen Form der gesetzlichen Altersvorsorge unterworfen werden.[152] Auf sie wird im Rahmen dieser Arbeit nicht detailliert eingegangen.

Einen entscheidenden Einschnitt in das System der gesetzlichen Rentenversicherung brachte die Rentenreform des Jahres 1992, mit deren Hilfe die abzusehenden demographischen Probleme zukünftiger Generationen von Beitragszahlern und Leistungsempfängern entschärft werden sollten.[153] Die Verabschiedung des Gesetzes zur Reform der gesetzlichen Rentenversicherung[154] im Deutschen Bundestag erfolgte zufällig am gleichen Tag - dem 09. November 1989 - an dem es zum Fall der Mauer in Berlin und der Reisefreiheit für die Bürger der ehemaligen DDR kam, was letztendlich den Beginn des Wiedervereinigungsprozesses in Deutschland bedeutete. Die in diesem Zusammenhang entstehenden Probleme im Rahmen der gesetzlichen Rentenversicherung konnten daher nicht im Rentenreformgesetz 1992 ihre Berücksichtigung finden. Sie wurden in verschiedenen Nachbesserungen später in die Neuregelung der gesetzlichen Rentenversicherung eingebaut.[155]

Die Art der Finanzierung der gesetzlichen Rentenversicherung wurde durch das Rentenreformgesetz 1992 nicht tangiert. Sie erfolgt auch weiterhin über ein Umlageverfahren ohne jegliche Kapitalbildung. Ebenso wurde die hälftige Aufteilung der Beitragsleistung auf den Arbeitgeber und den Arbeitnehmer beibehalten.[156]

Dagegen kam es im Rahmen der Leistungsberechnung, der jährlichen Rentenanpassung sowie bei verschiedenen sozialpolitisch motivierten Rentensubventionen zu mehr oder weniger großen Änderungen.

---

152 Zur knappschaftlichen Rentenversicherung vgl. § 136 ff. RRG 1992.

153 Vgl. Barth, S./Hain, W./Müller, H.-W., Demographische Bestimmungsfaktoren (Deutsche Rentenversicherung 1994), S. 228 ff. Die Tatsache jedoch, daß damit nicht alle Probleme gelöst wurden, zeigt sich immer wieder: vgl. Deutsche Bundesbank, Finanzentwicklung (Monatsbericht März 1995), S. 17 ff. Anders hingegen: Ruland, F. Langfristige Sicherung (Deutsche Rentenversicherung 1994), S. 213 ff.; Blüm, N., Reform (Deutsche Rentenversicherung 1989), S. 266 ff.

154 Gesetz zur Reform der gesetzlichen Rentenversicherung (Rentenreformgesetz 1992 - RRG 1992) v. 18. Dezember 1989, BGBl I 1989, S. 2261 ff.

155 Vgl. Gesetz zur Herstellung der Rechtseinheit in der gesetzlichen Renten- und Unfallversicherung (Rentenüberleitungsgesetz - RÜG) v. 25. Juli 1991, BGBl I 1991, S. 1606 ff. sowie Schmid, G., Übergangsregelungen (Neue Wirtschaftsbriefe Fach 27), S. 3869 ff.; Kolb, R./Ruland, F., Rentenversicherung (Deutsche Rentenversicherung 1990), S. 141 ff.

156 Vgl. zur Finanzierung der gesetzlichen Rentenversicherung Schmid, G./Scheib, R., Finanzierungssystem (Neue Wirtschaftsbriefe Fach 27), S. 4075 ff. Zum weiterhin bestehenden Problem der Umverteilung in einer schrumpfenden Bevölkerung vgl. Weizsäcker, R. v., Alterssicherung (Finanzarchiv 1990), S. 485 ff.

Die Finanzierung der gesetzlichen Rentenversicherung ist in den §§ 153 ff RRG 1992 detailliert geregelt. Zum einen erfolgt die Finanzierung über die Beiträge der Versicherten im sogenannten Umlageverfahren:

> „In der Rentenversicherung werden die Ausgaben eines Kalenderjahres durch die Einnahmen des gleichen Kalenderjahres und, soweit erforderlich, durch die Entnahmen aus der Schwankungsreserve gedeckt.“[157]

Die Einnahmen setzen sich aus den Beiträgen der Versicherten und dem Bundeszuschuß zur gesetzlichen Rentenversicherung zusammen. Die Höhe der Beiträge der Versicherten orientiert sich an einem Beitragssatz - als Vomhundertsatz der Beitragsbemessungsgrundlage bis zur jeweiligen Beitragsbemessungsgrenze.

> „Der Beitragssatz in der Rentenversicherung der Arbeiter und der Angestellten ist so festzusetzen, daß die voraussichtlichen Beitragseinnahmen unter Berücksichtigung der voraussichtlichen Entwicklung der Bruttolohn- und Gehaltssumme je durchschnittlich beschäftigtem Arbeitnehmer und der Zahl der Pflichtversicherten zusammen mit dem Bundeszuschuß und den sonstigen Einnahmen unter Berücksichtigung von Entnahmen aus der Schwankungsreserve ausreichen, um die voraussichtlichen Ausgaben des auf die Festsetzung folgenden Kalenderjahres zu decken und sicherzustellen, daß die liquiden Mittel der Schwankungsreserve am Ende dieses Kalenderjahres dem Betrag der durchschnittlichen Ausgaben für einen Kalendermonat zu eigenen Lasten der Träger der Rentenversicherung der Arbeiter und der Angestellten entsprechen;“[158]

Neben den Beiträgen der Versicherten stellt der Bundeszuschuß zur gesetzlichen Rentenversicherung einen wichtigen Bestandteil bei deren Einnahmen dar. Im Jahre 1991 betrug der Zuschuß beispielsweise 37,5 Mrd. DM, das sind 19,9 % der Ausgaben der gesetzlichen Rentenversicherung.[159] Dabei ist die Veränderung der Höhe des Bundeszuschusses gesetzlich exakt geregelt:

> „Der Zuschuß des Bundes zu den Ausgaben der Rentenversicherung der Arbeiter (Bundeszuschuß) und der Zuschuß des Bundes zu den Ausgaben der Rentenversicherung der Angestellten (Bundeszuschuß) ändern sich im jeweils folgenden Kalenderjahr in dem Verhältnis, in dem die Bruttolohn- und -gehaltssumme je durchschnittlich beschäftigten Arbeitnehmer im vergangenem Kalenderjahr zur entsprechenden Bruttolohn-

---

[157] § 153 Abs. 1 RRG 1992.

[158] § 158 Abs. 1 RRG 1992.

[159] Vgl. Bundesministerium für Arbeit und Sozialordnung, Rentenreform '92 (1991), S. 186 f.

> und -gehaltssumme im vorvergangenem Kalenderjahr steht. Bei Veränderungen des Beitragssatzes ändert sich der Bundeszuschuß zusätzlich in dem Verhältnis, in dem der Beitragssatz des Jahres, für das er bestimmt wird, zum Beitragssatz des Vorjahres steht."[160]

Die Beitragsleistung errechnet sich über einen linearen Beitragssatz am sozialversicherungspflichtigen Entgelt[161], das nicht mit dem steuerpflichtigen Arbeitslohn identisch sein muß.[162] Die absolute Beitragsleistung stößt jedoch an eine Obergrenze, die sogenannte Beitragsbemessungsgrenze. Sie wird alljährlich neu festgelegt und stellt in Verbindung mit dem Beitragssatz die höchstmögliche Beitragsleistung in die gesetzliche Rentenversicherung dar. Sozialversicherungspflichtiges Entgelt, das über der Beitragsbemessungsgrenze liegt, ist daher weder versicherungspflichtig noch versicherbar.[163]

> „Die Beitragsbemessungsgrenzen in der Rentenversicherung der Arbeiter und der Angestellten (...) ändern sich zum 1. Januar eines jeden Jahres in dem Verhältnis, in dem die Bruttolohn- und -gehaltssumme je durchschnittlich beschäftigten Arbeitnehmer im vergangenen zur entsprechenden Bruttolohn- und -gehaltssumme im vorvergangenem Kalenderjahr steht. Die veränderten Beträge werden nur für das Kalenderjahr, für das die Beitragsbemessungsgrenze bestimmt wird, auf das nächsthöhere Vielfache von 1.200 aufgerundet."[164]

Wie sich bei der Darstellung der Ermittlung der Rentenhöhe noch zeigen wird, geht mit dieser Regelung indirekt auch eine absolute Begrenzung der Leistung aus der gesetzlichen Rentenversicherung einher.

Wendet man sich nun den Leistungen aus der gesetzlichen Rentenversicherung zu, so lassen sich verschiedene Arten unterscheiden, die nachfolgend in einer Abbildung dargestellt werden:

---

160 § 213 Abs. 2 RRG 1992.

161 Vgl. §§ 161 ff. RRG 1992 und Arbeitsentgeltverordnung. Ebenso vgl. Benner, W./ Bals, B., Arbeitsentgelt (Betriebs-Berater 1994, Beilage 1 v. 10.01.1994).

162 Vgl. hierzu die Verordnung über die Bestimmung des Arbeitsentgelts in der Sozialversicherung v. 18. Dezember 1984, BGBl I 1984, S. 1642 ff.

163 Bei einem aktuellen Beitragssatz (1995) von 18,6 % und einer Beitragsbemessungsgrenze von 7.800 DM monatlich ergibt sich somit ein höchstmöglicher monatlicher Rentenbeitrag in Höhe von 1.450,80 DM, der je zur Hälfte vom Arbeitgeber und vom Arbeitnehmer getragen wird. Die jährliche Anpassung der Beitragsbemessungsgrenze wird auch oft als „heimliche Teuerung" bezeichnet: vgl. Büser, W., Heimliche Teuerung (Süddeutsche Zeitung v. 08.12.1991), S. 34.

164 § 159 RRG 1992.

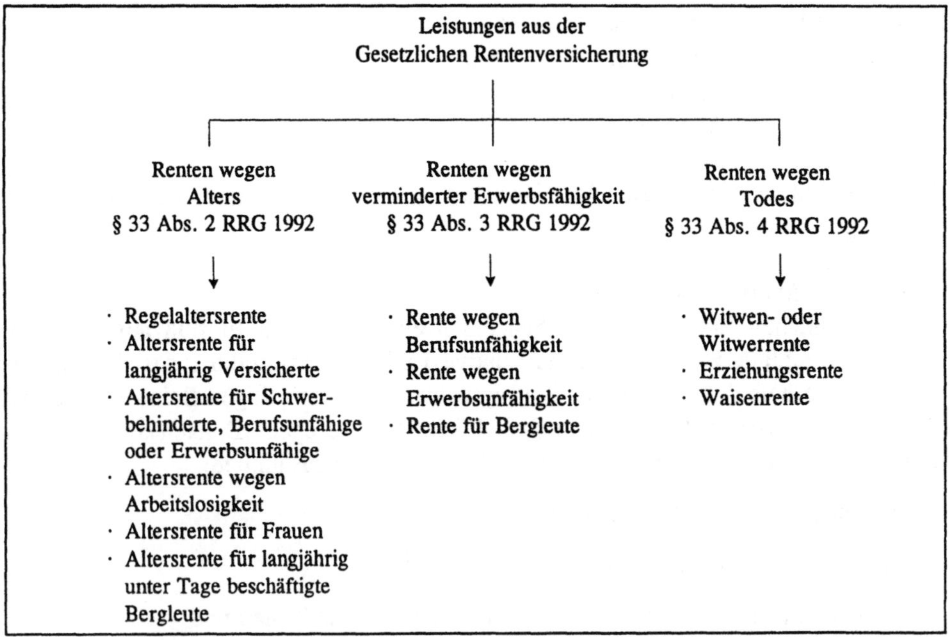

Abb. 10: Leistungen aus der gesetzlichen Rentenversicherung [165]

Aus der Vielfalt der Leistungsarten wird im weiteren nur noch die Regelaltersrente nach § 35 RRG 1992 näher betrachtet, da sie von besonderer Bedeutung für die Zielsetzung der Arbeit ist. Voraussetzung für die Zahlung einer Regelaltersrente ist neben

- dem vollendeten 65. Lebensjahr auch
- die Erfüllung der allgemeinen Wartezeit nach § 50 Abs. 1 RRG 1992.

Die allgemeine Wartezeit im obigen Sinne gilt als erfüllt, wenn der Rentenanspruchsberechtigte die Voraussetzung einer Beitragszeit von mindestens 5 Jahren nachweisen kann.

Bei der Berechnung der Rentenhöhe wird folgende Formel (Rentenformel) angewandt:

$$MR = PEP * RAF * AR,$$

[165] Quelle: Eigene Darstellung.

wobei: MR = Monatlicher Rentenbetrag
PEP = Persönliche Entgeltpunkte
RAF = Rentenartenfaktor
AR = Aktueller Rentenwert.

Im folgenden werden die einzelnen Bestandteile entsprechend ihrer Bedeutung näher dargelegt.

Persönliche Entgeltpunkte:
Die persönlichen Entgeltpunkte haben einen entscheidenden Einfluß auf die Höhe der Rentenzahlung und spiegeln die relative Einkommens-Stellung des Rentenempfängers innerhalb der Gruppe der Beitragszahler seiner jeweiligen Beitragsjahre dar. Die einzelnen Bestandteile sind in § 66 RRG 1992 geregelt. Danach setzt sich die Summe der Entgeltpunkte aus folgenden Komponenten zusammen:

- Entgeltpunkte aus Beitragszeiten,
- Entgeltpunkte aus beitragsgeminderten Zeiten,
- Entgeltpunkte aus Zuschlägen für beitragsgeminderte Zeiten und
- Entgeltpunkte aus Zu- oder Abschlägen aus einem durchgeführten Versorgungsausgleich (z.B. im Falle einer Ehescheidung).

Eine zusammenfassende Darstellung der bei der Rentenberechnung wichtigen rentenrechtlichen Zeiten gibt folgende Übersicht:[166]

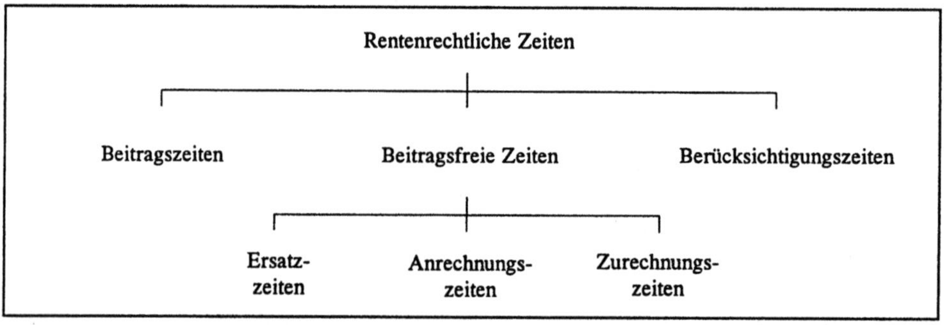

Abb. 11: Systematisierung rentenrechtlicher Zeiten[167]

Die Entgeltpunkte für *Beitragszeiten*[168] werden jeweils für jedes Kalenderjahr, das als Beitragszeit in die Berechnung der Rente eingeht, gesondert mittels folgender Formel ermittelt:

166 Vgl. zur Darstellung der rentenrechtlichen Zeiten auch: Löschau, M., Rentenrecht (1992), S. 77 ff.

167 Quelle: Eigene Darstellung.

$$\frac{\text{individuelle Beitragsbemessungsgrundlage}}{\text{versichertes Durchschnittsentgelt aller Beitragszahler}} = \text{Persönliche Entgeltpunkte}$$

Damit ergibt sich bei einem Versicherten, dessen individuelle Beitragsbemessungsgrundlage zur Berechnung seiner Beitragsleistung an die gesetzliche Rentenversicherung genau so hoch, wie das durchschnittlich versicherte Entgelt aller Beitragszahler in dem betreffenden Kalenderjahr war, ein Wert von 1,0 als persönliche Entgeltpunkte für diesen Versicherungszeitraum.

Die Summe aller persönlichen Entgeltpunkte wird dann gemäß der Rentenformel in die Berechnung der Rentenhöhe miteinbezogen.

Unter Beitragszeiten wird üblicherweise die Phase der Ausübung einer Tätigkeit verstanden, durch die der Erwerbstätige gem. §§ 1, 2 und 3 RRG 1992 versicherungspflichtig ist. Darunter fallen z.B. abhängig Erwerbstätige (§ 1 Nr. 1 RRG 1992), selbständige Handwerker, die noch nicht für mindestens 18 Jahre Pflichtbeiträge an die gesetzliche Rentenversicherung entrichtet haben (§ 2 Nr. 8 i.V.m. § 6 Abs. 1 Nr. 4 RRG 1992) oder auch Personen, die ihren Wehr- oder Wehrersatzdienst ableisten.

Das bedeutet, daß ein Pflichtversicherter auch Beitragszeiten, die - wie oben dargestellt wurde - für die spätere Rentenhöhe von entscheidender Bedeutung sind, auf seinem „Rentenkonto" gutgeschrieben bekommt, obwohl von ihm selbst im äußersten Fall keine monetären Beiträge an die gesetzliche Rentenversicherung geleistet wurden. Die auf solchen Beitragszeiten beruhenden Leistungen werden somit zwangsläufig von der Solidargemeinschaft der Versicherten der gesetzlichen Rentenversicherung oder auch - im Falle einer Deckung dieser Lasten durch den Bundeszuschuß zur gesetzlichen Rentenversicherung - von den Steuerzahlern getragen.

In diesem Zusammenhang wäre vor allem die Berücksichtigung der ersten drei Jahre der Erziehung eines Kindes (Kindererziehungszeiten gem. § 56 RRG 1992) als Beitragszeiten zu nennen. Für solche Zeiten werden dem Erziehenden 0,0625 Entgeltpunkte im Monat - das entspricht 0,75 Entgeltpunkten im Kalenderjahr - als Beitragszeiten angerechnet.[169]

---

168 Vgl. § 55 RRG 1992: „Beitragszeiten sind Zeiten, für die nach Bundesrecht Pflichtbeiträge (Pflichtbeitragszeiten) oder freiwillige Beiträge gezahlt worden sind. Pflichtbeitragszeiten sind auch Zeiten, für die Pflichtbeiträge nach besonderen Vorschriften als gezahlt gelten."

169 Vgl. § 70 Abs. 2 RRG 1992. Der Gesetzgeber erkennt somit die Arbeit des Erziehenden als ebenso gleichwertig wie die Arbeit eines Berufstätigen, dessen individuelle Beitragsbemessungsgrundlage 75 % des durchschnittliche versicherten Entgelts entspricht, an. Zu beachten bleibt dabei aber, daß der Leistungsanspruch aus den so „erworbenen" Entgeltpunkten ohne eigene Beitragsleistung erfolgt. Vgl. hierzu auch Lenze, A., Kindererziehung (FuR 1992), S. 328 ff. Vgl. kritisch zu diesem Problem Schmitz, H., Kinder-Überraschung (Capital 2/1992), S. 171 ff.

Für einige Beitragszeiten, in denen typischerweise relativ niedrige Entgelte versichert werden, hat der Gesetzgeber zugunsten der Versicherten ebenfalls aus sozialpolitischer Motivation Sonderregelungen eingeführt. Darunter fällt die pauschale Erhöhung der „ersten 48 Monate mit Pflichtbeiträgen für Zeiten einer versicherten Beschäftigung oder selbständigen Tätigkeit bis zur Vollendung des 25. Lebensjahres“ [170] auf 90 % des in dieser Zeit durchschnittlich versicherten Entgelts, sofern die entrichteten Pflichtbeiträge keinen höheren Wert ergeben.

In anderen Beitragszeiten wiederum werden von dem Versicherten selbst explizit keine Beiträge entrichtet, sondern die Beitragszahlung wird von einer anderen Stelle übernommen. Darunter fallen Zeiten des Wehr- oder Zivildienstes oder auch Zeiten der Arbeitslosigkeit oder Krankheit. Nach § 166 RRG 1992 werden für solche Beitragszeiten die Beitragsleistungen durch den Bund übernommen und betragen 80 % der jeweiligen Bezugsgröße.[171] Die Frage jedoch, ob diese Beiträge tatsächlich vom Staat oder aber doch vom Versicherten selbst getragen werden, läßt sich nur beantworten, wenn nachvollzogen werden kann, ob die Leistungen, die der Versicherte in dieser Zeit erhält, nicht bereits um den Beitrag für die gesetzliche Rentenversicherung implizit oder explizit gekürzt wurden und der Staat somit lediglich die Rolle des Beitrags-Abführenden und nicht des Beitrags-Leistenden übernimmt.

Neben den Beitragszeiten kennt das Recht der gesetzlichen Rentenversicherung auch die sogenannten *beitragsfreien Zeiten*, die sich wiederum aus den Ersatz-, Anrechnungs- und Zurechnungszeiten zusammensetzen.

„Ersatzzeiten sollen Beitragsverluste ausgleichen, die durch außergewöhnliche und nicht vom Versicherten, sondern - unmittelbar oder mittelbar - vom Staat zu vertretende Umstände entstanden sind.“ [172] Zu den in § 250 RRG 1992 abschließend aufgezählten Sachverhalte, für die eine Berücksichtigung als Ersatzzeit in Frage kommt, gehören z.B. die Zeiten des militärischen oder militärähnlichen Dienstes und der Kriegsgefangenschaft.

„Anrechnungszeiten (...) sollen Beitragsverluste ausgleichen, die - anders als Ersatzzeiten - durch in der Person des Versicherten liegende schutzwürdige Umstände entstanden sind“.[173] Diese sind in § 252 RRG 1992 genau bezeichnet und beinhalten z.B. neben den Phasen einer Arbeitslosigkeit auch die Anrechnung von Zeiten des Schulbesuchs und eines erfolgreich abgeschlossenen Studiums nach dem 16. Le-

---

170 § 70 Abs. 3 RRG 1992; zu beachten ist hierbei die Beschränkung der Anrechnung bis zum vollendeten 25. Lebensjahr.

171 Damit ist jedoch noch keine Aussage darüber getroffen, welche Entgeltpunkte für diese Beitragszeiten ermittelt werden. Dies wird sich bei der späteren Darstellung der sogenannten Gesamtleistungsbewertung noch zeigen.

172 Löschau, M., Rentenrecht (1992), S. 86.

173 Löschau, M., Rentenrecht (1992), S. 91.

bensjahr. Beim zeitlichen Umfang der Anrechnung der letztgenannten Zeiten hat der Gesetzgeber jedoch eine Höchstgrenze von maximal 7 Jahren festgelegt.[174]

Den letzten Bestandteil der beitragsfreien Zeiten bilden die sogenannten Zurechnungszeiten, die in § 59 RRG 1992 geregelt sind.[175] Diese Vorschrift soll sicherstellen, daß bei einem relativ früh eintretenden Rentenbezug aufgrund von Erwerbs- oder Berufsunfähigkeit oder des Bezugs einer Rente wegen Todes (Witwe(n)r-Rente und Waisenrente) dem Leistungsempfänger eine möglichst unterhaltssichernde Rente zukommt, auch wenn diese nicht in entsprechender Höhe durch eigene Beitragsleistungen erworben wurde.

Neben den Beitragszeiten und den beitragsfreien Zeiten wurde mit der Reform der gesetzlichen Rentenversicherung im Jahre 1992 eine weitere Art von rentenrechtlichen Zeiten eingeführt, die *Berücksichtigungszeiten.* Sie setzen sich aus den Berücksichtigungszeiten wegen Kindererziehung und den Berücksichtigungszeiten wegen nicht erwerbsmäßiger häuslicher Pflege eines Pflegebedürftigen zusammen.[176] In ihrer Bedeutung für die Rentenhöhe unterscheiden sich die Berücksichtigungszeiten entscheidend von den Beitragszeiten und den beitragsfreien Zeiten: ihre Wirkung entfaltet sich erst in Kombination mit anderen rentenrechtlichen Zeiten, wobei sie dann in bestimmten Fällen zu einer Steigerung der Rente führen.[177]

Wie bereits dargestellt wurde, errechnen sich die Entgeltpunkte für „normale" Beitragszeiten als Verhältnis des individuell versicherten Bruttoarbeitsentgelts zum durchschnittlich versicherten Entgelt aller Beitragszahler. Für die Bewertung der Beitragszeiten mit niedriger Beitragsleistung sowie der beitragsfreien Zeiten spielt - wie bereits mehrmals schon angedeutet wurde - die sogenannte Gesamtleistungsbewertung eine entscheidende Rolle.

Die Gesamtleistungsbewertung ist in § 71 RRG 1992 geregelt und hat zum Zweck, auch die beitragsfreien und die beitragsgeminderten Zeiten entsprechend der Gesamtbeitragsleistung des Versicherten in der Berechnung der persönlichen Entgeltpunkte zu bewerten. Die Gesamtleistungsbewertung belegt diese Zeiträume mit dem

---

174 Sollte diese maximale Anrechnungszeit von 7 Kalenderjahren vom Versicherten überschritten worden sein, so kann er gem. § 207 RRG 1992 eine Nachentrichtung von Beiträgen unter bestimmten Bedingungen vornehmen, um so seine versicherungsrechtliche Lücke nachträglich selbst zu schließen: vgl. o.V., Nachzahlungen (Anlage-Praxis 11/1993), S. 23 ff.

175 „Zurechnungszeit ist die Zeit, die bei einer Rente wegen Berufsunfähigkeit oder Erwerbsunfähigkeit oder einer Rente wegen Todes hinzugerechnet wird, wenn der Versicherte das 60. Lebensjahr noch nicht vollendet hat" (§ 59 Abs. 1 RRG 1992).

176 Vgl. § 57 RRG 1992.

177 Z.B. im Rahmen der Gesamtleistungsbewertung nach § 71 Abs. 3 RRG 1992 oder der Erfüllung der Wartezeit von 35 Jahren bei Altersrenten für langjährig Versicherte nach § 36 RRG 1992.

höheren Wert aus der Grundbewertung und der Vergleichsbewertung. Bei der Grundbewertung wird dabei folgende Formel angewandt:[178]

$$\frac{\text{Entgeltpunkte aus Beitragszeit (+evtl. Berücksichtigungszeit)}}{\text{belegungsfähige Monate}} = \text{Entgeltpunkte pro Monat beitragsfreie Zeit}$$

Die belegungsfähigen Monate ergeben sich im allgemeinen aus der Zeit von der Vollendung des 16. Lebensjahres bis zum Monat des Rentenbeginns.

Bei der Vergleichsbewertung ergibt sich der entsprechende Wert aufgrund folgender Relation:[179]

$$\frac{\text{Entgeltpunkte aus vollwertigen Beiträgen}}{\text{Monate der Leistung von vollwertigen Beiträgen}} = \text{Entgeltpunkte pro Monat beitragsfreie Zeit}$$

Dieser sozialpolitischen Wohltat hat der Gesetzgeber jedoch selbst in § 74 RRG 1992 („Begrenzte Gesamtleistungsbewertung") einen Riegel vorgeschoben, indem dort bestimmte Anrechnungszeiten mit einer Höchstgrenze der Bewertung im Rahmen der Geamtleistungsbewertung versehen wurden.

Durch das Rentenreformgesetz 1992 wurde auch eine Flexibilisierung und einheitliche Anpassung der Altersgrenze, ab der i.d.R. einem Versicherten eine Altersrente zusteht, zwischen Männern und Frauen hergestellt. Dies geschieht durch eine zeitlich gestreckte Einführung einer für Frauen und Männer einheitlichen Altersgrenze von 65 Jahren für den Bezug einer Regel-Altersrente. Dem Versicherten wird weiterhin gestattet, vorzeitig in den Ruhestand zu treten und zwar mit der Vollendung des 62. Lebensjahres. Dabei muß er jedoch einen Abschlag von der Rente in Höhe von 0,3 % pro Monat der vorzeitigen Inanspruchnahme in Kauf nehmen. Entsprechend ist es auch möglich, den Rentenbeginn um einen Zeitraum nach der Vollendung des 65. Lebensjahres hinauszuzögern. Dies belohnt der Versicherungsträger mit einer Steigerung des Rentenbetrages um 0,5 % pro Monat der verzögerten Inanspruchnahme.[180]

Neben dieser zeitlichen Verschiebung des Rentenbeginns sieht das Rentenreformgesetz 1992 auch die Möglichkeit einer flexiblen Inanspruchnahme der Altersrente in

---

[178] Vgl. § 72 RRG 1992.

[179] Vgl. § 73 RRG 1992.

[180] Vgl. §§ 41 u. 77 RRG 1992 und Langen, H.-G., Berechnung (Die Angestelltenversicherung 1995), S. 157 ff. Zur Problematik der frühzeitigen Verrentung vgl. Berthold, N., Individuelle Ruhestandsentscheidung (Wirtschaftswissenschaftliches Studium 1987), S. 435 ff.; Student, D., Ex und hopp (Wirtschafts-Woche v. 23.07.1993), S. 14 ff.; Büser, W., Vorgezogene Rente (Süddeutsche Zeitung v. 20.10.1991), S. 34.

Form von sogenannten Teilrenten vor.[181] Dieser gleitende Ruhestand ermöglicht dem Versicherten, entsprechend seiner persönlichen Präferenzen die ihm zustehende Altersrente

- in voller Höhe,
- zu einem Drittel,
- zur Hälfte oder
- zu zwei Dritteln

in Anspruch zu nehmen. Die Entscheidung zeigt beim Rentner Konsequenzen in Hinblick auf mögliche Hinzuverdienste neben dem Rentenbezug: je niedriger der in Anspruch genommene Rentenanteil ist, desto höher sind die Rentenhöhe-unschädlichen Hinzuverdienstmöglichkeiten. Die Inanspruchnahme einer Teilrente empfiehlt sich jedoch nur für vorgezogene Altersrenten aufgrund einer langjährigen Beitragszahlung (§ 36 RRG 1992), weil ab der Vollendung des 65. Lebensjahres das Rentenreformgesetz 1992 keine Begrenzung der Hinzuverdienstmöglichkeiten mehr vorsieht.

Rentenartfaktor:
Ein weiterer entscheidender Faktor bei der Berechnung der Rentenhöhe ist der Rentenartfaktor, der aufgrund seiner multiplikativen Verbindung mit den anderen Bestandteilen der Rentenformel mit ausschlaggebend für die Rentenhöhe ist. Er ergänzt die Rentenberechnung in der Hinsicht, daß die Art der bezogenen Rente auch Einfluß auf deren Höhe ausübt. In der folgenden Abbildung werden die möglichen Rentenarten und die entsprechenden Rentenartfaktoren gegenübergestellt:[182]

---

[181] Vgl. § 42 RRG 1992.

[182] Vgl. zu den Rentenartfaktoren § 67 RRG 1992.

Rentenart	Rentenartfaktor
Renten wegen Alters	1,0
Renten wegen Berufsunfähigkeit	0,6667
Renten wegen Erwerbsunfähigkeit	1,0
Erziehungsrenten	1,0
Kleine Witwenrenten und kleine Witwerrenten	
• bis zum Ende des dritten Kalendermonats nach Ablauf des Monats, in dem der Ehegatte verstorben ist	1,0
• anschließend	0,25
Große Witwenrenten und große Witwerrenten	
• bis zum Ende des dritten Kalendermonats nach Ablauf des Monats, in dem der Ehegatte verstorben ist	1,0
• anschließend	0,6
Halbwaisenrenten	0,1
Vollwaisenrenten	0,2

Abb. 12: Rentenartfaktoren[183]

Aktueller Rentenwert:
Eine einschneidende Neuerung brachte das Rentenreformgesetz 1992 im Bereich der jährlichen Anpassung der Rentenhöhe mittels des aktuellen Rentenwerts. Dieser wurde in § 68 RRG 1992 erstmalig und gültig bis zum 30.06.1992 in seiner Höhe für den sogenannten Eckrentner[184] ermittelt. „Aktueller Rentenwert ist der Betrag, der einer monatlichen Rente wegen Alters entspricht, die sich *aus Beiträgen aufgrund eines Durchschnittsentgelts für ein Kalenderjahr* ergibt (...).“[185] Die jährliche Anpassung des aktuellen Rentenwerts wird dann jährlich jeweils zum 01. Juli durch Rechtsverordnung der Bundesregierung mit Zustimmung des Bundesrates erlassen. Dabei erfolgt die Anpassung - und das ist die entscheidende Neuerung durch das

183 Quelle: Eigene Darstellung in Anlehnung an § 67 RRG 1992.

184 Unter Eckrentner wird dabei ein Rentner verstanden, der Beiträge zur gesetzlichen Rentenversicherung exakt so hoch wie der Durchschnitt aller Beitragszahler entrichtet hat.

185 Bundesministerium für Arbeit und Sozialordnung, Rentenreform '92 (1991), S. 135, Hervorh. durch den Verfasser.

Rentenreformgesetz 1992 - nicht mehr wie bisher als Bruttoanpassung gemäß der Bruttolohnentwicklung sondern als Nettoanpassung. Ziel ist es, die Renten aus der gesetzlichen Rentenversicherung nicht stärker ansteigen zu lassen, als die Nettolöhne der erwerbstätigen Bevölkerung. Das bedeutet, daß eine durch die zunehmende Belastung der Erwerbsbevölkerung mit Steuern und Sozialabgaben verminderte Lohnsteigerung - die sogenannte Nettolohnsteigerung - maßgeblich für die Entwicklung der Sozialrenten ist.[186]

Die Tatsache, daß es dadurch gerade in wirtschaftlich angespannten Zeiten und einer damit einhergehenden rückläufigen Nettolohnentwicklung auch zu einer negativen Steigerung der Sozialrenten kommen kann, wurde augenscheinlich vom Gesetzgeber nicht bedacht. Wie sonst ließe sich wohl die Tatsache erklären, daß z.B. bei der Anpassung des aktuellen Rentenwerts zum 01. Juli 1993 anstatt einer rechnerisch notwendigen Kürzung der Renten der Lobbyismus der Rentner und deren sozialpolitischer Fürsprecher dennoch eine Erhöhung der Renten durchsetzen konnten.

In diesem Zusammenhang ist auch die in höchstem Maße unsachliche öffentliche Diskussion um ein Weihnachtsgeld für Sozialversicherungsrentner in der Vorweihnachtszeit des Jahres 1994 zu sehen. Wurde dort doch die Einführung eines Weihnachtsgeldes für Empfänger einer Rente aus der gesetzlichen Rentenversicherung als dringend notwendig erachtet, um diese mit den Empfängern von Beamtenpensionen, denen explizit eine 13. Pension zu Weihnachten ausgezahlt wird, gleichzustellen. Sogar die Forderung nach einem Mindestweihnachtsgeld für Rentner in Höhe von 200,-- DM wurde laut. Verblüffend, daß selbst die sogenannten Experten in Person der sozialpolitischen Sprecher der verschiedenen Parteien hier ein Problem diskutierten, das eigentlich gar kein Problem war. Denn dadurch, daß bei der Bemessung der verschiedenen Bestandteile der Rentenformel jeweils immer das gesamte versicherte Bruttoentgelt in die Berechnung miteinbezogen wird, und auch das Weihnachtsgeld zum versicherungspflichtigen Bruttoentgelt zählt, bekommen die Rentner ihr „Weihnachtsgeld" eben nicht in einer Summe am Jahresende, sondern über eine durchgehende Erhöhung der Renten über das Kalenderjahr verteilt, ausbezahlt. Diese „vorzeitige" Auszahlung von Weihnachtsgeld bewirkt aber im Vergleich zu den Pensionären bei den Empfängern einer Rente aus der gesetzlichen Rentenversicherung einen Zinsvorteil. Wenn es also im Zusammenhang mit einem Weihnachtsgeld zwischen den verschiedenen Arten von Altersbezügen zu einer Ungleichbehandlung kommt, dann ist dies der Zinsvorteil für die Empfänger der Renten aus der gesetzlichen Rentenversicherung, den es zum Vorteil der Pensionäre auszugleichen gilt.

---

186 Vgl. Almsick, J. van, Rentenanpassung (Kompaß 4/1992), S. 161 ff.; Weißenberger, E., Rentenanpassungen (Deutsche Rentenversicherung 1992), S. 570 ff.

Neben den bei der Darstellung der einzelnen Bestandteile der Rentenformel bereits angesprochenen sozialpolitisch motivierten Vergünstigungen kennt das neue Recht der gesetzlichen Rentenversicherung noch weitere versicherungsfremde Elemente. Dabei wäre vor allem die Rente nach dem Mindesteinkommen zu nennen. Nach § 262 RRG 1992 kommt es bei einem Versicherten, der mindestens eine Wartezeit - d.h. eine mit rentenrechtlichen Zeiten gefüllten Zeitraum - von 35 Jahren erfüllt hat, unter der zusätzlichen Voraussetzung, daß der Durchschnittswert an Entgeltpunkten für die Monate mit vollwertigen Pflichtbeiträgen kleiner als 0,0625 Entgeltpunkte ist, zu einer Anhebung aller Entgeltpunkte seiner Beitragsperioden. Diese Anhebung beträgt in der Regel das 1,5-fache höchstens jedoch bis zu 75 % der Bemessungsgrundlage. Das bedeutet, daß z.B. ein Versicherter, der Zeit seines Lebens halbtags gearbeitet hat und dessen versicherungspflichtiges Entgelt während dieser Zeit immer die Hälfte des durchschnittlich versicherten Entgelts betrug,[187] einen ebenso hohen Rentenanspruch erworben hat, wie ein Versicherter, der während seiner Erwerbstätigkeit ganztags gearbeitet hat, dessen versicherungspflichtiges Entgelt aber nur 75 % des durchschnittlich versicherten Entgelts betrug.[188]

b) Einkommensteuerliche Behandlung der gesetzlichen Rentenversicherung

Um die Anknüpfungspunkte des Fiskus an den Beiträgen und den Leistungen der gesetzlichen Rentenversicherung untersuchen zu können, wird im folgenden - getrennt nach Anspar- und Absparphase - näher auf die verschiedenen einkommensteuerlichen Vorschriften im Zusammenhang mit der gesetzlichen Rentenversicherung eingegangen.

aa) Ansparphase

Wie bereits dargestellt wurde, ist die Phase des Erwerbs eines Leistungsanspruchs aus der gesetzlichen Rentenversicherung - die Ansparphase - gekennzeichnet durch die gemeinsame Leistung von Beiträgen - in der Regel je hälftig - durch den Arbeitgeber und den Arbeitnehmer.[189]

Während der Arbeitgeberanteil nach § 3 Nr. 62 EStG den „Steuerfreien Einnahmen" zugeordnet wird, der Fiskus somit diesen Teil des Arbeitslohnes insgesamt steuerfrei stellt, wird der Arbeitnehmeranteil bei der Ermittlung der Einkünfte aus nichtselbständiger Tätigkeit zunächst insgesamt als steuerpflichtig qualifiziert. Steuertheoretisch gesehen stellt der Arbeitnehmeranteil nämlich objektive Leistungsfä-

---

187 Das bedeutet, daß sein Verdienst, hochgerechnet auf eine Ganztag-Beschäftigung genau 100 % des Durchschnittsverdienst wäre. Somit hat dieser Versicherte für jedes Jahr seiner Versicherungsangehörigkeit 0,5 Entgeltpunkte erworben.

188 Zu beachten bleibt in diesem Zusammenhang, daß der halbtags Beschäftigte jedoch für seinen Rentenanspruch lediglich einen Beitrag in Höhe von $^2/_3$ des Beitrags des ganztags Beschäftigten geleistet hat.

189 Zur grundlegenden Darstellung vgl. S. 30 f. dieser Arbeit.

higkeit[190] dar, wohingegen der Arbeitgeberanteil gar nicht als zugeflossen angesehen werden kann, so daß das Zuflußprinzip der Überschußeinkunftsarten - und dazu zählen auch die Einkünfte aus nichtselbständiger Tätigkeit - eine Besteuerung desselben verbietet.[191]

Erst bei der Feststellung der subjektiven Leistungsfähigkeit[192], d.h. bei der Ermittlung des zu versteuernden Einkommens, werden grundsätzlich auch die Leistungen des Arbeitnehmers als einkommensmindernd qualifiziert, was dem Charakteristikum ihrer Indisponibilität für den Steuerpflichtigen entspricht. Allerdings kommt es durch die restriktive betragliche Begrenzung der abziehbaren Vorsorgeaufwendungen im Rahmen der §§ 10 und 10c EStG in der Regel dazu, daß ein in manchen Fällen nicht unbeachtlicher Teil der Beiträge zur gesetzlichen Rentenversicherung aus versteuertem Einkommen zu zahlen ist, weil sie steuerlich nicht geltend gemacht werden konnten.

Aufgrund des nach wie vor in Deutschland festgelegten progressiven Tarifverlaufs bei der Einkommensteuer hängt die absolute Entlastung bei den Rentenversicherungsbeiträgen von der Grenzsteuerbelastung des Beitragszahlenden ab. Relativ gesehen werden - da jedem Steuerpflichtigen das gleiche Kontingent im Rahmen der abzugsfähigen Vorsorgeaufwendungen zur Verfügung steht - alle Beitragszahler zur gesetzlichen Rentenversicherung gleich behandelt. Allerdings beinhaltet die Abzugsmöglichkeit der Vorsorgeaufwendungen auch soziale Züge: Ehepaare mit nur einem Beitragszahler sowie Geringverdiener werden insofern bevorzugt, als sie einen absolut größeren Betrag zum Abzug bringen können, als z.B. Ledige mit dem gleichen Beitragsleistungen oder Höherverdiener.

Dies liegt zum einen in der Tatsache begründet, daß die Verdoppelung der Abzugsbeträge nach den §§ 10 und 10c EStG nicht an die Existenz einer doppelten Beitragsleistung gebunden ist, und zum anderen, daß die Kürzung des Vorwegabzugs in Höhe von 6.000,-- oder 12.000,-- DM prozentual an der Höhe des Arbeitseinkommens bemessen wird.

Zumindest die Bevorzugung von verheirateten Einzelverdienern erscheint problematisch. Zum einen profitieren diese von einer betraglich erhöhten Abzugsfähigkeit ihrer Beiträge zur gesetzlichen Rentenversicherung zum anderen haben sie den Vorteil bei den Leistungen aus der gesetzlichen Rentenversicherung dahingehend, daß der jeweils überlebende Ehegatte einen Anspruch auf eine Hinterbliebenenrente in Form der sogenannten Witwen- oder Witwerrente besitzt. Damit soll die Ver-

---

190 Vgl. Zum Begriff Leistungsfähigkeit S. 152 ff.

191 Das Zuflußprinzip ist für Überschußeinkunftsarten explizit in § 11 EStG geregelt und besagt, daß Einnahmen und Ausgaben grundsätzlich in dem Kalenderjahre einkommensteuerlich zu erfassen sind, in dem sie zu- oder abgeflossen sind.

192 Vgl. Zum Begriff Leistungsfähigkeit S. 152 ff.

pflichtung des Staates zum Schutz der Familie nicht verworfen werden, die Frage ist nur, ob der Schutz in diesem Zusammenhang angebracht ist. Wenn schon zur Zeit über die Modifizierung des Splitting-Verfahrens bei der Veranlagung zur Einkommensteuer nachgedacht wird, so sollte das Einkommensteuergesetz auch nach solchen versteckten „Splitting-Vorteilen" durchforstet und auf deren Zweckmäßigkeit überprüft werden. Alleine die Tatsache, daß man verheiratet ist, kann wohl nicht als steuerlicher „Subventionstatbestand" angesehen werden.

Letztendlich soll deutlich werden, daß die einkommensteuerlichen Vorteile im Rahmen der Abzugsfähigkeit der Beiträge zur gesetzlichen Rentenversicherung bei der Ermittlung des zu versteuernden Einkommens nicht pauschalierend eingeschätzt werden können, sondern von einer Vielzahl von Faktoren abhängig sind.

bb) Auszahlphase

Rentenzahlungen aus der gesetzlichen Rentenversicherung werden nach dem bereits oben beschriebenen System der Ertragsanteilsbesteuerung[193] nach § 22 EStG als sonstige Einkünfte besteuert.[194]

Basierend auf dem Alter des Rentenempfangsberechtigten beim erstmaligen Empfang einer Rente wird nach den bereits beschriebenen Prinzipien ein sogenannter Ertragsanteil in Prozent der Rentenzahlung ermittelt, der dann über die Laufzeit der Rente - d.h. bis zum Tode des Rentenempfangsberechtigten - gleichbleibend den steuerbaren Teil der Rentenzahlung bemißt.

Dieser unter den „sonstigen Einkünften" eingeordnete Teil der Rentenzahlung kann dann noch um *nachgewiesene* Werbungskosten gekürzt werden, weil bei den sonstigen Einkünften im Gegensatz z.B. zu den Einkünften aus nichtselbständiger Tätigkeit und damit auch den Beamtenpensionen keine pauschalierten Werbungskosten vorgesehen sind. Anders als bei der Besteuerung der Beamtenpensionen können auch keine pauschalierten Vorsorgeaufwendungen nach § 10c Abs. 2 oder 3 EStG zum Abzug gebracht werden, weil diese an die Erzielung von Arbeitslohn gebunden sind. Hier kommt lediglich der Sonderausgaben-Pauschbetrag nach § 10c Abs. 1 EStG in Höhe von 108,-- DM pro Veranlagungszeitraum in Betracht, der allerdings auch von den Beamtenpensionen zum Abzug gebracht werden kann.

---

193 Vgl. S. 30 f. dieser Arbeit

194 Vgl. grundsätzlich zur Behandlung von Renten im Einkommensteuerrecht: Fichtelmann, H., Renten (Neues Steuerrecht 7/1994), S. 23 ff.

Exkurs: Neuregelung der Besteuerung im Rahmen des Jahressteuergesetzes 1996

Eine Besonderheit bei der Besteuerung der Renten aus der gesetzlichen Rentenversicherung war bei der Neugestaltung des Tarifverlaufs im Rahmen des Jahressteuergesetzes 1996 geplant.[195]

Bei der Berechnung des Entlastungsbetrags nach dem vorgesehenen - mittlerweile aber dankenswerter Weise verworfenen - neuen § 34h EStG sollte nämlich dem zu versteuernden Einkommen der Teil der Rentenzahlung, der den Ertragsanteil nach § 22 EStG übersteigt, hinzugerechnet werden. Man muß sich dabei vor Augen halten, daß hier etwas Einzigartiges im deutschen Einkommensteuerrecht geschehen wäre: Einkünfte, die nach der Definition des Gesetzes als nicht steuerbar erklärt wurden, werden plötzlich als zu versteuerndes Einkommen qualifiziert.[196] Einer gerichtlichen Überprüfung - z.B. auf ihre Verfassungsmäßigkeit - hätte diese Regelung wohl kaum Stand gehalten.

Da die Entlastung nach § 34h EStG[197] ab einem zu versteuernden Einkommen von ca. 44.000,-- DM ausgelaufen wäre, wäre die Mehrheit der Empfänger von Renten aus der gesetzlichen Rentenversicherung nicht in den Genuß dieses Entlastungsbetrages gekommen. Damit es dadurch nicht zu einer Schlechterstellung dieses Personenkreises gegenüber der geltenden Tarifregelung gekommen wäre, sollte außertariflich noch ein Betrag von 250,-- DM für Ledige oder 500,-- DM für Verheiratete von der ermittelten Steuerschuld in Abzug gebracht werden.

Diese Regelung hätte zwar keine Schlechterstellung der Rentner gegenüber der jetzigen Situation bedeutet, sie wären jedoch - was ihre Berücksichtigung im Rahmen der neuen Tarifregelung betrifft - eindeutig in ungleicher Weise gegenüber den anderen Steuerpflichtigen behandelt worden.

Die Begründung dieses Vorgehens wurde mit einer Verhinderung einer weiteren Ungleichbehandlung zwischen den verschiedenen Altersruhegeldern[198] in einkommensteuerlicher Hinsicht angegeben. Würde man den Rentnern nämlich den vollen

---

[195] Vgl. Bundesministerium der Finanzen, Entwurf eines Jahressteuergesetzes 1996 v. 20.02.1995, Geschäftszeichen IV B 2 - S 1900 - 59/95

[196] Vgl. Kannengießer, W., Fiskus (Die Angestelltenversicherung 1995), S. 145 ff.; Giloy, J., Neuregelung (Deutsche Steuer-Zeitung 1995), S. 289 ff.

[197] Vgl. Bundesministerium der Finanzen, Entwurf eines Jahressteuergesetzes 1996 v. 20.02.1995, Geschäftszeichen IV B 2 - S 1900 - 59/95, hier: Änderungen des Einkommensteuergesetzes, S. 30 f.

[198] Vgl. Bundesministerium der Finanzen, Entwurf eines Jahressteuergesetzes 1996 v. 20.02.1995, Geschäftszeichen IV B 2 - S 1900 - 59/95, hier: Begründung zu den Änderungen des Einkommensteuergesetzes, S. 33.

Entlastungsbetrag zugestehen, so würde sich z.B. bei einem 65-jährigen Rentenempfänger die Höhe der steuerfreien Rente mehr als verdoppeln.[199]

Dieser Vorgang zeigt aber wieder einmal deutlich die mangelnde Fähigkeit des Gesetzgebers, einkommensteuerliche Probleme und Ungleichbehandlungen an ihren Wurzeln zu bekämpfen. Statt dessen werden lediglich die Wildwuchstriebe gekappt, die dann zwar augenblicklich verschwunden wären, aber mit Sicherheit an der gleichen oder einer anderen Stelle wieder austreiben würden.

Nun wurde glücklicherweise davon abgesehen, bei der endgültigen Fassung des Jahressteuergesetzes diese Regelung auch tatsächlich zum Gesetz zu machen. Allerdings bedeutet das nicht, daß die Verabschiedung des Jahressteuergesetzes 1996 irgendeine Verbesserung bezüglich der Besteuerungsproblematik von Einkünften im Rahmen der Altersvorsorge gebracht hätte. Im Gegenteil: durch die - ansonsten als positiv zu bewertende - Steuerfreistellung des Existenzminimums kommt es nun dazu, daß noch wesentlich höhere Renten aus der gesetzlichen Rentenversicherung steuerfrei sind, als nach altem Tarifverlauf.

2. Beamtenrechliche Altersversorgung

Die Gruppe der Beamten sticht aufgrund ihrer eigenen gesetzlichen Zwangsversorgung unter den übrigen abhängig Erwerbstätigen hervor.[200] Die Beamtenversorgung kann nicht als ein Versorgungssystem im engeren Sinne in Form eines Versicherungssystems bezeichnet werden. Die beamtenrechtliche Altersversorgung fußt - wie auch die Besoldung von Beamten - auf dem in Art 33 Abs. 5 GG aus den hergebrachten Grundsätze des Berufsbeamtentums abgeleiteten Alimentationsprinzip.[201]

a) Status Quo der beamtenrechtlichen Altersversorgung

Die gesetzliche Kodifizierung des verfassungsrechtlich verankerten Alimentationsprinzips erfolgte in Deutschland im „Gesetz über die Versorgung der Beamten und Richter in Bund und Ländern (Beamtenversorgungsgesetz - BeamtVG)“ vom 02.09.1976.[202]

Geprägt ist die Beamtenversorgung vor allem dadurch, daß sie dem Beamten nicht nur eine lebenslange, sondern auch eine ausreichende Versorgung sicherstellt. Das

199 Während nach altem Tarifverlauf bei einem Rentenbeginn mit 65 Jahren eine Rente aus der gesetzlichen Rentenversicherung bis jährlich ca. 21.940 DM steuerfrei wäre, erhöht sich dieser Betrag nach dem neuen Tarifverlauf auf ca. 45.937 DM.

200 Der Versuch eines Vergleiches von Sozialrenten und Beamtenpensionen wird trotzdem vorgenommen von: Zezschwitz, F. v., Sozialrenten und Beamtenpensionen (Zeitschrift für Beamtenrecht 1995), S. 157 ff.

201 Vgl. ausführlich zum Alimentationsprinzip Thiemer, B., Alimentationsprinzip (1992).

202 Vgl. BGBl I 1976, S. 2485 ff.

bedeutet, daß mit der Pension der Lebensstandard des Beamten in einer solchen Weise gesichert bleibt, daß er nicht auf eine zusätzliche (private) Vorsorge angewiesen ist, außer er strebt im Ruhestand einen höheren Lebensstandard an, als ihm die Beamtenversorgung garantiert.

Die Höhe der Beamtenpension - das Ruhegehalt - ist wiederum entscheidend abhängig von zwei Faktoren:[203]

- den ruhegehaltfähigen Dienstbezügen und
- der ruhegehaltfähigen Dienstzeit.

Ruhegehaltfähige Dienstbezüge:
Die ruhegehaltfähigen Dienstbezüge regelt § 5 BeamtVG. Dort werden grundsätzlich das Grundgehalt, der Ortszuschlag bis zur Stufe 2 sowie sonstige, im Besoldungsrecht als ruhegehaltfähig bezeichnete Dienstbezüge genannt.

Ruhegehaltfähige Dienstzeit:
Den Begriff der ruhegehaltfähigen Dienstzeit regelt § 6 BeamtVG. Darunter ist „regelmäßig die Zeit zu verstehen, die ein Beamter vom Tage seiner ersten Berufung ins Beamtenverhältnis an im Dienste eines öffentlich-rechtlichen Dienstherrn im Reichsgebiet im Beamtenverhältnis zurückgelegt hat“[204].

Aus sozialpolitisch motivierten Gründen werden neben dieser „normalen“ ruhegehaltfähigen Dienstzeit auch noch Zeiten - mit letztendlich pensionssteigernder Wirkung - anerkannt, die außerhalb der regelmäßigen Dienstzeit des § 6 BeamtVG geleistet wurden.[205] Zu diesen Zeiten, die eine ähnliche Funktion wie die beitragsfreien oder beitragsgeminderten Zeiten der gesetzlichen Rentenversicherung[206] erfüllen, gehören z.B. Zeiten des Wehrdienstes und der Kriegsgefangenschaft, Zeiten im öffentlichen Dienst im privaten Arbeitsverhältnis, etc.

Die danach festgestellte gesamte ruhegehaltfähige Dienstzeit wirkt ihrerseits insofern direkt auf die Höhe des zu zahlenden Ruhegehalts ein, als sie den Prozentbetrag bestimmt, der den Anteil des Ruhegehalts der ruhegehaltfähigen Dienstbezüge widerspiegelt (Ruhegehaltssatz). Dieser berechnet sich nach der folgenden Formel:

Ruhegehaltfähige Dienstzeit in Jahren * 1,875 % = Ruhegehaltssatz in %

---

203 Vgl. Minz. H./Conze, P, Öffentlicher Dienst (1991), S. 125 ff.

204 § 6 Abs. 1 BeamtVG und für weitere Einzelheiten Post, A./Braun, R., Beamtenrecht (1991), S. 173.

205 Vgl. hierzu u.a. die §§ 7 bis 13 BeamtVG.

206 Vgl. hierzu die Ausführungen auf S. 60 f.

Das Gesetz sieht in der Vorschrift des § 14 Abs. 4 BeamtVG eine Grundversorgung des Beamten in Höhe von 35 % der ruhegehaltfähigen Dienstbezüge vor, indem dort festgelegt wird, daß bei Erfüllen der Voraussetzungen des § 4 Abs. 1 BeamtVG der berechnete Ruhegehaltssatz mindestens 35 % („Sockelbetrag") beträgt. Grundsätzlich erhöht jedes Jahr an ruhegehaltfähiger Dienstzeit den Betrag des Ruhegehaltssatzes um 1,875 Prozentpunkte. Gleichzeitig wird in § 14 Abs. 1 BeamtVG festgelegt, daß der erreichbare Ruhegehaltssatz nach oben auf 75 % („Höchstversorgung") begrenzt ist. Damit ergibt sich, daß die Höchstversorgung von 75 % frühestens nach einer ruhegehaltfähigen Dienstzeit von 40 Jahren erreicht werden kann.[207]

Wie der Name bereits sagt, hat die Beamten*versorgung* - z.B. im Gegensatz zur gesetzlichen Renten*versicherung* - nichts mit einer Versicherung im eigentlichen Sinne zu tun. Sie ist lediglich die Ausprägung der Verpflichtung des Staates (als Arbeitgeber), seinen Staatsdienern (den Beamten) eine lebenslängliche Versorgung zukommen zu lassen. Diese - auf dem beamtenrechtlichen Grundsatz der Alimentation beruhende - Tatsache ist es auch, die die Begründung für die fehlende eigene Beitragsleistung des Beamten liefert. Der Leistung des Staates an seinen Beamten in Form der Pension stehen zwar Pflichten des Beamten gegenüber, in diesen Pflichten ist jedoch nicht die Beitragsleistung für seine Versorgung enthalten.

In der Literatur wird dennoch immer wieder von einer eigenen Beitragsleistung des Beamten für seine Altersversorgung gesprochen.[208] Diese Beitragsleistung existiert zwar nicht in dem Sinne, daß der Beamte explizit - vergleichbar zum Versicherten in der gesetzlichen Rentenversicherung - einen bestimmten Anteil seines Lohnes oder Gehaltes als Versicherungsbeitrag an den Versicherungsträger abführt, sondern daß der Beamte während seiner aktiven Dienstzeit eine zu vergleichbaren anderen Erwerbstätigen niedrigere Entlohnung bekommt. Diese - unter der Bezeichnung „Gehaltsverzichtshypothese" bekannte - Meinung ist jedoch nicht unumstritten. Der sich an diesen Teil der Arbeit anschließende Modellvergleich soll deshalb Anhaltspunkte für eine Überprüfung des Wahrheitsgehalts der Gehaltsverzichtshypothese liefern.[209]

Ähnlich der Ausgestaltung in der gesetzlichen Rentenversicherung, sieht auch die Beamtenversorgung nicht nur eine Absicherung des Beamten gegen das Alter in Form der Beamtenpension, sondern auch eine Absicherung gegen den Tod oder die Erwerbsunfähigkeit des Beamten vor. Während letztere im Rahmen der Unfallfürsorge nach den §§ 30 ff. BeamtVG geregelt ist, und die Leistungen dem Beamten direkt zu Gute kommen, wird das Risiko des Todes des Beamten im Rahmen der

---

[207] Vgl. Petin, M., Zusatzversorgung (Neue Wirtschaftsbriefe Fach 29), S. 951 f.; o.V., Höchstversorgung (Handelsblatt v. 05.11.1991), S. 6.

[208] Vgl. u.a. Bartsch, H., Eigenleistungen (Zeitschrift für Beamtenrecht 1974), S. 345 ff.

[209] Vgl. hierzu die Ausführungen auf S. 137 f.

§§ 16 ff BeamtVG als sogenannte Hinterbliebenenversorgung erfaßt. Den Hinterbliebenen des Beamten sollen die negativen Folgen des mit dem Tod verbundenen und unterstellten Ausfalls der Erwerbsquelle abgemildert werden. Dabei setzt sich die Hinterbliebenenversorgung u.a. aus folgenden Bestandteilen zusammen: Sterbegeld, Witwen(r)geld, Waisengeld etc.[210]

Durch diese Leistungen können der Beamtenversorgung demnach versicherungsähnliche Charaktermerkmale nicht abgesprochen werden, im Gegenteil, sie unterscheidet sich in diesem Punkt kaum von den Leistungen einer privaten Versicherung. Einziger Unterschied ist, daß dem Anspruch auf die verschiedenen Versicherungsleistungen keine (explizite) Beitragszahlung vorweg geht.

b) Einkommensteuerliche Behandlung der beamtenrechtlichen Altersversorgung

Im Rahmen der beamtenrechtlichen Altersversorgung ist sowohl die Ansparphase - d.h. der Zeitraum der Bildung eines Versorgungsanspruchs - als auch die Auszahlungsphase - d.h. der Zeitraum der Inanspruchnahme von Versorgungsleistungen - von einkommensteuerlicher Bedeutung. Dabei unterscheidet sie sich aber grundlegend z.B. von der einkommensteuerlichen Behandlung der entsprechenden Phasen der gesetzlichen Rentenversicherung.

aa) Ansparphase

Beamte leisten - wie bereits festgestellt - explizit keine Beiträge zu ihrer Altersversorgung, d.h. vom Arbeitgeber wird nicht ein bestimmter Prozentsatz ihrer monatlichen Bezüge für ihre Altersversorgung einbehalten und „angespart".

Die Tatsache, daß der Beamte sich während seiner Dienstzeit einen Versorgungsanspruch erwirbt, hat jedoch Auswirkungen bei der Berechnung der individuellen Höhe der möglichen steuerlichen Geltendmachung von Vorsorgeaufwendungen im Rahmen des § 10 EStG. Denn § 10 Abs. 3 Nr. 2 legt i.V.m. § 10c Abs. 3 Nr. 2 EStG fest, daß solche Personen, die „nicht der gesetzlichen Rentenversicherung unterliegen, eine Berufstätigkeit ausgeübt und im Zusammenhang damit aufgrund vertraglicher Vereinbarungen Anwartschaftsrechte auf eine Altersversorgung ganz oder teilweise ohne eigene Beitragsleistung erworben haben"[211], ebenso wie andere Arbeitnehmer lediglich den gekürzten Vorwegabzug nach § 10 Abs. 3 Nr. 2 EStG im Rahmen ihrer Vorsorgeaufwendungen als Sonderausgaben bei der Ermittlung des zu versteuernden Einkommens geltend machen dürfen.

---

210 Vgl. § 16 BeamtVG.

211 § 10c Abs. 3 Nr. 2 EStG.

bb) Auszahlphase

In der Auszahlphase, d.h. in der Phase der Inanspruchnahme von Leistungen aus der gesetzlichen Beamtenversorgung, erfährt der Beamte im Ruhestand die gleiche Behandlung wie ein Bezieher einer Betriebsrente in der Privatwirtschaft: Die Bezüge werden gemäß § 19 Abs. 1 Nr. 2 EStG als „nachträgliche" Einkünfte aus nichtselbständiger Tätigkeit versteuert.[212] Mit der Begründung, daß es im Alter zu zunehmenden finanziellen Belastungen komme, wird allerdings bei solchen Einkünften ein Freibetrag gemäß § 19 Abs. 2 EStG in Höhe von 40% der Einkünfte höchstens jedoch ein Betrag von 6.000,-- DM gewährt.[213] Zwar erscheint der prozentuale Freibetrag von 40% im ersten Augenblick recht hoch, er relativiert sich jedoch durch die obere Begrenzung auf 6.000,-- DM, die bereits bei einer Pension jenseits des Betrages von 15.000,-- DM im Jahr wirksam wird.[214]

Ob jedoch der Freibetrag bei diesem Schritt der Ermittlung des zu versteuernden Einkommens angebracht ist, sei dahingestellt: Werbungskosten entstehen in Zusammenhang mit der Erhaltung und Sicherung der Erwerbsquelle aus nichtselbständiger Tätigkeit.[215] Die mit der Gewährung des Freibetrages benannten Kosten, wie z.B. Krankheit, etc., haben jedoch nichts mit der Sicherung der Einkommensquelle zu tun, sie sollten - wenn überhaupt - im Rahmen von außergewöhnlichen Belastungen, dann allerdings korrespondierend zu anderen Steuerzahlern im Rentenalter, berücksichtigt werden.

Aufgrund der Tatsache, daß der pensionierte Beamte auch weiterhin Einkünfte aus nichtselbständiger Tätigkeit erzielt, betreffen ihn auch alle diesbezüglichen - positiven wie negativen - Regelungen des Einkommensteuergesetzes. So kann er neben den Vorsorgeaufwendungen nach § 10 oder 10c EStG auch - sofern nicht höhere Werbungskosten nachgewiesen werden - den Werbungskostenpauschbetrag des § 9a Nr. 1 EStG bei der Ermittlung des zu versteuernden Einkommens geltend machen.

Zusammengefaßt bildet also der Betrag der jährlichen Pension eines Beamten, der 40% der Pension, höchstens jedoch 6.000,-- DM übersteigt, abzüglich der pauschalierten oder nachgewiesenen Werbungskosten die Einkünfte aus nichtselbständiger

---

212 Explizit wird in der genannten Gesetzesstelle von „Wartegeldern, Ruhegeldern, Witwen- und Waisengeldern und anderen Bezügen und Vorteilen aus früheren Dienstleistungen" gesprochen.

213 Vgl. Heuer, G., Kommentierung zu § 19 EStG, in: Hermann/Heuer/Raupach, ESt/KSt-Kommentar (1950/92), Anm. 360 ff.

214 Vgl. zum Problem der unterschiedlichen Besteuerung von Beamtenpensionen und Renten aus der gesetzlichen Rentenversicherung Schröder, G., Diskrepanz (Deutsche Steuer-Zeitung 1995), S. 231 ff.

215 Das Gesetz führt hierzu aus: „Werbungskosten sind Aufwendungen zur Erwerbung, Sicherung und Erhaltung der Einnahmen." (§ 9 Abs. 1 EStG).

Tätigkeit, die dann in den üblichen Prozeß der Ermittlung des zu versteuernden Einkommens einbezogen werden.

C. Versorgung auf Basis betrieblicher Vorsorgemaßnahmen

Neben der Versorgung der Nicht-Mehr-Erwerbstätigen im Rahmen von staatlichen Zwangsvorsorgemaßnahmen kann die Gesamtversorgung zusätzlich auf betrieblichen Vorsorgemaßnahmen basieren.[216]

1. Überblick

Historisch gesehen sind betriebliche Vorsorgemaßnahmen weitaus älteren Ursprungs als z.B. die gesetzliche Rentenversicherung. So kann bereits für die Mitte des 19. Jahrhunderts festgestellt werden, daß manche Unternehmer in ihren Betrieben bestimmte - den heutigen betrieblichen Vorsorgemaßnahmen ähnliche - Unterstützungsmaßnahmen getroffen hatten.[217]

Diese sind unter anderem dadurch charakterisiert, daß das „versorgende" Unternehmen sie grundsätzlich auf freiwilliger Basis durchführt. Freiwillige Basis bedeutet dabei, daß der Arbeitgeber die grundsätzliche Entscheidung zur Einführung einer betrieblichen Altersversorgung in seinem Unternehmen freiwillig treffen kann. Hat er allerdings betriebliche Vorsorgemaßnahmen in seinem Unternehmen eingeführt, so ist die Zusage an die einzelnen Arbeitnehmer an sich nicht freiwillig.[218] Zudem sind betriebliche Vorsorgemaßnahmen dadurch gekennzeichnet, daß jeweils die Beiträge - in welcher Form auch immer - zu den verschiedenen denkbaren Einrichtungen der betrieblichen Altersvorsorge vom Arbeitgeber getragen werden. Damit werden sie auch zum Lohnbestandteil, können jedoch - wie später noch dargestellt werden wird - vom Arbeitgeber unter bestimmten Bedingungen und im Rahmen bestimmter Grenzen pauschal versteuert werden. Die möglichen Verfahren zur betrieblichen Altersversorgung sind derart unterschiedlich, daß eine erschöpfende Darstellung in diesem Zusammenhang als nicht angebracht erscheint.

---

216 Vgl. Lubnow, M., Bessere Rahmenbedingungen (Handelsblatt v. 11.01.1994), S. 6. Zur Bedeutung der betrieblichen Altersversorgung in einer sozialen Marktwirtschaft vgl. Ahrend, P., Betriebliche Altersversorgung (Betriebliche Altersversorgung 1994), S. 186 ff. Die Notwendigkeit der steuerlichen Förderung der betrieblichen und privaten Vorsorge vor dem Hintergrund der Probleme in der gesetzlichen Rentenversicherung sieht Parsche, R., Steuerliche Neuregelung (ifo-Schnelldienst 9/1986), S. 3 ff.

217 Vgl. Maydell, B. von, Betriebliche Altersversorgung (1983), in: Sachverständigenkommission Alterssicherungssysteme, Berichtsband 1983, S. 249. Er verweist dabei auf die Gutehoffnungshütte (1832), Krupp und Henschel (1858), Siemens (1872), BASF (1879) und die Farbwerke Hoechst (1882). Blomeyer, W., Betriebliche Altersversorgung, in: Battis, U. u.a. (Hrsg.), Alterssicherungssysteme (1988), S. 184 ff.

218 Vgl. Heither, F., Betriebliche Altersversorgung (Betriebs-Berater 1992), S. 146 ff.

Folgende Abbildung gibt einen Überblick über mögliche Formen der betrieblichen Altersversorgung:

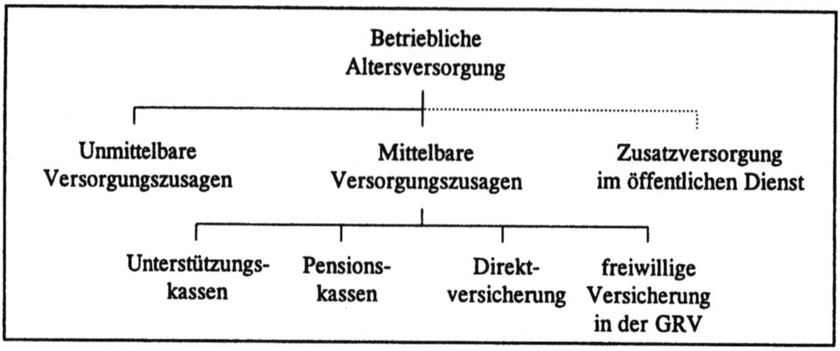

Abb. 13: Formen der betrieblichen Altersversorgung[219]

Daher wird an dieser Stelle zunächst gezeigt, welche unterschiedlichen Möglichkeiten sich den Unternehmen grundsätzlich bieten, betriebliche Altersversorgung durchzuführen, indem die wichtigsten Formen kurz vorgestellt und charakterisiert werden. Daran anschließend wird auf die Zusatzversorgung im öffentlichen Dienst, als ein besonderes Instrument der betrieblichen Vorsorge eingegangen.

2. Ausgewählte betriebliche Vorsorgemaßnahmen

a) Vorbemerkung

Im Rahmen des in der Arbeit vorzunehmenden Modellvergleichs wird die Möglichkeit der Versorgung mittels anderer betrieblicher Vorsorgemaßnahmen nicht berücksichtigt. Dies erfolgt aus Praktikabilitätsgründen, da die Vorteilhaftigkeit solcher Maßnahmen nur anhand eines Mit-Ohne-Vergleichs aller Beteiligten an der jeweiligen Form der betrieblichen Vorsorge beurteilt werden kann. Mithin müßte auch die betriebliche Sphäre des vorsorgenden Unternehmens in die Betrachtung einbezogen werden, was den - an der Zielsetzung der Arbeit orientierten - Blick für die Zusammenhänge erschweren würde. Trotzdem soll an dieser Stelle der Vollständigkeit halber ein Überblick der wichtigsten betrieblichen Vorsorgemaßnahmen - neben der Zusatzversorgung der Angestellten und Arbeiter im öffentlichen Dienst - gegeben werden.

Die Bedeutung, die die betriebliche Altersversorgung in jeglicher Form in den letzten Jahren erlangt hat, läßt sich der nachfolgenden Darstellungen entnehmen.

[219] Quelle: Eigene Darstellung.

Die statistische Auswertung stützt sich dabei auf die zum Untersuchungszeitpunkt aktuellsten Umfrageergebnisse des Statistischen Bundesamtes, die die Situation in Deutschland vor der Wiedervereinigung widerspiegelt.[220]

Danach hatten von den untersuchten Unternehmen[221] 32,4 % eine Form der betrieblichen Altersversorgung, die jedoch 71,1 % aller Arbeitnehmer der untersuchten Unternehmen repräsentierten. Von diesen Arbeitnehmern waren 64,8 % in ein System der betrieblichen Altersversorgung eingebunden. Das entspricht einem Anteil an allen Arbeitnehmern der untersuchten Unternehmungen von 46,1 %. Das bedeutet, daß nicht einmal die Hälfte aller Arbeitnehmer in Deutschland im Jahre 1990 in ein System der betrieblichen Altersversorgung eingebunden waren.

Folgende Abbildung zeigt eine Aufteilung der Altersversorgung auf die verschiedenen Vorsorgemaßnahmen:

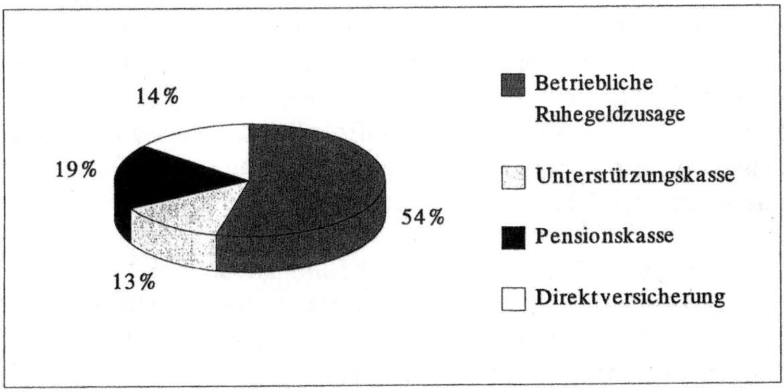

Abb. 14: Relative Häufigkeit von Maßnahmen der betrieblichen Altersvorsorge[222]

Von allen in einem Betrieb mit betrieblicher Altersversorgung beschäftigten Arbeitnehmern waren 1990 wiederum 64,8 % tatsächlich auch mit einer betrieblichen Altersversorgung bedacht worden.

Betrachtet man nun die Verteilung nach Geschlechtern, so zeigt sich, daß die Erwerbsgruppe der Frauen eindeutig unterrepräsentiert ist: während 70,0 % aller männlichen Erwerbstätigen in einem Unternehmen mit betrieblicher Altersversor-

220 Vgl. Statistisches Bundesamt, Jahrbuch (1994), S. 629 ff. Vgl. hierzu auch die Veröffentlichung von Heppt, E., Neueste Ergebnisse (Betriebliche Altersversorgung 1994), S. 179 ff.

221 Untersucht wurden dabei Unternehmen/wirtschaftende Einheiten, mit drei und mehr tätigen Personen vgl. Heppt, E., Neueste Ergebnisse (Betriebliche Altersversorgung 1994), S. 180.

222 Quelle: Eigene Darstellung in Anlehnung an Heppt, E., Neueste Ergebnisse (Betriebliche Altersversorgung 1994), S. 181.

gung eine Versorgungszusage erhalten haben, beträgt dieser Anteil bei Frauen lediglich 53,4 %. Ob in diesem Zusammenhang von einer Diskriminierung der Frauen gesprochen werden kann ist unklar. Wichtig bleibt zu bedenken, daß Frauen oftmals eine Teilzeitbeschäftigung ausüben und daher teilweise nicht in das System der betrieblichen Altersversorgung eingebunden werden.[223]

Abhängig von der Unternehmensgröße zeigt sich, daß mit steigender Beschäftigtenzahl nicht nur die absolute Existenz betrieblicher Vorsorgemaßnahmen zunimmt, sondern auch der relative Anteil der darin erfaßten Arbeitnehmer.

b) Unmittelbare Versorgungszusagen

Von unmittelbaren Versorgungszusagen[224] spricht man, wenn der Träger der Versorgungsansprüche der Arbeitgeber selbst ist, d.h. die Versorgungsleistungen im Zeitpunkt ihrer Fälligkeit von ihm bezahlt werden. Sofern der begünstigte Arbeitnehmer einen unwiderruflichen Rechtsanspruch auf die Versorgung besitzt, hat das versorgende Unternehmen die Möglichkeit, vom Zeitpunkt der Zusage bis zum Zeitpunkt der Fälligkeit der Pensionsverpflichtung, Rückstellungen in seiner Bilanz zu bilden. Dieses in § 6a Abs. 1 EStG kodifizierte Wahlrecht wird jedoch über das Maßgeblichkeitsprinzip des § 5 Abs. 1 Satz 2 EStG über den Pflichtansatz in der Handelsbilanz auch zur Pflicht in der Steuerbilanz.

Vor der Reform des HGB durch das Bilanzrichtlinien-Gesetz[225] war es dem Unternehmen frei gestellt, ob es diese Schuld in Form von Rückstellungen bilanziell berücksichtigt. Seit 1985 müssen - zumindest die Neuzusagen - handelsbilanziell als Rückstellungen für Pensionsverpflichtungen ausgewiesen werden. Die Höhe solcher Pensionsanwartschaften berechnet sich dabei nach dem sogenannten Anwartschaftsdeckungsverfahren.[226] Dieses Verfahren zeichnet sich dabei grundsätzlich durch eine gleichmäßige Ansammlung des zum Zeitpunkt des Eintritts des Versorgungsfalles notwendigen Kapitals über die aktive Erwerbsperiode des Versorgungsberechtigten aus.

---

223 Die betriebliche Altersversorgung ist dabei für sehr gut verdienende Arbeitnehmer aufgrund steuerlicher Entlastungseffekte gegenüber einer direkten Gehaltserhöhung von besonderer Bedeutung: vgl. Gerstenberg, B., Versorgungslohn (Betriebliche Altersversorgung 1994), S. 120 ff. sowie Scherer, H.-P., 300.000 Mark und mehr (Wirtschafts-Woche v. 24.07.1992), S. 40 ff.

224 Vgl. zur Bildung und finanzwirtschaftlichen Wirkung von Pensionsrückstellungen Sigloch, J., Pensionsrückstellungen (1995), in: Gerke, W., Steiner, M., HdWB des Bank- und Finanzwesens (1995), Sp. 1503-1514.

225 Gesetz zur Durchführung der Vierten, Siebenten und Achten Richtlinie des Rates der Europäischen Gemeinschaften zur Koordinierung des Gesellschaftsrechts (Bilanzrichtlinien-Gesetz - BiRiLiG) v. 19. Dezember 1985, BGBl I 1985, S. 2355 ff.

226 Vgl. § 249 Abs. 1 Satz 1 HGB i.V.m. Art. 28 EGHGB. Dabei spiegelt die Höhe der Pensionsrückstellung im Zeitpunkt des Eintritts des Versorgungsanspruchs den versicherungsmathematischen Barwert des Pensionsanspruchs wider.

Damit wird auch bei der Rückstellungsbildung deutlich, daß sich der Versorgungsberechtigte die Pensionszahlung erst mit der Erbringung seiner Arbeitsleistung für das Unternehmen über einen längeren Zeitraum „erdient".

Das Steuerrecht schreibt bei der Berechnung der Höhe von Pensionsrückstellungen in § 6a EStG ein spezielles Verfahren der Teilwertberechnung vor. Dieses Verfahren zeichnet sich dadurch aus, daß es - unabhängig vom Zeitpunkt der Pensionszusage - zu einer gleichmäßigen Verteilung der Beträge vom Zeitpunkt des Diensteintritts bis zum Zeitpunkt des Eintritts des Versorgungsfalles kommt. Daraus resultiert auch die Konsequenz, daß die zum Zusagezeitpunkt „unterlassenen" Rückstellungen seit Diensteintritt einmalig „nachgeholt" werden müssen.[227]

Dahingegen wird die gleichmäßige Verteilung der Beträge bei der anderen Form des Anwartschaftsdeckungsverfahrens - dem Gegenwartswertverfahren - beginnend mit dem Zusagezeitpunkt vorgenommen.

Die Bildung von Pensionsrückstellungen hat für den jeweiligen Unternehmer den speziellen Vorteil, daß Aufwendungen bereits in einem Zeitpunkt erfolgsmindernd geltend gemacht werden können, in dem noch keine Auszahlungen gegenüberstehen.[228] Der damit verbundene positive Effekt der Finanzierung aus Fondsreservierung quantifiziert sich - vergleicht man die Finanzierung der Pensionszusagen über das Anwartschaftsdeckungsverfahren alternativ zum Umlageverfahren - in der so gewonnenen zinslosen Stundung der gewinnabhängigen Zahlungen wie Ertragsteuern und Dividenden.[229]

Um die Zusagen gegen unternehmerische Risiken abzusichern, muß der Arbeitgeber auch gleichzeitig Mitglied im Pensions-Sicherungs Verein werden.[230]

c) Mittelbare Versorgungszusagen

Im Gegensatz zu den unmittelbaren Versorgungszusagen ist bei den mittelbaren Versorgungszusagen der Träger der betrieblichen Altersversorgung nicht mehr das „versorgende" Unternehmen selbst. Die Verpflichtung zur Erbringung der Altersversorgung ist aus dem zusagenden Unternehmen ausgelagert. Hierbei haben sich im wesentlichen vier Formen herausgebildet:

---

227 Vgl. § 6a Abs. 4 EStG sowie Federmann, R., Bilanzierung (1994), S. 235 ff. Allerdings hat der Bilanzierende die Möglichkeit, die Nachholverpflichtung auf einen Zeitraum von drei Jahren zu verteilen.

228 Zu aktuellen Problemen bei den Direktzusagen vgl. Engels, W., Ratzeputz weg (Wirtschafts-Woche v. 15.04.1994), S. 150.

229 Vgl. Bogner, S./Swoboda, P., Steuerliche Beitrag (Zeitschrift für betriebswirtschaftliche Forschung 1994), S. 568 ff.

230 Vgl. § 10 Abs. 1 BetrAVG. Hierfür sind vom zusagenden Unternehmen auch Beiträge an den Pensions-Sicherungs-Verein zu entrichten.

- die Unterstützungskassen,
- die Pensionskassen,
- die Direktversicherung und
- die freiwillige Versicherung in der gesetzlichen Rentenversicherung.

Grundsätzlich hat der Arbeitgeber bei den mittelbaren Versorgungszusagen nicht den Vorteil der Innenfinanzierung aus Fondsreservierung, da es mit der Aufwandsverrechnung zu einem zeitgleichen Abfluß der finanziellen Mittel kommt.

aa) Unterstützungskassen

Die Unterstützungskassen sind rechtlich selbständige Einrichtungen, denen der Arbeitgeber die Aufgaben der betrieblichen Altersversorgung überträgt. Der Arbeitgeber bleibt jedoch weiterhin in der Verpflichtung zur Erbringung der Pensionsleistungen, sofern der Arbeitnehmer einen arbeitsrechtlich gültigen Versorgungsanspruch hat. Dadurch unterliegen die Unterstützungskassen auch nicht der Versicherungsaufsicht und den damit verbundenen Anlagebeschränkungen.[231]

Die Einrichtung und Erhaltung von Unterstützungskassen ist relativ kostspielig, so daß sie sich nur bei einem großen Vorsorgevolumen rentiert.[232]

bb) Pensionskassen

Bei der betrieblichen Altersversorgung über Pensionskassen wird von einem oder mehreren Arbeitgebern zusammen ein Versicherungsunternehmen - meist in der Rechtsform des Versicherungsvereins auf Gegenseitigkeit - gegründet, an das das Unternehmen die Beiträge abführt, wofür die Pensionskasse die Trägerschaft für die Versicherungsleistungen übernimmt. Die Pensionskassen unterliegen als Versicherungsunternehmen der Versicherungsaufsicht und dürfen so das ihnen anvertraute Kapital auch nur im Rahmen der für Versicherungen strengeren Anlagerichtlinien investieren.

cc) Direktversicherung

Hier tritt als Versorgungsträger eine Lebensversicherungsgesellschaft auf. Der Arbeitgeber schließt als Versicherungsnehmer auf das Leben seines Arbeitnehmers und zu dessen eigenen oder eines Hinterbliebenen Gunsten eine Lebensversicherung

---

231 Vgl. Schanz, T., Unterstützungskasse (Der Betrieb 1993), S. 1149 ff.; Griebeling, G., Unterstützungskasse (Der Betrieb 1991), S. 2336 ff.

232 Vgl. Schanz, T., Risikobewältigung (1992), S. 15 f.

ab.[233] Die freie Vertragsgestaltung erlaubt dem Arbeitgeber hierbei eine seinen Interessen individuell angepaßte Formulierung. Die Beiträge zu der Lebensversicherung werden vom Arbeitgeber in Form von laufenden oder einer einmaligen Zahlung entrichtet.[234]

dd) Freiwillige Versicherung in der gesetzlichen Rentenversicherung

Eine freiwillige Versicherung in der gesetzlichen Rentenversicherung ist mit der Verabschiedung des RRG 1992 ebenso wie die Höherversicherung eingeschränkt worden. Nur wenn die Personen die Voraussetzungen des § 7 RRG 1992[235] oder des § 232 RRG 1992[236] erfüllen, kommt eine freiwillige Versicherung in der gesetzlichen Rentenversicherung in Betracht. Diese Möglichkeit der Altersvorsorge kann dann als Art der betrieblichen Vorsorge qualifiziert werden, wenn der Arbeitgeber dem betreffenden Arbeitnehmer die (freiwilligen) Beiträge zur gesetzlichen Rentenversicherung ganz oder teilweise selbst bezahlt. Damit erwirbt der Arbeitnehmer einen Versichertenstatus in der gesetzlichen Rentenversicherung, mit dem er die Voraussetzung für die verschiedenen Versicherungsleistungen erfüllt.

Die Möglichkeit der Höherversicherung in der gesetzlichen Rentenversicherung[237] ist mit dem RRG 1992 erheblich eingeschränkt worden. Sie ist nurmehr für Personen zulässig, die bereits vor dem 01. Januar 1992 höherversichert waren.[238]

3. Die Zusatzversorgung der Arbeitnehmer im öffentlichen Dienst als besondere Form der „betrieblichen Vorsorge"

Angestellte und Arbeiter im öffentlichen Dienst, die die Voraussetzungen des § 26 der VBL-Satzung[239] erfüllen, sind Pflichtversicherte im Rahmen der Zusatzversor-

---

233 Zu den ökonomischen Unterschieden zwischen Direktversicherung und Pensionszusagen vgl. Sigloch, J./Haueisen, P., Direktversicherung (Der Betrieb 1983), S. 349 ff.

234 Zur Frage der Anerkennung sogenannter Gehaltsumwandlungsversicherungen vgl. Steinmeyer, H.-D., Gehaltsumwandlungsversicherung (Betriebliche Altersversorgung 1992), S. 192 ff.

235 Z.B. müssen versicherungsfreie oder von der Versicherung befreite Personen die allgemeine Wartezeit von 60 Beitragsmonaten erfüllt haben, um die Möglichkeit einer freiwilligen Versicherung in der gesetzlichen Rentenversicherung zu haben.

236 Dieser regelt den Fortbestand der freiwilligen Versicherung für Personen, die bereits vor der Rentenreform 1992 freiwillig versichert waren.

237 Darunter versteht man die freiwillige Entrichtung von höheren Beiträgen als den Pflichtbeiträgen zu der gesetzlichen Rentenversicherung durch den Arbeitgeber mit dem Zweck, damit eine höhere Sozialversicherungsrente zu erhalten. Da die Obergrenze hierbei die jeweilige Beitragsbemessungsgrenze bildet, war diese Form der betrieblichen Altersvorsorge lediglich für die Arbeitnehmer von Bedeutung, deren sozialversicherungspflichtiges Entgelt unterhalb der Beitragsbemessungsgrenze lag.

238 Vgl. § 234 RRG 1992.

gung für Arbeitnehmer im öffentlichen Dienst. Ihrem ganzen Wesen nach kommt die Zusatzversorgung einer betrieblichen Versorgung relativ nahe.[240] So ist sie z.B. auf einen ganz bestimmten Personenkreis eines „Unternehmens" beschränkt.

Zwar ist die VBL nur eine von knapp 30 Zusatzversorgungseinrichtungen des öffentlichen Dienstes, gemessen an der Zahl der versicherten Arbeitnehmer und dem Beitrags- und Rentenvolumen mit Abstand aber die größte. Zudem sind ihr fast alle wichtigen Arbeitgeber im öffentlichen Dienst - wie z.B. Bund und Länder - angeschlossen. Daher wird in diesem Abschnitt die Darstellung der Zusatzversorgung im öffentlichen Dienst überwiegend an der VBL ausgerichtet, zumal die anderen Versorgungseinrichtungen sich nur marginal von ihr unterscheiden.

a) Status Quo der Zusatzversorgung im öffentlichen Dienst

Ihren Ursprung hat die Zusatzversorgung im öffentlichen Dienst in ihrer heutigen Ausgestaltung im Jahre 1967. Seit dem 01.01.1967 erhalten die Arbeitnehmer des öffentlichen Dienstes eine sogenannte Gesamtversorgung, die sich in ihrer Ausgestaltung an der beamtenrechtlichen Versorgung orientiert.[241] Gesamtversorgung bedeutet, daß die Arbeitnehmer im öffentlichen Dienst in der Summe ihrer Renten aus der gesetzlichen Rentenversicherung und der Rente aus der Zusatzversorgung im öffentlichen Dienst insgesamt eine Versorgung erhalten, die sie gegenüber einem vergleichbaren, pensionierten Beamten nicht schlechter stellt. Das bedeutet, daß die Rente aus der Zusatzversorgung die Rente aus der gesetzlichen Rentenversicherung aufstockt bis zur Gesamtversorgung:

$$\boxed{\text{Gesamtversorgung} = \text{Rente aus VBL} + \text{Rente aus GRV}}$$

---

239 Satzung der Versorgungsanstalt des Bundes und der Länder in Karlsruhe in der Fassung der 25. Satzungsänderung v. 15. November 1991, BAnz. Nr. 47 v. 07. März 1992, im folgenden VBL-Satzung zitiert. Die Darstellung der Zusatzversorgung im öffentlichen Dienst orientiert sich im folgenden an der konkreten Ausgestaltung dieser Zusatzversorgung in der VBL.

240 Für einen Vergleich zwischen betrieblicher Altersversorgung und der Zusatzversorgung im öffentlichen Dienst vgl. Schneider, H.-P., Zusatzversorgung (Sozialer Fortschritt 1984). S. 80 ff.

241 Dabei ist die Rente im Rahmen der Gesamtversorgung (Versorgungsrente) nur eine von vielen möglichen Leistungen aus der Zusatzversorgung im öffentlichen Dienst. Die Satzung der VBL kennt daneben auch noch die Hinterbliebenen-Versorgung in Form der Witwen(Witwer-)renten und Waisenrenten sowie die Versicherungsrente, die unter bestimmten Umständen an ehemals zusatzversorgungspflichtige Personen gewährte wird, wenn sie unter anderem die sogenannte Wartezeit von 60 Umlagemonaten erfüllt haben. Aufgrund der für diese Arbeit jedoch relevanten Gebiete wird auf eine nähere Darstellung dieser „Nebenleistungen" der VBL zugunsten einer - an dem Ziel der Arbeit ausgerichteten - Darstellung der Zusammenhänge im Rahmen der Versorgungrente aus der Zusatzversorgung im öffentlichen Dienst verzichtet.

Neben der Leistungsseite wurde aber auch die Einnahmenseite in den Jahren nach 1967 einer grundlegenden Reform unterworfen. Seit 1973 ist die Umlagezahlung an die VBL alleine von den Arbeitgebern zu entrichten. Zudem ist die Höhe der Umlagezahlung nach einem Abschnittdeckungsverfahren, wie es in § 76 der VBL-Satzung beschrieben ist, zu bemessen.[242] Neben den Umlagezahlungen dienen nach § 75 Abs. 1 VBL-Satzung auch die Beiträge zur freiwilligen Weiterversicherung[243] sowie die sonstigen Einnahmen der Anstalt, wozu vor allem die Erträge aus der Verwaltung des nicht unbeachtlichen Vermögens dienen.

Bilanz- oder GuV-Position	**Betrag in DM**
Bilanzsumme	14.832.033.323,98
Kapitalanlagen	13.883.656.611,97
• in Grundvermögen	892.923.827,09
• in Kapitalvermögen	12.990.732.783,88
Rückstellungen für Pflichtleistungen	14.539.036.519,61
Umlage- und Beitragsaufkommen	3.593.349.813,51
Erträge aus Kapitalanlagen	1.292.088.013,45
Gesamte versicherungstechnische Erträge	4.886.368.013,94
Aufwendungen für Versicherungsfälle	5.145.701.245,56

Abb. 15: Ausgewählte Bilanz- und GuV-Positionen der VBL des Jahres 1993[244]

242 Danach „muß der Umlagesatz für den fünfjährigen Deckungsabschnitt so bemessen werden, daß die Umlage nach versicherungsmathematischen Grundsätzen ausreicht, zusammen mit den sonstigen Einnahmen (Kapitalerträgen) die Ausgaben des Deckungsabschnitts zu bestreiten. Dabei muß gewährleistet sein, daß zum Ende des Deckungsabschnittes die Anstalt ein Vermögen besitzt, das unter Berücksichtigung einer Verzinsung von 5,5 v.H. ausreicht, die durch die Beiträge erworbenen Ansprüche zu erfüllen sowie die Ausgaben der auf den laufenden Deckungsabschnitt folgenden sechs Monate zu bestreiten.", Geschäftsbericht-VBL 1993, S. 23.

243 Allerdings mit rückläufiger Tendenz, da eine freiwillige Weiterversicherung in der Zusatzversorgung bei vorzeitigem Ausscheiden nach § 32 VBL-Satzung bei Ausgeschiedenen nach dem 31.12.1976 nicht mehr möglich ist.

244 Die Daten basieren auf dem Geschäftsbericht des Jahres 1993, da leider keine aktuelleren Daten zur Verfügung standen. Selbst dieser Geschäftsbericht wurde dem Verfasser nur unter Hinweis auf das damit verbundene „wissenschaftliche Interesse" zugesandt. Zur Auseinandersetzung mit der Bilanz der VBL aus der Sicht von Wirtschaftsprüfern vgl. Hansmeyer, E., Verpflichtungen (Die Wirtschaftsprüfung 1994), S. 690 ff.

Wie aus der vorstehenden Übersicht deutlich wird, haben vor allem die Anlagen in Kapitalvermögen große Bedeutung bei der Verwaltung des Vermögens der Anstalt. Dies spiegelt sich auch in den dadurch erwirtschafteten Erträgen wider, die einem Anteil von ca. 26 % an den gesamten versicherungstechnischen Erträgen entspricht. Das heißt, daß die Aufwendungen für Versicherungsfälle zu einem Großteil nicht aus Umlagen sondern aus den Kapitalerträgen getragen werden.[245]

Aber auch die Versorgungskasse des Bundes und der Länder wird sich in Zukunft mit Problemen, die sich aus der demographischen und gesamtwirtschaftlichen Entwicklung in Deutschland ergeben, auseinandersetzen müssen.[246] Dem jüngst veröffentlichten *Prognos-Gutachten*[247] zufolge muß - je nach unterstellter gesamtwirtschaftlicher und demographischer Entwicklung - mit einer Steigerung des Umlagesatzes von durchschnittlich 4,4 % im Jahre 1992 auf 10,5 % bis 11,2% im Jahre 2040 gerechnet werden.[248] Da damit große Belastungen auf die öffentlichen Haushalte - als wirtschaftliche Träger der Umlageleistung - zukommen, bleibt auch dieses System in Anbetracht der desolaten Haushaltssituation nicht vom Bedarf an grundsätzlichen Reformüberlegungen verschont.[249]

Die Berechnung der Gesamtversorgung aus der Zusatzversorgung im öffentlichen Dienst setzt sich aus den Komponenten

- Gesamtversorgungsfähige Zeit (§ 42 VBL-Satzung) und
- Gesamtversorgungsfähiges Entgelt (§ 43 VBL-Satzung)

zusammen.

---

245 Aus dem Geschäftsbericht des Jahres 1993 ist auch zu entnehmen, daß „das Aufkommen aus Umlage und Kapitalerträgen niedriger als die Aufwendungen der Anstalt" waren. Diese Finanzierungslücke in Höhe von immerhin 504,7 Mio. DM wurde durch eine „Verringerung des Anlagevermögens um 3,3 v.H. auf nunmehr 13.883,7 Mio. DM" geschlossen: Geschäftsbericht-VBL 1993, S. 23.

246 Zur demographischen Entwicklung vgl. Sommer, B., Entwicklung (Wirtschaft und Statistik 1992), S. 217 ff.

247 Gutachten der Prognos AG zu den Perspektiven der gesetzlichen Rentenversicherung für Gesamtdeutschland vor dem Hintergrund veränderter politischer und ökonomischer Rahmenbedingungen, Basel 1995. Vgl. hierzu auch: Standfest, E., Aktuelle Probleme (Deutsche Rentenversicherung 1995), S. 305 ff.; Vorstand des VDR, Die Rentenversicherung (Deutsche Rentenversicherung 1995), S. 314 f.

248 Vgl. Eckerle, K./Schlesinger, M. (Prognos AG) Prognos-Gutachten 1995 - Textband (1995), S. 145.

249 Puskás, G. v., Zusatzversorgung (Zeitschrift für das gesamte Tarifrecht 1992), S. 139 ff. Zudem bereitet der Rückzug des Staates aus Beteiligungen an privaten Unternehmen Probleme bei der Überleitung von VBL-Renten: vgl. Postinett, A., Fall Lufthansa (Handelsblatt v. 06.04.1994), S. 6.

Die Höhe der Gesamtversorgung wird ihrerseits durch das Minimum aus

- Brutto-Gesamtversorgung (§ 41 Abs. II VBL-Satzung) und
- Netto-Gesamtversorgung (§ 41 Abs. IIa-c VBL-Satzung)

bestimmt.

Im folgenden werden dieses Begriffe nun näher konkretisiert und ihre Zusammenhänge verdeutlicht. Gleichwohl kann im Rahmen dieser Arbeit nicht auf alle Detailregelungen der verschiedenen Bestandteile eingegangen werden, was dem Kenner der Materie aufgrund von deren Komplexität und Regelvielfalt sicherlich verständlich sein dürfte.

Unter „Gesamtversorgungsfähiger Zeit" werden die bei der Berechnung der Gesamtversorgung zugrundegelegten Monate der Umlageleistung und eventueller Anrechnungszeiten aus der gesetzlichen Rentenversicherung zusammengefaßt. Zudem enthält der diesbezüglich regelnde § 42 VBL-Satzung noch soziale Aspekte wie z.B. die Anrechnung von Wehrdienst- oder Mutterschaftszeiten.

Der zweite - die Höhe der Gesamtversorgung bestimmende - Teil der Rente aus der Zusatzversorgung im öffentlichen Dienst, das „Gesamtversorgungsfähige Entgelt", „ist der nach den Sätzen 2 und 3 berechnete monatliche Durchschnitt des um die in den Sätzen 4 und 6 genannten Teile verminderten zusatzversorgungspflichtigen Entgelts, für das für die letzten drei Kalenderjahre vor Eintritt des Versicherungsfalles Umlagen entrichtet worden sind."[250] Diese Zusammensetzung des „Gesamtversorgungsfähigen Entgelts" erinnert in seiner Ausgestaltung weitestgehend an die Versorgung nach beamtenrechtlichen Grundsätzen.

Die Kombination aus „Gesamtversorgungsfähiger Zeit" und „Gesamtversorgungsfähiges Entgelt" bildet die Grundlage für die Berechnung der Höhe der Zusatzversorgung im öffentlichen Dienst.[251] Der Tatsache, daß sich bei bestimmten Konstellationen eine „Überversorgung" der Versicherten - im Sinne eines höheren verfügbaren Nettoeinkommens in der Altersphase im Vergleich zu der unmittelbar vorausgegangenen Erwerbsphase - ergeben hat, wurde durch eine Änderung bei der Berechnung der Höhe der Zusatzversorgung Rechnung getragen: Es wird nun immer eine „Brutto-Gesamtversorgung" und eine „Netto-Gesamtversorgung" berechnet, die niedrigere der beiden „Versorgungen" entspricht dann der tatsächlich dem Versicherten zustehenden Versorgung.

---

[250] § 43 Abs. 1 VBL-Satzung.

[251] Vgl. § 41 VBL-Satzung.

Brutto-Gesamtversorgung:
Sie berechnet sich exakt genauso wie die Versorgung der Beamten, nämlich nach folgender Formel:

Gesamtversorgungsfähige Zeit in Jahren * 1,875 % = Brutto-Versorgungssatz in %

Eine Höchstbegrenzung[252] des Brutto-Versorgungssatzes ist hierbei ebenso vorgesehen wie ein Mindestsatz[253]. Wendet man den so berechneten Brutto-Versorgungssatz auf das „Gesamtversorgungsfähige Entgelt“ an, so ergibt sich die Gesamtversorgung. Subtrahiert man nun davon die Rente aus der gesetzlichen Rentenversicherung des Versicherten, so erhält man die Zusatzversorgungsrente.

Netto-Gesamtversorgung:
Seit dem 01.01.1985[254] wurde die - regelmäßig zu einer Überversorgung führende[255] - Brutto-Gesamtversorgung um die Berechnung der Netto-Gesamtversorgung ergänzt. Diese soll sicherstellen, daß der Versorgungsberechtigte nach Ausscheiden aus dem aktiven Erwerbsleben kein höheres Netto-Einkommen zur Verfügung hat als während der Erwerbsphase. Die Berechnung der Netto-Versorgung stützt sich auf die Ausgangsgröße des fiktiven Netto-Arbeitsentgelts.[256] Danach ergibt sich dieses fiktive Netto-Arbeitsentgelt folgendermaßen:

	Gesamtversorgungsfähiges Entgelt
./.	fiktive Lohnsteuer nach LSt-Klasse III/0 oder I/0 (abhängig von Familienstand)
./.	fiktive Arbeitnehmeranteile zu den gesetzlichen Sozialversicherungen
=	fiktives Netto-Arbeitsentgelt.

Abb. 16: Berechnung des fiktiven Netto-Arbeitsentgelts[257]

---

252 Nach § 41 Abs. 2 Satz 1 VBL-Satzung ist der Brutto-Versorgungssatz auf 75 % begrenzt. Damit ergibt sich - genauso wie in der beamtenrechtlichen Versorgung - die Höchstversorgung nach 40 Jahren „Gesamtversorgungsfähiger Zeit“.

253 Nach § 41 Abs. 2 Satz 4 VBL-Satzung beträgt der Mindestversorgungssatz 35 %.

254 Vgl. 20. Satzungsänderung der VBL-Satzung v. 10.11.1983, BAnz. Nr. 53 v. 15. März 1984.

255 Die Tatsache einer regelmäßigen Überversorgung liegt jedoch nicht in der Berechnung der Gesamtversorgung begründet, weil diese regelmäßig bei 75 % eine Kappung des Brutto-Versorgungssatzes vorsieht. Vielmehr ist die Besteuerung der beiden Renten - die Rente aus der Zusatzversorgungskasse und die Rente aus der gesetzlichen Rentenversicherung - jeweils mit ihrem Ertragsanteil dafür verantwortlich, daß dem Rentenempfänger effektiv nach Steuern mehr Konsumpotential übrig bleibt als unmittelbar vor Eintritt in die Ruhestandsphase.

256 Dessen Berechnung ist in § 41 Abs. 2c VBL-Satzung dargestellt.

257 Quelle: Eigene Darstellung in Anlehnung an § 41 Abs. 2c VBL-Satzung.

Der gleichzeitig zu berechnende Netto-Versorgungssatz ergibt sich nach § 41 Abs. 2b VBL-Satzung wie folgt:

Gesamtversorgungsfähige Zeit in Jahren * 2,294 % = Netto-Versorgungssatz in %

Durch dessen Höchstbegrenzung auf 91,75 % und dem Mindestsatz von 45 % ergeben sich in der Ausgestaltung keine fundamentalen Unterschiede zur Berechnung des Brutto-Versorgungssatzes. Der Netto-Versorgungssatz multipliziert mit dem fiktiven Netto-Arbeitsentgelt ergibt die begrenzte Gesamtversorgung. Diese wird dann mit der „normalen Gesamtversorgung" verglichen und die niedrigere der beiden Größen entspricht dann der dem Versorgungsberechtigten zustehenden Gesamtversorgung, aus der - subtrahiert man die Gesamtversorgung um die Rente aus der gesetzlichen Rentenversicherung - die Zusatzversorgungsrente resultiert.

b) Steuerliche Behandlung der Zusatzversorgung im öffentlichen Dienst

Auch die Zusatzversorgung im öffentlichen Dienst ist nicht unbeeinflußt von einkommensteuerlichen Auswirkungen. Sowohl in der Anspar- als auch in der Auszahlphase kommt es zu einkommensteuerlichen Auswirkungen, die im folgenden dargestellt werden.

aa) Ansparphase

Die Umlageleistung des Arbeitgebers[258] bei der Zusatzversorgung im öffentlichen Dienst stellt eine Zukunftssicherungsleistung des Arbeitgebers dar, für die er eine pauschale Versteuerung in Höhe von 20 % für Zukunftssicherungsleistungen bis zu 3.408,-- DM im Kalenderjahr durchführen kann.[259] Von diesem Wahlrecht hat der Dienstherr nur zum Teil Gebrauch gemacht: in § 11 Versorgungs-TV[260] wird festgelegt, daß eine solche pauschale Versteuerung der Umlageleistung lediglich bis zu einer Umlage von höchstens 175,-- DM im Monat vorgenommen wird, was einer Summe von 2.100,-- DM im Jahr entspricht. Liegt die Umlageleistung höher als 175,-- DM, so ist der übersteigende Betrag vom Arbeitnehmer individuell zu versteuern.

258 Entspricht 4,5 % des zusatzversorgungspflichtigen Entgelts.

259 Vgl. § 40b EStG.

260 Tarifvertrag über die Versorgung der Arbeitnehmer des Bundes und der Länder sowie von Arbeitnehmern kommunaler Verwaltungen und Betriebe (Versorgungs-TV) v. 04. November 1966.

Damit ergibt sich der durch den Arbeitnehmer individuell zu versteuernde Anteil an der Umlageleistung des Arbeitgebers nach folgender Formel:

(Zusatzversorgungspflichtiges Entgelt * 4,5 %) - 175 = individuell steuerpflichtiger Anteil

bb) Auszahlphase

Die Behandlung in der Auszahlphase unterscheidet sich nicht von der Behandlung der Renten aus der gesetzlichen Rentenversicherung in deren Auszahlphase. Die Rente aus der Zusatzversorgung der VBL wird mit ihrem Ertragsanteil nach § 22 Nr. 1 Satz 3 Buchst. a EStG unter den sonstigen Einkünften erfaßt und versteuert.

Dies unterscheidet die Renten aus der Zusatzversorgung der VBL grundlegend von den meisten anderen Versorgungen aus betrieblichen Versorgungseinrichtungen. Diese werden nämlich normalerweise unter dem § 19 Abs. 1 Nr. 2 EStG[261] als nachträgliche Einkünfte aus nichtselbständiger Tätigkeit erfaßt. Die Frage, ob eine steuerliche Erfassung der Renten aus der Zusatzversorgung der VBL systematisch nicht auch hier anzusiedeln wäre, wird an anderer Stelle problematisiert.[262]

c) Sozialversicherungsrechtliche Behandlung der Zusatzversorgung im öffentlichen Dienst

Grundsätzlich zählen alle Bestandteile der Lohn-/Gehaltszahlung zum sozialversicherungspflichtigen Entgelt. Der Begriff selbst ist definiert in den §§ 14 ff. SGB IV und umfaßt „alle laufenden oder einmaligen Einnahmen aus einer Beschäftigung" und damit auch den „geldwerten Vorteil" der Umlageleistung des Arbeitgebers an die Zusatzversorgungskasse des Bundes und der Länder für die Zusatzversorgung im öffentlichen Dienst. Das bedeutet, daß diese Umlageleistung die Berechnungsbasis für die Beiträge zu den diversen Sozialversicherungen erhöht.[263]

Allerdings muß in diesem Zusammenhang auch die Vorschrift des § 2 ArEV beachtet werden. In Abs. 1 Satz 1 Nr. 3 wird bestimmt, daß „Beiträge und Zuwendungen nach § 40b des Einkommensteuergesetzes, die zusätzlich zu Löhnen oder Gehältern gewährt werden", dem sozialversicherungspflichtigen Arbeitsentgelt nicht hinzuzurechnen sind, „soweit der Arbeitgeber die Lohnsteuer mit einem Pauschalsteuersatz erhebt". Das Sozialversicherungsrecht will hier ganz offensichtlich der freizügigen

---

261 „Zu den Einkünften aus nichtselbständiger Tätigkeit gehören (...) Wartegelder, Ruhegelder, Witwen- und Waisengelder und andere Bezüge und Vorteile aus früheren Dienstleistungen."

262 Vgl. hierzu S. 159 f.

263 Für eine Gegenüberstellung der Begriffe Arbeitsentgelt und Arbeitslohn vgl. Benner, W./ Bals, B., Arbeitsentgelt (Betriebs-Berater 1994, Beilage 1 v. 10.01.1994).

und solche Maßnahmen fördernden Regelung der Pauschalversteuerung nach § 40b EStG nicht nachstehen und in diesen Fällen ebenfalls auf die Erhebung von Beiträgen zur Sozialversicherung verzichten. Im weiteren Verlauf der betreffenden Vorschrift der Arbeitsentgeltverordnung wird jedoch - abweichend von der generellen Versicherungsbefreiung - für ganz bestimmten Kriterien entsprechende Versorgungsregelungen, denen auch die Versorgung bei der VBL entspricht, eine teilweise Versicherungspflicht auferlegt.

Nach den Vorschriften des § 2 Abs. 1 Satz 2 ArEV ergibt sich für die Berechnung des monatlich sozialversicherungspflichtigen Teils der vom Arbeitgeber pauschal versteuerten Umlage zur VBL folgende Formel:

$$\text{Sozialversicherungspflichtiger Anteil} = 175 * \frac{2{,}5}{4{,}5} - 26$$

Der Betrag von 26,-- DM ist ebenfalls in der entsprechenden Vorschrift der ArEV festgelegt und wird auch als Zukunftsicherungsfreibetrag bezeichnet.[264]

Mithin ergibt sich als insgesamt sozialversicherungspflichtiger Anteil an der monatlichen Umlageleistung des Arbeitgebers:

$$\text{Sozialversicherungspflichtiger Anteil} = (175 * \frac{2{,}5}{4{,}5} - 26) + (4{,}5\% * \text{zusatzverspfl. Entgelt}) - 175$$

Dieser Betrag wird dem übrigen sozialversicherungspflichtigen Entgelt hinzugerechnet und versichert. Er erhöht damit auch die individuelle Bemessungsgrundlage und kann daher auch steigernd auf die Höhe der Rente aus der gesetzlichen Rentenversicherung wirken, sofern nicht bereits ohne diesen Anteil die Beitragsbemessungsgrenzen der einzelnen Sozialversicherungen überschritten wurden.[265]

---

264 Vgl. § 2 Abs. 1 Satz 2 ArEV.

265 An dieser Stelle sei auf das sich hieraus ergebende Iterationsproblem bei der Modellrechnung hingewiesen.

D. Versorgung auf Basis privater Vorsorgemaßnahmen

Die dritte Säule der Altersvorsorge bildet die Versorgung auf Basis privater Vorsorgemaßnahmen. Damit ist der Konsumverzicht eines Individuums gemeint, den es bereit ist, während seiner aktiven Erwerbsphase zu leisten, um diesen - im Sinne einer intertemporalen Verlagerung - während der Phase des Ruhestands zu konsumieren.[266] Mithin ist die Höhe der privaten Vorsorgemaßnahmen eine Funktion aus:

- verlagerbares Konsumpotential während der Erwerbsphase,
- angestrebtes Konsumpotential während der Altersphase und
- Nutzenverhältnis von Konsum „jetzt" oder Konsum „später"

des betreffenden Individuums.

Das bedeutet, daß die Bildung von privaten Vorsorgemaßnahmen nicht alleine von der Möglichkeit, sondern auch von der subjektiven Sicht der Notwendigkeit des Vorsorgenden entscheidend abhängig ist. Ergo sind alle Maßnahmen der privaten Altersvorsorge unter dem Gesichtspunkt der „Freiwilligkeit" zu qualifizieren.[267]

Aber nicht nur die Quantität, sondern auch die Qualität der individuellen privaten Altersvorsorge eröffnet ein schier endloses Spektrum: Denn jegliche Art der Verlagerung von Konsumpotential kann aus der Sicht des Vorsorgenden eine Form der privaten Altersvorsorge sein. Daraus erfolgt auch die Schwierigkeit bei der Erfassung solcher Vorsorgemaßnahmen.

Im folgenden wird deshalb zunächst auf die Problematik der Abgrenzung näher eingegangen um daran anschließend eine Einschränkung auf die für die Untersuchung relevanten Vorsorgemaßnahmen vorzunehmen.[268]

1. Abgrenzungsprobleme

Die Frage der qualitativen Abgrenzung von Maßnahmen der privaten Altersvorsorge spielt vor allem dann eine Rolle, wenn mit der Qualifikation steuerrechtliche Vergünstigungen einhergehen. Hierzu ein Beispiel:

---

266 Vgl. zum Zusammenspiel von privater und staatlicher Altersvorsorge: Koch, P., Wechselseitige Auswirkungen (Zeitschrift für die gesamte Versicherungswissenschaft 1980), S. 199 ff. Die Bedeutung der privaten Vorsorge bei Problemen der gesetzlichen Rentenversicherung verdeutlicht Buchert, G., Weitere Entwicklung (Deutsche Rentenversicherung 1995), S. 733 ff.; Burgmaier, S., Nicht zu halten (Wirtschafts-Woche v. 17.12.1993), S. 86 ff.; o.V., Versorgungslücken (Anlage-Praxis 2/1993), S. 37 ff.

267 Zum Zusammenhang zwischen privater Ersparnisbildung und Sozialversicherung vgl. Zimmermann, H. G., Sozialversicherung (1988), S. 8 ff.

268 Zur Abgrenzung von Privatversicherung und Sozialversicherung vgl. Fuchs, M., Privatversicherung (Vierteljahresschrift für Sozialrecht 1991), S. 281 ff.

> A und B sind zwei Personen, die - aus einer gleichen wirtschaftlichen Ausgangsposition heraus - beide das Ziel verfolgen, über die Ansparung von Kapital zu Beginn ihrer Altersphase einen Kapitalstock zur Verfügung zu haben, den sie in der Phase ihres Ruhestands konsumieren können. Während A regelmäßig Beträge im Rahmen einer Kapitallebensversicherung einbezahlt, spart B gleich hohe Beträge auf einem Sparkonto bei einer Bank ein. Wirtschaftlich gesehen bedeutet beides das gleiche; während A jedoch die Beiträge zu der Kapitallebensversicherung im Rahmen seiner Vorsorgeaufwendungen nach § 10 EStG steuermindernd geltend machen kann, und damit diese (teilweise) aus unversteuertem Einkommen leistet, muß B aufgrund der steuerlichen Irrelevanz der Ansammlung von Vermögen auf einem Sparkonto alle Beiträge zwangsweise aus versteuertem Einkommen leisten.[269]

Bereits aus diesem einfachen Beispiel wird deutlich, daß individuelle, private Altersvorsorge vom Gesetzgeber - trotz wirtschaftlich gesehen gleichem Sachverhalt - vollkommen unterschiedlich interpretiert wird.

Zudem wären auch noch zahlreiche andere Formen der privaten Altersvorsorge denkbar. Z.B. könnte auch der Erwerb von Wohneigentum zu dieser Kategorie gezählt werden, ebenso wie die Beteiligung an Unternehmen in Form von Aktienbesitz.

Da jedoch der Gesetzgeber mit manchen - von ihm als solche qualifizierten - privaten Vorsorgemaßnahmen steuerliche Vorteile verbindet, ergibt sich somit die Notwendigkeit einer Abgrenzung von Maßnahmen der privaten Altersvorsorge. Eine solche - teilweise nicht rational nachvollziehbare - Katalogisierung gleicher wirtschaftlicher Sachverhalte steht aber dem Sinn der privaten Altersvorsorge vollkommen entgegen: Nicht die steuerrechtliche Qualifizierung, sondern das subjektiv verfolgte Ziel sollte Grundlage der Entscheidung für eine bestimmte Maßnahme sein.

Diese Zusammenhänge machen es insgesamt schwierig, für die im nächsten Teil durchzuführende Modelldarstellung geeignete Maßnahmen für die private Altersvorsorge herauszufiltern, weil die Darstellung der Vorteilhaftigkeit für die verschiedenen Typen von Erwerbstätigen an sich durch die unterschiedliche einkommensteuerliche Behandlung verfälscht wird. Bevor im Rahmen des eigenen Reformentwurfs ein Vorschlag für eine sinnvolle einkommensteuerliche Behandlung privater Altersvorsorgemaßnahmen gemacht wird, soll daher im folgenden die Beschränkung auf eine Art der privaten Altersvorsorge vorgenommen werden, um eine Vergleichbarkeit in der Modellrechnung gewährleisten zu können.

---

269 Wenn jetzt jedoch vermutet wird, daß die Besteuerung der Beiträge zur Kapitallebensversicherung in der Altersphase „nachgeholt“ wird, so liegt man hier falsch: sowohl die Verzinsung als auch die Rückzahlung der Beiträge erfolgt bei der Kapitallebensversicherung - sofern sie bestimmte Kriterien erfüllt - steuerfrei.

2. Einschränkung auf für die Untersuchung relevante Maßnahmen

Die Kriterien für die Auswahl der für die Untersuchung relevanten Maßnahmen der privaten Altersvorsorge sind folgende:

1. Die Maßnahme muß für jeden untersuchten Typ von Erwerbstätigen anwendbar sein,
2. die grundsätzliche einkommensteuerliche Behandlung darf zwischen den verschiedenen Erwerbstätigen nicht unterschiedlich sein,
3. die Betrachtung der Vorteilhaftigkeit der Maßnahme muß mittels einer einseitigen Untersuchung aus der Sicht des Vorsorgenden möglich sein und
4. die Maßnahme muß in ihrer Höhe sehr flexibel gestaltbar sein, um die individuelle Lücke in der Versorgung während der Altersphase ausfüllen zu können.

Hierbei kristallisiert sich zweifelsohne das Instrument der privaten Leibrentenversicherung als in obigem Sinne ideale Ergänzung der Grundversorgung aus der gesetzlichen und gegebenenfalls der betrieblichen Altersversorgung heraus, weil sie alle vier Kriterien erfüllt.[270]

Die private Leibrentenversicherung (PLV)[271] wird im Gegensatz zur gesetzlichen Rentenversicherung nicht über ein Umlageverfahren, sondern ein Kapitaldeckungsverfahren finanziert. Das bedeutet, daß die Beitragsbemessung dabei anhand der individuellen Ausgestaltung bezüglich Risikostruktur und gewünschter Beitragshöhe erfolgt. Wie bei jeder Versicherung kommt es dabei zu einem Risikoausgleich zwischen vergleichbaren Versicherungsnehmern einer Risikoklasse. Die Einteilung in verschiedene Risikoklassen erfolgt über eine Zuordnung anhand risikospezifischer Kriterien wie Geschlecht, Alter bei Versicherungsbeginn, individuelle Absicherung von Risiken, etc.

Sofern die Versicherung - wie es der Normalfall ist - die Kriterien des § 10 EStG erfüllt, sind die Beiträge zur Versicherung im Rahmen der Vorsorgeaufwendungen bei der Ermittlung des zu versteuernden Einkommens abzugsfähig.[272] Die Leistun-

---

270 Dies wird auch von den deutschen Lebensversicherern so gesehen: vgl. Wesselkock, K., Herausforderung (Handelsblatt v. 29.12.1993), S. 6. Die Tatsache, daß aber auch die Lebensversicherungen nicht risikolos sind wird z.B. beleuchtet von Burgmaier, S./Dolle-Helms, E., Aufs Glatteis (Wirtschafts-Woche v. 27.04.1995), S. 122 ff. Dahingegen erwarten *Köhler/Zermin* aufgrund der neuen hohen Freibeträge bei Einkünften aus Kapitalvermögen Konkurrenz für die Kapitallebensversicherung bei Vorsorgenden, die die Freibeträge noch nicht ausgenutzt haben: vgl. Köhler, W./Zermin, H., Die vierte Säule (Wirtschafts-Woche v. 17.04.1992), S. 92 ff.

271 Vgl. ausführlich zur PLV Karl, B./Kuntz, N., Private Rente (1992).

272 Vgl. ausführlich zur einkommensteuerlichen Behandlung der Kapitallebensversicherung Horlemann, H.-G., Kapitallebensversicherung (Betriebs-Berater 1993), S. 2129 ff., 2201 ff. und 2273 ff.

gen aus der Versicherung werden nach § 22 EStG mit dem fiktiven Ertragsanteil[273] besteuert.

Diese einkommensteuerliche Behandlung ist dabei unabhängig davon, um welchen Typ von Erwerbstätigen es sich handelt.[274]

Die individuelle Ausgestaltung einer PLV ist vielfältig möglich; so können alle Risiken der gesetzlichen Rentenversicherung auch in der PLV versichert werden.

IV. Zusammenfassung

Die Darstellung des Drei-Säulen-Systems der Altersvorsorge hat gezeigt, daß abhängig vom jeweiligen Typ des Erwerbstätigen sich dieses z.T. sehr unterschiedlich ausgestaltet. Unterschiede konnten sowohl bei den gesetzlichen Zwangsvorsorgemaßnahmen als auch bei betrieblichen Vorsorgemaßnahmen festgestellt werden. Einzig die private Altersvorsorge scheint bei allen betrachteten Typen von Erwerbstätigen gleich ausgestaltet.

Herauszuheben ist auch die unterschiedliche Bedeutung der einzelnen Bereiche für die Erwerbstätigen. Dies hängt eindeutig von folgenden Faktoren ab:

1. Dem Umfang des disponiblen Konsumpotentials.
2. Dem Bedarf an Altersvorsorge abhängig vom Umfang der Zwangsvorsorge.
3. Der steuerlichen Behandlung der einzelnen Instrumente der Altersvorsorge.

Inwiefern sich mikroökonomisch betrachtet bei den verschiedenen Typen von Erwerbstätigen ökonomische Unterschiede bei gleichen wirtschaftlichen Sachverhalten ergeben, wird Bestandteil des nun folgenden modellgestützten Vergleichs sein.

---

273 Zur Ermittlung des Ertragsanteils vgl. S. 30 ff. dieser Arbeit.

274 Allerdings ist die einkommensteuerliche Subventionierung der Privatvorsorge nicht für jeden Typ von Erwerbstätigen gleich: vgl. o.V. Privatvorsorge-Restraum (Anlage-Praxis 10/1993), S. 23 ff.

Dritter Teil: Modellvergleich der Altersvorsorge von abhängig Erwerbstätigen

Aufbauend auf der Darstellung der unterschiedlichen Systeme der Altersvorsorge im Zweiten Teil, kann nun die modellgestützte Analyse der Altersvorsorge bei abhängig Erwerbstätigen aus einzelwirtschaftlicher Sicht vorgenommen werden.

Ziel dabei ist es zu untersuchen, inwiefern

a) die Altersvorsorge für einen bestimmten Typ von Erwerbstätigen lohnend im Sinne einer investitionstheoretischen Analyse ist,

b) es zu Ungleichbehandlungen zwischen verschiedenen Typen von Erwerbstätigen kommen kann und

c) worauf solche Ungleichbehandlungen gegebenenfalls zurückzuführen sind.

Dazu werden die typisierten Altersvorsorgemaßnahmen der verschiedenen abhängig Erwerbstätigen im Rahmen einer Simulationsrechnung in Kombination dargestellt und ausgewertet. Zudem wird versucht, durch eine Variation verschiedener - für das Ergebnis maßgeblicher - Ausgangsdaten die einzelnen Wirkungen zu isolieren und zu interpretieren.

Grundvoraussetzung jeder Simulationsrechnung ist es aber, zunächst eine Einschränkung auf relevante Zusammenhänge vorzunehmen, die es erlaubt, das Modell sowohl überschaubar - im Sinne von nachvollziehbar - zu halten, aber auch die Realität so genau wie nötig abzubilden. Die hierbei sich ergebende Gratwanderung zwischen erforderlichen Einschränkungen und praktischer Relevanz bildet den Ausgangspunkt der Betrachtung.[275]

I. Darstellung des Modellvergleichs

Im Vorfeld der Durchführung des Modellvergleichs erfolgt an dieser Stelle zunächst eine Erläuterung des verwendeten Rechenmodells. Eine solche Darstellung muß sich zwangsläufig auf die Punkte beschränken, die für das Verständnis des Modells unbedingt notwendig sind. Sie erfährt dort ihre Grenzen, wo eine verbale Darstellung nicht zu mehr Verständnis, sondern eher zu Verwirrung führt. Daher wird auch auf die Darstellung von Formeln gänzlich verzichtet, im Gegenzug beschränken sich die Ausführungen darauf, die verantwortlichen wirtschaftlichen Sachverhalte für sich ergebende unterschiedliche Situationen zu erläutern, ohne die Lösungen der damit verbundenen komplexen Probleme einer formeltechnischen und mathematischen

---

275 Vgl. grundlegend hierzu Franke, S. F., Problematik (Wirtschaftsdienst 1981/VII), S. 352 ff.

Umsetzung an dieser Stelle detailliert zu protokollieren.[276] Die mit einer Tabellenkalkulation[277] verbundenen Umsetzungsprobleme, werden bereits bei der Darstellung des Aufbaus des Modells erkennbar.

A. Ausgangsbasis

In diesem ersten Abschnitt bei der Darstellung des Modellvergleichs soll zunächst die Ausgangsbasis, d.h. die zugrundegelegte Datenkonstellation dargestellt werden. Dies beinhaltet neben den persönlichen Daten der Untersuchungsobjekte auch die angenommenen Umweltbedingungen.

1. Persönliche Daten der Untersuchungsobjekte

Unter die persönlichen Daten der Untersuchungsobjekte werden neben den privaten - für den weiteren Verlauf der Untersuchung bedeutsamen - Daten des Lebenslaufs auch die gesamte berufliche Entwicklung gefaßt.

Gegenstand der Untersuchung sind - wie bereits in der Hinführung zum Thema dargestellt wurde - vergleichbare Erwerbstätige gemäß folgender Typisierung:

- Arbeitnehmer in der Privatwirtschaft,
- Arbeitnehmer im öffentlichen Dienst und
- Beamte.

Um die Vergleichbarkeit zu gewährleisten, werden in den folgenden notwendigen Bereichen identische Daten angenommen.

a) Vita und Familienstand

Bezüglich des Lebenslaufes und des Familienstandes geht der Modellvergleich für die verschiedenen Typen von Erwerbstätigen jeweils von exakt den gleichen Verhältnissen aus:

Die Erwerbstätigen sind männlichen Geschlechts und als Geburtsdatum wird der 01. Januar 1970 unterstellt. Der Eintritt in das Berufsleben wird durch den 01. Januar 1995 - also exakt mit Vollendung des 25. Lebensjahres - angenommen. Die Untersuchungsobjekte haben zu dieser Zeit ihre schulische (Abitur) und studentische (erfolgreich abgeschlossenes Studium) Laufbahn bereits hinter sich, was z.B. von

---

[276] Bei Interesse kann vom Verfasser eine Diskette mit den einzelnen Modellen gegen eine Schutzgebühr angefordert werden.

[277] Für den Modellvergleich in dieser Arbeit wird das Tabellenkalkulationsprogramm „Excel“ von Microsoft eingesetzt.

Bedeutung für die Anrechnung der Ausbildungszeit als versicherungsrechtliche Zeit im Rahmen der gesetzlichen Rentenversicherung ist.[278]

Daran anschließend erstreckt sich die Phase der Berufstätigkeit, die mit der Vollendung des 65. Lebensjahres abschließt. Somit ist der Eintritt in die Altersphase auf den 01. Januar 2035 festgelegt. Statistisch gesehen hat der Empfänger der Altersvorsorge zu dieser Zeit noch eine Restlebenserwartung von 14 Jahren, so daß mit dem Versterben für den 01.01.2049, d.h. mit Vollendung des 79. Lebensjahres zu rechnen ist.[279] Zu diesem Zeitpunkt endet auch die Phase der Versorgung in der Modellrechnung.

Zudem wird unterstellt, daß die Untersuchungsobjekte nicht verheiratet sind und auch keine Kinder haben, für die sie steuerrechtliche oder sozialrechtliche Förderinstrumente in Anspruch nehmen könnten.

b) Beförderungen und Gehaltserhöhungen

Neben den persönlichen Lebensdaten spielt vor allem die berufliche Entwicklung der Untersuchungsobjekte eine wichtige Rolle bei der Modellbetrachtung. Darunter ist vor allem deren Karriere in Form von Beförderungen und Gehaltserhöhungen zu verstehen. Die Tatsache, daß Erwerbstätige nach dem Eintritt in das Berufsleben gewöhnlich nicht in der gleichen beruflichen Position verharren, ist offensichtlich. Normalerweise durchläuft ein Arbeitnehmer in seinem Berufsleben mehrere Stationen. Dies drückt sich vor allem in Form von Gehaltserhöhungen, wobei die Position im Unternehmen beibehalten wird oder in Form von Beförderungen und damit ebenfalls verbundenen Gehaltserhöhungen sowie Kompetenzerweiterungen aus.

Eine solche Entwicklung ist jedoch in höchstem Maße subjektiver Natur. Es kann im Normalfall nicht von vornherein von einer bestimmten Karriere ausgegangen werden. Dies ist in gewisser Weise jedoch im Rahmen des öffentlichen Dienstes möglich. Zwar sind auch dort die Beförderungen nicht exakt voraussehbar und ebenfalls von subjektiver Natur, das Erreichen von bestimmten Verdienststufen ist dort jedoch

---

278 Vgl. hierzu die Ausführungen auf S. 60 ff.

279 Die statistische Restlebenserwartung von 14 Jahren ergibt sich aus der Abgekürzten Sterbetafel von 1991/93 (Wirtschaft und Statistik (1995), S. 405 ff. Im Jahre 1991 hat die Untersuchungsperson ein Alter von 21 Jahren erreicht und weist eine Restlebenserwartung von 57,24 Jahren auf. Abgerundet ergibt das einen Wert von 57 Jahren. Mit Vollendung des 65. Lebensjahres sind somit 44 von den 57 Jahren Restlebenserwartung bereits verstrichen, so daß 13 Jahre verbleiben. Diese Rechnung widerspricht aber der Statistik, daß mit zunehmenden Alter auch die gesamte Lebenserwartung steigt. Für die Modellannahmen wird auf die Restlebenserwartung eines 65-jährigen im Jahre 1991 zurückgegriffen, die 14,34 Jahre beträgt. Zwar ist zu erwarten, daß bis das Untersuchungsobjekt das 65. Lebensjahr vollendet hat, die Lebenserwartung noch gestiegen sein wird, aufgrund fehlender Daten sind Annahmen hierüber jedoch als rein spekulativ zu werten. Dahingegen kann nur für das Jahr 1991 auf eine gesicherte statistische Erhebung zurückgegriffen werden.

- vergleichbar zu der Ausgestaltung verschiedener Tarifverträge in der Privatwirtschaft - vorgezeichnet. Diese sogenannten Dienstaltersstufen sind abhängig vom Alter und der Besoldungsklasse des Erwerbstätigen.

Es wäre insofern problemlos, die Dienstaltersstufen in das Modell zu implementieren, darunter würde jedoch die Vergleichbarkeit mit Arbeitnehmern in der Privatwirtschaft leiden, da dort derart allgemeingültig keine Aussage über eine solche Entwicklung gemacht werden kann. Unterstellt man jedoch, daß Arbeitnehmer in der Privatwirtschaft - entsprechend der Vorgehensweise im öffentlichen Dienst - ebenfalls Gehaltserhöhungen in gleicher Weise erzielen können, erübrigt sich für die Zwecke des Modells eine Berücksichtigung der Dienstaltersstufen, weil diese ja dann für jeden Typ von Erwerbstätigen gleich sind.

Daher wird vereinfachend unterstellt, daß die Erwerbstätigen auf der gleichen (Verdienst-)Stufe wie zum Eintritt in ihrem Berufsleben verharren. Dies ist insofern nicht als zu realitätsfremd zu werten, als daß diese ja bereits durch die schulische und universitäre Ausbildung ein relativ hohes Ausbildungsniveau zu Beginn ihres Berufslebens erreicht haben.

c) Individuelles Konsumpotential

Die Identität der Untersuchungsobjekte hinsichtlich ihrer persönlichen und beruflichen Entwicklung alleine, sichert jedoch noch nicht die absolute Vergleichbarkeit der Untersuchungsobjekte in bezug auf die Problemstellung der vorliegenden Arbeit. Um die relative und absolute Vorteilhaftigkeit der Altersvorsorge bei verschiedenen Typen von Erwerbstätigen zu untersuchen, muß mit Hilfe einer gemeinsamen Zielgröße die Vergleichbarkeit hergestellt werden.

Als eine solche Zielgröße wird das individuelle Konsumpotential der Erwerbstätigen während ihrer Erwerbsphase festgelegt. Über die relative Größe „Angestrebtes Alterssicherungsniveau“ wird diese Vergleichbarkeit indirekt auch während der Altersphase erreicht.

Als individuelles Konsumpotential während der Erwerbsphase wird dabei das nach Abzug aller Steuern, Beiträge zu Sozialversicherungen und Beiträge zu privaten Altersvorsorgeeinrichtungen verbleibende verfügbare Nettoeinkommen definiert. Dieses steht dem Erwerbstätigen dann vollständig zum Konsum zur Verfügung. Basierend auf dieser Ausgangsgröße kann das benötigte Brutto-Erwerbseinkommen iterativ berechnet werden.

Das individuelle Konsumpotential während der Altersphase ergibt sich - wie bereits erwähnt - als Produkt des Konsumpotentials während der Erwerbsphase und dem angestrebten relativen Altersvorsorgeniveau und ist daher auch für die verschiedenen Typen von Erwerbstätigen gleich hoch.

Inwiefern diese Konstellation Aussagen bezüglich einer relativen Vorteilhaftigkeit erlaubt, soll weiter unten bei der Darstellung des Modellaufbaus noch verdeutlicht werden.

Bezüglich der absoluten Vorteilhaftigkeit der Altersvorsorge kann aber insofern noch keine Aussage getroffen werden, als sich der oben beschriebenen Rechnung noch nicht die absolute Höhe der Beiträge zur Altersversorgung entnehmen läßt.[280] Hierzu ist es nötig, die Beiträge aus dem Rechenmodell zu isolieren. Auch hierbei spielt das individuelle Konsumpotential eine ausschlaggebende Rolle: Über einen „Mit-Ohne-Vergleich“ kann über die Veränderung der Größe „individuelles Konsumpotential“ während der Erwerbsphase die Höhe der Netto-Beiträge zur Altersversorgung quantifiziert werden. Die Differenz der individuellen Konsumpotentiale während der Altersphase quantifiziert dabei die Höhe der Leistungen. Durch eine Gegenüberstellung von Netto-Beiträgen und Netto-Leistungen kann die absolute Vorteilhaftigkeit der Altersvorsorgesysteme beurteilt werden.

Daraus wird bereits deutlich, welche Bedeutung das individuelle Konsumpotential sowohl während der Anspar- als auch während der Altersphase für die Aussagekraft der Ergebnisse der Arbeit hat.

2. Angenommene Umweltbedingungen

Da im anstehenden Modellvergleich die einzelnen Wirtschaftssubjekte in ein komplexes Umweltsystem eingebettet sind, müssen diese Umweltbedingungen exakt festgelegt werden, um die Auswirkungen auf das Individuum vor diesem Hintergrund beurteilen zu können. Dabei sind bei den Umweltbedingungen rechtliche und investitionstheoretische Rahmenbedingungen zu unterscheiden.

a) Rechtliche Rahmenbedingungen

Unter rechtlichen Rahmenbedingungen werden die verschiedenen Gesetzesvorschriften verstanden, die für die einzelnen Untersuchungsobjekte zutreffen und von Bedeutung sind. Um das komplexe Rechtssystem greifbarer zu machen, wird eine Unterteilung in Steuerrecht, Sozialrecht und Tarifrecht vorgenommen.

aa) Steuerrecht

Wie bereits bei der Darstellung der verschiedenen Systeme der Altersvorsorge deutlich wurde, zeigt das Steuerrecht entscheidenden Einfluß auf die einzelnen Systeme,

---

280 Unter dem Begriff „absolute Höhe“ ist dabei der Teil der Beiträge zu verstehen, der von dem Erwerbstätigen wirtschaftlich selbst zu tragen ist, d.h. aus versteuertem Einkommen geleistet wird.

es wirkt mithin nicht investitionsneutral. Demzufolge müssen die steuerrechtlichen Rahmendaten eindeutig festgelegt werden.

Obwohl die Betrachtung der Modellrechnung im Jahre 1995 beginnt, wurden in der Modellrechnung alle relevanten Änderungen, die sich durch das Jahressteuergesetz 1996 ergeben haben, eingebaut und berücksichtigt. Dieses Vorgehen entspricht zwar für das Jahr 1995 nicht der Realität, jedoch wurde dieser Nachteil zu Gunsten der Vermeidung eines „Bruchs“ bei der steuerlichen Behandlung in Kauf genommen.

bb) Sozialrecht

Was die Häufigkeit von Gesetzesänderungen anbelangt, steht das Sozialrecht dem Steuerrecht nicht nach. Dementsprechend schwierig ist auch die Implementierung der für das Modell bedeutsamen Vorschriften in den Vergleich. Selbst partielle Änderungen, wie z.B. die Änderung der Beitragsbemessungsgrenze, des Beitragssatzes oder der Berechnungsgrundlagen in den verschiedenen Sozialversicherungen können für das Ergebnis der Modellrechnung große Bedeutung haben.

Die Darstellung anhand eines Modellvergleichs impliziert immer eine Momentbetrachtung, d.h. man muß sich für eine Ausgangssituation entscheiden und darauf aufbauend die zukünftige Entwicklung abschätzen. Für den Bereich des Sozialrechts wird bezüglich der Rechengrößen der Stand am 31.12.1995 herangezogen.[281]

Unter Sozialrecht wird in der vorliegenden Arbeit nicht nur das Sozialrecht im engeren Sinne mit den verschiedenen Sozialgesetzbüchern verstanden. Hinzu kommen auch die für andere - nicht von den Sozialgesetzbüchern erfaßte - Personen in gleicher oder ähnlicher Weise bedeutsame Vorschriften im Rahmen von anderen Gesetzen, beispielsweise die Versorgung der Beamten oder die Versorgung der Arbeiter und Angestellten im öffentlichen Dienst zur Anwendung.

Die konkret angewandten Vorschriften der einzelnen Gesetze und Verordnungen werden bei der Darstellung des Modellaufbaus konkret erläutert.

cc) Tarifrecht

Da die Vergütung der verschiedenen Typen von Erwerbstätigen bei der Ermittlung des Beurteilungskriteriums im Modell eine wichtige Rolle spielt, muß bei den rechtlichen Rahmenbedingungen auch ein besonderes Augenmerk auf das Tarifrecht gelegt werden. In den - üblicherweise im jährlichen Turnus stattfindenden - Tarifver-

---

281 Vgl. hierzu Laux, H., Vorsorgeaufwendungen 1995 (Betriebs-Berater 1995), S. 857 ff.; Marschner, A., Wichtige Änderungen (Neue Wirtschaftsbriefe Fach 27), S. 4485 ff.

handlungen der einzelnen Gruppen von Erwerbstätigen kommt es immer wieder zu Anpassungen der Vergütungen unter unterschiedlichsten Gesichtspunkten.[282]

Welche exogenen Faktoren hierbei den Ausschlag geben, kann nicht zweifelsfrei geklärt werden. Neben objektiven Gesichtspunkten wie gesamtwirtschaftliche Entwicklung, Produktivitätssteigerung oder Preisniveau kann z.B. auch die Verhandlungsmacht in Form eines ausgeprägten Lobbyismus eine nicht unbedeutende Rolle spielen.

Über viele Entwicklungen bezüglich der Veränderungen im Tarifrecht kann nur spekuliert werden. Dies ist insbesondere bei nicht auf gesamtwirtschaftliche Entwicklungen beruhenden Faktoren der Fall. Mutmaßungen jedoch tragen nicht zur Verläßlichkeit der in einem Modell gewonnenen Ergebnisse bei, im Gegenteil, sie werden dadurch nur noch schwerer interpretierbar. Demzufolge wird bei der Entwicklung des Modells auf solche Faktoren verzichtet. Ausgangssituation ist das Tarifrecht am 01. Juli 1995, da bis dorthin die Mehrzahl der diversen Tarifverhandlungen abgeschlossen war.

Welche Vorschrift genau zur Anwendung kommt, wird wiederum bei der Darstellung des Aufbaus des Modells konkret beschrieben.

b) Investitionstheoretische Rahmenbedingungen

Das Ergebnis der Untersuchung wird neben den rechtlichen entscheidend von den investitionstheoretischen Rahmenbedingungen beeinflußt. In den folgenden Abschnitten wird deshalb näher auf die verschiedenen investitionstheoretischen Parameter des Modells eingegangen.

aa) Methode der Investitionsrechnung

Die Modelle der Investitionsrechnung dienen primär der Beantwortung folgender zwei Fragenkomplexe:

1. Ist ein geplantes Investitionsvorhaben absolut vorteilhaft?
2. Welche von mehreren sich gegenseitig ausschließenden Investitionsalternativen erscheint vorziehenswürdig, d.h. relativ vorteilhaft?

Für die Beantwortung dieser beiden Fragen stehen verschiedene Rechenmodelle zur Verfügung. Grundsätzlich unterteilt man die einzelnen Modelle der Investitionsrechnung in zwei Hauptgruppen:[283]

---

282 Andere Bestandteile von Tarifverträgen wie Urlaubstage, Kündigungsfristen etc. werden beim Modellvergleich außer acht gelassen.

283 Vgl. u.a. Däumler, K.-D., Investitionsrechnung (1994), S. 26 ff.; Blohm, H./Lüder, K., Investition (1995), S. 50 ff.

- dynamische Verfahren und
- statische Verfahren.

Dynamische Verfahren weisen hierbei den Vorteil auf, daß sie den unterschiedlichen Wert von Zahlungen zu verschiedenen Zeitpunkten exakt und nicht lediglich näherungsweise - wie statische Verfahren - berücksichtigen

Dies ist für die vorliegende Problemstellung von besonderer Bedeutung. Die Tatsache, daß im Rahmen der einzelwirtschaftlichen Untersuchung der Altersvorsorge sowohl die Beiträge als auch die Leistungen aus den unterschiedlichen Systemen der Altersvorsorge zu verschiedenen Zeitpunkten anfallen, macht eine genaue Berücksichtigung der jeweiligen Zahlungszeitpunkte unausweichlich. Damit wird bereits deutlich, daß die statischen Modelle aufgrund ihrer mangelhaften Erfassung des zeitlichen Anfalls der Zahlungen für die Zwecke der vorliegenden Untersuchung unbrauchbar sind.

Des weiteren lassen sich innerhalb der dynamischen Methoden der Investitionsrechnung verschiedene Verfahren unterscheiden:

- Vermögenswertmethoden und
- Zinssatzmethoden.

Während die Zinssatzmethoden nach demjenigen Zinssatz fragen bei dem der Vermögenszuwachs während der Investitionsdauer gerade Null beträgt, haben die Vermögenswertmethoden die Ermittlung eines Vermögenszuwachses während der Planungsperiode bei gegebenem Zinssatz vor Augen.

Letztere Methoden erscheinen vor dem Hintergrund der vorliegenden Fragestellung als sinnvoll. Bei den Vermögenswertmethoden werden jeweils die verschiedenen Zahlungen im Zeitablauf mittels des gegebenen Zinssatzes auf ein bestimmtes Datum bezogen. Hierbei kann man entweder den Beginn der Investition - in diesem Fall spricht man vom sogenannten Kapitalwert - oder das Ende der Investition - in diesem Fall spricht man vom sogenannten Vermögensendwert - wählen. Zeigt das Ergebnis ein positives Vorzeichen, so kommt es zu einer absoluten Vermögensmehrung, bei einem negativen Vorzeichen zu einer absoluten Vermögensminderung.[284] Lediglich bei einem Kapitalwert oder Vermögensendwert von größer als null ist die Investition vorteilhaft. Bei einem Wert gleich null besteht hingegen Indifferenz und bei einem Wert kleiner Null ist die Investition gar nachteilig.

---

284 Die Bezeichnung „absolut“ ist hierbei in Relation zur Vergleichsalternative - z.B. der Anlage zum Rechenzins i - zu sehen.

In der nachfolgend durchgeführten investitionstheoretischen Untersuchung werden sowohl die Kapitalwert- als auch die Vermögensendwertverfahren zur Anwendung kommen, was unter dem Punkt dd) dieses Abschnittes noch näher begründet wird.

Somit bleibt an dieser Stelle festzuhalten, daß in dieser Arbeit die dynamischen Verfahren der Vermögenswertmethoden zur Anwendung kommen.

bb) Kalkulationszins

Ein Haupteinflußfaktor der Investitionsrechnung ist der zugrunde gelegte Kalkulationszinsfuß. Dieser wird definiert als die „subjektive Mindestverzinsungsanforderung des Investors an sein Investitionsobjekt“[285]. Damit wird bereits deutlich, daß die Festlegung des Kalkulationszinssatzes zwar intersubjektiv - anhand der zugrunde gelegten Auswahlkriterien - überprüfbar sein muß, aber zugleich auch anfechtbar bleibt, da dies den Charakter einer subjektiven Entscheidung ausmacht.

Die Anwendung eines Kalkulationszinssatzes stellt für den Investor die alternative Verwendungsmöglichkeit des eingesetzten Kapitals dar. Im allgemeinen wird dabei unterschieden zwischen einer Finanzierung über Fremdkapital oder über Eigenkapital. Eigenkapital könnte an Stelle der Investition auch ertragbringend am Kapitalmarkt z.B. in Form eines Festgeldes angelegt werden. Damit bildet der mögliche Zins auf Geldanlagen die Referenzbasis für die durchgeführte Investition. Ähnlich verhält es sich bei einer Fremdfinanzierung der Investition: Der Investor muß das investierte Kapital am Fremdkapitalmarkt aufnehmen und ebenfalls Zinsen bezahlen. Dies ist nur dann vorteilhaft, wenn die Investition einen höheren Ertrag als den bezahlten Fremdkapitalzins bringt. Damit wird bei einer fremdfinanzierten Investition der Fremdkapitalzins zur Referenzbasis der Investition.

Unabhängig von der Berücksichtigung eines Soll- oder eines Habenzinssatzes, stellt sich das Problem, daß die Investition ein mehr oder weniger quantifizierbares Risiko beinhaltet, das in der Investitionsrechnung berücksichtigt werden muß. Dieses Risiko kann alternativ entweder über eine vorsichtigere Schätzung der Zahlungsreihen oder im Alternativzinssatz als Risikozuschlag berücksichtigt werden. Beide Verfahren führen prinzipiell zum gleichen Ergebnis.

Wie läßt sich dieser Zusammenhang auf das Investitionsproblem „Altersvorsorge“ übertragen? Einen ersten Anhaltspunkt zur Höhe des Zinssatzes[286] kann die Alternativ-Verwendungsmöglichkeit der Beiträge zur Altersversorgung bringen.

---

[285] Däumler, K.-D., Investitionsrechnung (1994), S. 29.

[286] Die Bedeutung des Zinssatzes bei dem hier behandelten Problem wird besonders deutlich, wenn man sich den langen Betrachtungszeitraum vor Augen hält. Investitionen von einer derart langfristigen Betrachtungsweise reagieren äußerst sensibel auf Veränderungen im Rechenzins.

Worin besteht die alternative Verwendungsmöglichkeit von Beiträgen z.B. zu der gesetzlichen Rentenversicherung? Streng genommen gibt es hier keine alternative Anlagemöglichkeit, da es sich bei der gesetzlichen Rentenversicherung um eine Zwangsversicherung handelt. Der Pflichtversicherte hat gar nicht die Möglichkeit, sich für eine andere Anlagemöglichkeit zu entscheiden.[287] Dies ist aber auch bei zahlreichen anderen Instrumenten der Altersvorsorge der Fall, so z.B. bei der Zusatzversorgung im öffentlichen Dienst und in gewisser Weise auch bei der Beamtenversorgung. Somit scheidet die alternative Verwendungsmöglichkeit als Vergleichsgröße aus. Einen Anhaltspunkt könnte aber die Quelle der Finanzierung der Beitragsleistungen geben. Definitionsgemäß wird im Rechenmodell unterstellt, daß alle Beiträge zu den verschiedenen Arten der Altersversorgung aus dem Einkommen - unabhängig ob versteuert oder unversteuert - gezahlt werden. Eine Fremdfinanzierung scheidet somit sowohl aus objektiven - die Beiträge zur gesetzlichen Rentenversicherung beziehen sich immer auf das erzielte und versicherte Erwerbseinkommen - als auch aus definitorischen Gesichtspunkten aus.

Als Ausweg bleibt nur die Verwendung des langfristigen Anleihen-Zinssatzes des Kapitalmarktes, weil dieser objektiv nachvollzogen werden kann und eine - zumindest theoretisch denkbare - alternative Verwendungsmöglichkeit darstellt. Langfristig deshalb, weil die Betrachtung der Investition „Altersvorsorge“ sich insgesamt über einen Zeitraum von fast 60 Jahren erstreckt.

Ein weiteres Problem ergibt sich bei der Berücksichtigung der Steuern in der Investitionsrechnung. Zunächst ist wichtig, daß Steuern generell in der Investitionsrechnung berücksichtigt werden müssen, weil sie nicht investitionsneutral wirken.[288] Eine Berücksichtigung muß dabei sowohl im Finanzplan selbst als auch im verwendeten Rechenzins vorgenommen werden, da die Vergleichsalternative selbst auch der Besteuerung unterliegt. Die daraus folgende Korrektur des Vergleichszinssatzes wird im Modell mittels des eigens berechneten Grenzsteuersatzes der jeweiligen Periode durchgeführt.

Dieser Zinssatz kann aus dem aktuellen Zinsniveau in Deutschland relativ problemlos abgeleitet werden. Eine unkorrigierte Übernahme scheitert jedoch an der Prämisse, daß eine Berücksichtigung inflationärer Entwicklungen - wie nachfolgend dargestellt wird - über den Weg des inflationsbereinigten Zinssatzes und nomineller Zahlungsreihen gewählt wird. Damit gilt es, den Zinssatz noch um die Inflation zu bereinigen.

---

287 Grundsätzlich könnte man in diesem Zusammenhang das Problem der Opportunitätskosten einwerfen: Danach repräsentiert der verwendete Kalkulationszinsfuß die Verzinsung einer entgangenen alternativen Investitionsmöglichkeit. Da der Vorsorgende nicht frei über die Verwendung seiner Beiträge zu staatlichen Vorsorgemaßnahmen entscheiden kann, sollte die Vorteilhaftigkeit der „Zwangsinvestition“ an den entgangenen Erträgen gemessen werden.

288 Vgl. ausführlich hierzu Schneider, D., Investition (1992), S. 173 ff.

cc) Inflation

Gerade bei einer investitionstheoretischen Betrachtung über einen sehr langen Zeitraum, darf das Problem der Geldentwertung oder Preissteigerung - der Inflation - nicht außer acht gelassen werden. Ein Konsumpotential im jetzigen Zeitpunkt von z.B. 10.000 DM ist allein aufgrund der Inflation mit demselben Betrag in 50 Jahren kaum mehr vergleichbar.

Die Frage ist nun, wie die Inflation im Rechenmodell zu berücksichtigen ist. Grundsätzlich wird in der Literatur davon ausgegangen, daß bei einer gleichbleibend hohen Inflationsrate zwei Wege möglich sind, die beide zum gleichen Ergebnis führen:[289]

1. Man berücksichtigt die Inflation sowohl in den Zahlungsreihen als auch im Kapitalisierungszinssatz, der sich nach folgender Formel berechnet:

$$i_N = i_R + p + (i_R * p)$$

2. Man berücksichtigt keine inflationären Wirkungen in den Zahlungsreihen und rechnet demzufolge auch mit einem deflationierten Kapitalisierungszinssatz.

Hierzu folgendes Beispiel:

Es wird eine Investition getätigt, die in den Perioden t_1 bis t_3 je einen inflationsbereinigten Überschuß von 1.000 DM zum Ergebnis hat. Die Realverzinsung i_R liegt bei 5 %, die Inflationsrate p bei 10 %.
Damit beträgt die Nominalverzinsung i_N bei Inflation:

$$i_N = 5\ \% + 10\ \% + (5\ \% * 10\ \%) = 15{,}5\ \%$$

Werden nun beide Zahlungsreihen auf den Zeitpunkt t_1 abgezinst, so zeigt sich folgendes Bild:

	t_1	t_2	t_3
1. Variante	+1.000	+ 1.100	+ 1.210
C_1 bei i_N = 15,5 %	*+ 2.859,41*		
2. Variante	+ 1.000	+ 1.000	+ 1.000
C_1 bei i_R = 5 %	*+ 2.859, 41*		

289 Vgl. Schneider, D., Investition (1992), S. 389 ff.

Es zeigt sich, daß die Kapitalwerte der beiden Varianten exakt gleich hoch sind.[290]

Welche Schlußfolgerungen kann man nun aus diesen Zusammenhängen für den weiteren Fortgang der vorliegenden Arbeit ziehen?

Es gilt zunächst zu entscheiden, ob man bei der Vorgehensweise der ersten oder der zweiten Variante folgt. Für die erste Variante spricht die Plausibilität der verwendeten Zahlungsreihen. Wie weiter oben bereits angedeutet, erstreckt sich die Modell-Betrachtung über einen sehr langen Zeitraum. Rechnet man nun mit inflationierten Zahlungsreihen, so kommt die nominale Größe der einzelnen Zahlungen der Realität sehr nahe. Für die Zielsetzung der Modell-Betrachtung - nämlich den investitionstheoretischen Vergleich simulierter Altersvorsorgemodelle für verschiedene Typen von Erwerbstätigen - ist dies jedoch nur von untergeordneter Bedeutung. Zwar haben die berechneten Werte - sofern man der zweiten Variante folgt - eine geringere Aussagekraft bezüglich der nominellen Höhe, für die unterstellte Zielsetzung kommt es jedoch nicht hierauf an. Die Aussagemöglichkeit bezüglich der Vorteilhaftigkeit ist sowohl bei angewandter erster als auch zweiter Variante gleich.

Welche Vorteile bietet nun die Verwendung der zweiten Variante? Berücksichtigt man die Inflation in den Zahlungsreihen, so sind davon alle Zahlungsreihen betroffen. Bei der Darstellung des Modells im folgenden Abschnitt wird sich zeigen, daß das entworfene Modell hochkomplex ist. Das bedeutet, daß jede Erweiterung des Modells - z.B. durch Einführung inflationierter Zahlungsreihen - dieses auch verkompliziert.[291] Dies würde dann auch die Verständlichkeit und Nachvollziehbarkeit des Modells noch weiter erschweren. Wird aber durch ein solches Erschwernis die zum Ziel gesetzte Aussagekraft nicht verbessert, so sollte darauf verzichtet werden.

Diese Vorgehensweise birgt jedoch das Problem, daß demnach alle Zahlungen mit einer gleich hohen Inflation versehen werden. Betrachtet man in diesem Zusammenhang z.B. den Bereich der Steuerzahlungen, so wird hierbei unterstellt, daß der Gesetzgeber in jeder Periode die Steuerbemessungsgrundlage etc. der gewählten Inflation anpaßt. Eine Unterstellung, die zwar theoretisch wünschenswert und - betrachtet man z.B. die Freistellung des Existenzminimums von der Steuer - auch

---

290 Dieser Zusammenhang ist allgemein unter dem Stichwort „Fisher-Effekt“ bekannt: vgl. Fisher, I., Appreciation and Interest, in: Publications of the American Economic Association (August 1896), S. 13 f.

291 Z.B. müßten der verwendete Steuertarif, die Bemessungsgrundlage der gesetzlichen Sozialversicherungen, der aktuelle Rentenwert, die abzugsfähigen Vorsorgeaufwendungen usw. inflationiert werden, damit die Aussagekraft des Modells erhalten bleibt.

notwendig wäre, bei näherer Analyse der Vergangenheit jedoch äußerst abwegig erscheint.[292]

Unter Abwägung der Vor- und Nachteile dieser beiden Vorgehensweisen, wird im Modell nicht mit inflationierten, sondern mit deflationierten Größen gerechnet.

dd) Beurteilungskriterium

Die abschließend zu klärende Frage ist die nach dem Beurteilungskriterium, anhand dessen man die Vorteilhaftigkeit oder die Vorziehenswürdigkeit der verschiedenen Modelle der Altersvorsorge für das einzelwirtschaftliche Objekt beurteilen kann.

Grundbestandteile der investitionstheoretischen Betrachtung sind die Beiträge zu den einzelnen Altersvorsorgemodellen einerseits und die Leistungen aus diesen Modellen andererseits. Die Beiträge werden in der Ansparphase geleistet, wohingegen die Leistungen in der Absparphase an den dann zu Versorgenden fließen.

Bereits in der Hinführung zum Thema wurde darauf hingewiesen, daß ein Modell der Altersvorsorge sich dann als vorteilhaft für den Vorsorgenden erweist, wenn er mindestens den Wert der eingezahlten Beiträge (zuzüglich der im Investitionszins unterstellten Verzinsung) in Form von Leistungen wieder zurückerhält. Ebenso kann gefolgert werden, daß ein Modell gegenüber einem anderen Modell der Altersvorsorge als vorziehenswürdig erscheint, wenn bei vergleichbaren Leistungen die Beiträge dort betraglich geringer sind.

Damit ergibt sich die Notwendigkeit, sowohl die Beiträge als auch die Leistungen aus den einzelnen untersuchten Altersvorsorgeformen auf einen Zeitpunkt zu beziehen. Wie oben dargestellt wurde, gibt es bei den verwendeten dynamischen Verfahren der Investitionsrechnung hierbei die Kapitalwertmethode und die Vermögensendwertmethode. Für die vorliegende Arbeit wird eine Kombination aus beiden Verfahren gewählt, die in der folgenden Abbildung verdeutlicht wird.

---

292 In diesem Zusammenhang tritt ein weiteres Problem auf, das in der Literatur als „modifizierter Fisher-Effekt" bezeichnet wird: die Ableitung des Realzinssatzes aus dem Nominalzinssatz bei Inflation ist in einer Welt mit Steuern nur dann in der beschriebenen Art und Weise möglich, wenn die Steuerbelastung zusätzlich auf den Nominalzins überwälzt werden kann: vgl. Schneider, D., Investition (1992), S. 393 f. Diese Annahme wird vereinfachend für den Modellvergleich getroffen.

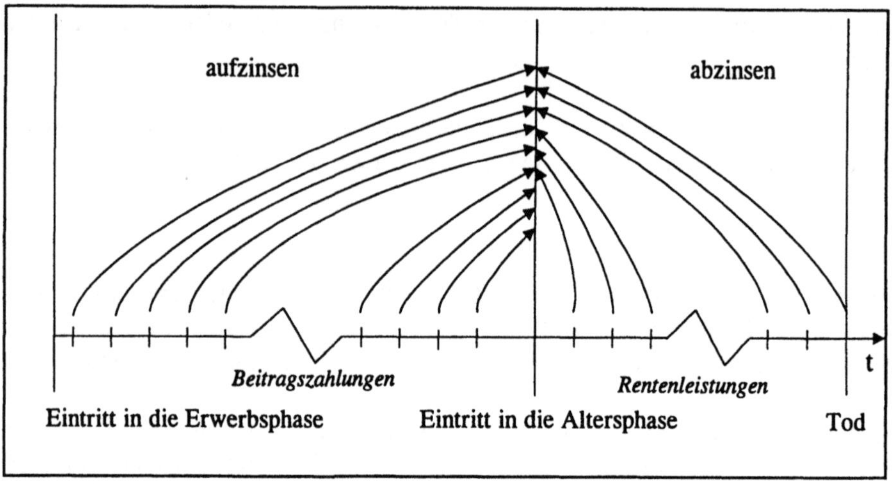

Abb. 17: Vorgehensweise bei der Bestimmung des Beurteilungskriteriums

Aus der Abbildung ist ersichtlich, daß die Beiträge auf den Zeitpunkt des Eintritts in die Altersphase aufgezinst und demgegenüber die Leistungen auf den gleichen Zeitpunkt abgezinst werden.

Anschließend werden die beiden Teilergebnisse zusammengefaßt. Das Ergebnis soll als Netto-Kapitalwert bezeichnet werden. Dabei können sich drei verschiedene Konstellationen ergeben (Vergleich der absoluten Vorteilhaftigkeit):[293]

1. Der Netto-Kapitalwert ist null: das bedeutet, daß der Vorsorgende exakt seine Beiträge in Form von Leistungen zurückerhält;
2. der Netto-Kapitalwert ist negativ: das bedeutet, daß der Vorsorgende einen Teil seiner Beiträge nicht in Form von Leistungen zurückerhält;
3. der Netto-Kapitalwert ist positiv: das bedeutet, daß der Vorsorgende mehr an Leistungen erhält, als er Beiträge geleistet hat.

Ebenso ist es grundsätzlich möglich, daß Investitionen in verschiedene Formen der Altersvorsorge untereinander verglichen werden können. Das Beurteilungskriterium hierbei bildet der Vergleich der jeweiligen Netto-Kapitalwerte: die Form der Altersvorsorge mit dem höheren Netto-Kapitalwert ist gegenüber der verglichenen Form vorziehenswürdig (Vergleich der relativen Vorteilhaftigkeit).

---

[293] Vgl. ausführlich zum Problem der investitionstheoretisch relevanten Zahlungsreihen: Sigloch, J., Kapitalanlagen (1983), in: Fischer, L./Barth, K., Unternehmung und Steuer, FS für Peter Scherpf (1983), S. 240 sowie Sigloch, J., Steuersparen, in: Universität Bayreuth - Jahresbericht des Präsidenten 1984 (1984), S. 112 f.

Beide Ergebnisvergleiche müssen anschließend allerdings einer näheren Ursachenanalyse unterworfen werden, mit dem Ziel, die Gründe für die Vorteilhaftigkeit oder die Vorziehenswürdigkeit zu isolieren.

B. Aufbau des Rechenmodells

Um den Modellvergleich durchführen zu können, muß zunächst dessen Aufbau detailliert offengelegt werden. Nach einer Darstellung der Eingabedaten wird die Grundstruktur des „Mit-Ohne-Vergleichs“ als erstes für den Arbeitnehmer in der Privatwirtschaft und daran anschließend für die beiden anderen untersuchten Typen von Erwerbstätigen erläutert.

1. Eingabeparameter

Die Eingabeparamter unterteilen sich in

- allgemeine Ausgangsdaten,
- Ausgangsdaten in der Erwerbsphase und
- Ausgangsdaten in der Altersphase.

Bei den allgemeinen Ausgangsdaten werden folgende Parameter festgelegt:

Altersvorsorgeformen	• gesetzliche Rentenversicherung • Beamtenversorgung • private Rentenversicherung • Zusatzversorgung im öffentlichen Dienst
Allgemeiner Rechenzins	• Deflationierter Zinssatz (5%)
Rechenzins private Rentenversicherung	• 3 %

Abb. 18: Allgemeine Ausgangsdaten bei der Modellrechnung

Grundsätzlich sind bei diesen Ausgangsdaten der allgemeine Rechenzins und der Rechenzins für die private Rentenversicherung veränderbar. Die spezifische Auswahl der Altersvorsorgeformen ergibt sich aufgrund des jeweils untersuchten Erwerbstätigen. Allerdings wird auf eine Variation des Rechenzinses für die private Rentenversicherung verzichtet, weil die angenommenen 3 % Zinssatz exakt die vom Versicherungsaufsichtsamt zugelassene Höchstgrenze der dem Versicherungsnehmer zusicherbaren Verzinsung entspricht.[294] Eine darüber hinaus gehende Verzinsung soll hier als Inflationsausgleich verstanden werden, so daß auf dessen spekulative

294 Vgl. Karl, B./Kuntz, N., Private Rente (1992), S. 14.

Schätzung verzichtet werden kann, da das Modell mit einem deflationiertem Zinssatz rechnet.

Die Ausgangsdaten der Erwerbsphase können der folgenden Darstellung entnommen werden:

Betrachtungszeitraum	40 Jahre
Netto-Konsumposition t_0	beliebiger Wert >0
Durchschnittsentgelt Sozialversicherung	50.972[295]
Beitragsbemessungsgrenze RV/ALV	93.600[296]
Beitragsbemessungsgrenze KV/PV	70.200[296]
Aktueller Rentenwert	46,23[296]
Beitragssatz Rentenversicherung	9,30 %
Beitrag Krankenversicherung AN	6,65 %
Beitrag Pflegeversicherung	1 %[297]
Beitrag Arbeitslosenversicherung	3,25 %
Umlagesatz VBL	4,5 %
Pauschalversteuerung VBL p.a.	2.100[298]
Zukunftsicherungsfreibetrag	312[299]

Abb. 19: Ausgangsdaten in der Erwerbsphase bei der Modellrechnung

Bis auf den Betrachtungszeitraum sind alle anderen Ausgangsdaten so in das Modell eingebunden, daß sie frei variiert werden können. Obige Übersicht gibt daher nur eine mögliche Ausgangskonstellation wider. Allerdings ist zu beachten, daß eine Veränderung über den gesamten Modell-Zeitraum gesehen statischen Charakter hat, d.h. die veränderten Ausgangsbedingungen bleiben über den Betrachtungszeitraum konstant.

---

295 Vorläufiges Durchschnittsentgelt für das Jahr 1995: vgl. Sozialversicherungs-Rechengrößenverordnung 1995, BGBl II 1994, S. 3806.

296 Vgl. Rentenanpassungsverordnung 1995, BGBl II 1995, S. 772.

297 Für die Pflegeversicherung wurde - im Gegensatz zu den anderen gesetzlichen Sozialversicherungen - deswegen der volle Beitragssatz beim Arbeitnehmer angesetzt, weil durch die Überwälzung des Arbeitgeberanteils auf den Arbeitnehmer - z.B. durch die Streichung eines Feiertages - er die volle wirtschaftliche Last zu tragen hat.

298 Vgl. § 11 VersorgungsTV.

299 Vgl. § 2 Abs. 1 Satz 2 ArEV.

Für die im Modell betrachtete Altersphase werden folgende Annahmen getroffen:

Betrachtungszeitraum	14 Jahre
Altersvorsorgeniveau = Netto-Konsumposition t_{41}	beliebiger Wert >0 %
Ertragsanteil gem. § 22 EStG	27 %
Beitrag Krankenversicherung Rentner	6,7 %
Beitrag Pflegeversicherung Rentner	0,5 %

Abb. 20: Ausgangsdaten in der Altersphase bei der Modellrechnung

Auch hier sind bis auf den Betrachtungszeitraum wiederum alle Ausgangsdaten variierbar. Sinnvollerweise empfiehlt sich eine Variation des Altersvorsorgeniveaus, wie sie später auch bei der Durchführung des Modellvergleiches umgesetzt wird. Der Beitrag zur Pflegeversicherung der Rentner wird hier jedoch mit 0,5 % angesetzt, weil die gesetzlichen Rentenversicherungsträger sich zur Hälfte an der Finanzierung der Beitragsleistung beteiligen.

Alle angenommenen Ausgangsdaten spiegeln die reale Situation des Jahres 1995 wider, das bedeutet, daß bei einer Veränderung der Daten zukünftige Entwicklungen im gesetzgeberischen (z.B. Beiträge zu den gesetzlichen Sozialversicherungen) oder gesamtwirtschaftlichen Bereich (z.B. Durchschnittsentgelt in der gesetzlichen Rentenversicherung) unterstellt werden. Daher kann eine solche Veränderung der Daten nur mit begründeten Annahmen in diesen Bereichen gerechtfertigt werden. Dies widerspricht aber nicht dem weiteren Vorgehen bei der Durchführung des Modellvergleiches, nämlich die Auswirkung der Variation verschiedener Eingabedaten auf signifikante Ergebnisdaten zu untersuchen. Im Gegenteil, dieses Vorgehen wird durch die beabsichtigte Isolierung bestimmter Effekte erzwungen.

2. „Mit-Alternative"

Im weiteren wird zunächst die Alternative „mit Altersversorgung" simuliert. Dies ist der erste Schritt zur Quantifizierung des vom Arbeitnehmer zu leistenden temporären Konsumverzichts zugunsten seiner individuell ausgestalteten Altersversorgung. Grundsätzlich ist die Vorgehensweise bei den Berechnungen für alle Typen von Erwerbstätigen gleich, sie unterscheiden sich lediglich in den individuellen Maßnahmen zur Altersvorsorge.

a) Arbeitnehmer in der Privatwirtschaft

Folgende Abbildung spiegelt den grundsätzlichen Aufbau des „Mit-Alternative" für einen Arbeitnehmer in der Privatwirtschaft in der Modellrechnung wider:

Mit-Alternative Jahr	1	2	41
Einkünfte aus nichtselbst. Tätigkeit	90.756,13	90.756,13	
Sozialversicherungsrente		0,00	42.422,71
Leibrente aus privater RV		0,00	0,00
Bruttoeinkünfte	90.756,13	90.756,13	42.422,71
Beitrag gesetzliche Rentenversicherung	-8.440,32	-8.440,32	
Beitrag private Rentenversicherung	0,00	0,00	
Beitrag Krankenversicherung	-4.668,30	-4.668,30	-2.545,36
Beitrag Pflegeversicherung	-702,00	-702,00	-212,11
Beitrag Arbeitslosenversicherung	-2.949,57	-2.949,57	
Vorsorgeaufwendungen[a]	-16.760,19	-16.760,19	-2.757,48
abzugsfähige Sonderausgaben[b]	-3.915,00	-3.915,00	-2.757,48
nicht abzugsfähige Vorsorgeaufwendungen	-12.845,19	-12.845,19	0,00
zu versteuerndes Einkommen zvE[c]	84.841,13	84.841,13	8.496,66
abgerundetes zvE	84.834,00	84.834,00	8.478,00
Steuerzahlung[d]	23.995,94	23.995,94	0,00
Grenzsteuersatz[e]	42,31%	42,31%	0,00%
Netto-Konsumposition	50.000,00	50.000,00	39.665,23
Persönliche Entgeltpunkte[f]	1,78	1,78	79,33%[g]
EP aus Anrechnungszeiten[h]	5,25		

Abb. 21: „Mit-Alternative“ bei einem Arbeitnehmer in der Privatwirtschaft

[a] Summe aus den Beiträgen zu den Sozialversicherungen und - gegebenenfalls - zur privaten Rentenversicherung.

[b] Nach § 10 EStG abzugsfähige Vorsorgeaufwendungen, die sich aus dem Vorwegabzug, dem Höchstbetrag und dem hälftigen Höchstbetrag zusammensetzen.

[c] Das zu versteuernde Einkommen setzt sich während der Erwerbsphase aus dem Bruttoeinkommen abzüglich des Werbungskostenpauschbetrages für Einkünfte aus nichtselbständiger Tätigkeit nach § 9a Nr. 1 EStG in Höhe von 2.000 DM, den steuerlich berücksichtigungsfähigen Vorsorgeaufwendungen nach § 10 EStG zusammen. In der Altersphase ergibt es sich aus dem zu versteuernden Ertragsanteil der Sozialversicherungsrente und der Rente aus der privaten Rentenversicherung abzüglich den abzugsfähigen Vorsorgeaufwendungen und dem Werbungskostenpauschbetrag nach § 9a Nr. 3 EStG in Höhe von 200 DM.

[d] Zur Anwendung kommt der Einkommensteuertarif des Jahressteuergesetzes 1996 vgl. BGBl I 1995, S. 1250 ff.

[e] Der persönliche Grenzsteuersatz ist für die steuerlich induzierte Korrektur des Kalkulationszinssatzes beim investitionstheoretischen Vergleich von Bedeutung.

[f] Die persönlichen Entgeltpunkte des jeweiligen Jahres ergeben sich aus dem Verhältnis zwischen Beitragsleistung, versichertem Entgelt und durchschnittlich versicherten Entgelt und ergeben zusammen mit den EP aus Anrechnungszeiten die Summe der Entgeltpunkte, die sich wiederum direkt auf die Höhe der Rente aus der gesetzlichen Rentenversicherung auswirkt.

[g] Hier wird das tatsächliche AV-Niveau als Verhältnis zwischen dem Netto-Einkommen von t_{41}/t_{40} berechnet.

[h] Dieser Wert spiegelt die dem Vorsorgenden für seine Schul- und Ausbildungszeiten gutgeschriebenen Entgeltpunkte nach der begrenzten Gesamtleistungsbewertung nach § 74 RRG 1992 im Zusammenhang mit den §§ 58, 71 RRG 1992 wider.

Die Abbildung zeigt, daß bei der Modellrechnung eine Veranlagung simuliert wird. Eine zentrale Rolle spielt hierbei das Steuerrecht, wobei die Wirkung der sozialversicherungsrechtlichen Rahmenbedingungen nicht unterschätzt werden darf. Beide zusammen ergeben über ihre Interdependenzen die ausschlaggebenden Einflüsse auf die Netto-Konsumposition des Vorsorgenden sowohl in der Erwerbs- als auch in der Altersphase.[300]

Folgende Abbildung gibt die Berechnungsschritte wieder:

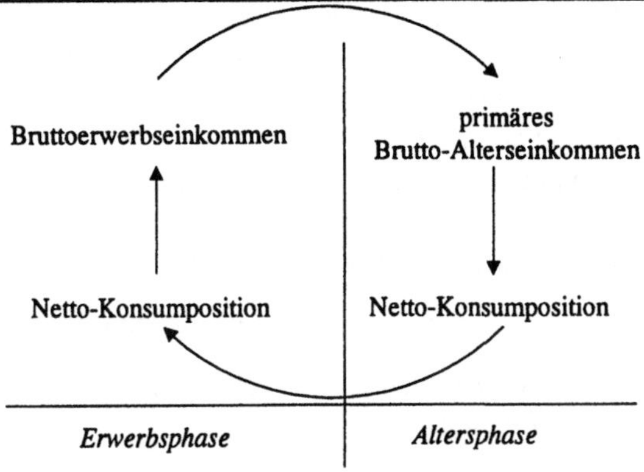

1. Festlegung der erstrebten Netto-Konsumposition in der Erwerbs- und in der Altersphase.
2. Berechnung des aufgrund der Netto-Position Erwerbsphase benötigten Bruttoerwerbseinkommens.
3. Berechnung des primären Brutto-Alterseinkommens (Rente aus der GRV, Beamtenpension, Rente der VBL) aufgrund der unter 2. berechneten Größe.
4. Ermittlung der daraus folgenden Netto-Konsumposition in der Altersphase
5. Vergleich der Größe aus 4. mit der erstrebten Netto-Konsumposition in der Altersphase aus 1.
6. Bei Unterdeckung kommt es zum Auffüllen der Versorgungslücke mit einer Rente aus einer PLV.
7. Die Versorgung mit der Rente aus einer PLV erzwingt ihrerseits wiederum ein höheres Bruttoeinkommen in der Erwerbsphase, um die entsprechenden Beiträge leisten zu können.
8. Berechnung setzt wieder bei Schritt 3. ein. Durch das höhere Bruttoerwerbseinkommen kommt es i.d.R. auch zu einem höheren primären Brutto-Alterseinkommen.
9. Dadurch wird die Versorgungslücke aus 6. kleiner, wodurch wiederum ein iterativer Prozeß in Gang gesetzt wird, der zu einer Auflösung dieser Zirkelbeziehungen führt.

Abb. 22: Rechenschritte im Modell

300 Beispielhaft für den gesamten Verlauf der Modellbetrachtung wird die Darstellung hier auf die Perioden t_0-t_2 und auf t_{41} (erstes Jahr der Altersphase) beschränkt.

Ausgangspunkt der Berechnungen sind dabei vor allem zwei Eingaben:

1. die Netto-Konsumposition in t_0 und
2. die Netto-Konsumposition in t_{41} als prozentuales Verhältnis zur Netto-Konsumposition des Jahres t_{40}.

Darauf aufbauend werden zusammen mit den übrigen Eingabedaten die restlichen Daten des Modells berechnet. Dadurch, daß die meisten Daten in einer interdependenten Beziehung zueinander stehen, muß die Berechnung derselben mittels Iteration erfolgen. Für diese Zwecke wurde im verwendeten Tabellenkalkulationsprogramm die Genauigkeit auf 0,0001 festgelegt. Dies bedeutet, daß das Programm solange iterativ die Daten berechnet, bis die Abweichung in den Zellwerten gegenüber der unmittelbar vorausgegangenen Iteration kleiner als 0,0001 wird.[301] Diese Vorgehensweise bedeutet eine hohe Genauigkeit der berechneten Werte.

In diesem ersten Berechnungsschritt sind drei Werte von besonderer Bedeutung:

1. die Höhe der notwendigen Einkünfte aus nichtselbständiger Tätigkeit,
2. der prozentuale Anteil der Aufwendungen zur Altersversorgung im Verhältnis zu den Bruttoeinkünften und
3. im Falle der Arbeitnehmer in der Privatwirtschaft und im öffentlichen Dienst die „erarbeiteten" Entgeltpunkte in der gesetzlichen Rentenversicherung.

Die Entgeltpunkte der gesetzlichen Rentenversicherung sind unmittelbar ausschlaggebend für die spätere Höhe der Rente aus der gesetzlichen Rentenversicherung. Der prozentuale Anteil der Altersvorsorge-Aufwendungen im Verhältnis zum Bruttoeinkommen drückt aus, wie hoch die relative Belastung des Vorsorgenden aufgrund seiner Vorsorgeaktivitäten ist. Die Höhe der Einkünfte aus nichtselbständiger Tätigkeit leitet unmittelbar zum nächsten Abschnitt über, da sie Ausgangspunkt für die Berechnung des „Ohne-Vergleichs" und damit der effektiven Aufwendungen zur Altersversorgung bildet.

---

301 Natürlich wäre es grundsätzlich möglich, die Genauigkeit auch noch höher einzustellen. Hierzu sollte jedoch eingehend zwischen Nutzen (höhere Genauigkeit) und Kosten (erheblich größerer Zeitaufwand bei den Berechnungen) unter ökonomischen Aspekten abgewogen werden.

Nachfolgende Abbildung verdeutlicht den grundsätzlichen Aufbau der Berechnung:

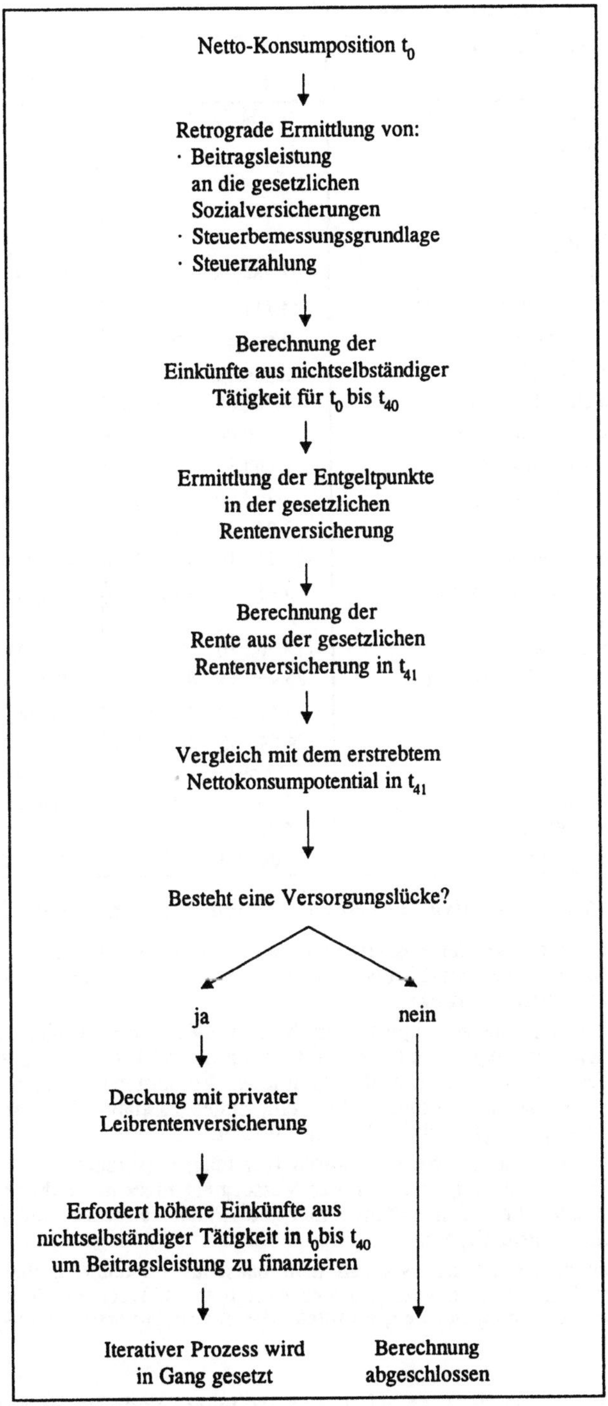

Abb. 23: Grundaufbau des Rechenmodells

b) Arbeitnehmer im öffentlichen Dienst

Hier zeigt sich die Berechnung wie folgt:

Mit-Alternative Jahr	1	2	41
Einkünfte aus nichtselbst. Tätigkeit	91.364,95	91.364,95	
Sozialversicherungsrente		0,00	42.687,75
Leibrente aus privater RV		0,00	0,00
Zusatzversorgungsrente[a]			3.187,25
Gesamtversorgung			45.875,00
Bruttoeinkünfte	91.364,95	91.364,95	45.875,00
Umlageleistung des Arbeitgebers[b]	4.111,42	4.111,42	
bei AN zu versteuern [c]	2.011,42	2.011,42	
bei AN sv-pflichtig[d]	2.866,09	2.866,09	
Beitrag gesetzliche Rentenversicherung	-8.704,80	-8.704,80	
Beitrag private Rentenversicherung	0,00	0,00	
Beitrag Krankenversicherung	-4.668,30	-4.668,30	-2.561,27
Beitrag Pflegeversicherung	-702,00	-702,00	-213,44
Beitrag Arbeitslosenversicherung	-3.042,00	-3.042,00	
Vorsorgeaufwendungen	-17.117,10	-17.117,10	-2.774,70
abzugsfähige Sonderausgaben	-3.915,00	-3.915,00	-2.774,70
nicht abzugsfähige Vorsorgeaufwendungen	-13.202,10	-13.202,10	0,00
zu versteuerndes Einkommen zvE	85.449,95	85.449,95	9.411,55
abgerundetes zvE	85.428,00	85.428,00	9.396,00
Steuerzahlung	24.247,85	24.247,85	0,00
Grenzsteuersatz	42,49%	42,49%	0,00%
persönliche Beitragszahl	1,79	1,79	86,20%
persönliche Entgeltpunkte	5,25		
Netto-Konsumposition	50.000,00	50.000,00	43.100,30

Abb. 24: „Mit-Alternative" bei einem Arbeitnehmer im öffentlichen Dienst

a Die Höhe der Rente aus der Zusatzversorgung des Bundes und der Länder ergibt sich als Differenz zwischen der Brutto- oder Nettogesamtversorgung und der Rente aus der gesetzlichen Rentenversicherung.

b Die Umlageleistung des Arbeitgebers ergibt sich durch die Multiplikation des zusatzversorgungspflichtigen Entgelts mit dem Umlagesatz der VBL (4,5 %). Sie hat nur insofern Auswirkungen auf die Netto-Konsumposition des Vorsorgenden, als sie partiell von ihm selbst zu versteuern und eventuell die Bemessungsgrundlage der Sozialversicherungen - das sozialversicherungspflichtige Entgelt - erhöht.

c Wenn die Umlageleistung über der Pauschalversteuerungsgrenze von 2.100 DM im Jahr liegt, so wird der übersteigende Teil der Versorgung nicht mehr durch den Arbeitgeber pauschal sondern durch den Arbeitnehmer individuell versteuert und geht somit in die Steuerbemessungsgrundlage ein.

d Hierbei wird unterschieden zwischen dem pauschal versteuerten und dem individuell versteuertem Teil der Umlageleistung des Arbeitgebers. Über ein Berechnungsverfahren wird der Teil der Umlageleistung ermittelt, der das sozialversicherungspflichtige Entgelt erhöht.

Wie aus der Abbildung deutlich wird, unterscheidet sich der Arbeitnehmer im öffentlichen Dienst vom Arbeitnehmer in der Privatwirtschaft ausschließlich durch die

Zusatzversorgung im öffentlichen Dienst. Diese Art „betriebliche Altersversorgung" ergänzt die Versorgung des Arbeitnehmers aus der gesetzlichen Rentenversicherung. Dabei zeigt sie in der Ansparphase Auswirkungen auf die Höhe der Belastung des Vorsorgenden mit Steuern und Sozialversicherungsbeiträgen. In der Absparphase hingegen füllt sie die Versorgungslücke bis zum Niveau der Brutto- oder Netto-Gesamtversorgung auf.

c) Beamte

Die gravierendsten Unterschiede ergeben sich bei den Beamten, die aufgrund des Alimentationsprinzips explizit keine eigenen Beiträge zu ihrer Altersvorsorge leisten und auch nicht der Versicherungspflicht bei den anderen gesetzlichen Sozialversicherungen unterliegen.

Mit-Alternative Jahr	1	2	41
Einkünfte aus nichtselbst. Tätigkeit	68.188,12	68.188,12	
Beamtenpension	0,00	0,00	51.141,09
Leibrente aus privater RV	0,00	0,00	0,00
Brutto	68.188,12	68.188,12	51.141,09
Freibetrag nach § 19 Abs. 2 EStG[a]	0,00	0,00	-6.000,00
Beitrag private Rentenversicherung	0,00	0,00	
Beitrag Krankenversicherung	-2.452,80	-2.452,80	-2.742,00
Beitrag Pflegeversicherung	0,00	0,00	0,00
Beitrag Arbeitslosenversicherung	0,00	0,00	0,00
Vorsorgeaufwendungen	-2.452,80	-2.452,80	-2.742,00
abzugsfähige Sonderausgaben	-2.452,80	-2.452,80	-2.742,00
nicht abzugsfähige Vorsorgeaufwendungen	0,00	0,00	0,00
zu versteuerndes Einkommen zvE	63.735,32	63.735,32	40.399,09
abgerundetes zvE	63.720,00	63.720,00	40.392,00
Steuerzahlung	15.735,32	15.735,32	7.849,60
Grenzsteuersatz	36,16%	36,16%	31,44%
Netto	50.000,00	50.000,00	40.549,49

Abb. 25: „Mit-Alternative" bei einem Beamten

a Im Gegensatz zu den bisher behandelten anderen Arten von Alterseinkünften werden die Pensionen der Beamten steuerlich als Einkünfte aus nichtselbständiger Tätigkeit behandelt. Mit dem Abzug des sogenannten Versorgungsfreibetrages nach § 19 Abs. 2 EStG soll lediglich eine Abmilderung der steuerlichen Belastung der Beamtenpensionen erreicht werden. Dieser Freibetrag beträgt 40% der Pension - höchstens jedoch 6.000 DM - und mindert die einkommensteuerliche Bemessungsgrundlage.

Grundsätzliche wäre der Beamte - bis zu einem bestimmten erstrebtem Versorgungsniveau[302] - nicht auf eine zusätzliche private Altersvorsorge angewiesen.

302 Vgl. hierzu die Auswertung auf S. 127 f.

Ebenso mangelt es ihm an dem Bedürfnis und/oder der Möglichkeit, sich gegen das - für ihn ohnehin quasi nicht vorhandene - Risiko der Arbeitslosigkeit abzusichern.

Da jedoch die „Krankenversicherung" der Beamten - in Form der Beihilfeleistungen im öffentlichen Dienst - grundsätzlich nicht alle entstehenden Krankheitskosten abdeckt, schließen Beamte - im allgemeinen - eine zusätzliche private Krankenversicherung ab, deren Beitragshöhe im Beispiel - da grundsätzlich einkommensunabhängig - linear mit 2.452,80 DM während der Ansparphase und mit 2.742,-- DM während der Absparphase angenommen wurde.[303] Obwohl der Beamte im Ruhestand einen Anspruch auf 70% Beihilfe - im Gegensatz zu 50% Beihilfe während der aktiven Tätigkeit - hat, ist der Beitrag aufgrund der höheren Krankheitsrisiken im Alter höher als in der Ansparphase. Dies unterscheidet die private Krankenversicherung von der Krankenversicherung der Rentner in der gesetzlichen Rentenversicherung, weil diese aufgrund des dem Versicherungsprinzip übergeordneten Solidarprinzips trotz ebenso hoher Risiken wie pensionierte Beamte lediglich einen relativ niedrigen Beitrag an ihre Krankenversicherung zu entrichten haben.

3. „Ohne-Alternative"

Zwar wurde durch die Berechnung im Rahmen der „Mit-Alternative" eine Veranlagung des Vorsorgenden durchgeführt, aufgrund der Berücksichtigungsfähigkeit der Aufwendungen zur Altersvorsorge bei der Ermittlung des zu versteuernden Einkommens, kann jedoch die tatsächliche Höhe des mit der Altersvorsorge verbundenen Konsumverzichts während der Ansparphase nicht quantifiziert werden. Daher muß zusätzlich eine Berechnung der Höhe der Netto-Konsumposition des Vorsorgenden für den Fall durchgeführt werden, daß keine Maßnahmen zur Altersvorsorge ergriffen werden. Der Unterschied zwischen den beiden Konsumpositionen quantifiziert dann den tatsächlich geleisteten Konsumverzicht.

Die Veranlagung entspricht der „Mit-Alternative" mit einer entscheidenden Ausnahme: Die Regelung des § 10 EStG zur Abzugsfähigkeit von Vorsorgeaufwendungen wurde korrigiert. Unter die Vorsorgeaufwendungen des § 10 EStG fallen viele verschiedene Arten von Vorsorgeaufwendungen - unter anderem die Beiträge zu den verschiedenen gesetzlichen Sozialversicherungen. Bei der Darstellung der Abzugsfähigkeit[304] von Vorsorgeaufwendungen wurde bereits auf die spezifischen Modifikationen eingegangen. Hierbei ist unter anderem von Bedeutung, daß die quantitative Begrenzung bei der Abzugsfähigkeit zur Folge hat, daß bereits bei einem relativ niedrigen Erwerbseinkommen nicht einmal alle Beiträge zu den Sozialversicherun-

---

303 Die Größen wurden von der Deutschen Beamten Versicherung auf Anfrage für das zugrundeliegende Untersuchungsobjekt und basierend auf den übrigen Rahmenbedingungen dem Verfasser mitgeteilt.

304 Vgl. hierzu die Ausführungen auf S. 24 ff.

gen bemessungsgrundlage-mindernd geltend gemacht werden können, ganz abgesehen von eventuell vorhandenen privaten Vorsorgemaßnahmen. Gleichzeitig kann auch nicht differenziert werden, welche Vorsorgeaufwendungen in das schmale Kontingent der abzugsfähigen Vorsorgeaufwendungen eingegangen sind. Würde nun die gleiche Regelung des § 10 EStG auch bei der „Ohne-Alternative" beibehalten werden, so entspräche - ab einer bestimmten Höhe von Erwerbseinkommen - die „Mit-Ohne-Differenz" exakt den tatsächlich geleisteten Aufwendungen zur Altersvorsorge.

Dies würde aber implizieren, daß grundsätzlich kein Teil der Aufwendungen zur Altersvorsorge als abzugsfähige Vorsorgeaufwendungen geltend gemacht wurde, was den „Steuerspareffekt" des § 10 EStG für den Bereich der Aufwendungen zur Altersvorsorge eliminieren würde. Dies aber entspräche nicht der Realität. Deswegen wurde für die Modellberechnung die Annahme getroffen, daß in einer Welt ohne Altersvorsorge, wie sie die „Ohne-Alternative" implizit unterstellt, die quantitative Begrenzung der abzugsfähigen Vorsorgeaufwendungen um den relativen Anteil der Versicherungsbeiträge zur gesetzlichen Rentenversicherung gekürzt wurde, womit sich folgende neue Konstellation des § 10 EStG ergibt:[305]

- Vorwegabzug: 3.168 DM (6.000 DM),
- Kürzung Vorwegabzug: 8,45% (16%),
- Höchstbetrag: 1.378 DM (2.610 DM) und
- hälftiger Höchstbetrag 689 DM (1.305 DM).[306]

a) Arbeitnehmer in der Privatwirtschaft

Ausgangspunkt bei dieser Berechnung ist nicht wie bei der „Mit-Alternative" die erstrebte Netto-Konsumposition während der Anspar- und der Absparphase, sondern es erfolgt zu Beginn der Berechnung eine Übernahme der Höhe der Einkünfte aus nichtselbständiger Arbeit aus der „Mit-Alternative". Daran anschließend wird wiederum eine Veranlagung des Arbeitnehmers durchgeführt, mit dem einzigen Unterschied, daß dieser nun keinerlei Maßnahmen zur Sicherung seiner Altersvorsorge trifft.

---

305 Die Klammerwerte geben im Vergleich die tatsächlichen Größen des § 10 EStG wieder.

306 Die Modifikation der abzugsfähigen Vorsorgeaufwendungen wurde berechnet auf Basis der relativen Anteile der einzelnen Beitragssätze zu den gesetzlichen Sozialversicherungen am Gesamtsozialversicherungsbeitrag.

Die „Ohne-Alternative" beim Arbeitnehmer in der Privatwirtschaft zeigt sich im Modell wie folgt:

Ohne-Alternative Jahr	1	2	41
Einkünfte aus nichtselbst. Tätigkeit[a]	90.756,13	90.756,13	
Beitrag Krankenversicherung	-4.668,30	-4.668,30	
Beitrag Pflegeversicherung	-702,00	-702,00	
Beitrag Arbeitslosenversicherung	-2.949,57	-2.949,57	
Vorsorgeaufwendungen	-8.319,87	-8.319,87	
abzugsfähige Sonderausgaben	-2.067,00	-2.067,00	
nicht abzugsfähige Vorsorgeaufwendungen	-6.252,87	-6.252,87	
zu versteuerndes Einkommen zvE	86.689,13	86.689,13	
abgerundetes zvE	86.670,00	86.670,00	
Steuerzahlung	24.778,02	24.778,02	
Grenzsteuersatz[b]	42,87%	42,87%	
Netto-Konsumposition	57.658,24	57.658,24	0,00
Mit-Ohne-Vergleich[c]	-7.658,24	-7.658,24	39.665,23
Grenzsteuersatz[d]	42,31%	42,31%	0,00%

Abb. 26: „Ohne-Alternative" bei einem Arbeitnehmer in der Privatwirtschaft

a Diese Größe wird von der „Mit-Alternative" übernommen.

b Dieser Grenzsteuersatz bezieht sich auf die Steuerzahlung bei der „Ohne-Alternative" und ist für die weitere Berechnung ohne Bedeutung.

c Die Differenz errechnet sich durch Subtraktion der Netto-Konsumposition der „Ohne-Alternative" von der Netto-Konsumposition der „Mit-Alternative".

d Dieser Grenzsteuersatz ist der Grenzsteuersatz der „Mit-Alternative" und dient der Korrektur des Rechenzinssatzes bei den investitionstheoretischen Berechnungen.

Der Unterschied zwischen den Konsumpositionen wird aus der Zeile „Mit-Ohne-Vergleich" ersichtlich:

Für den Zeitraum der Erwerbsfähigkeit entspricht der Unterschied genau der Höhe der Aufwendungen zur Altersvorsorge - sei es zur gesetzlichen oder zur privaten Versicherung -, der nicht steuerlich nicht im Rahmen der abzugsfähigen Vorsorgeaufwendungen geltend gemacht werden konnte, sondern aus versteuertem Einkommen geleistet werden mußte.

Für den Zeitraum des Alters entspricht der Unterschied in der Netto-Konsumposition exakt der Höhe der Netto-Konsumposition des Jahres t_{41} bei der „Mit-Alternative", da bei der „Ohne-Alternative" kein Konsumpotential während der Altersphase vorliegt. Natürlich muß in diesem Fall - wie im übrigen auch für die gesamte Modellbetrachtung - von staatlichen Transfers wie z.B. Sozialhilfeleistungen abstrahiert werden.

Diese beiden Größenkategorien dienen beim Modellvergleich dazu, im Rahmen der investitionstheoretischen Betrachtung die Vorteilhaftigkeit oder die Vorziehenswürdigkeit zu bestimmen, indem sie durch auf- oder abzinsen auf den Zeitpunkt des Eintritts in die Altersphase bezogen werden.

b) Arbeitnehmer im öffentlichen Dienst

Nachfolgend das Schema der „Ohne-Alternative" bei einem Arbeitnehmer im öffentlichen Dienst, das sich nur unbedeutend von der entsprechenden „Mit-Alternative" unterscheidet.

Ohne-Alternative Jahr	1	2	41
Einkünfte aus nichtselbst. Tätigkeit	91.364,95	91.364,95	
Beitrag Krankenversicherung	-4.668,30	-4.668,30	
Beitrag Pflegeversicherung	-702,00	-702,00	
Beitrag Arbeitslosenversicherung	-2.969,36	-2.969,36	
Vorsorgeaufwendungen	-8.339,66	-8.339,66	
abzugsfähige Sonderausgaben	-2.067,00	-2.067,00	
nicht abzugsfähige Vorsorgeaufwendungen	-6.272,66	-6.272,66	
zu versteuerndes Einkommen zvE	87.297,95	87.297,95	
abgerundetes zvE	87.264,00	87.264,00	
Steuerzahlung	25.033,24	25.033,24	
Grenzsteuersatz	43,05%	43,05%	
Netto-Konsumposition	57.992,04	57.992,04	0,00
Mit-Ohne-Vergleich	-7.992,04	-7.992,04	43.100,30
Grenzsteuersatz	42,49%	42,49%	0,00%

Abb. 27: „Ohne-Alternative" bei einem Arbeitnehmer im öffentlichen Dienst

Was die Erläuterung zu den einzelnen Positionen betrifft, so kann an dieser Stelle auf die Ausführungen zu der „Ohne-Alternative" beim Arbeitnehmer in der Privatwirtschaft verwiesen werden. Lediglich die Schlußfolgerung, daß der Unterschied im „Mit-Ohne-Vergleich" dem Teil der Aufwendungen zur Altersvorsorge entspricht, der aus versteuertem Einkommen geleistet wurde, kann so nicht gezogen werden, weil hierbei sonst die individuelle Versteuerung und/oder die Erhöhung des sozialversicherungspflichtigen Entgelts durch die Umlageleistung des Arbeitgebers zu der VBL vernachlässigt werden würde.

c) Beamte

Deutlichere Unterschiede zeigen sich jedoch bei der „Ohne-Alternative" des Beamten. Solange der Beamte - aufgrund des erstrebten Altersvorsorgeniveaus - nicht dazu gezwungen ist, zusätzliche Vorsorge im Rahmen einer privaten Rentenversicherung zu treffen, ergibt der „Mit-Ohne-Vergleich" während der Ansparphase grundsätzlich keine Differenz, da er zu seiner Beamtenversorgung explizit keine eigenen Beiträge leistet.

Ohne-Alternative Jahr	1	2	41
Einkünfte aus nichtselbst. Tätigkeit	68.188,12	68.188,12	
Beitrag Krankenversicherung	-2.452,80	-2.452,80	
Beitrag Pflegeversicherung	0,00	0,00	
Beitrag Arbeitslosenversicherung	0,00	0,00	
Vorsorgeaufwendungen	-2.452,80	-2.452,80	
abzugsfähige Sonderausgaben	-2.067,00	-2.067,00	
nicht abzugsfähige Vorsorgeaufwendungen	-385,80	-385,80	
zu versteuerndes Einkommen zvE	64.121,12	64.121,12	
abgerundetes zvE	64.098,00	64.098,00	
Steuerzahlung	15.872,17	15.872,17	
Grenzsteuersatz	36,24%	36,24%	
Netto-Konsumposition	49.863,15	49.863,15	0,00
Mit-Ohne-Vergleich	-136,85	-136,85	40.549,49
Grenzsteuersatz	36,16%	36,16%	31,44%

Abb. 28: „Ohne-Alternative“ bei einem Beamten

Bei der in diesem Beispiel zugrundegelegten Konstellation spiegelt die geringe tatsächlich auftretende Differenz lediglich die steuerliche Mehrbelastung aus der oben dargestellten Modifikation der Abzugsfähigkeit der Vorsorgeaufwendungen nach § 10 EStG wider.

Während der Absparphase - also ab dem Jahr t_{41} - ergeben sich Unterschiede, da dann - wie bei allen anderen untersuchten Erwerbstätigen - kein Konsumpotential zur Verfügung steht.

II. Durchführung des Modellvergleichs

Wie bereits eingangs zu diesem Teil der Arbeit erwähnt wurde, ist es das Ziel dieses Modellvergleiches zu untersuchen,

a) inwiefern die Altersvorsorge eines Typs von Erwerbstätigen lohnend im Sinne einer investitionstheoretischen Analyse ist,

b) ob es zu Ungleichbehandlungen zwischen verschiedenen Typen von Erwerbstätigen kommt und

c) worauf solche Ungleichbehandlungen - sofern es sie gibt - zurückzuführen sind.

Die notwendige Interpretation der Ergebnisse soll - wegen der zentralen Bedeutung für die Untersuchung - in einem eigenen Abschnitt erfolgen. Daher widmet sich dieser Teil der Arbeit den verschiedenen Varianten des Modellvergleiches.

Zunächst ist festzustellen, daß die Variationsmöglichkeiten, die das oben beschriebene Modell bietet, den Anwender dazu verleiten, alle möglichen Arten von Variationen der Ausgangsdaten durchzuspielen. Dies kann nicht im Sinne der Zielsetzung sein. Vielmehr soll durch die gezielte Variation einzelner Ausgangsdaten versucht werden, deren Effekte zu isolieren, um sie dann später einer Analyse zu unterziehen.

Folgende Abbildung zeigt die grundsätzlichen Möglichkeiten der Variation einzelner Ausgangsdaten. Mit „X" wurde die Kombination markiert, die im weiteren Verlauf der Durchführung des Modellvergleiches die zentrale Rolle spielt.

	Netto-Konsumposition Erwerbsphase	Altersvorsorge-Niveau	Ertragsanteil gem. § 22 EStG	Allgemeiner Rechenzins
Netto-Konsumposition Erwerbsphase		X		
Altersvorsorge-Niveau				
Ertragsanteil gem. § 22 EStG				
Allgemeiner Rechenzins				

Abb. 29: Variationsmöglichkeiten des Rechenmodells

A. Vorteilhaftigkeit der Investition „Altersvorsorge"

Die Vorteilhaftigkeit der Investition „Altersvorsorge" wurde eingangs dieses Teils der Arbeit dadurch definiert, daß der Vorsorgende mindestens den Wert der eingezahlten Beiträge zuzüglich der im Kalkulationszinssatz unterstellten Verzinsung in Form von Leistungen wieder zurückerhält.

1. Arbeitnehmer in der Privatwirtschaft

Um die Frage nach der Vorteilhaftigkeit für den Arbeitnehmer in der Privatwirtschaft zu klären, bietet es sich an, bei einem konstanten Altersvorsorge-Niveau die Nettoposition während der Erwerbsphase zu variieren und die Auswirkungen auf die Netto-Barwert-Differenz zu beobachten. Die Nettobarwertdifferenz erhält man, indem man vom Barwert der Leistungen aus der Altersvorsorge bezogen auf den

Zeitpunkt des Eintritts in die Altersphase den Vermögensendwert der gezahlten Beiträge - ebenfalls auf den gleichen Zeitpunkt bezogen - subtrahiert. Ergibt die Untersuchung einen negativen Netto-Barwert der Leistungen, so ist die Investition als negativ gegenüber einer vergleichbaren Anlage zum Kalkulationszinssatz am Kapitalmarkt zu sehen.

Die Variation einer beeinflussenden Größe alleine würde keinen hinreichenden Aufschluß über die Zusammenhänge geben, da sie dem Betrachter lediglich einen zweidimensionalen Zusammenhang liefert. Deshalb zeigt die nachfolgende Graphik die Auswirkungen der Variation

- des Altersvorsorge-Niveaus in % und
- der Nettoposition Erwerbsphase in TDM

auf die Netto-Barwert-Differenz.

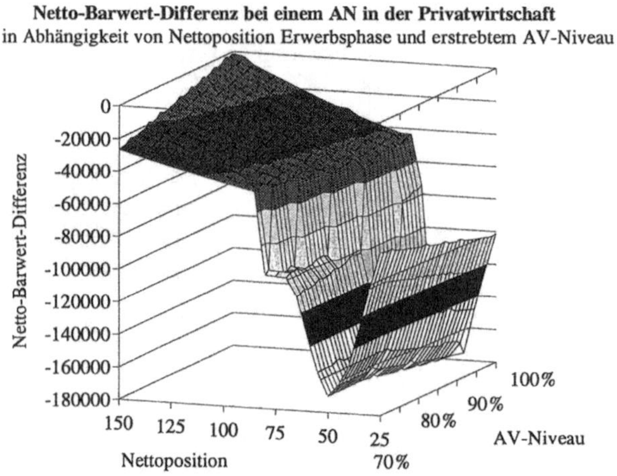

Abb. 30: Netto-Barwert-Differenz bei einem AN in der Privatwirtschaft

Wie aus der Graphik ersichtlich wird, bewegt sich die Netto-Barwert-Differenz beim Arbeitnehmer in der Privatwirtschaft bei allen untersuchten Konstellationen durchweg im negativen Bereich. Das bedeutet, daß dieser Arbeitnehmer in der Privatwirtschaft durch seine Altersvorsorge immer einen absoluten Vermögensverlust erleidet.

Betrachtet man den Verlauf noch etwas näher, so zeigen sich folgende Effekte:

1. Mit steigendem erstrebtem AV-Niveau bei gleichzeitig niedriger Nettoposition in der Erwerbsphase fällt zunächst die Netto-Barwert-Differenz stetig.

2. Bis zur Nettoposition von ca. 50.000 DM neben dem unter 1. beschriebenen Effekt mit steigender Nettoposition fällt die Netto-Barwert-Differenz ebenfalls stetig.

3. Ab einer Nettoposition von ca. DM 55.000 dreht sich sowohl der Effekt aus 1. als auch aus 2. um.

Wie läßt sich nun dieser Verlauf erklären?

Zu 1.:
Zunächst einmal ist festzustellen, daß der erste Effekt aus den steigenden Vorsorgeaufwendungen für ein höheres AV-Niveau resultiert. Der Vorsorgende möchte im Alter über eine höhere Nettoposition verfügen, demzufolge muß er auch mehr vorsorgen. Diese Mehrvorsorge rentiert sich für ihn offensichtlich - zumindest in der im Modell beschriebenen Form - nicht.

Zu 2.:
Die Tatsache, daß sich die Netto-Barwert-Differenz - wie im zweiten Effekt beschrieben - zunächst noch mit steigender Nettoposition in der Erwerbsphase für den Vorsorgenden verschlechtert, läßt sich einerseits mit Umverteilungseffekten in der Sozialversicherung andererseits mit der Entlastung von Niedrigverdienern im Rahmen des Einkommensteuertarifs erklären.

Zu 3.:
Die relative Verbesserung der Situation für den Vorsorgenden, wie sie im dritten Effekt beschrieben wurde, läßt sich durch das Überschreiten der Beitragsbemessungsgrenze einerseits und der notwendig werdenden privaten Vorsorge andererseits erklären, wodurch der Anteil der gesetzlichen Rentenversicherung an der Gesamtvorsorge abnimmt. Darüber hinaus läßt sich in diesem Zusammenhang folgern, daß die private Vorsorge in Form der hier behandelten privaten Rentenversicherung anscheinend „lohnender“ für den Vorsorgenden, als die gesetzliche Rentenversicherung ist.[307] Anders formuliert: Mit zunehmender Nettoposition und mit zunehmenden erstrebtem AV-Niveau scheint die private Rentenversicherung in der Lage zu sein, die Nachteile der gesetzlichen Rentenversicherung auszugleichen.

Aus all diesen Feststellungen kann jedoch nicht der Schluß gezogen werden, daß es im untersuchten Fall besser wäre, ganz auf Altersvorsorge zu verzichten. Die Konsequenz einer solchen Handlung wäre, auf Konsumpotential in der Altersphase zu verzichten. Der Nutzenentgang der damit verbundenen zwangsläufigen Konsequenz, entweder arbeiten bis zum Tod oder Tod mit Eintritt in die Altersphase muß genau mit dem Nutzenentgang der Vorsorge abgewogen werden. Einzig allein die Tatsache, daß die betrachtete und auch weitestgehend realistische Kombination der

307 Einen ähnlichen Zusammenhang ermittelte bereits Engels, W., Paradoxon (Wirtschafts-Woche v. 23.04.1993), S. 146.

Altersvorsorge sich für den Vorsorgenden nicht rechnet, ist als Schlußfolgerung an dieser Stelle zulässig.[308]

2. Arbeitnehmer im öffentlichen Dienst

Ein differenzierteres Bild zeigt der Verlauf der Netto-Barwert-Differenz beim vergleichbaren Arbeitnehmer im öffentlichen Dienst:

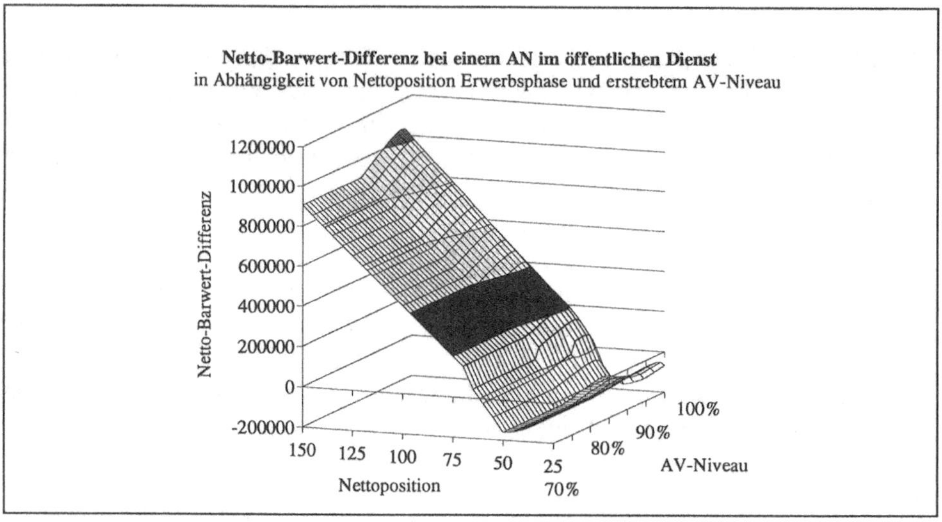

Abb. 31: Netto-Barwert-Differenz bei einem AN im öffentlichen Dienst

Betrachtet man nun diesen Verlauf, so fällt folgendes auf:

1. Die Netto-Barwert-Differenz befindet sich zum weitaus größten Teil - im Gegensatz zum vergleichbaren Verlauf bei einem Arbeitnehmer in der Privatwirtschaft - im positiven Bereich, d.h. der Arbeitnehmer im öffentlichen Dienst gewinnt in den meisten untersuchten Konstellationen durch seine Altersvorsorge einen Vermögensvorteil.

2. Dabei nimmt die Netto-Barwert-Differenz zunächst einen ähnlichen Verlauf wie beim Arbeitnehmer in der Privatwirtschaft: Sie fällt mit steigender Netto-Konsumposition bis etwa zur Beitragsbemessungsgrenze der gesetzlichen Rentenversicherung und steigt danach stetig an. Zudem steigt die Netto-Barwert-Differenz nach Erreichen der Beitragsbemessungsgrenze mit steigendem erstrebtem AV-Niveau leicht an.

---

[308] Zudem wäre es denkbar, daß eine alleinige Absicherung durch private Vorsorgemaßnahmen vorteilhaft sein könnte.

Worauf sind nun die einzelnen Effekte zurückzuführen?

Zu 1.:
Zunächst ist der - aus der Sicht des Vorsorgenden als positiv einzuordnende - Gesamtverlauf der Netto-Barwert-Differenzen zu untersuchen. Die für den Arbeitnehmer im öffentlichen Dienst besondere „betriebliche" Altersversorgung der Zusatzversorgung im öffentlichen Dienst ist hierbei als der ausschlaggebende Grund zu nennen: Der Vorsorgende erwirbt Ansprüche auf eine Versorgung, ohne dafür selbst Beiträge aufwenden zu müssen. Lediglich die teilweise Versteuerung und Belastung mit Sozialversicherungsbeiträgen stellt für den Vorsorgenden Aufwand in der Ansparphase dar.

Zu 2.:
Der grundsätzliche Verlauf der Netto-Barwert-Differenzen an sich beruht auf den gleichen Gründen wie der ähnliche Verlauf beim Arbeitnehmer in der Privatwirtschaft. Festzuhalten in diesem Zusammenhang bleibt lediglich, daß aufgrund der steigenden Netto-Barwert-Differenzen mit steigendem erstrebtem AV-Niveau und einer damit verbundenen Notwendigkeit der privaten Vorsorge über eine private Leibrentenversicherung, diese Vorsorgeform anscheinend für den Vorsorgenden noch günstiger ist als die Kombination aus gesetzlicher Rentenversicherung und Zusatzversorgung. Dabei ist jedoch eher die gesetzliche Rentenversicherung als ausschlaggebender Faktor zu nennen, da mit der Zusatzversorgung im öffentlichen Dienst - wie bereits dargestellt wurde - nur geringe Aufwandsbelastungen für den Vorsorgenden verbunden sind.

Ähnlich wie beim Arbeitnehmer in der Privatwirtschaft läßt sich auch beim Arbeitnehmer im öffentlichen Dienst lediglich der Schluß ziehen, daß die im Modell dargestellte Kombination für den Vorsorgenden vorteilhaft im Sinne einer absoluten Vermögensmehrung ist.

3. Beamte

Naturgemäß unterscheidet sich der Verlauf der Netto-Barwert-Differenz bei einem Beamten am gravierendsten von den Verläufen der beiden anderen untersuchten Typen von Erwerbstätigen, insbesondere des Arbeitnehmers in der Privatwirtschaft.

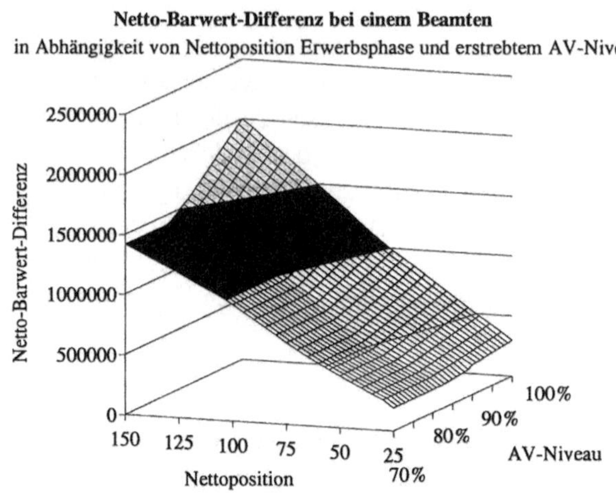

Abb. 32: Netto-Barwert-Differenz bei einem Beamten

Unschwer läßt sich aus der obigen Abbildung folgendes erkennen:

1. Die Netto-Barwert-Differenzen beim Beamten befinden sich ausschließlich im positiven Bereich.

2. Lediglich wenn aufgrund des erstrebten AV-Niveaus eine private Vorsorge in Form einer privaten Leibrentenversicherung notwendig wird, werden beim Beamten Beiträge fällig.

Zu 1.:
Dieser Zusammenhang erscheint nur logisch, muß doch der Beamte für seine Altersversorgung - zumindest für den Bereich der Beamtenversorgung - explizit keine Beiträge aufwenden.

Zu 2.:
Damit läßt sich auch der weitere Verlauf der Netto-Barwert-Differenzen in obiger Abbildung erklären: wenn die Höhe des erstrebten AV-Niveaus eine private Vorsorge notwendig macht, sorgt die Vorsorge über die private Rentenversicherung für einen Anstieg der Netto-Barwert-Differenzen. Der Anstieg derselben mit steigender Nettoposition in der Erwerbsphase ist ganz einfach ein Effekt des linearen Zusammenhangs zwischen steigender Netto-Position und Netto-Barwert-Differenz. Die Investition Altersvorsorge, wie sie sich in der untersuchten Form für einen Beamten zeigt, ist daher für diesen Typ von Erwerbstätigen uneingeschränkt und in jeder untersuchten Konstellation lohnend im Sinne einer absoluten Vermögensmehrung.

B. Vergleich zwischen den verschiedenen Typen von Erwerbstätigen

Faßt man die Ergebnisse des vorangegangenen Abschnitts zusammen, läßt sich somit festhalten, daß alleine beim Beamten die untersuchte Altersvorsorge-Konstellationen immer als vorteilhaft im Sinne einer absoluten Vermögensmehrung zu sehen ist, wohingegen beim Arbeitnehmer im öffentlichen Dienst dies nur partiell und beim Arbeitnehmer in der Privatwirtschaft nie der Fall ist.

Zieht man z.B. einen Querschnitt bei gleicher Ausgangslage durch alle drei Verläufe der Netto-Barwert-Differenzen, so zeigt sich folgendes Bild:

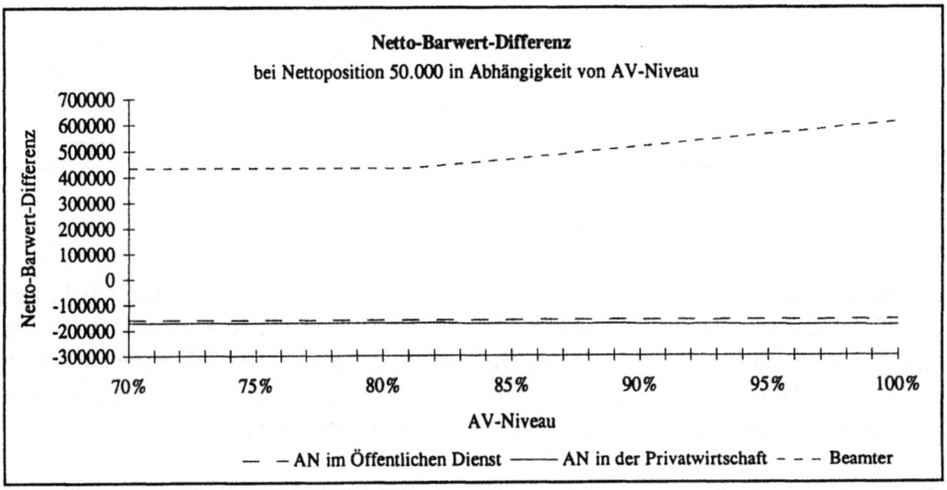

Abb. 33: Netto-Barwert-Differenz im Querschnitt
in Abhängigkeit vom AV-Niveau

Hier zeigt sich, daß bei einer Nettoposition in der Konsumphase von 50.000 DM - unabhängig vom erstrebten AV-Niveau - die Netto-Barwert-Differenz beim Arbeitnehmer in der Privatwirtschaft und im öffentlichen Dienst generell negativ, beim Beamten aber immer positiv ist - und das in einem enormen Abstand.

Einen weiteren Querschnitt liefert folgendes Bild:

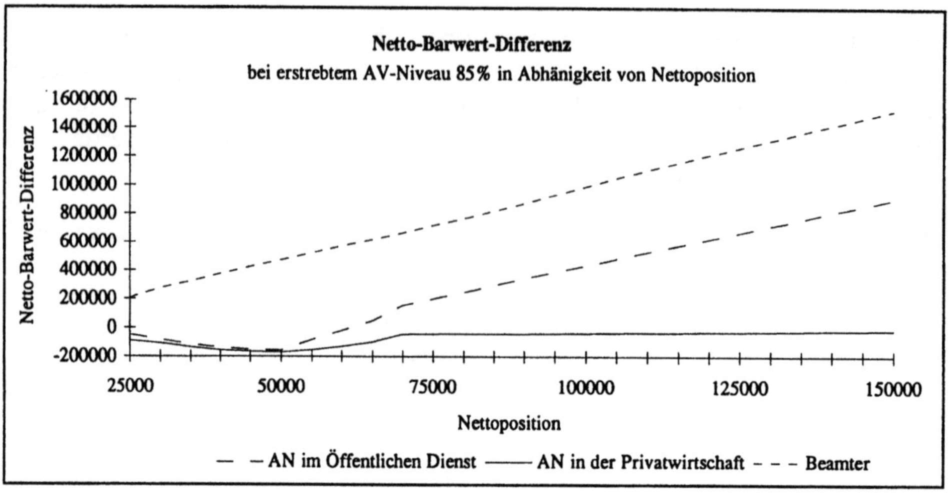

Abb. 34: Netto-Barwert-Differenz im Querschnitt in Abhängigkeit von der Nettoposition

Betrachtet man diese Abbildung, so zeigt sich ein bereits vertrautes Bild: während die Netto-Barwert-Differenz beim Arbeitnehmer in der Privatwirtschaft auch bei steigender Nettoposition in der Erwerbsphase im negativen Bereich verharrt, steigt diese beim Arbeitnehmer im öffentlichen Dienst in den positiven Bereich an und zeigt beim Beamten einen stets positiven und ansteigenden Wert.

In diesem Zusammenhang ist aber auch die folgende Abbildung interessant: Sie zeigt das tatsächliche AV-Niveau, das von den verschiedenen Typen von Erwerbstätigen bei gleicher Ausgangsposition erreicht wird.

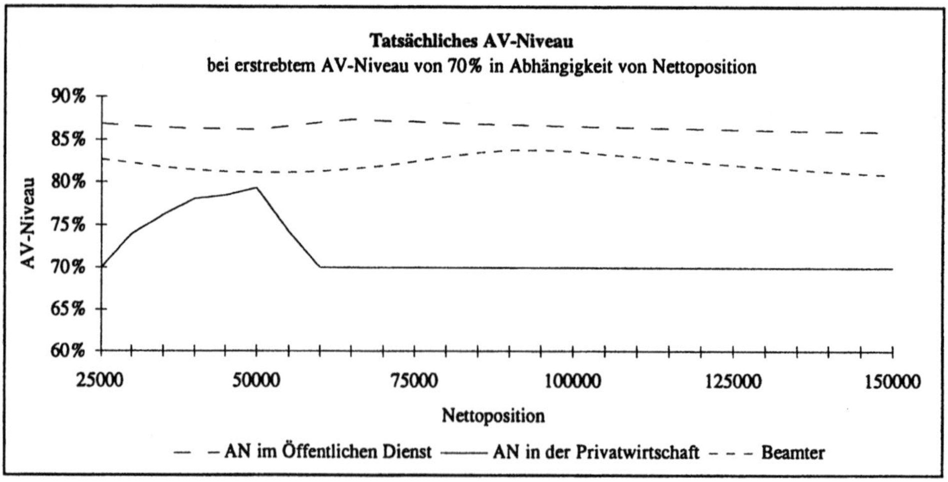

Abb. 35: Tatsächliches AV-Niveau im Querschnitt in Abhängigkeit von der Nettoposition

Für die Darstellung wurde absichtlich ein sehr niedriger Wert für das erstrebte AV-Niveau angesetzt, damit die Diskrepanz zwischen den verschiedenen Typen von Erwerbstätigen deutlich wird. Während das tatsächliche AV-Niveau beim Arbeitnehmer in der Privatwirtschaft zunächst von den erstrebten 70 % mit steigender Nettoposition in der Erwerbsphase bis auf knapp 80 % ansteigt, fällt es bei einer Nettoposition von ca. 60.000 DM auf den erstrebten Wert von 70 % wieder zurück. Dieser Effekt ist auch logisch erklärbar: Das Ansteigen des tatsächlichen AV-Niveaus ist zunächst auf die Versorgung durch die gesetzliche Rentenversicherung zurückzuführen, die dem Vorsorgenden auf ein höheres AV-Niveau „hievt". Je höher die Nettoposition in der Erwerbsphase wird, desto mehr nähert sich der Wert des tatsächlichen AV-Niveaus an das erstrebte AV-Niveau wieder an, da der Vorsorgende bei Überschreiten der Beitragsbemessungsgrenze der gesetzlichen Rentenversicherung keine Notwendigkeit einer privaten Vorsorge, die ihm ein tatsächliches AV-Niveau von größer als 70 % bringt, als notwendig erkennt.

Der Arbeitnehmer im öffentlichen Dienst und der Beamte hingegen liegen mit ihrem tatsächlichen AV-Niveau regelmäßig oberhalb des erstrebten AV-Niveaus, wobei beide um einen relativ konstanten Wert leicht schwanken. Des weiteren liefert die Abbildung eine weitere äußerst aufschlußreiche Erkenntnis: Das tatsächliche AV-Niveau zwischen vergleichbaren Beamten und Arbeitnehmern im öffentlichen Dienst ist nicht etwa gleich hoch, wie es die Begründung für die Zusatzversorgung im öffentlichen Dienst - nämlich den Arbeitnehmern im öffentlichen Dienst eine beamtenähnliche Versorgung zuteil werden zu lassen[309] - erwarten ließe. Vielmehr liegt das tatsächliche AV-Niveau eines Arbeitnehmers im öffentlichen Dienst regelmäßig etwas oberhalb des AV-Niveaus eines vergleichbaren Beamten. Das bedeutet, daß der Arbeitnehmer im öffentlichen Dienst sich in der untersuchten Konstellation bezüglich des tatsächlichen AV-Niveaus relativ besser stellt als ein vergleichbarer Beamter.

Allerdings sollte in diesem Zusammenhang eine wichtige Erkenntnis in die weiteren Überlegungen miteinbezogen werden: Das Verhältnis von der bei gleicher Nettoposition benötigten Bruttoeinkommen der einzelnen Typen von Erwerbstätigen. Nachfolgende Abbildung macht dieses Verhältnis deutlich:

309 Vgl. zur Zusatzversorgung S. 81 ff.

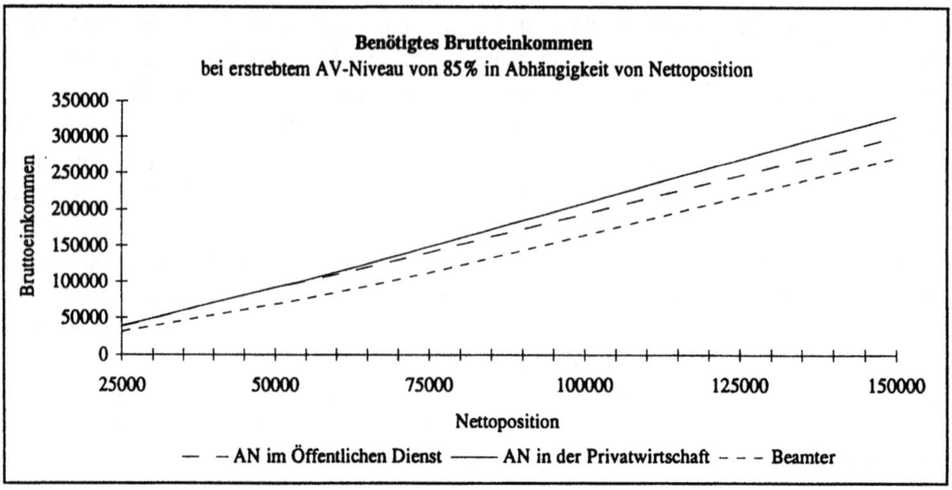

Abb. 36: Benötigtes Bruttoeinkommen im Querschnitt in Abhängigkeit von der Nettoposition

Die Aussage der obigen Abbildung ist, daß bei einem erstrebten AV-Niveau von 85 % - was in seiner Größenordnung durchaus als realistisch einzuschätzen ist - das hierzu in der Erwerbsphase benötigte Bruttoeinkommen der verschiedenen Typen von Erwerbstätigen stark variiert. Dabei muß beachtet werden, daß die Höhe des benötigten Bruttoeinkommens direkt und/oder indirekt von der gewählten und/oder zwangsweise auferlegten Altersvorsorge-Form sowie den steuerrechtlichen und/oder sozialversicherungsrechtlichen Vorschriften beeinflußt wird. Dabei benötigt der Arbeitnehmer in der Privatwirtschaft das höchste, der Arbeitnehmer im öffentlichen Dienst ein etwas niedrigeres und der Beamte das niedrigste Bruttoeinkommen, wohlgemerkt um sowohl in der Erwerbsphase als auch in der Altersphase in der Nettoposition gleich gestellt zu sein.

Was aber bedeutet das in der Realität?

Um netto gleich gestellt zu sein, müssen unterschiedliche Typen von Erwerbstätigen unterschiedlich hohe Bruttoeinkommen erzielen. Daraus könnte nun theoretisch der Schluß gezogen werden, daß diese ansonsten vergleichbaren Charaktere unterschiedlich hohe Berufsqualifikationen aufweisen müßten, falls gleiche Qualifikation auch mit gleichen Bruttoeinkommen in den untersuchten Arbeitnehmerkreisen vergütet werden sollten. Falls nicht, so sind die einzelnen Typen von Erwerbstätigen bezüglich ihrer „Berufsposition" auch nicht mehr vergleichbar.

Diese Tatsache würde jedoch nichts an der Vergleichbarkeit der untersuchten Typen von Erwerbstätigen bezüglich der formulierten Problemstellungen ändern: ausschlaggebend für die Vergleichbarkeit ist nicht die Höhe des Brutto-Erwerbseinkommens, sondern eine gleiche Konsumposition aller Untersuchungsobjekte und diese ist - trotz unterschiedlich hoher Bruttoeinkommen - gewährleistet.

Lediglich bei der Untersuchung der These des sogenannten „Gehaltsverzichts" bei Beamten kann diese Feststellung entscheidend sein. Dies bleibt jedoch dem nachfolgenden Abschnitt „III. Interpretation der Ergebnisse" vorbehalten.[310]

III. Interpretation der Ergebnisse

A. Zusammenfassung der Ergebnisse

Als wichtige Kernaussagen des Vergleiches bleiben zunächst festzuhalten, daß

1. die Investition „Altersvorsorge" nicht für jeden Typ von Vorsorgenden und nicht in jeder Konstellation der relevanten Rahmenbedingungen vorteilhaft im investitionstheoretischen Sinne ist und

2. die Vorteilhaftigkeit der Investition „Altersvorsorge" zwischen verschiedenen Typen von Erwerbstätigen bei wirtschaftlich gleicher Ausgangssituation in einem zum Teil enormen Maße divergiert, so daß eine Rangordnung bezüglich der Vorziehenswürdigkeit eines Typs von Erwerbstätigen entsteht.

Das bedeutet also, daß im Rahmen der Altersvorsorge der untersuchten Typen von Erwerbstätigen und der untersuchten Formen von Altersvorsorge gesetzliche Vorschriften oder Zusammenhänge verborgen sein müssen, die eine Entscheidungsneutralität bei der Altersvorsorge verhindern. Es kann und darf aber nicht das Ziel des Gesetzgebers sein, wirtschaftlich gleiche Sachverhalte unterschiedlich zu behandeln.

Zwar wurden im vorangehenden Abschnitt der Arbeit die wichtigsten Erkenntnisse aus dem Modellvergleich anhand verschiedener Untersuchungskonstellationen deutlich gemacht, jedoch liefert uns das noch keine hinreichende Basis für den weiteren Fortgang der Arbeit, in dem anhand der Unzulänglichkeiten des bestehenden Systems ein Reformvorschlag entwickelt werden soll.

Aufgabe des folgenden Abschnittes ist es nun herauszufinden, worauf die unzureichende Entscheidungsneutralität zurückzuführen ist und damit die Basis für einen Reformvorschlag zu bilden.

B. Ursachen der Verletzung der Entscheidungsneutralität

Wie bereits bei der Zusammenfassung der Ergebnisse herausgestellt wurde, gibt es zum einen Nachteile zwischen den verschiedenen Typen von Erwerbstätigen zum anderen innerhalb einer Gruppe von Erwerbstätigen.

---

310 Vgl. zum Problem der Gehaltsverzichtshypothese S. 137 f.

1. Problem der Vorteilhaftigkeit

Das Problem der Vorteilhaftigkeit der Investition „Altersvorsorge“ stellt sich für die verschiedenen Typen von Erwerbstätigen differenziert dar. Während der untersuchte Beamte durchweg von der Altersvorsorge profitiert, befindet sich der Arbeitnehmer im öffentlichen Dienst größtenteils, der Arbeitnehmer in der Privatwirtschaft niemals im „profitablen“ Bereich. Die Gründe hierfür sind - wie bereits bei der Darstellung des Drei-Säulen-Prinzips der Altersvorsorge deutlich wurde -[311] sowohl bei den steuerrechtlichen als auch bei den sozialversicherungsrechtlichen Rahmenbedingungen zu suchen.

Steuerrechtlich wird die Altersvorsorge sowohl innerhalb einer Gruppe von Erwerbstätigen als auch zwischen den verschiedenen Erwerbstätigen unterschiedlich behandelt. Die Behandlung von Beiträgen an und den Leistungen aus Altersvorsorge steht in einem - so scheint es - willkürlichen Zusammenhang. Die quantitative Begrenzung der Abzugsfähigkeit von Vorsorgeaufwendungen nach § 10 EStG bei der Ermittlung des zu versteuernden Einkommens hat - zumindest beim Arbeitnehmer in der Privatwirtschaft und beim Arbeitnehmer im öffentlichen Dienst - zur Konsequenz, daß bereits bei relativ niedrigen Brutto-Erwerbseinkommen oftmals nur ein kleiner Teil[312] seiner zwangsweise zu leistenden Beiträge zu den gesetzlichen Sozialversicherungen aus unversteuertem Einkommen geleistet werden kann. Eine weiterführende private Vorsorge muß dann vollends aus versteuertem Einkommen geleistet werden.

Nachfolgende Abbildung verdeutlicht das Ausmaß der nichtabzugsfähigen Vorsorgeaufwendungen bei der Ermittlung des zu versteuernden Einkommens in Abhängigkeit vom AV-Niveau.

---

311 Vgl. hierzu die Ausführungen im Zweiten Teil der Arbeit.

312 Unterstellt man z.B. für die beiden Gruppen Arbeitnehmer in der Privatwirtschaft und Arbeitnehmer im öffentlichen Dienst ein Brutto-Erwerbseinkommen in der Höhe, daß jeweils die Höchstbeiträge zu den gesetzlichen Sozialversicherungen zu leisten sind, so sind von den 17.117,10 DM Arbeitnehmerbeiträgen lediglich 3.915 DM aus unversteuertem, 13.202,10 DM jedoch aus versteuertem Einkommen zu leisten. Das entspricht einem Anteil von über 77 %.

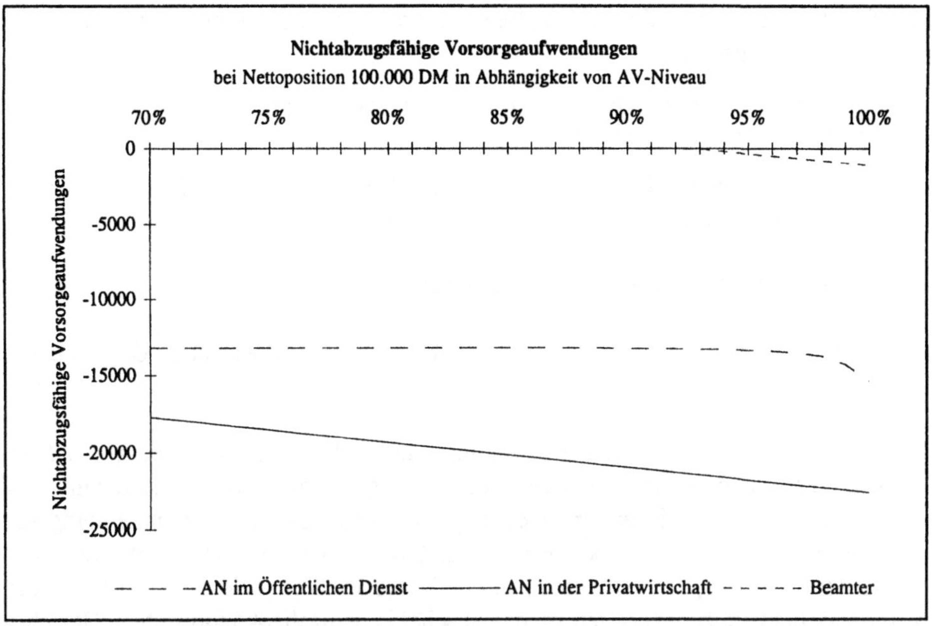

Abb. 37: Nichtabzugsfähige Vorsorgeaufwendungen im Querschnitt in Abhängigkeit von AV-Niveau

Die Nichtabzugsfähigkeit von bestimmten Arten und/oder Mengen an Vorsorgeaufwendungen alleine, würde aber noch nicht der ausschlaggebende Grund für eine verzerrende Sicht bei der Beurteilung der Vorteilhaftigkeit der Investition „Altersvorsorge“ darstellen. Hinzu kommt, daß die einkommensteuerliche Behandlung von Alterseinkünften mehr oder weniger willkürlich und unabhängig von der Behandlung der korrespondierenden Aufwendungen zur Altersvorsorge erfolgt.[313]

Neben dieser steuerrechtlichen Behandlung trägt aber auch das Sozialversicherungsrecht zu dem verzerrten Ergebnis der Vorteilhaftigkeitsuntersuchung bei. Bestimmte Arten der Altersvorsorge stehen nur speziellen Typen von Erwerbstätigen offen, z.B. die Beamtenversorgung oder die Zusatzversorgung für die Arbeitnehmer im öffentlichen Dienst. Aufgrund der unterschiedlichen Vorteilhaftigkeit der einzelnen Instrumente der Altersvorsorge kommt es auch hierbei zu Verzerrungen zwischen den einzelnen Typen von Erwerbstätigen, wie die Auswertungen im vorangegangenen Abschnitt gezeigt haben.

2. Problem der Vorziehenswürdigkeit

Vorziehenswürdigkeit im Rahmen einer investitionstheoretischen Untersuchung bedeutet, daß eine Handlungsalternative einer anderen vorzuziehen ist, weil sie das relativ bessere Ergebnis liefert.

313 Vgl. hierzu die Ausführungen auf S. 155 ff. sowie den Zweiten Teil der Arbeit.

Das Problem der Vorziehenswürdigkeit im vorliegenden Vergleich läßt sich auf zwei Bereiche aufspalten:

1. die Vorziehenswürdigkeit eines bestimmten Instruments der Altersvorsorge gegenüber einem anderen und

2. die Vorziehenswürdigkeit eines bestimmten Typs von Erwerbstätigen gegenüber einem anderen

bei jeweils vergleichbaren Rahmenbedingungen.

Wie kann man nun diesbezüglich die Ergebnisse der vorliegenden Untersuchung interpretieren?

Obwohl von allen Typen von Erwerbstätigen als auch von allen Arten von Altersvorsorge vergleichbare ökonomische Ziele verfolgt werden, zeigen sich zum Teil enorme Unterschiede bei der Untersuchung, so daß in diesem Zusammenhang von einer Verletzung der Entscheidungsneutralität bezüglich der Wahl der Altersvorsorge-Alternative gesprochen werden muß. Dieses Problem wiegt um so schwerer, da die Möglichkeit zum Treffen einer Entscheidung nach ökonomischen Gesichtspunkten - sei es aufgrund von Zwangsversorgung oder partieller Gruppenversorgung - in vielen Fällen gar nicht gegeben ist.

Dadurch kommt es zu der Situation, daß manche Typen von Erwerbstätigen und/oder manche Instrumente der Altersvorsorge zwar unter investitionstheoretischen Gesichtspunkten nicht als „erstrebenswert" gelten, zwangsweise aber doch angewandt werden müssen.

Neben den damit verbundenen persönlichen Nachteilen des Vorsorgenden bleibt zumindest auch die Frage offen, ob eine solche Konstellation noch mit einer volkswirtschaftlich erstrebenswerten optimalen Kapitalallokation einhergeht.[314]

C. Weitere Problembereiche

Über die so eben dargestellten Auswertungen bezüglich der Vorteilhaftigkeit und der Vorziehenswürdigkeit in der Modellrechnung hinaus, werfen sich aufgrund der Ergebnisse des Modellvergleichs aber noch weitere Problembereiche auf, die es hier näher zu erläutern gilt.

---

314 Zur Beantwortung dieser Frage müßte jedoch näher auf die spezifischen Umverteilungsaspekte der einzelnen Instrumente und der einzelnen Vorsorgetypen eingegangen werden.

1. Vergleichbarkeit aufgrund unterschiedlicher Bruttoeinkommen bei gleicher Nettoposition

In der vorliegenden Arbeit wurde bereits an verschiedenen Stellen auf ein Problem aufmerksam gemacht, das für die Interpretation der Ergebnisse der Modellrechnung von großer Bedeutung ist. Gemeint ist hier der sich rechnerisch im Modell ergebende Unterschied in den Bruttopositionen der verschiedenen Typen von Erwerbstätigen bei vergleichbarer Nettoposition.[315]

Bei der Betrachtung der errechneten unterschiedlichen Bruttopositionen zeigt sich, daß diese bei allen drei untersuchten Typen von Erwerbstätigen unterschiedlich hoch sind, obwohl alle von einer gleichen Nettoposition ausgehen.

Was den Unterschied in den Bruttoposition zwischen dem Arbeitnehmer in der Privatwirtschaft und dem Arbeitnehmer im öffentlichen Dienst betrifft[316] so kann dieser relativ plausibel begründet werden: Dadurch, daß der Arbeitnehmer im öffentlichen Dienst eine zusätzliche Absicherung im Rahmen seiner Alterssicherung in Form der Zusatzversorgungsrente erhält, diese ihn aber in der Erwerbsphase nur geringfügig mit Steuern und/oder Sozialabgaben belastet, genügt im Gegensatz zum Arbeitnehmer in der Privatwirtschaft ein etwas geringeres Bruttoeinkommen um die gleichen Konsumpositionen in der Erwerbs- und in der Altersphase zu erreichen. Hier kann also durchaus von einer bestehenden Vergleichbarkeit gesprochen werden.

Weitaus problematischer zeigt sich dieser Sachverhalt bei einem Vergleich der Bruttopositionen von Beamten und Arbeitnehmern im öffentlichen Dienst und in der Privatwirtschaft: Der Beamte benötigt regelmäßig ein weitaus geringeres Bruttoeinkommen um vergleichbare Nettopositionen aufzubauen als die beiden anderen Typen von Erwerbstätigen. Hierbei wirft sich konsequenterweise die Frage auf, ob dann noch von „vergleichbaren" Typen von Erwerbstätigen gesprochen werden kann.

Zunächst einmal ist festzustellen, daß die Netto-Konsumpositionen während der Erwerbs- und während der Altersphase bei allen untersuchten Erwerbstätigen stets eine identische Höhe aufweisen. Zusammen mit der Tatsache, daß alleine das Konsumpotential die einzelwirtschaftlich ausschlaggebende Größe ist, kann hierbei eine Vergleichbarkeit uneingeschränkt bejaht werden.[317]

---

315 Vgl. hierzu u.a. die Abbildung auf S. 132.

316 Hier zeigt sich eine Differenz darin, daß der Arbeitnehmer im öffentlichen Dienst im Vergleich zum Arbeitnehmer in der Privatwirtschaft ein geringfügig niedrigeres Bruttoeinkommen bei gleicher erstrebter Nettoposition erwirtschaften muß.

317 Vgl. hierzu die Erläuterungen zum Aufbau des Rechenmodells auf S. 109 ff.

In welcher Weise muß aber nun der beschriebene Zusammenhang für den Bereich der Interpretation der Ergebnisse gewertet werden?

In einem ersten Schritt bietet es sich an, zunächst die Vergleichbarkeit der Vergütung von Arbeitnehmern im öffentlichen Dienst und der Besoldung von Beamten zu klären. Die jeweils einfließenden Gehaltsbestandteile unterscheiden sich insbesondere beim Grundgehalt (Beamte) und der Grundvergütung (Arbeitnehmer im öffentlichen Dienst). Einen Anhaltspunkt für eine Gegenüberstellung gibt hier § 11 BAT, in dem für die Zwecke der Nebentätigkeit eine Zuordnung der Vergütungsgruppen für Angestellte zu den Besoldungsgruppen der Beamten vorgenommen wird.

Nachstehende Abbildung soll diesen Zusammenhang verdeutlichen:

Vergütungsgruppe	Besoldungsgruppe
X	A1
IX,IXb, Kr. I	A2
IXa, Kr. II	A3
VIII	A5
VII, Kr. III	A6
VIb, VIa, Kr. IV, Kr. V, Kr. Va	A7
Vc, Kr. IV	A8
Vb,Va, Kr. VII, Kr. VIII	A9
IVb, Kr. IX	A10
IVa, Kr. X, Kr. XI	A11
III, Kr. XII	A12
IIb, IIa, II, Kr. XIII	A13
Ib	A14
Ia	A15
I	A16

Abb. 38: Gegenüberstellung von Vergütungsgruppen und Besoldungsgruppen[318]

Fügt man diese Gegenüberstellung nun mit den tatsächlich gezahlten Vergütungen und Besoldungen zusammen, so ergibt sich, daß bis auf geringfügige Unterschiede

[318] Quelle: Eigene Darstellung in Anlehnung an § 11 BAT.

die beiden Größen betragsmäßig übereinstimmen.[319] Bedenkt man zudem, daß an Beamte und Angestellte im öffentlichen Dienst ähnliche Anforderungen bezüglich ihrer Eingruppierung in die Gehalts- und Besoldungsgruppen gestellt werden, so ist eine Vergleichbarkeit vollends gegeben.

Bei einer Übertragung dieses Zusammenhangs auf die Ergebnisse der Modellrechnung kann man daher auf die Erkenntnis schließen, daß niedrigere benötigte Bruttoeinkommen bei einem Beamten gegenüber einem Arbeitnehmer im öffentlichen Dienst mit einer niedrigeren Qualifikationsanforderung an den entsprechenden Beamten einhergehen. Vice versa bedeutet dies, daß bei gleicher Qualifikationsanforderung ein Beamter eine wesentlich höhere Nettoposition sowohl in der Erwerbs- als auch in der Altersphase erreicht als ein Arbeitnehmer im öffentlichen Dienst bei gleich hohem Bruttoeinkommen.[320]

Dieser Zusammenhang ermöglicht auch eine Beurteilung der sogenannten „Gehaltsverzichtshypothese" für Beamte: Da die untersuchten Erwerbstätigen in ihren Konsumpositionen gleich sind, der Beamte aber - abgesehen von den eben beschriebenen Qualifikationsanforderungen - zwar ein niedrigeres Bruttoeinkommen bezieht, er aber sich keineswegs ökonomisch betrachtet schlechter stellt als der Arbeitnehmer im öffentlichen Dienst, kann eine solche Differenz in den Bruttoeinkommen nicht als Gehaltsverzicht qualifiziert werden.[321]

Somit beeinträchtigen die bei der Modellauswertung aufgetretenen Differenzen die Aussagefähigkeit der Modellergebnisse nicht.

2. Auswirkungen bei Veränderung verschiedener exogener Modelldaten

Bei der Darlegung der Prämissen der konzipierten Modellrechnung wurden zwangsläufig Einschränkung bezüglich der Konstanz einzelner Modelldaten festge-

---

319 Vgl. hierzu die Besoldungsgruppen und Vergütungsgruppen nach Besoldungsverordnung sowie Bundesangestellten-Tarifvertrag.

320 Interessant erscheint in diesem Zusammenhang ein Beitrag von *Behrens*, in dem den Beamten z.T. höhere Bruttogehälter bescheinigt werden als „vergleichbaren" Arbeitnehmern in der Privatwirtschaft: vgl. Behrens, B., Fatale Folgen (Wirtschafts-Woche v. 28.02.1992). Die von einer Unternehmensberatung erstellte Studie basiert allerdings - so in einem Schreiben an den Verfasser - „lediglich auf stichpunktartigen Berechnungen", ohne „daß dem Artikel eine ausführliche Studie zugrundeliegt"!

321 Zu einem ähnlichen Ergebnis gelangt auch *Schwiers*: vgl. Schwiers, T., Alterssicherung, unveröffentlichte Diplomarbeit Universität Bayreuth (1993), S. 83 ff.; ebenso Schewe, D., Wirkungen (Sozialer Fortschritt 1995), S. 264; ebenso o.V., Hitliste (Handelsblatt v. 09.03.1992), S. 8. Bei einer differenzierten Zielsetzung kommt *Haegert* in diesem Zusammenhang jüngst zu einem anderen Ergebnis: vgl. Haegert, L., Besoldungsrückstände, in: Elschen, R./Siegel, T./Wagner, F.W., Unternehmenstheorie und Besteuerung, FS für Dieter Schneider (1995), S. 267 ff. Er ermittelt Besoldungsrückstände für Beamte, um damit eine Form der Ertragsanteilsbesteuerung auch für Beamtenpensionen zu begründen. Inwieweit die dort verwendete Modellrechnung akzeptiert werden kann, soll hier nicht weiter vertieft werden.

legt. Dies allerdings auch in dem Wissen, daß eine Veränderung dieser Daten mehr oder weniger weitreichende Konsequenzen für die Ergebnisse des Modells haben könnten. Denkbar wären in diesem Zusammenhang vor allem die Auswirkungen einer Veränderung des Beitragssatzes zur gesetzlichen Rentenversicherung.

Die demographische Entwicklung in Deutschland mit einer rückläufigen Reproduktionsrate, ein zeitlich immer früher eintretender Rentenbezug und ein sich verfestigender Sockel an Langzeitarbeitslosen bedingen für die Kassen der gesetzlichen Rentenversicherung eine sich verschlechternde Relation zwischen Beitragszahlern und Rentenempfängern. Selbst optimistische Prognosen im Auftrag des Verbandes der Deutschen Rentenversicherungsträger lassen eine Steigerung des Beitragssatzes zur gesetzlichen Rentenversicherung im Jahr 2030 auf 26,3 % erwarten.[322]

Zwar ist die Anhebung des Beitragssatzes nur eine Möglichkeit, für einen finanziellen Ausgleich in den Rentenkassen zu sorgen, der alternative Weg über eine Kürzung der Leistungen scheint aber - im Moment zumindest - der Weg des größeren Widerstandes zu sein und scheidet damit weitestgehend aus. Zudem ist bei einer Zunahme der Beiträge nicht mit einer adäquaten Zunahme der späteren Leistungen für die heutigen Beitragszahler zu rechnen.

Welche Wirkungen zeigt aber eine solche Konstellation für die Ergebnisse der Modellrechnung? Zum einen muß festgestellt werden, daß sich die Beitrags-Leistungs-Relation für die Mitglieder der gesetzlichen Rentenversicherung weiter verschlechtern wird. Denn ausschlaggebend für die Bemessung der Leistungen aus der gesetzlichen Rentenversicherung ist, wie gesehen, nicht die absolute, sondern die relative Höhe der Beiträge, und diese bleibt auch bei einem höheren Beitragssatz unverändert. Zugleich kann aber auch festgehalten werden, daß bei einem Vergleich zwischen den verschiedenen Typen von Erwerbstätigen es zu einem noch stärkeren Abstand bezüglich der Vorteilhaftigkeit der einzelnen erwerbstypenspezifischen Altersvorsorgeportefeuilles kommen wird, was die Ergebnisse der Modellrechnung noch eindeutiger macht.

Damit ist zwar eine Veränderung des Beitragssatzes zur gesetzlichen Rentenversicherung von großer Bedeutung für die Modellrechnung, sie kehrt die Ergebnisse jedoch nicht um, sondern polarisiert diese nur stärker.

---

322 Vgl. Eckerle, K./Schlesinger, M. (Prognos AG), Prognos-Gutachten 1995 - Textband (1995), S. 11. Bei einer eher pessimistischen Einschätzung der gesamtwirtschaftlichen Entwicklung wird eine Steigerung des Beitragssatzes im gleichen Zeitraum sogar auf 28,5 % erwartet. Insgesamt sollen die Beitragssätze in den gesetzlichen Sozialversicherungen im Jahr 2030 bei 46,7 % (optimistisch) bzw. 49,8 % (pessimistisch) steigen. Wie lange eine solche Entwicklung von den Beitragszahlern mitgetragen wird ist nur eine Frage der Zeit: vgl. Rinne, K./Wagner, G., Krieg der Generationen (Sozialer Fortschritt 1995), S. 288 ff.

Weiterhin wurde der Rechenzins bei der Modellrechnung nicht variiert. Aber auch hier zeigt sich, daß eine - sich in realitätsnahen Bandbreiten bewegende - Veränderung zwar Auswirkungen auf die Ergebnisse - die Relationen des Vergleichs - zeigt, diese aber nicht umkehrt.

Bei einer Absenkung des Rechenzinssatzes verändert sich das Ergebnis zwar dahingehend, daß die Vorteilhaftigkeit der Altersvorsorge für den Beamten und den Arbeitnehmer im öffentlichen Dienst abnimmt und die Nachteilhaftigkeit für den Arbeitnehmer in der Privatwirtschaft ebenso geringer wird, die grundsätzlichen Aussagen aber bleiben hiervon unberührt.

Vice versa zeigt sich das Ergebnis bei einer Korrektur des Rechenzinssatzes nach oben.

Daher läßt sich rückwirkend festhalten, daß die eingangs als notwendig erachteten Einschränkungen und Annahmen zulässig waren, da sie keinen wesentlichen Einfluß auf die Aussagekraft der Ergebnisse zeigen.

Daneben zeigt sich in jüngster Zeit noch das Problem der Verschmälerung der Basis der Beitragszahler dahingehend, daß es einen Trend zur „Flucht" aus der Beitragspflicht gibt: Die Zahl der nicht-beitragspflichtigen Selbständigen nimmt gegenüber der Zahl der beitragspflichtigen abhängig Erwerbstätigen zu.[323] Diese Entwicklung allein muß noch nicht zwangsläufig mit einer Minderung der Zahl der Beitragszahler einhergehen. Die Selbständigen hätten immer noch die Möglichkeit einer freiwilligen Versicherung in der gesetzlichen Rentenversicherung. Demgegenüber bestehen noch die Möglichkeiten einer privaten Rentenversicherung oder des gänzlichen Verzichts auf eine Vorsorge für das Alter.

Der Selbständige wird sich aber nur dann für das System der gesetzlichen Rentenversicherung entscheiden, wenn er in ihm die optimale Lösung seines „Problems" Altersvorsorge sieht. Bei der derzeitigen Diskussion um die Sicherheit der Renten aus der gesetzlichen Rentenversicherung, scheinen jedoch die Argumente pro freiwilliger Mitgliedschaft in der gesetzlichen Rentenversicherung sehr dünn gesät zu sein. Damit steht der „Generationenvertrag" auch diesbezüglich auf einem sehr wackeligen Fundament.

Für die Modellrechnung hat eine solche Entwicklung die gleichen Konsequenzen wie eine Verschlechterung der Beitragszahler/Leistungsempfänger-Relation: entweder es muß zu Beitragserhöhungen oder zu Leistungssenkungen kommen. Damit reiht sich dieses Problem nahtlos in den oben dargestellten Problembereich der demographischen Veränderungen ein.

---

323 Vgl. hierzu Buch, H, Institutioneller Wandel (Deutsche Rentenversicherung 1996), S. 750 ff.

3. Einbezug weiterer Größen in die Modellrechnung

An dieser Stelle soll noch kurz auf die fehlende Berücksichtigung des Arbeitgeberanteils sowie des Bundeszuschusses zur gesetzlichen Rentenversicherung eingegangen werden.

Beide Größen sind ein wichtiger Bestandteil bei der Zusammensetzung der Finanzierung der gesetzlichen Rentenversicherung[324]

Die Nicht-Einbeziehung des Arbeitgeberanteils zur gesetzlichen Rentenversicherung liegt in der Nicht-Verfügbarkeit des Arbeitnehmers über diesen Lohnbestandteil. Durch die explizite Steuerfreistellung des Arbeitgeberanteils in § 3 Nr. 62 EStG und die Irrelevanz des Beitrages bei der Bemessung der Leistungen aus der gesetzlichen Rentenversicherung[325] zeigt er keine quantitativen Auswirkungen beim Beitragszahler und beim Leistungsempfänger.

Der Bundeszuschuß zur gesetzlichen Rentenversicherung wird aus dem allgemeinen Steueraufkommen finanziert. Damit ist eine quantitative einzelwirtschaftliche Zuordnung zum einzelnen Beitragszahler nicht möglich, zumal auch Leistungsempfänger sowie Personen, die nicht in der gesetzlichen Rentenversicherung erfaßt sind, über ihr individuelles Steueraufkommen an der Finanzierung des Bundeszuschusses beteiligt werden. Daher wurde auch auf den Einbezug des Bundeszuschusses in die Modellrechnung verzichtet.

Dennoch soll aber an dieser Stelle näher auf die Bedeutung dieser beiden Größen für die Ergebnisse der Modellrechnung eingegangen werden. Die einzelwirtschaftlichen Größen würden sich - wie eben dargestellt - nicht verändern. Interessant wäre hingegen zu untersuchen, inwiefern ein imaginär dem Beitragszahler zurechenbarer Arbeitgeberbeitrag oder Anteil am Bundeszuschuß sich bezüglich der Vorteilhaftigkeit oder der Vorziehenswürdigkeit des Altersvorsorgeportefeuilles auswirken würde.

Zunächst müßte man feststellen, daß die Beiträge der Beteiligten zu der gesetzlichen Rentenversicherung höher wären als momentan berechnet. Damit würde es - bei gleichbleibend hohen Leistungen - zu einer Verschlechterung der Beitrags-Leistungs-Relation aus der Sicht des Beitragszahlers/Leistungsempfängers kommen.

Dies hätte aber wiederum zur Folge, daß bei den Versicherten der gesetzlichen Rentenversicherung sowohl die Vorteilhaftigkeit des eigenen Altersvorsorgeportefeuilles als auch dessen Vorziehenswürdigkeit gegenüber den Portefeuilles anderer

---

[324] Vgl. hierzu S. 55 ff.

[325] Der Arbeitgeberanteil zählt nicht zum Sozialversicherungspflichtigen Entgelt: vgl. § 1 ArEV.

Typen von Erwerbstätigen geringer werden würde, was einen Nachteil für die Versicherten bedeuten würde.

Daher zeigt sich auch an dieser Stelle, daß eine Einbeziehung sowohl des Arbeitgeberbeitrages als auch des Bundeszuschusses in die Modellrechnung zwar Wirkungen gezeigt hätte, diese aber nicht zu einer Umkehrung der Ergebnisse geführt hätten.

D. Zwischenergebnis

Somit läßt sich an dieser Stelle festhalten, daß in der im Rahmen des Modellvergleichs unterstellten Konstellation die Ergebnisse mehr als unbefriedigend sind. Die steuerrechtlichen und sozialversicherungsrechtlichen Rahmenbedingungen ermöglichen den verschiedenen Typen von Erwerbstätigen nur in einem sehr bescheidenen Umfang eine - aus der Sicht der Vergleichsalternative „Anlage am Kapitalmarkt - optimale Strukturierung ihres Altersvorsorgeportefeuilles.

Es hat sich dabei gezeigt, daß

1. der Arbeitnehmer in der Privatwirtschaft in den untersuchten Konstellationen immer einen absoluten Vermögensverlust durch seine Altersvorsorge erleidet;
2. der Arbeitnehmer im öffentlichen Dienst sich gegenüber dem Arbeitnehmer in der Privatwirtschaft bezüglich der Netto-Barwert-Differenz seiner Altersvorsorge grundsätzliche immer besser stellt, was vor allem auf die positiven Effekte der Zusatzversorgung im öffentlichen Dienst zurückzuführen ist;
3. die besondere Gruppe der Beamten einen durchgängig positiven Verlauf der Netto-Barwert-Differenzen bezüglich ihrer Altersvorsorge verzeichnen kann.

Zudem hat der Vergleich zwischen den verschiedenen Typen von Erwerbstätigen ergeben, daß

1. das tatsächlich erreichte Altersvorsorge-Niveau sowohl bei den Arbeitnehmern im öffentlichen Dienst als auch bei den Beamten sich immer oberhalb des Altersvorsorge-Niveaus eines vergleichbaren Arbeitnehmers in der Privatwirtschaft bewegt, was wiederum auf deren besondere Versorgungswerke zurückzuführen ist;
2. sich das tatsächliche Altersvorsorge-Niveau des Arbeitnehmers im öffentlichen Dienst stetig oberhalb des Altersvorsorge-Niveaus eines vergleichbaren Beamten bewegt;
3. das bei gleichen Ausgangsbedingungen benötigte Bruttoeinkommen von Beamten unterhalb des Bruttoeinkommens eines vergleichbaren Arbeitnehmers im öffentlichen Dienst liegt, wodurch die Gehaltsverzichtshypothese bei den Beamten zumindest in Frage gestellt werden muß.

Noch dazu zeigt ein Ausblick auf die zukünftigen Entwicklungen und ein hypothetischer Einbezug von nicht in der Modellrechnung explizit berücksichtigten Daten, daß sich dieser Eindruck weiter verstärkt.

Die Notwendigkeit einer integrierten sozialversicherungsrechtlichen und steuerrechtlichen Reform erscheint mithin unumgänglich.

Vierter Teil: Reformvorschläge zur Altersversorgung

I. Vorbemerkung

Die Ungleichbehandlung der verschiedenen Formen der Altersvorsorge durch das Sozialversicherungs- und Steuerrecht wurden vor geraumer Zeit bereits vom Bundesverfassungsgericht erkannt:[326]

> „Der Gesetzgeber ist hiernach verpflichtet, eine Neuregelung in Angriff zu nehmen. Es ist seine Sache, in welcher Weise und mit welchen gesetzgeberischen Mitteln er die zwischenzeitlich eingetretenen Verzerrungen nunmehr beseitigen will."[327]

Dieser Schlußsatz des oben zitierten Urteils des Bundesverfassungsgerichts brachte den Gesetzgeber wie auch andere Entscheidungen der obersten Verfassungshüter[328] in Zugzwang. Nur selten ließ die Legislative allerdings derart viel Zeit verstreichen, ohne mittels einer durchgreifenden Gesetzesänderung tätig zu werden. Zwar wurde direkt im Anschluß an das Urteil der Eindruck erweckt, daß die geforderte Neuregelung äußerst dringlich sei.[329] Die fehlende Umsetzung diverser Vorschläge deutet jedoch darauf hin, daß noch kein Konsens über die „richtige" Reform besteht. Doch sieht auch das Bundesverfassungsgericht vorerst noch kein Problem in der Tatsache, daß seit dem Urteilsspruch mittlerweile 16 Jahre verstrichen sind, ohne daß grundle-

---

326 Obgleich gab es auch schon zeitlich vorher Auseinandersetzungen mit den geltenden Regelungen: vgl. Rössler, H., Gleichmäßigkeit (Versicherungswirtschaft 1974), S. 444 ff.

327 BVerfG-Urteil v. 26.03.1980, BvR 121/76 - 1BvR 122/76, BVerfGE Bd. 54, S. 39.

328 Man denke hier nur z.B. an die Entscheidungen zum Grundfreibetrag (BVerfG-Urteil v. 25.09.1992, 2 BvL 5, 8, 14/91, BVerfGE Bd. 87, S. 153 ff.), Kinderfreibetrag (BVerfG-Urteil v. 29.05.1990, 1 BvL 20, 26, 184 u. 4/86, BVerfGE Bd. 82, S. 60 ff. und BVerfG-Urteil v. 12.06.1990, 1 BvL 72/86, BVerfGE Bd. 82, S. 198 ff.) oder der Abzugsfähigkeit der Vorsorgeaufwendungen (FG-Urteil des Landes Sachsen-Anhalt v. 14.06.1993, I 67/93, EFG 1993, S. 717 ff., am BFH unter Az. X R 166/93 zur Entscheidung anhängig). Steuerberscheide für den VZ 1993 waren - zumindest in Bayern - in mehreren Punkten vorläufig aufgrund ergangener oder anstehender Urteile des BVerfG.

329 Z.B. wurde die Sachverständigenkommission Alterssicherungssysteme eingesetzt; ebenso wurden mögliche Lösungen im Wissenschaftlichen Beirat beim Bundesministerium der Finanzen diskutiert.

gende Probleme gelöst oder deren Lösung zumindest in Angriff genommen wurde.[330]

Auch in der Art der Reform hat das Bundesverfassungsgericht dem Gesetzgeber sehr viel Spielraum gelassen. Betrachtet man den obigen Schlußsatz, so wird zunächst einmal deutlich, daß das Gericht die Reform nicht zwangsweise auf eine Änderung des Steuerrechts eingeschränkt hat. Damit bleibt der Weg für eine sozialrechtliche, verfassungsrechtliche und/oder steuerrechtliche Reform durchaus geöffnet.

Im folgenden sollen exemplarisch die Vorschläge der Sachverständigenkommission „Alterssicherungssysteme" und des Wissenschaftlichen Beirats beim Bundesministerium der Finanzen sowie andere ausgewählte Reformkonzepte untersucht werden. Die Untersuchung dient vor allem dem Zweck festzustellen, ob die vorgeschlagenen Reformen eine qualitativ zutreffende Umsetzung des Bundesverfassungsgerichtsauftrags und darüber hinaus auch eine mögliche Lösung anderer Ungleichbehandlungen im Rahmen der Altersvorsorge sein können.[331]

Aufbauen wird die Untersuchung auf einer genaueren Analyse des Bundesverfassungsgerichtsurteils vom 26.03.1980, in dem der Gesetzgeber zu einer Neuregelung im Zusammenhang mit der Altersvorsorge angehalten wurde,[332] und einer Darstellung der bei einer Reform zugrundezulegenden Besteuerungsprinzipien.

II. Bundesverfassungsgerichtsurteil vom 26.03.1980

Allgemein anerkannt ist die Tatsache, daß in der Entscheidung vom 26.03.1980 ein wesentlicher Anstoß lag, eine Neuregelung der Besteuerung von Alterseinkommen

---

330 BVerfG-Urteil v. 24.06.1992, 1 BvR 459/87, 1 BvR 467/87, BVerfGE Bd. 86, S. 369 ff. Der Leitsatz lautet: „Die dem Gesetzgeber für die Angleichung der Vorschriften über die steuerliche Behandlung von Renten und Ruhegehältern zur Verfügung stehende Zeit ist noch nicht abgelaufen (...)." Die Begründung, daß der Rechtszustand momentan noch nicht verfassungswidrig sei, aber binnen kurzer Frist verfassungswidrig werde, ist in seiner Aussagekraft relativ verwirrend. Auch die Aussage, der Schlußsatz aus der Entscheidung von 1980 sei sehr zurückhaltend formuliert und daher zeitlich nicht so verpflichtend gemeint, trägt nicht unbedingt zum klareren Verständnis des Zusammenhangs bei. So auch bereits Jüsgen, W., Anm. zu BVerfG v. 26.03.1993 (Deutsche Steuer Zeitung 1980), S. 438.

331 Für einen empirisch fundierten Vergleich der Besteuerung von Renten und Pensionen vgl. Klanberg, F., Besteuerung (Deutsche Rentenversicherung 1989), S. 209 ff.; Prinz, A., Besteuerung (Deutsche Rentenversicherung 1990), S. 29 ff.

332 BVerfG-Urteil v. 26.03.1980, 1 BvR 121/76 - 1 BvR 122/76, BVerfGE Bd. 54, S. 11 ff. Zur Begründung der Notwendigkeit einer Reform vgl. auch Schmidt-Bleibtreu, B. Bundesverfassungsgericht 1980 (Die Information 1981), S. 313 f. Keinen Handlungsbedarf aus dem Urteil leitet hingegen ab: Heine, W./Rische, H., Zur unterschiedlichen Besteuerung (Deutsche Rentenversicherung 1984), S. 101 ff.

einzuleiten.[333] Mit der folgenden Analyse des Urteils soll jedoch gezeigt werden, daß mit der vom BVerfG angesprochenen „Neuregelung“[334] nicht zwingend nur eine steuerrechtliche Regelung gemeint war, sondern daß sich eine solche durchaus auch auf andere Rechtsbereiche erstrecken kann.[335]

A. Leitsätze des Urteils

Folgende Leitsätze bestimmen den Grundtenor des Urteils:

1. Die unterschiedliche Besteuerung der Beamtenpensionen (§ 19 EStG) und der Renten aus der gesetzlichen Rentenversicherung sowie der Zusatzversorgung (§ 22 Nr. 1 Buchst. a EStG) war jedenfalls in den Jahren 1969 und 1970 mit dem Gleichheitssatz (Art. 3 Abs. 1 GG) vereinbar.
2. Zur Pflicht des Gesetzgebers, zwischenzeitlich eingetretenen Veränderungen Rechnung zu tragen.

Demnach beziehen sich die beiden Leitsätze auf zwei verschiedene Sachverhalte.

Mit dem ersten Leitsatz stellt das Gericht speziell auf die Klage von pensionierten Beamten ab, die sich damit gegen die unterschiedliche Besteuerung ihrer Versorgungsbezüge und von Sozialversicherungs- oder Zusatzversorgungsrenten zur Wehr setzen wollten. Das Gericht sieht jedoch die in den Beschwerdejahren geltende Regelung als verfassungsgemäß an, da zwischen beiden Erwerbsgruppen „in tatsächlicher wie in rechtlicher Hinsicht so erhebliche Unterschiede (bestünden, Anf. d. Verf.), daß diese Differenzierung nicht als willkürlich angesehen werden könne“[336].

In diesem Zusammenhang wird eindeutig auf die Tatsache Bezug genommen, daß ein Beamter mit seiner Pensionierung seinen Beamtenstatus nicht verliert, d.h. alle damit verbundenen Rechte und Pflichten bestehen bleiben. Seine Pensionierung stellt

---

333 Vgl. u.a. Zeidler, W., Verfassungsrechtliche Fragen (Steuer und Wirtschaft 1985), S. 1 ff.; Markefski, D., Gleichheitssatz (Der Betrieb 1985), S. 358 ff; Koch, K., Gedanken Deutsche Steuer Zeitung 1981, S. 4 ff. Die Diskussion allerdings, ob die Notwendigkeit einer Reform gegeben ist, geht schon wesentlich früher zurück: vgl. Weisensee, C., Besteuerung der Ruhegehälter (Deutsche Steuer Zeitung 1964), S. 289 ff.; Jüsgen, W., Ungleichbehandlung (Deutsche Steuer Zeitung 1972), S. 281 ff.; Friauff, K.H., Gleichmäßigkeit (Deutsche Steuer Zeitung 1974), S. 51 ff. In diesem Zeitraum gefällte Urteile sehen in der geltenden steuerrechtlichen Behandlung keinen Verstoß gegen das Grundgesetz: Vgl. stellvertretend: FG-Urteil des Landes Rheinland-Pfalz v. 28.05.1974, IV 140/71, EFG 1974, S. 426 ff. und Revisionsurteil hierzu BFH-Urteil v. 28.11.1975, VI R 165/74, BStBl II 1976, S. 228 ff.

334 BVerfG-Urteil v. 26.03.1980, 1BvR 121/76 - 1 BvR 122/76, BVerfGE Bd. 54, S. 39.

335 Zur Auseinandersetzung mit dem Urteil vgl. Welter, R., Besteuerung von Renten (Steuer und Wirtschaft 1980), S. 332 ff.

336 BVerfG-Urteil v. 26.03.1980, 1BvR 121/76 - 1 BvR 122/76, BVerfGE Bd. 54, S. 11.

lediglich eine letzte Versetzung als Beamter - nämlich die in den Ruhestand - dar.[337]

Ein Versicherter der gesetzlichen Rentenversicherung hingegen gibt mit Erreichen seiner Altersgrenze oder der Zuteilung einer Rente aus der gesetzlichen Rentenversicherung alle mit seiner früheren Tätigkeit in Zusammenhang stehenden Rechte und Pflichten auf.[338]

Daher erscheint das Urteil zunächst einmal als Bestätigung für die geltenden Besteuerungsregelungen im Zusammenhang mit den Alterseinkünften. Dem steht jedoch der zweite Leitsatz des oben zitierten Urteils entgegen. Danach wird der Gesetzgeber aufgefordert, eine Neuregelung in Angriff zu nehmen.

B. Konsequenzen des Urteils

Obwohl der Eindruck durchaus bestehen könnte: die Regierung war keineswegs tatenlos. So wurde durch Kabinettsbeschlüsse vom Oktober 1980 und Juni 1981 die „Sachverständigenkommission Alterssicherungssysteme“ einberufen, die ihr Gutachten im Jahre 1983 vorlegte. Ebenso beschäftigte sich der Beirat beim Bundesministerium der Finanzen mit diesem Thema und legte seine Ergebnisse im „Gutachten zur einkommensteuerlichen Behandlung von Alterseinkünften“ im Jahr 1986 vor.[339]

Konkrete Änderungen der diversen - von der geforderten Neuregelung betroffenen - Rechtskreise wurden aber immer wieder mit Hinweis auf die Komplexität der Materie zeitlich hinausgeschoben.[340]

Die Tatsache, daß die Dringlichkeit einer Neuregelung wichtiger sei, als von vielen Seiten oft dargestellt wird, zeigt sich z.B. in einer Besprechung des oben zitierten Urteils von *Jüsgen*, der sogar eine Zwischenlösung bezüglich dieser Problematik vorschlägt, bevor es zu einer endgültigen Reform kommt.[341]

---

337 Vgl. zum Beamtenstatus S. 13 ff.

338 Jedoch die Frage, ob eine Rente aus der Zusatzversorgung der Angestellten im öffentlichen Dienst von ihrer Zahlungsintention auch zu den nachträglichen Einkünften nach § 19 Abs. 2 EStG zählen müßte soll an dieser Stelle nicht näher erläutert werden.

339 In dieser Zeit wurde auch ein Gutachten des Sozialbeirats veröffentlicht, in dem die dringende Reform und Harmonisierung der Alterssicherung in Deutschland als notwendig erachtet wurde: Vgl. Gutachten des Sozialbeirats über langfristige Probleme der Alterssicherung in der Bundesrepublik Deutschland, BT-Drucks. 9/632 v. 03.07.1991.

340 Vgl. stellvertretend für viele BVerfG-Urteil v. 24.06.1992, 1 BvR 459/87, 1 BvR 467/87, BVerfGE Bd. 86, S. 370.

341 Vgl. Jüsgen, W., Anm. zu BVerfG v. 26.03.1993 (Deutsche Steuer Zeitung 1980), S. 439. Damit wird allerdings keine Aussage zur Qualität der dort vorgeschlagenen Zwischenlösung getroffen.

Jüsgen erkennt ebenfalls die Tatsache, daß eine Reform nicht zwingend ausschließlich im ertragsteuerlichen Bereich stattfinden müsse.[342] Die Frage, die man sich bei einer solchen Reform stellen müsse, sei, ob die Behandlung einer Gruppe von Erwerbstypen als gerecht angesehen werde und diese Behandlung dann zur Referenzbasis einer Reform werden würde. Die andere Möglichkeit, daß die Behandlung keiner Gruppe von Erwerbstypen als gerecht - in welchem Sinne auch immer - angesehen werde, mache ihrerseits dann den Weg für grundlegende, von bestehenden Konventionen unabhängige Reformen frei.

Letzteres würde natürlich einen politisch äußerst brisanten Zündstoff liefern, da bei der Bildung einer Referenzbasis zumindest eine Gruppe von Erwerbstypen - nämlich die, deren Behandlung als Referenzbasis für eine Reform herangezogen wird, - ohne eine Verschlechterung ihres status quo überleben würde. Sogar vom Bundesverfassungsgericht wird eine solche politische Brisanz erkannt und zudem als Begründung für die zeitliche Verzögerung der Reformbestrebungen herangezogen.[343]

Zusammenfassend läßt sich demnach feststellen, daß der Auftrag des Bundesverfassungsgerichts zur Reform der Alterseinkünfte ursprünglich

- zeitlich relativ unbegrenzt ist, was seine Umsetzung betrifft,
- inhaltlich nicht auf eine bestimmte Referenzbasis hin ausgerichtet ist und
- thematisch auf kein Rechtsgebiet alleine begrenzt ist.

Den einzigen und wohl auch schwierigsten Anspruch, den das Gericht an eine Neuregelung stellt, ist, daß sie dem Gleichheitssatz in Art. 3 GG entspricht. Das bedeutet, daß wirtschaftlich gleiche Sachverhalte nicht unterschiedlich behandelt werden dürfen, ohne daß sachliche Gründe für eine unterschiedliche Behandlung sprechen.[344]

Der Gleichheitssatz des Art. 3 GG muß auch in direkter Verbindung zur „Gerechtigkeit" der Besteuerung gesehen werden. So empfinden Betroffene eine sachlich unbegründete Ungleichbehandlung zweier wirtschaftlich gleicher steuerlicher Sachverhalte zumindest subjektiv als ungerecht.

Um aber steuerliche „Gerechtigkeit" terminologisch abgrenzen zu können, muß dieser abstrakte Begriff mittels der Darstellung von steuerrechtlichen Prinzipien,

---

342 Vgl. Jüsgen, W., Anm. zu BVerfG v. 26.03.1993 (Deutsche Steuer Zeitung 1980), S. 439 f.

343 Vgl. BVerfG-Urteil v. 24.06.1992, 1 BvR 459/87, 1 BvR 467/87, BVerfGE Bd. 86, S. 371.

344 Vgl. u.a. Kirchhof, P., Leistungsfähigkeit (Steuer und Wirtschaft 1985, S. 323 ff.; Söhn, H., Ertragsanteilsbesteuerung (Steuer und Wirtschaft 1986, S. 325; Biergans, E./Wasmer, C., Leistungsfähigkeitsbegriff (Finanzrundschau 1985), S. 57 ff.; Schneider, D., Leistungsfähigkeitsprinzip (Steuer und Wirtschaft 1984), S. 356 ff.

deren Erfüllung als Voraussetzung für die Durchsetzung von steuerlicher Gerechtigkeit dienen kann, näher konkretisiert werden. Um eine Verbindung zum Problembereich der (gesetzlichen) Rentenversicherung herstellen zu können, wird zusätzlich noch auf die Prinzipien eingegangen, die ihr im allgemeinen zugeschrieben werden.

III. Prinzipien der Besteuerung und der gesetzlichen Rentenversicherung

In diesem Abschnitt soll einleitend für die darauffolgende Darstellung verschiedener Reformvorschläge zum Bereich der Altersvorsorge eine grundlegende Zusammenfassung verschiedener - größtenteils allgemein anerkannter - Prinzipien der Besteuerung sowie der gesetzlichen Rentenversicherung gegeben werden.

Eine solche Übersicht bildet die Grundlage für eine systematische und konsequente Beurteilung der verschiedenen Reformvorschläge sowie der Erarbeitung eines neuen Reformvorschlags, der versucht, möglichst alle im folgenden dargestellten und für richtig befundenen Prinzipien zu berücksichtigen.

A. Prinzipien der Besteuerung

1. Verfassungsrechtliche Ausgangslage

Art. 3 Abs. 1 des Grundgesetzes lautet:[345]

> „Alle Menschen sind vor dem Gesetz gleich."

Nach Auffassung des Bundesverfassungsgerichts und auch nach Kommentarliteratur-Auffassung ist unter dieser sehr pragmatischen Gleichheitsformel die Anweisung an die drei Staatsorgane - Judikative, Legislative und Exekutive - enthalten, „weder wesentlich Gleiches willkürlich ungleich, noch wesentlich Ungleiches willkürlich gleich"[346] zu behandeln.

Mit der Formulierung „vor dem Gesetz" wird natürlich explizit auch das Steuerrecht in diese Forderung mit eingeschlossen. Dabei wird der Grundsatz der Gleich-

---

345 Zur Anwendung des Gleichheitssatzes in der Sozialversicherung vgl. Rüfner, W., Gleichheitssatz, in: Seewald, O., (Hrsg.), Organisationsprobleme (1992), S. 213 ff.

346 BVerfG-Urteil v. 16.03.1955, 2 BvK 1/54, BVerfGE Bd. 4, S. 155; BVerfG-Urteil v. 21.01.1970, 2 BvL 27/63, BVerfGE Bd. 27, S. 371 f.; BVerfG-Urteil v. 11.10.1977, 1 BvL 8/74, BVerfGE Bd. 46, S. 62. Vgl. stellvertretend für die Kommentarmeinung auch: Münch, I. von, GG-Kommentar (1981), Kommentar zu Art. 3 GG, Rn. 9 ff.

heit der Belastung zum wichtigsten Bestandteil der Norm.[347] Im Laufe der Zeit kam es zu einer Entwicklung von drei maßgeblichen Besteuerungsgrundsätzen, die aus dem allgemeinen Gleichheitssatz abgeleitet wurden:

Das Prinzip der *Allgemeinheit der Besteuerung* verbietet eine steuerliche Bevorzugung oder Diskriminierung einzelner Gruppen. Jede Person wird zum Steuerpflichtigen, und damit zur Besteuerung herangezogen, sobald sie den Tatbestand verwirklicht „an den das Gesetz die Leistungspflicht knüpft"[348]. Niemand darf aufgrund von persönlichen Umständen Steuerprivilegien genießen. Eine Abweichung von dieser Gleichbehandlung ist aus sachlich vertretbaren Gründen (z.B. aus wirtschafts- oder sozialpolitischer Intention) möglich.[349]

Das Prinzip der *Gleichmäßigkeit der Besteuerung* ist in § 85 AO kodifiziert worden:

> „Die Finanzbehörden haben die Steuern nach Maßgabe der Gesetze gleichmäßig festzusetzen und zu erheben. Insbesondere haben sie sicherzustellen, daß Steuern nicht verkürzt, zu Unrecht erhoben oder Steuererstattungen und Steuervergütungen nicht zu Unrecht gewährt oder versagt werden."

Darüber hinaus sieht *Münch* noch die *Angemessenheit der Besteuerung* als ein aus dem Gleichheitssatz des Art. 3 GG abgeleitetes Besteuerungsprinzip, wobei darunter eine relativ gleiche Belastung des einzelnen zu verstehen ist, die auch seine persönlichen wirtschaftlichen und sozialen Verhältnisse berücksichtigt.[350]

Ihre Ausprägung haben diese grundlegenden Besteuerungsprinzipien vor allem in zwei Sachverhalten gefunden, zum einen im sogenannten Leistungsfähigkeitsprinzip, das eine gerechte Besteuerung in der Tatsache der Anknüpfung der Steuer an die tatsächliche Leistungsfähigkeit des Steuerpflichtigen sieht, und zum anderen im sogenannten Korrespondenzprinzip, das für eine gerechte Besteuerung fordert, daß wirtschaftliche Leistungsfähigkeit nur einmal besteuert werden soll, das heißt die Unterscheidung zwischen objektiver und subjektiver Leistungsfähigkeit verwirklichen soll.

---

347 Vgl. Münch, I. von, GG-Kommentar 1981, Kommentar zu Art. 3 GG, Rn. 44. Ebenso Birk, D., Steuergerechtigkeit und Transfergerechtigkeit (Zeitschrift für Rechtspolitik 1979), S. 221 ff.

348 § 38 AO. Zum Tatbestand des Steueranspruchs vgl. auch Biergans, E./Wasmer, C., Leistungsfähigkeitsbegriff (Finanz-Rundschau 1985), S. 57 ff. sowie Bayer, H.-W., Einkommen (Betriebs-Berater 1991), S. 517 ff.

349 Vgl. Lamers, B., Intertemporale Einkommenstransfers (1975), S. 53 f.

350 Vgl. Münch, I. von, GG-Kommentar 1981, Kommentar zu Art. 3 GG, Rn. 44

2. Leistungsfähigkeitsprinzip

Das Leistungsfähigkeitsprinzip wird als maßgebliche Ausprägung des Gleichheitsgedankens der fiskalisch motivierten Besteuerung gesehen.[351] *Schneider* unterscheidet dabei zwischen dem Grundsatz der Gleichmäßigkeit - gleiche steuerliche Leistungsfähigkeit ist unterschiedslos zu besteuern - und dem Grundsatz der Leistungsmäßigkeit der Besteuerung - höhere Leistungsfähigkeit ist steuerlich stärker zu belasten als niedrigere Leistungsfähigkeit.[352]

Birk[353] bezeichnet den gleichen Sachverhalt zum einen als horizontale Steuergerechtigkeit - was dem Grundsatz der Gleichmäßigkeit bei *Schneider* entspricht - zum anderen als vertikale Steuergerechtigkeit - was dem Grundsatz der Leistungsmäßigkeit bei *Schneider* entspricht.

Dieser Nomenklatur soll im weiteren gefolgt werden.

a) Horizontale Steuergerechtigkeit

Das Prinzip der horizontalen Steuergerechtigkeit stützt sich auf die einfache These, daß gleiche Leistungsfähigkeit auch gleiche steuerliche Belastung nach sich ziehen muß.[354] Hierzu folgendes Beispiel:

> Die Leistungsfähigkeit des Steuersubjektes A wurde mit 100 GE und die Leistungsfähigkeit des Steuersubjektes B ebenfalls mit 100 GE beziffert. Eine Steuerbelastung von A mit 20 GE und von B mit 30 GE würde diesem Prinzip widersprechen.

Über die Art der Bestimmung der Leistungsfähigkeit wird jedoch mit dem Prinzip der horizontalen Steuergerechtigkeit keine Aussage getroffen. D.h. auf unser Beispiel bezogen, daß eine unterschiedliche Berechnung der Maßgröße der Leistungsfähigkeit von A gegenüber B durchaus dem Prinzip der horizontalen Steuergerechtigkeit entspricht. Nur in dem Falle, daß diese Maßgröße bei zwei Steuersubjekten gleich hoch ist, darf sie nicht unterschiedlich hoch besteuert werden.

---

351 Vgl. stellvertretend für viele Kirchhof, P., Leistungsfähigkeit (Steuer und Wirtschaft 1985), S. 319 ff.; Lehner, M., Wirtschaftliche Betrachtungsweise (1995), in: Lang, J., Die Steuerrechtsordnung in der Diskussion, FS für Klaus Tipke, S. 237 ff. Dahingegen wird bei der Besteuerung nach dem „do ut des-Grundsatz" das Äquivalenzprinzip als maßgebliches Besteuerungsprinzip anerkannt: vgl. Bach, S., Leistungsfähigkeitsprinzip (Steuer und Wirtschaft 1991), S. 117.

352 Vgl. Schneider, D., Steuerbilanzen (1979) , S. 13 f. Eine andere Unterscheidung nimmt Bayer vor, der in eine persönliche, gegenständliche, maßstäbliche und satzmäßige Leistungsfähigkeit unterscheidet: vgl. Bayer, H.-W., Einkommen (Betriebs-Berater 1991), S. 523 ff.

353 Vgl. Birk, D., Leistungsfähigkeitsprinzip (1983), S. 165 ff.

354 Vgl. Birk, D., Steuergerechtigkeit (Deutsche Rentenversicherung 1986), S. 136 f.

Dabei wird ebenso keine Aussage bezüglich der Bezugsgröße der Leistungsfähigkeit getroffen. Dafür stehen dem Steuertheoretiker unterschiedliche Anknüpfungspunkte zur Verfügung. Im allgemeinen wird im Bereich der Einkommensteuer - und diese steht ja im Mittelpunkt dieser Untersuchung - das Einkommen als Parameter steuerlicher Leistungsfähigkeit gesehen. Was unter dem Begriff „Einkommen" zu verstehen ist, bleibt jedoch offen.[355]

Zusammenfassend läßt sich demnach für den Bereich der horizontalen Steuergerechtigkeit feststellen, daß damit die relative Gleichbehandlung einer vorher festgelegten gleichen Maßgröße des Begriffs der Leistungsfähigkeit gemeint ist. Übertragen auf das Problem einer Reform der steuerlichen Behandlung der Altersvorsorge bedeutet das, daß im Zeitpunkt des Zuflusses von Altersvorsorgeleistungen gleich hohe Leistungen prinzipiell auch gleich hoch besteuert werden müssen, soweit diese unter dem Begriff der steuerlichen Leistungsfähigkeit fallen.

Die Frage, wie mit den Aufwendungen für eine Altersversorgung bei der Ermittlung der Bemessungsgrundlage im Rahmen der Besteuerung verfahren werden muß, wird unter Punkt B. dieses Abschnittes erläutert werden.

b) Vertikale Steuergerechtigkeit

Im Gegensatz zur horizontalen Steuergerechtigkeit, die eine Gleichbehandlung gleicher steuerlicher Leistungsfähigkeit fordert, hat der Grundsatz der vertikalen Steuergerechtigkeit eine andere Intention. Dieser Grundsatz fordert, daß eine höhere steuerliche Leistungsfähigkeit auch eine höhere Steuerlast nach sich ziehen muß.[356]

Damit muß implizit unterstellt werden, daß mit der Entscheidung für das Bestehen vertikaler Steuergerechtigkeit, der Entscheidungsprozeß zur Frage nach dem Tatbestand der Leistungsfähigkeit bereits abgeschlossen sein muß.[357]

Um an das obige Beispiel anzuknüpfen, bedeutet das:

---

355 Im Rahmen dieser Arbeit soll jedoch nicht auf die steuertheoretische Diskussion zum Begriff des Einkommens eingegangen werden. Vielmehr wird der sicherlich konfliktträchtige Begriff des „zu versteuernden Einkommens" nach § 2 Abs. 5 EStG darunter verstanden. Zu der Diskussion um den Begriff des Einkommens vgl. stellvertretend für viele Sigloch, J., Einkommensbesteuerung, in: Elschen, R./Siegel, T./Wagner, F.W., Unternehmenstheorie und Besteuerung, FS für Dieter Schneider (1995), S. 683 ff.; Henselmann, K., Erfolgsmessung (1994), S. 27 ff.; Schneider, D., Leistungsfähigkeitsprinzip (Steuer und Wirtschaft 1984), S. 356 ff.

356 Vgl. stellvertretend für viele Klein, F., Gleichheitssatz (1966), S. 209.

357 Vgl. Schneider, D., Leistungsfähigkeitsprinzip (Steuer und Wirtschaft 1984), S. 360. Schneider bezeichnet dabei die vertikale Steuergerechtigkeit als „Umverteilungs-Werturteil". Vgl. auch Bach, S., Leistungsfähigkeitsprinzip (Steuer und Wirtschaft 1991), S. 123, der den gleichen Sachverhalt als „Vertikale Lastenverteilung" tituliert.

Wenn A eine Leistungsfähigkeit von 100 GE und B von 200 GE hat, würde es gegen das Prinzip der vertikalen Steuergerechtigkeit verstoßen, wenn sowohl A als auch B gleich hoch mit z.B. 50 GE Steuer belastet werden würden. Da B im Gegensatz zu A eine höhere steuerliche Leistungsfähigkeit - nämlich 200 GE - hat, wird die Besteuerung dieses Sachverhaltes nur dann als gerecht im Sinne der vertikalen Steuergerechtigkeit angesehen, wenn B auch mehr Steuern zahlen muß als A.

Oftmals wird in diesem Zusammenhang die Forderung nach einem sogenannten progressiven Tarifverlauf laut, der allein eine Gerechtigkeit nach obigem Prinzip zu garantieren scheint. Dies entspricht allerdings nur einer oberflächlichen Betrachtung. Stellt man die drei Grundformen möglicher Tarifverläufe (linear, progressiv und regressiv) nebeneinander, so wird deutlich, daß bei Betrachtung der daraus resultierenden absoluten Steuerbelastung (S) lediglich der regressive Tarif gegen die vertikale Steuergerechtigkeit spricht, da dieser mit zunehmender Leistungsfähigkeit (LF) in Form der Steuerbemessungsgrundlage eine absolut fallende Gesamtsteuerbelastung beim Steuersubjekt hervorruft.

Die Grundaussage des Prinzips der vertikalen Steuergerechtigkeit ist allerdings lediglich, daß jemand mit einer höheren steuerlichen Leistungsfähigkeit auch eine höhere Steuerlast zu tragen hat.[358] Betrachtet man nun die absoluten Steuerbelastungskurven beim linearen und progressivem Tarif, wird deutlich, daß beide dieser Forderung entsprechen, mit dem Unterschied, daß der progressive Tarif - ob proportional oder linear - eine überproportional steigende Steuerbelastung mit steigender Bemessungsgrundlage zur Konsequenz hat. Beim linearen Tarif hingegen kommt es zu einer absoluten Mehrbelastung mit Steuern, aber gleichzeitig auch zu einer relativen Gleichbelastung.

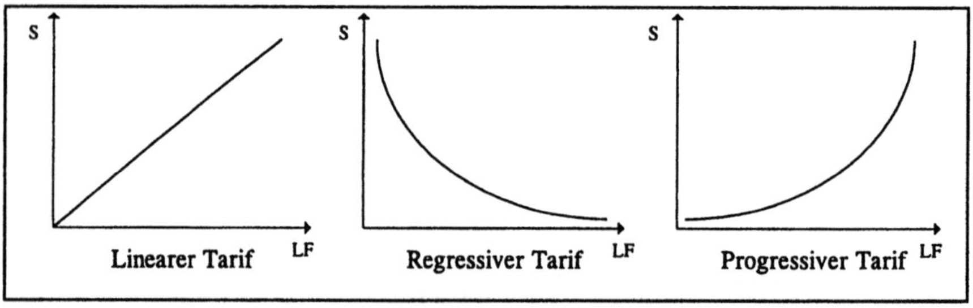

Abb. 39: Steuerbelastung bei unterschiedlichen Tarifverläufen[359]

358 Vgl. Lieb, R., Direkte Steuerprogression (1992), S. 176 ff. Kirchhof sieht in diesem Zusammenhang die Grenze in der Verhältnismäßigkeit, d.h. in einem Übermaßverbot der Besteuerung, was bedeutet, daß eine Mehrbelastung immer noch angemessen sein muß: vgl. Kirchhof, P., Leistungsfähigkeit (Steuer und Wirtschaft 1985), S. 321.

359 Quelle: Eigene Darstellung.

Vertikale Steuergerechtigkeit aber kann nur eine absolute Steuermehrbelastung mit steigender Leistungsfähigkeit bedeuten. Die Forderung nach einer relativen Mehrbelastung muß im Bereich des Sozialstaatsprinzips der Besteuerung[360] gesehen werden, weil es dadurch zu einer weitaus stärkeren Umverteilung von Einkommen von oben nach unten kommen kann als bei einer lediglich absoluten Steuermehrbelastung. Dies geschieht entweder durch die Tatsache, daß die unteren Einkommensgruppen überproportional entlastet und damit die oberen Einkommensgruppen überproportional belastet werden, oder dadurch, daß die Mehrbelastung der oberen Einkommensschichten mittels direkter Transfers an die anderen Gruppen weitergeleitet wird.

Mithin kann festgehalten werden, daß vertikale Steuergerechtigkeit eine Frage des Steuertarifs ist. Von den Grundformen möglicher Tarifverläufe scheidet dabei lediglich der regressive Verlauf aus, wohingegen sowohl ein linearer als auch ein progressiver Tarifverlauf eine vertikale Steuergerechtigkeit tendenziell verwirklichen.

3. Intertemporales und interpersonales Korrespondenzprinzip

Wie in den vorangegangen Abschnitten deutlich wurde, bestimmt die Maßgröße Einkommen neben der Tarifgestaltung wesentlich die Steuerbelastung eines Individuums. Einkommen aber muß dabei differenziert gesehen werden, das heißt, mit dem Begriff Einkommen ist nichts über seine Bestandteile entschieden. Die Größen, die mit dem Inhalt der Maßgröße Einkommen in Verbindung gebracht werden, sind die Begriffe der objektiven und subjektiven Leistungsfähigkeit eines Individuums.[361] Dabei bestimmt den Schritt von der objektiven Leistungsfähigkeit (z.B. objektiv erzieltes Einkommen) zur subjektiven Leistungsfähigkeit (z.B. frei disponibles Einkommen) der Abzug von Teilen des erzielten Einkommens, die nicht in der freien Disposition des Steuersubjektes stehen, sondern zwangsweise verwendet werden müssen.[362] Als eine Minderung der objektiven Leistungsfähigkeit werden unter anderem die Aufwendungen für die Altersversorgung - sofern sie verpflichtend geleistet werden müssen - gesehen.[363]

---

360 Vgl. Kirchhof, P., Steuergleichheit (Steuer und Wirtschaft 1984), S. 306.

361 Vgl. Söhn, H., Leistungsfähigkeit (Steuer und Wirtschaft 1985), S. 400 ff. Im Gegensatz dazu vertreten *Schneider* und *Biergans/Wasmer* die Meinung, daß nur das Markteinkommen (objektive Leistungsfähigkeit) einen Anknüpfungspunkt für die Steuerbemessung darstellen, der Bereich der abziehbaren Privatausgaben in den Komplex der Frage nach dem Steuertarif zu stellen ist: Vgl. Schneider, D., Leistungsfähigkeitsprinzip (Steuer und Wirtschaft 1984), S., 358 ff.; Biergans, E./Wasmer, C., Leistungsfähigkeitsbegriff (Finanz-Rundschau 1985), S., 61 ff.

362 Vgl. Bareis, P., Transparenz (Steuer und Wirtschaft 1991), S. 39 ff.; Söhn, H., Verfassungsrechtliche Aspekte (Finanzarchiv 1988), S. 154 ff.

363 Vgl. Henke, K.-D., Betriebliche Altersversorgung (Finanzarchiv 1988), S. 268 ff. Dies forderte auch die Transfer-Enquête-Kommission: vgl. Transfer-Enquête-Kommission Transfersystem (1981), S. 205 ff.

a) Intertemporales und interpersonales Korrespondenzprinzip als Ausprägung von Steuergerechtigkeit

Der oben dargestellte Zusammenhang, daß eine Minderung der steuerlichen Leistungsfähigkeit durch indisponible Verwendung des Einkommens zu einer geringeren Steuerbemessungsgrundlage führen muß, wird zumeist auch im Zusammenhang mit dem sogenannten Korrespondenzprinzip der Besteuerung gesehen.

Das bedeutet, daß die indisponible Verwendung von Einkommensteilen nicht einen endgültigen Verlust an steuerlicher Leistungsfähigkeit zur Folge hat, sondern daß es lediglich zu einer zeitlichen oder personellen Verschiebung steuerlicher Leistungsfähigkeit kommt: die Teile des Einkommens, die bei ihrer (zwangsweisen) Verwendung die Leistungsfähigkeit gemindert haben, sollen dann bei einem späteren Rückfluß an den Steuerpflichtigen selbst oder einen anderen Steuerpflichtigen steuerliche Leistungsfähigkeit darstellen. Damit kommt es zu einer zeitlichen und/oder personellen Verschiebung der steuerlichen Leistungsfähigkeit. Allgemein bezeichnet man diese Prinzipien als intertemporales oder als interpersonales Korrespondenzprinzip der Besteuerung.[364]

Während die Existenz eines intertemporalen Korrespondenzprinzips im Zusammenhang mit dem Gerechtigkeitsprinzip der Besteuerung gesehen und daher auch bejaht wird, wird das interpersonale Korrespondenzprinzip aus dem Grund abgelehnt, daß es sich bei der Einkommensteuer um eine individuelle Steuer handelt.[365]

Die Konsequenzen der Existenz eines Korrespondenzprinzips resultieren vor allem aus der Ausgestaltung des Steuertarifs, der linear progressiv verläuft. Damit kann es bei einer interpersonellen Verschiebung zu absoluten Steuerlastveränderungen kommen, wenn sich die beiden Steuersubjekte auf verschiedenen Progressionsstufen des Steuertarifs befinden.[366] Bei der intertemporalen Umverteilung kommt es neben diesem Effekt ebenso zu einem Zinseffekt, sofern die Steuerzahlung auf einen späteren Zeitpunkt verlagert wird.

---

364 Vgl. Söhn, H., Leistungsfähigkeit (Steuer und Wirtschaft 1985), S. 405 f. Die Tatsache, daß das Korrespondenzprinzip auch von der Finanzgerichtsbarkeit als existent betrachtet wird zeigt sich z.B. an folgendem Urteil: BFH-Urteil v. 26.07.1995, X R 113/93, BStBl II 1996, S. 157 ff.

365 Vgl. Benz, R., Einkommenstransfers, unveröffentlichte Diplomarbeit Universität Bayreuth (1993), S. 8.

366 Ob die Progressionswirkungen allerdings positiv oder negativ für den Steuerpflichtigen sind, kann ex ante nur sehr schwer vorhergesagt werden, da große Unsicherheiten bezüglich zukünftiger Einkunftsverhältnisse und vor allem bezüglich des zukünftigen Einkommensteuerrechts getroffen werden können. Vgl. Huber, B., Intertemporale Neutralität (Finanz-Archiv 1991/92), S. 423 ff.

Im Rahmen der vorliegenden Arbeit wird jedoch nur das intertemporale Korrespondenzprinzip weiter verfolgt, weil von einem rein zeitlichen Einkommenstransfer im Rahmen der Gestaltung der individuellen Altersvorsorge ausgegangen wird.

Befürworter des steuerlichen Korrespondenzprinzips sind der Meinung, daß dieses Prinzip insbesondere bezogen auf die Beiträge zur eigenen Altersvorsorge bei der Ermittlung der steuerlichen Bemessungsgrundlage angewendet werden soll.[367]

Insgesamt jedoch kann das Korrespondenzprinzip nicht als eigenständiges verfassungsrechtliches Prinzip der Besteuerung gesehen werden; seine Kernaussage, daß Einkommen nur einmal besteuert werden darf, dient jedoch als Argumentationshilfe bei der Zusammenfassung des verfassungsrechtlichen Gebots des Gleichheitssatzes (Art. 3 GG) und der Eigentumsgarantie[368] des Grundgesetzes (Art. 14 GG).[369]

b) Intertemporales Korrespondenzprinzip und Altersvorsorge

In welchem Zusammenhang aber steht nun das Korrespondenzprinzip mit der steuerlichen Behandlung der Altersvorsorge? Wie im Zweiten Teil der Arbeit bei der Darstellung der einzelnen Versorgungswerke von abhängig Erwerbstätigen dargestellt wurde, kann man prinzipiell zwischen Pflichtvorsorge und freiwilliger Vorsorge unterscheiden.

Wendet man das Korrespondenzprinzip uneingeschränkt auf die verschiedenen Systeme der Altersversorgung an, so könnte es einerseits zu einer Steuerfreistellung der indisponiblen Aufwendungen zu Pflichtversicherungssytemen in der Ansparphase der Altersvorsorge kommen. Korrespondierend dazu müßten die Rückflüsse aus solchen Versicherungssystemen auch in dem Anteil, in dem sie Rückflüsse von - früher steuerfrei geleisteten - Beiträgen darstellen, als nachträgliche steuerliche Leistungsfähigkeit eingestuft werden und damit grundsätzlich der Steuer unterliegen.[370] Dies entspräche der Forderung des nachgelagerten intertemporalen Korrespondenzprinzips, daß steuerliche Leistungsfähigkeit nur einmal[371] besteuert werden darf. Genauso wäre die Möglichkeit eines vorgelagerten intertemporalen Korrespondenzprinzips denkbar, bei dem grundsätzlich erst einmal alle Beiträge zur Altersvorsorge aus versteuertem Einkommen geleistet werden müßten, um dann bei Rück-

---

367 Vgl. stellvertretend für viele Sachverständigenkommission Alterssicherungssysteme, Berichtsband 2 (1983), S. 430 ff.

368 Zum Verhältnis Eigentumsgarantie und Besteuerung von Alterseinkünften vgl. Heine, W., Ertragsanteil- oder Teilbesteuerung (Deutsche Rentenversicherung 1988), S. 401 ff.

369 Vgl. Birk, D., Altersvorsorge (1987), S. 26 f.; Grüttner, W., Anwartschaft (1990), S. 28 ff.

370 Vgl. Henke, K.-D., Betriebliche Altersversorgung (Finanzarchiv 1988), S. 268 f.

371 Und zwar hier bei Rückfluß von früher indisponiblem Einkommen.

zahlung der Beiträge in Form von Rentenleistungen den Teil der Rente, der aus versteuertem Einkommen aufgebaut wurde, steuerfrei zu belassen.

Ganz anders wird dieser Zusammenhang von *Birk* bewertet: Das intertemporale Korrespondenzprinzip besage ebenso seiner Meinung nach, daß steuerliche Leistungsfähigkeit nur einmal besteuert werden dürfe. Ausgehend von der noch übereinstimmenden Grundauffassung hinsichtlich des intertemporalen Korrespondenzprinzips, wertet *Birk* jedoch die Tatsache, daß die Beiträge zu Zwangsvorsorgeeinrichtungen in der Erwerbsphase die subjektive steuerliche Leistungsfähigkeit des Vorsorgenden mindern, als ausschlaggebend für eine Steuerfreistellung des angesammelten Vermögens in der Auszahlungsphase.[372] Die Begründung liege sehr einfach: Bei den Beiträgen handelte es sich - wie richtigerweise bereits festgestellt wurde - um die Minderung subjektiver steuerlicher Leistungsfähigkeit und nicht um eine zeitliche Verschiebung derselben. Damit könne auch nicht argumentiert werden, daß Leistungsfähigkeit gemäß dem Korrespondenzprinzip nur einmal steuerlich erfaßt werden dürfe, weil die Beiträge ja niemals steuerliche Leistungsfähigkeit darstellen würden. Damit verbiete die Eigentumsgarantie des Grundgesetzes (Art. 14 GG) zusammen mit dem Gleichheitssatz und dem daraus resultierenden Leistungsfähigkeitsprinzip eine Besteuerung der Beiträge zu Zwangsvorsorgeeinrichtungen, egal in welcher Lebensphase.[373]

Obwohl diese Argumentation von Birk nicht unstrittig erscheint, darf sie dennoch bei einer Beurteilung der einkommensteuerlichen Behandlung von Altersvorsorgemaßnahmen nicht außer acht gelassen werden.

Ob und inwieweit eine solche korrespondierende Behandlung von Aufwendungen und Leistungen aus Altersvorsorgesystemen tatsächlich stattfindet, läßt sich im heutigen Durcheinander verschiedenster Zwangsvorsorgeeinrichtungen - es verbietet sich hier von Systemen zu sprechen - nur sehr schwer nachvollziehen. Ansatzweise sind Grundzüge eines Korrespondenzprinzips bei der einkommensteuerlichen Behandlung von Beiträgen und Leistungen zu manchen Vorsorgesystemen zu erkennen. Allerdings kann nicht zweifelsfrei festgestellt werden, ob diese tatsächlich aus einer konsequenten Anwendung des Korrespondenzprinzips resultieren oder aber mehr zufällig diesem entsprechen, ihre Herkunft aber in anderen Bereichen, z.B. einer sozialpolitischen Intention begründet liegt.

Betrachtet man z.B. das System der gesetzlichen Rentenversicherung, so wird deutlich, daß die Arbeitnehmerbeiträge hierzu im Rahmen der Grenzen des § 10 EStG als Sonderausgaben bei der Ermittlung des zu versteuernden Einkommens abzugsfähig sowie die Arbeitgeberbeiträge nach § 3 Nr. 62 EStG steuerfreier Arbeitslohn sind und damit beide die steuerliche Leistungsfähigkeit in Form einer Verminderung

---

372 Vgl. Birk, D., Altersvorsorge (1987), S. 32.

373 Vgl. Birk, D., Altersvorsorge (1987), S. 27 ff.

der Bemessungsgrundlage senken. Gleichzeitig werden die Leistungen aus der gesetzlichen Rentenversicherung als sonstige Einkünfte nach § 22 Nr. 1 Buchst. a EStG behandelt. Sie werden lediglich mit ihrem Ertragsanteil der Steuer unterworfen.

Wie aber bereits an früherer Stelle erläutert wurde, ist der Tilgungsanteil als steuerirrelevante Rückzahlung eines angesammelten Vermögens in Form des sogenannten Rentenstammrechts zu sehen.[374]

Was aber bedeutet diese Regelung konkret: das Korrespondenzprinzip wird grundsätzlich nicht beachtet, da sowohl die Beiträge zur Sozialrentenversicherung[375] als auch zum allergrößten Teil die Leistungen aus der Versicherung, auch wenn sie nur die Rückzahlung der Beiträge darstellen, einkommensteuerlich nicht besteuert werden.[376] Würde man hier dem intertemporalen Korrespondenzprinzip uneingeschränkt folgen, so müßte unter Beibehaltung der Regelungen in der Ansparphase die Sozialversicherungsrente in der Auszahlungsphase uneingeschränkt der Einkommensteuer unterliegen, da sie zum einen Teil aus temporär transferierter (zurückgezahlte Beiträge) und zum anderen Teil aus neu hinzugekommener (Zins und Zinseszins sowie Zuschüsse aus Bundeshaushalt aufgrund versicherungsfremder Leistungen) steuerlicher Leistungsfähigkeit besteht.

Eine andere Inkonsistenz in der steuerlichen Behandlung der Altersvorsorge kann man bei der Zusatzversorgung für Angestellte und Arbeiter im öffentlichen Dienst bei der Versorgungsanstalt des Bundes und der Länder erkennen. Wie bereits dargestellt wurde, leistet der Angestellte oder Arbeiter im öffentlichen Dienst explizit keine eigenen Beiträge zu dieser Zusatzversorgung.[377] Die vom Arbeitgeber gezahlte Umlage wird beim Arbeitnehmer in bestimmten Grenzen nur pauschal versteuert und mit Sozialabgaben belastet. Die Rente, die der Arbeitnehmer aus der Zusatzversorgung erhält, wird aber dennoch nach § 22 Nr. 1 Buchst. a EStG mit dem Ertragsanteil zur Besteuerung herangezogen. Dies ist ein offener Verstoß gegen jegliches Korrespondenzprinzip.

Im Gegensatz dazu ist z.B. das System der Beamtenversorgung zu sehen. Die Beamten - auch das wurde bereits an früherer Stelle erläutert - leisten explizit keine

---

374 Vgl. hierzu S. 30 ff. Auch wenn es hier aufgrund des Umlageverfahrens im Grunde genommen nicht zu einer Rückzahlung von Kapital kommt.

375 Hierbei ist zwischen dem Arbeitgeberanteil, der nach § 3 Nr. 62 EStG in voller Höhe steuerfrei gestellt ist, und dem Arbeitnehmeranteil, der in den Grenzen der abziehbaren Vorsorgeaufwendungen nach § 10 EStG steuerfrei bleibt, zu unterscheiden.

376 Vgl. kritisch hierzu Welter, B., Gleichbehandlungsgebot (Steuer und Wirtschaft 1980), S. 332 ff. sowie Söhn. H., Ertragsanteilsbesteuerung (Steuer und Wirtschaft 1986), S. 324 ff. Letzterer sieht insbesondere im Vergleich zu der einkommensteuerlichen Behandlung der Beamtenpensionen eine massiven Verstoß gegen das Gleichbehandlungsgebot des Grundgesetzes und den daraus resultierenden Leistungsfähigkeitsprinzipien.

377 Vgl. hierzu S. 81 ff.

Beiträge zu ihrer staatlichen Altersversorgung.[378] Sie haben in der Regel aufgrund des beamtenrechtlichen Alimentationsprinzips einen Anspruch auf lebenslängliche Versorgung mit Eintritt in den Beamtenstatus. Somit sind bei Ihnen auch keine Zwangsaufwendungen bei der Ermittlung der steuerlichen Bemessungsgrundlage abzuziehen.

Ihre Beamtenpensionen werden als nachträgliche Einkünfte aus einem früheren Beschäftigungsverhältnisses unter den Einkünften aus nichtselbständiger Tätigkeit nach § 19 Abs. 1 Nr. 2 EStG erfaßt, wenn auch nach Abzug eines prozentualen und betraglich begrenzten Freibetrags (§ 19 Abs. 2 EStG).[379] Hier sind Ansätze einer korrespondierenden Behandlung von Aufwendungen für und Leistungen aus einer Zwangsversorgung zu sehen. Betrachtet man allerdings die Begründung für die Erfassung der Einkünfte nach § 19 Abs. 1 Nr. 2 EStG so wird deutlich, daß diese Behandlung nicht explizit aufgrund des intertemporalen Korrespondenzprinzips gewählt wurde.

Über alle Erwerbsgruppen hinweg, kann auch das traditionelle Instrument der privaten Altersvorsorge - die Kapitallebensversicherung - als Beispiel für eine inkonsistente Behandlung von Altersvorsorgeinstrumenten in bezug auf das steuerrechtliche Korrespondenzprinzip gesehen werden. Die Beiträge zu den Lebensversicherungen sind unter bestimmten Voraussetzungen[380] als Sonderausgaben bei der Ermittlung des zu versteuernden Einkommens abzugsfähig, werden somit aus unversteuertem Einkommen bezahlt. Die Leistungen aus der Lebensversicherung sind nach § 20 Abs. 1 Nr. 6 EStG ebenfalls steuerfrei. Eine solche sich widersprechende Behandlung ist allerdings keinesfalls in Einklang mit dem Korrespondenzprinzip zu bringen.

Mit dem Leistungsfähigkeitsprinzip hat das Korrespondenzprinzip gemein, daß weder das eine, noch das andere explizit (einkommen-)steuerrechtlich geregelt ist. Die Tatsache, daß das Korrespondenzprinzip als Teil des Gerechtigkeitsprinzips der Besteuerung gesehen werden muß, wird jedoch meist unzweifelhaft akzeptiert.[381] Es ist aus Gerechtigkeitsgründen abzulehnen, daß ein und dieselbe Leistungsfähigkeit mehrmals als ein und derselbe Besteuerungstatbestand angesehen wird. Ebenso muß aber aus Gerechtigkeitsgründen abgelehnt werden, daß Leistungsfähigkeit zu keiner Zeit besteuert wird.

---

378 Vgl. hierzu S. 13 ff.

379 Vgl. hierzu S. 74 f.

380 Vgl. zu den Voraussetzungen der Abzugsfähigkeit § 10 Abs. 1 Nr. 2 b) dd) EStG und S. 24 ff.

381 Anders dagegen Erhard, P., In memoriam (Der Betrieb 1987), S.1219 f. Erhard bezeichnet das Korrespondenzprinzip als ein „Dogma“, das seiner Meinung nach nicht zutrifft, da das Annuitätsprinzip (Abschnittsprinzip) der Besteuerung höher anzusetzen ist als das Korrespondenzprinzip.

Beide Besteuerungsprinzipien, das Leistungsfähigkeitsprinzip und das Korrespondenzprinzip hängen sehr eng zusammen. Sie haben beide ihren Ursprung im Gleichheitspostulat des Art. 3 GG. Der steuerrechtliche Aspekt einer Reform der Altersvorsorge muß sich somit an diesen beiden Prinzipien orientieren, damit er dem Gerechtigkeitsgedanken des Grundgesetzes entsprechen kann.[382]

B. Prinzipien der gesetzlichen Rentenversicherung

Bereits bei der Einführung der Bismarck´schen Arbeiterrentenversicherung im Jahre 1889 war dieser Urtypus der gesetzlichen Altersvorsorge in Deutschland durch verschiedene Prinzipien gekennzeichnet.[383]

Bis heute haben sich vor allem zwei Prinzipien herausgebildet, die - mehr oder weniger umstritten - auch Bedeutung für die gesetzliche Rentenversicherung besitzen: das Versicherungsprinzip und das Beitragsäquivalenzprinzip. Sie werden im folgenden näher untersucht und konkretisiert.

1. Versicherungsprinzip

Der Grundgedanke einer jeden Versicherung ist „die gemeinsame Selbsthilfe durch den freiwilligen oder zwangsweisen Zusammenschluß von gleichartig Gefährdeten und durch den Risikoausgleich innerhalb dieser Gefahrengemeinschaft."[384]

Schmähl grenzt ein auf dem Versicherungsprinzip basierendes System der Altersvorsorge gegen ein Steuer-Transfer-System im Rahmen der Altersvorsorge dahingehend ab, daß bei ersterem eher eine interperiodische Einkommensumverteilung im Vordergrund steht, wohingegen bei letzterem eine interpersonelle und eine intergenerationelle Umverteilung maßgeblich ist.[385]

---

382 Ebenfalls dieser Ansicht sind u. a. Henke, K.-D., Betriebliche Altersversorgung (Finanzarchiv 1988), S. 268 f. und in Grundzügen auch Zeidler, W., Verfassungsrechtliche Fragen (Steuer und Wirtschaft 1985), S. 6 ff.

383 Vgl. Vogel, W., Arbeiterversicherung (1951), S. 151 ff. Auch *Dinkel* ist der Meinung, daß die Verbindung von versicherungstechnischen Prinzipien und der gesetzlichen Rentenversicherung bereits in der Ausgestaltung der Bismarck´schen Arbeiterversicherung begründet liegt, hält aber gleichzeitig fest, daß eine Beitragsäquivalenz z.B. zu keiner Zeit in der gesetzlichen Rentenversicherung gegeben war: vgl. Dinkel, R., Äquivalenzprinzip (Versicherungswissenschaftliches Archiv 1984), S. 344 f.

384 Kolb, R., Versicherungsprinzip, in: Schmähl, W. (Hrsg.), Versicherungsprinzip (1985), S. 123.

385 Vgl. Schmähl, W., Versicherungsgedanke, in: Schmähl, W. (Hrsg.), Versicherungsprinzip (1985), S. 4 ff. Inwiefern diese Aussage Bedeutung im Zusammenhang mit einem umlagefinanzierten Versicherungssystem erlangt, bleibt noch zu klären. Stimmt man der Aussage von *Schmähl* uneingeschränkt zu, so kann bei dieser Form der Altersvorsorge nicht mehr von einer Versicherung sondern nur noch von einem Steuer(Beitrag)-Transfer-System gesprochen werden.

Grundsätzlich bleibt daher festzuhalten, daß ein wesentlicher Bestandteil des Versicherungsprinzips die finanzielle Abdeckung eines oder mehrerer Risiken durch die Bereitstellung finanzieller Mittel bei Eintritt des Versicherungsfalles ist. Ob eine solche Abdeckung durch eine individuelle risikoinduzierte Bemessung des eigenen Beitrags oder mittels einer globalen Bemessung der Risiken innerhalb einer bestimmten Gruppe von Versicherten durchgeführt werden sollte, wird später im Rahmen der Darstellung des Begriffs der Beitragsäquivalenz erläutert werden.[386]

Wichtig zunächst ist die Konkretisierung der „Risiken", die durch eine Versicherung im allgemeinen und der gesetzlichen Rentenversicherung im speziellen abgedeckt werden sollen.

Abstrahiert man von dem Problemkreis der Altersvorsorge und betrachtet z.B. - als eine relativ einfache Form der Versicherung - die Kraftfahrzeug-Kaskoversicherung, so kann man präzise den Begriff des Risikos abstecken: Abgedeckt wird der „Untergang" des Kraftfahrzeugs z.B. durch Diebstahl oder Totalschaden. Der Risikoausgleich erfolgt dadurch, daß dieses „Schicksal" - zumindest statistisch gesehen - nicht jeden Versicherten treffen wird.

Wie aber soll nun das Risiko in der gesetzlichen Rentenversicherung konkretisiert werden? Ist die Möglichkeit[387], daß eine Versicherter die Regelaltersgrenze von zukünftig 65 Jahren[388] erreicht, bereits ein „Versicherungsfall"? Davon kann m.E. nach nicht gesprochen werden. Im Gegenteil: Dieser Fall stellt nicht die Ausnahme - wie z.B. der Totalschaden oder der Diebstahl eines Kraftfahrzeugs - dar, sondern grundsätzlich den Regelfall. Nur sehr wenige Menschen werden das Erreichen dieses Alters als besondere Ausnahme definieren. Aber u.a. genau dieser Fall wird gerade im Rahmen der gesetzlichen Rentenversicherung als ein möglicher Versicherungsfall bezeichnet.[389]

Neben der Regelaltersgrenze kennt das Rentenrecht der gesetzlichen Rentenversicherung noch verschiedene andere Arten von Versicherungsfällen, an die eine Leistung geknüpft wird. Diese sollen in der nachstehenden Abbildung verdeutlicht werden.

---

386 Vgl. S. 165 ff. dieser Arbeit. Vgl. auch zum Begriff der Beitragsäquivalenz Schmähl, W., Beitragsäquivalenz (Wirtschaftsdienst 1981/VII), S. 345 ff.

387 Es wird in diesem Zusammenhang absichtlich nicht von Risiko gesprochen.

388 Vgl. § 35 RRG 1992.

389 In § 33 Abs. 1 des RRG 1992 wird die Zahlung einer Rente aus der gesetzlichen Rentenversicherung von drei verschiedenen Ereignissen abhängig gemacht: „Renten werden geleistet wegen Alters, wegen verminderter Erwerbsfähigkeit oder wegen Todes".

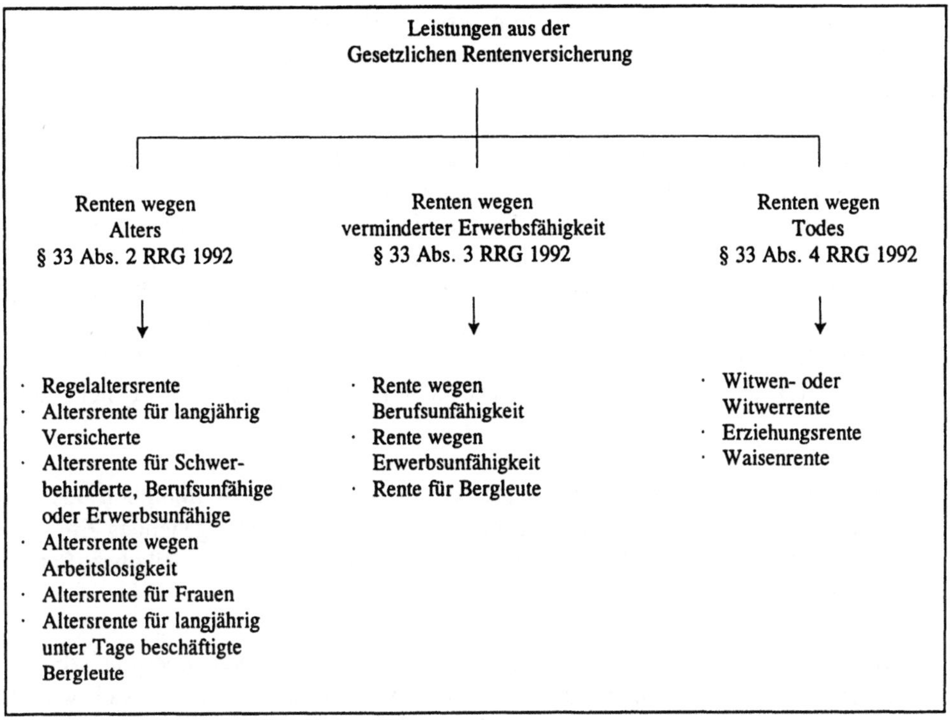

Abb. 40: Leistungen aus der gesetzlichen Rentenversicherung[390]

Wenn aber nun wie oben gezeigt, das Zahlen einer „Rente wegen Alters“ nicht als Ausnahme - als Versicherungsfall - bezeichnet werden kann, dann können die Leistungen aus der gesetzlichen Rentenversicherung in diesem Zusammenhang auch nicht als Versicherungsleistungen bezeichnet werden.

Dadurch bekommt die Regelaltersrente aus der gesetzlichen Rentenversicherung den Charakter einer „Lohnersatzleistung“.[391] Somit entspricht die Regelaltersrente eher der Rückzahlung eines durch eigene Beiträge angesparten und über die Ansparzeit verzinsten Kapitals, auch wenn dies aufgrund der Finanzierung über das Umlageverfahren nur theoretisch von Bedeutung sein kann.

390 Quelle: Eigene Darstellung.

391 Vgl. u.a. Kolb, R., Versicherungsprinzip, in: Schmähl, W. (Hrsg.), Versicherungsprinzip und soziale Sicherung (1985), S. 128; Schmähl, W., Bedeutung (1985), in: Schmähl, W. (Hrsg.), Versicherungsprinzip und soziale Sicherung (1985), S. 204 ff. Auch das Bundesverfassungsgericht kommt zu dieser Ansicht: vgl. z.B. BVerfG-Urteil v. 06.06.1978, 1 BvR 102/76, BVerfGE Bd. 48, S. 351.

Betrachtet man allerdings die anderen Arten der Renten wegen Alters, so sind durchaus versicherungsspezifische, aber auch versicherungsfremde Leistungen zu entdecken.[392]

Allgemein können die Situationen, in denen versicherungsspezifische Leistungen an den Versicherten gezahlt werden, als unerwartet bezüglich der Wahrscheinlichkeit ihres Eintreffens bezeichnet werden. Sie treffen den Versicherten nicht regelmäßig, sondern stellen eher die Ausnahme dar. Damit kann eine spezielle Altersrente z.B. für Frauen, für langjährig Versicherte oder auch für von Geburt an Schwerbehinderte nicht unter dem Versicherungsprinzip erfaßt werden. Im Gegenteil, die spezielle Situation ist dem Versicherten bereits sehr langfristig - z.B. im Falle der Altersrente für Frauen - bereits von Geburt an immanent und tritt somit nicht unerwartet ein.

Dahingegen ist die Möglichkeit z.B. einer Erwerbs- oder Berufsunfähigkeit oder des „frühen" Todes des Versicherten und ein damit eventuell einhergehendes Eintreten der Verpflichtung zur Zahlung einer Hinterbliebenenrente eher risikobehaftet im Sinne einer konkretisierbaren speziellen Wahrscheinlichkeit.

Neben bestimmten Leistungen aus der gesetzlichen Rentenversicherung, die als versicherungsfremd im obigen Sinne bezeichnet werden können, lassen sich weitere versicherungsfremde Elemente auch im Bereich der Berechnung der einzelnen Leistungen finden.[393]

Die Frage ist nun, ob die Existenz des Versicherungsprinzips für die gesetzliche Rentenversicherung überhaupt von Bedeutung ist oder ob die gesetzliche Rentenver-

---

392 Zum Begriff der „versicherungsfremden Leistungen" vgl. u.a. Wagner, G., Interpersonelle Umverteilung (Wirtschaftsdienst 1985/IV), S. 191 ff.; Steinlin, P., Beitragsgerechtigkeit (Versicherungswissenschaftliches Archiv 1958), S. 321 ff.; o.V., Versicherungsfremde Aufgaben (Wochenberichte des Deutschen Instituts für Wirtschaftsforschung 1993), S. 523 ff.; Schreiber, W., Soziale Ordnungspolitik (1968), S. 36 f.; Franke, S., Einzelwirtschafttliche Analyse (Wirtschaftsdienst 1981/V), S. 247. Die Tatsache, daß der gesetzlichen Rentenversicherung neben versicherungstypischen Gesichtspunkten auch versicherungsfremde Merkmale in Form von sozialen Aspekten zugeordnet werden müssen wird auch vom Bundesverfassungsgericht anerkannt: vgl. BVerfG-Urteil v. 06.06.1978, 1/BvR 102/76, BVerfGE Bd. 48, S. 350 u. S. 358; BVerfG-Urteil v. 24.07.1963, 1/BvL 30/57, 11/61, BVerfGE Bd. 17, S. 6 u. S. 9 f.

393 Dabei sei an dieser Stelle lediglich hingewiesen auf die Anerkennung der sogenannten „beitragsfreien Zeiten" wie Ausbildung, Kindererziehung, Wehrdienst etc. Diese stellen insofern versicherungsfremde Leistungen dar, als ihre Existenz individuell beeinflußbar und ihre Last daher nicht kollektiv verteilbar gehalten werden darf.

sicherung in ihrer idealtypischen Ausgestaltung auf die Existenz eines Versicherungsprinzips in ihrem Aufbau angewiesen ist.[394]

Um eine endgültige Antwort auf diese Frage geben zu können, muß zunächst in einem weiteren Schritt die Bedeutung des Beitragsäquivalenzprinzips als Ausprägung des Versicherungsgedankens im Rahmen der gesetzlichen Rentenversicherung geklärt werden.

2. Beitragsäquivalenzprinzip

Auch der Begriff der Beitragsäquivalenz spielt bei der Betrachtung der gesetzlichen Rentenversicherung und anderer Vorsorgeformen, u.a. unter dem Gesichtspunkt einer von ihr ausgehenden Umverteilungswirkung, eine große Rolle.[395] Dabei wird Beitragsäquivalenz im allgemeinen wie folgt definiert:

> „Es besteht Beitragsäquivalenz, wenn der als konstant vorausgesetzte Beitragssatz (Prämie) so berechnet ist, daß der Wert der von den Aktiven der Generation zu zahlenden, auf das Alter x_0 abgezinsten Beiträge (Anwartschaft auf Beiträge) gleich ist dem Wert der ebenfalls auf das Alter x_0 abgezinsten, zu erwartenden Versicherungsleistungen (Anwartschaft auf Leistungen).“[396]

Grundsätzlich wird das (Beitrags-)Äquivalenzprinzip auch als eine Ausprägung des oben beschriebenen Versicherungsprinzips gesehen.[397]

Wird demnach der Beitragssatz zu einem System der Altersversorgung in der Weise berechnet, daß Grundlage für die Berechnung ausschließlich das eigene Risiko, die eigene persönliche Situation des Versicherten ist, dann kann von Beitragsäquivalenz im obigen Sinne gesprochen werden.

---

394 *Heubeck* geht sogar davon aus, daß generell kein Anspruch auf irgendeine Äquivalenz im Wesen einer Sozialversicherung zu gelten braucht: „Die Sozialversicherung erhebt keinen Anspruch darauf, daß das in der Individualversicherung gültige Äquivalenzprinzip zu praktizieren, ja, man kann die Sozialversicherung geradezu als eine Versicherung definieren, in der dieses Prinzip von der Gleichheit der Erwartungswerte für Leistung und Gegenleistung nicht gilt und auch nicht zu gelten braucht“, Heubeck, G., Äquivalenzprinzip (Zeitschrift für Versicherungswesen 1967), S. 235.

395 Vgl. Dinkel, R., Umverteilung (Wirtschaftsdienst 1985/VI), S. 184 ff.; Albrecht, P./Timpel, M., Kapitalmarkttheoretische Fundierung (Zeitschrift für die gesamte Versicherungswissenschaft 1993), S. 593 ff.; Helberger, C./Wagner, G., Beitragsäquivalenz (1981), in: Herder-Dorneich, P., Dynamische Theorie der Sozialpolitik (1981), S. 331 ff.; Denneberg, D., Äquivalenzprinzip (Deutsche Rentenversicherung 1978), S. 133 ff.

396 Thullen, P., Beitragsäquivalenz (Deutsche Rentenversicherung 1981), S. 498.

397 Vgl. Schmähl, W., Versicherungsgedanke, in: Schmähl, W. (Hrsg.), Versicherungsprinzip und soziale Sicherung (1985), S. 2.

Wie aber bei der Darstellung des Versicherungsprinzips in der gesetzlichen Rentenversicherung deutlich geworden ist, sind Bestandteile dieser besonderen Form der Altersversorgung neben den Versicherungsrisiken auch sogenannte versicherungsfremde Leistungen. D.h. Bestandteile der Berechnung der „Versicherungsbeiträge" sind auch solche kollektiven Risiken, die originär nichts mit der persönlichen Situation des versicherten Individuums zu tun haben.[398]

Insofern kann es nicht zu einem ausgeglichenen Verhältnis zwischen einbezahlten Beiträgen und erhaltenen Leistungen aus dem Versicherungsprinzip kommen. *Dinkel* ist sogar der Meinung, daß im Rahmen eines umlagefinanzierten Rentenversicherungssystems überhaupt nicht mehr von einer Beitragsäquivalenz gesprochen, sondern lediglich die konkrete Aufgabe des Budgetausgleichs bei den Beitragszahlern auf der einen Seite und der Budgetverwendung bei den Leistungsempfängern auf der anderen Seite Kosten und Nutzen dieser Versicherungsform bestimmen könne; mithin könne intertemporal kein Vergleich bezüglich einer Beitragsäquivalenz bei einer Umlagefinanzierung im Gegensatz zu einer kapitalgedeckten Finanzierungsform sinnvoll sein.[399]

Damit verkennt er aber den Zusammenhang zwischen der relativen Höhe der Beitragszahlung und der damit in Relation stehenden Höhe der Rente aus der gesetzlichen Rentenversicherung, wie er momentan gegeben ist. Dadurch kommt es sehr wohl zu interperiodischen Umverteilungsprozessen und zwar bezüglich der Last der zu tragenden Beiträge insofern sich die jeweiligen Versicherungskohorten - z.B. in ihrer demographischen Zusammensetzung - unterscheiden.[400]

Die Gruppe der jetzt Beitragspflichtigen wird damit während ihrer Zeit als Leistungsempfänger zu Recht Ansprüche auf eine Ausgeglichenheit ihre Beiträge zu den Leistungen stellen.

---

398 Vgl. Thiede, R., Versicherungsfremde Leistungen (Die Angestelltenversicherung (1995), S. 223 ff.; o.V. Sozialversicherung (Handelsblatt v. 06.07.1994), S. 4; Thelen, P., Ausfallbürge (Handelsblatt v. 31.12.1993), S. 21; Allekotte, H. A., Intertemporaler Belastungsausgleich (1981), in: Herder-Dorneich, P., Dynamische Theorie der Sozialpolitik (1981), S. 203 ff.

399 Vgl. Dinkel, R., Umverteilung (Wirtschaftsdienst 1985/IV), S. 186. Konkret führt er dazu aus, „daß wir in der Bundesrepublik zwar vor einigen Jahrzehnten das konsequente Umlageverfahren mit all seinen Vor- (und Nach-)teilen eingeführt haben, das allgemeine Denken aber noch vollständig dem Privatversicherungsgedanken verhaftet ist".

400 *Wagner* spricht dabei von der sogenannten strukturellen Beitragsäquivalenz: „Als strukturell beitragsäquivalent wird ein Rentenversicherungssystem dann bezeichnet, wenn für eine Versichertenkohorte die Struktur ihrer Beiträge der Struktur der späteren Leistungen entspricht." Wagner, G., Interpersonelle Umverteilung (Wirtschaftsdienst 1985/IV), S. 190. Vgl. hierzu auch ausführlich Wagner, G., Umverteilung (1985), in: Schmähl, W. (Hrsg.), Versicherungsprinzip und soziale Sicherung (1985), S. 142 ff. sowie vgl. Wagner, F., Rentenversicherung (1984), S. 50 ff.

Jedoch führen auch versicherungsimmanente Leistungen dazu, daß eine Beitragsäquivalenz im obigen Sinne nicht gegeben sein kann. Denn gerade die Existenz eines Risikoausgleichs innerhalb einer mit gleichartigen Risiken behafteten Gruppe von Versicherten führt zwangsläufig dazu, daß es zu Beitrags-/Leistungs-Relations-Verschiebungen innerhalb dieser Gruppe kommt.[401]

Daher muß man vom strengen Begriff der individuellen Beitragsäquivalenz, wie er oben beschrieben wurde, abweichen und sich mehr dem Begriff der Gruppenäquivalenz im Sinne einer gleichgelagerten Kohorte von Versicherten zuwenden.

Der Begriff der Gruppenäquivalenz besagt demnach, daß Beitragsäquivalenz innerhalb einer Kohorte von Versicherten herrscht, wenn die Beitrags-/Leistungs-Relation innerhalb dieser Gruppe ausgeglichen ist.[402]

Die Bemessung des Beitrags innerhalb der Gruppe der Versicherten ergibt sich aus dem durchschnittlichen Risiko aller in der Gruppe zusammengefaßten, gleichartigen Individuen. Damit wird sichergestellt, daß die Gruppenäquivalenz bezüglich dem Verhältnis der geleisteten Einzahlungen in Form von Beiträgen und der zu erwartenden Auszahlungen in Form von Versicherungsleistungen gewährleistet ist:

> „Die nominal gleichbleibende Prämie, auch Anwartschaftsdeckungsprämie genannt, ist zur Einhaltung der Gruppenäquivalenz derart zu bestimmen, daß die Barwerte aller Prämien mit den Barwerten aller Renten übereinstimmen."[403]

Betrachtet man aber das derzeitige Verfahren der Finanzierung der gesetzlichen Rentenversicherung durch Umlagen sowie die dynamisierte Rentenanpassung über die durchschnittliche Nettolohnentwicklung, so wird deutlich, daß es effektiv weder zu einer individuellen noch zu einer Gruppen-Beitragsäquivalenz kommen kann. Der Versicherte baut durch seine Beiträge keinen individuellen Vermögensstamm - wie es alleine durch den obigen Begriff der Anwartschaftsdeckungsprämie impliziert wird - auf, sondern er erwirbt sich mittels der Beiträge eine relative Stellung unter allen Beitragszahlern, die sich dann in eine relative Stellung unter allen Leistungsempfängern während der Phase des Leistungsempfangs fortpflanzt.

---

401 *Steinlin* ist z.B. der Meinung, daß die Beitragsbemessung in der gesetzlichen Rentenversicherung grundsätzlich nicht nach mathematischen sondern nach sozialen Gesichtspunkten durchgeführt wird: vgl. Steinlin, P, Beitragsgerechtigkeit (Versicherungswissenschaftliches Archiv 1958), S. 315 f.

402 Betrachtet man z.B. das Risiko des Ablebens vor dem Erreichen der Regelaltersgrenze, d.h. bevor es zur Zahlung einer Regelaltersrente kommt, so wird deutlich, daß die Leistungen die eventuell aufgrund des eingetretenen Versicherungsfalles (das frühzeitige Ableben des Versicherten) in Form einer Witwen(r)- und/oder Waisenrente bezahlt werden von einem anderen Mitglied der Versichertengemeinschaft bezahlt werden.

403 Kolb, R., Versicherungsprinzip, in: Schmähl, W. (Hrsg.), Versicherungsprinzip (1985), S. 125.

Ausgehend von dieser Situation wurde der Begriff der Teilhabeäquivalenz der Beiträge zu den Leistungen aus der Form der Altersversorgung geprägt. Teilhabeäquivalenz bedeutet, daß es auf einen nominellen Zusammenhang zwischen geleisteten Beiträgen und empfangenen Leistungen nicht ankommt. Vielmehr muß seine relative Stellung unter den Beitragszahlern während der Beitragsphase auch seiner relativen Stellung während der Leistungsphase entsprechen.[404]

C. Zusammenfassung

Damit läßt sich erkennen, daß theoretisch die Ausgestaltung einer gesetzlichen Rentenversicherung in steuer- und sozialrechtlicher Hinsicht sehr vielfältig sein kann. Eine allein gültige Vorgehensweise läßt sich lediglich aus einer zuvor festgelegten Zielsetzung erarbeiten, nach der die einzelnen Gestaltungsparameter zieladäquat eingesetzt und ausgestaltet werden können. Dies wird aber erst im Anschluß an die Darstellung bestehender Reformvorschläge erfolgen, um deren Betrachtung möglichst objektiv zu halten.

Diese Quintessenz bildet nun die Basis für eine kritische Durchleuchtung der bestehenden Reformvorschläge der Sachverständigenkommission Alterssicherungssysteme und des Wissenschaftlichen Beirats am Bundesministerium der Finanzen. Zusätzlich zu diesen beiden - auf Initiative der Regierung tätig gewordenen - Gremien sollen auch noch zwei Reformmodelle aus dem wirtschaftswissenschaftlichen Bereich erläutert werden: das Modell des Kronberger Kreises und des Instituts für Wirtschafts- und Gesellschaftspolitik/Bonn sowie der an letzterem angelehnte Vorschlag der „GRÜNEN“ und des Seniorenschutzbundes „Graue Panther“

IV. Sachverständigenkommission Alterssicherungssysteme

A. Vorbemerkung

> „Die Bundesregierung setzt eine Sachverständigenkommission ein mit der Aufgabe, unter Berücksichtigung der gewachsenen Strukturen und der Vorgaben des Grundgesetzes einen systematischen Vergleich aller staatlich finanzierten und geförderten Alterssicherungssysteme sowie Vorschläge für eine etwaige Neuregelung zu erarbeiten, die insgesamt nicht mit Mehraufwendungen verbunden sein sollen.“[405]

---

[404] Vgl. Kolb, R., Versicherungsprinzip, in: Schmähl, W. (Hrsg.), Versicherungsprinzip (1985), S. 125 ff. insbes. S. 127 f.

[405] Beschluß der Bundesregierung v. 10.06.1981 zum Einsetzen der Kommission Alterssicherungssysteme zitiert nach Sachverständigenkommission Alterssicherungssysteme, Berichtsband 1 (1983), S. 17.

So formulierte die Bundesregierung in ihrem Beschluß vom 10.06.1981 die Zielsetzung der durch diesen Beschluß eingesetzten Sachverständigenkommission Alterssicherungssysteme. Fast 2 ½ Jahre später veröffentlichte die Kommission in zwei Berichtsbänden und zwei Anlagebänden die Ergebnisse ihrer intensiven Beratungen.[406]

Gegenstand dieser Untersuchung waren demnach alle staatlich finanzierten und geförderten Alterssicherungssysteme, worunter die Kommission alle „gesetzlichen Regelungen und öffentliche Einrichtungen, die älteren Menschen eine ihrem Lebensstandard, ihrer Lebensleistung und ihren Bedürfnissen entsprechende Lebensgrundlage gewährleisten,“[407] subsumierte.

Wie bereits das Bundesverfassungsgerichtsurteil, so hat auch die Bundesregierung der Kommission relativ freie Hand in bezug auf Umfang und Inhalt der zu entwikkelnden Reformvorschläge gelassen. Lediglich der fiskalische Aspekt - „keine Mehraufwendungen“ (s.o.) - kennzeichnete eine Grenze bei den Überlegungen. Es bleibt festzuhalten, daß Einsparungen in den öffentlichen Haushalten kein Kriterium für die Entwicklung der Vorschläge waren.

Im folgenden wird insbesondere näher auf den Berichtsband 1 der Sachverständigenkommission eingegangen, in dem ein Vergleich der Alterssicherungssysteme dargestellt wird und die Empfehlungen der Kommission zusammengefaßt werden.[408]

Im wesentlichen hat die Sachverständigenkommission Alterssicherungssysteme folgende drei Reformvorschläge ausgearbeitet:

1. Modell der modifizierten Ertragsanteilsbesteuerung,
2. Modell der Vollbesteuerung mit Sonderfreibeträgen und
3. Modell der belastungsäquivalenten Rentenformel.

---

406 Die Mitglieder der Kommission (sie setzte sich aus Vertretern der Wissenschaft, Politik und Praxis zusammen) kam insgesamt zu 22 Sitzungen darunter 3 Klausurtagungen zusammen: vgl. Sachverständigenkommission Alterssicherungssysteme, Berichtsband 1 (1983), S. 17 ff.

407 Sachverständigenkommission Alterssicherungssysteme, Berichtsband 1 (1983), S. 19.

408 Zur grundlegenden Auseinandersetzung mit den Vorschlägen der Sachverständigenkommission Alterssicherungssysteme vgl. Littmann, K., Besteuerung von Alterseinkommen (Sozialer Fortschritt 1984), S. 65 ff.; Loschelder, W., Beamtenversorgung (Die öffentliche Verwaltung 1984), S. 1003 ff.; Körber, K.-O., Gutachten (Versicherungswirtschaft 1984), S. 112 ff. und 554 ff.

B. Modell der modifizierten Ertragsanteilsbesteuerung

1. Darstellung des Reformvorschlags

Beim Modell der modifizierten Ertragsanteilsbesteuerung[409] wird grundsätzlich an der momentan gültigen Situation der einkommensteuerlichen Behandlung der Altersvorsorge festgehalten.

Neu ist jedoch, daß alle Arten von Alterseinkünften, die aus einem Versicherungsprinzip heraus gezahlt werden,[410] dem Verfahren der sogenannten Ertragsanteilsbesteuerung unterliegen sollen. Damit wird eine Gleichbehandlung der verschiedenen Alterssicherungssysteme, was die Höhe ihrer Steuerbarkeit in der Auszahlungsphase betrifft, angestrebt. Eine weitere Veränderung der geltenden Situation wird durch eine Veränderung der Berechnung des Ertragsanteils[411], mit dem die Alterseinkünfte der Einkommensteuer unterliegen, erreicht. Hier wird neben dem bisher allein gültigen Kriterium des Eintrittsalters in die Rentenleistung ein weiterer Faktor mit hinzugenommen, der sich in Abhängigkeit von der eigenen Mittelaufbringung zur Rentenleistung bemißt.

Das Verfahren ändert jedoch nichts an der nun bereits mehrmals kritisierten Berechnung der Altersvorsorgebeiträge im Rahmen des Sonderausgabenabzugs nach § 10 EStG, sondern behält diese unsystematische und umstrittene Regelung bei.

Kernstück des Vorschlags ist eine gegenüber den heutigen Vorschriften modifizierte Berechnung des steuerpflichtigen Ertragsanteils. Dabei soll zukünftig berücksichtigt werden, inwieweit der Steuerpflichtige selbst Beiträge zu den jeweiligen Versorgungswerken geleistet hat. Zusätzlich wird bei diesem Reformvorschlag von der Fiktion ausgegangen, daß die Eigenfinanzierung immer zu 100% aus versteuertem Einkommen geleistet wurde. Für diese Teile der späteren Rentenzahlung muß dann konsequenterweise der Ertragsanteil auf 0% festgelegt werden. Dieser Teil der Rentenzahlung wird demzufolge als Tilgungsanteil bezeichnet.

Die beiden anderen Bestandteile, in die die Rentenzahlung aufgesplittet werden müßte, sind der Ertragsanteil, das heißt der Teil des Vermögens, der aufgrund von Zins und Zinseszins angesammelt wurde, sowie ein sogenannter Umverteilungsanteil, der den Anteil der Rentenzahlung betrifft, der weder aus eigener Beitragslei-

---

409 Vgl. ausführlich zum Inhalt des Reformvorschlags Sachverständigenkommission Alterssicherungssysteme, Berichtsband 1 (1983), S. 164 f.

410 Das bedeutet, daß Einkünfte, die das Individuum originär im Alter z.B. aufgrund einer Erwerbstätigkeit oder aus Vermögensverwaltung erzielt nicht unter diese Regelung fallen sondern wie während der Erwerbsphase als solche Einkünfte unter deren Rubrik sie fallen besteuert werden.

411 Vgl. § 22 Nr. 1 Buchst. a EStG. Zu Hintergründen und Vorgehensweise bei der Ermittlung dieser Ertragsanteile vgl. S. 30 ff.

stung noch aus Erträgen der Beitragsleistungen stammt, sondern im Zuge einer Umverteilung im System aus den Beiträgen anderer Systembeteiligter oder einem etwaigen staatlichem Zuschuß stammt. Diese beiden Bestandteile müßten dann konsequenterweise mit einem Ertragsanteil von 100% belegt werden.

Je höher dann bei einer Rentenleistung der Beitragsrückfluß in Form des Tilgungsanteils aus versteuertem Einkommen ist, desto niedriger ist insgesamt der Ertragsanteil der gesamten Rentenzahlung anzusetzen. Nach den Erkenntnissen der Kommission müßte der Ertragsanteil von heute 27% bei Eintreten der Rentenzahlung mit einem Lebensalter von 65 Jahren auf ca. 48% nahezu verdoppelt werden.[412]

Damit würden z.B. auch Renten aus der gesetzlichen Rentenversicherung, die betraglich relativ niedrig sind und nach der momentan gültigen Regelung aufgrund des niedrigen Ertragsanteils den einkommensteuerlichen Freibetrag nicht überschreiten, der Einkommensbesteuerung unterliegen. Um unter anderem diese negative Folge des Modells der modifizierten Ertragsanteilsbesteuerung abzuschwächen, sollte nach Meinung der Kommission es zu einer schrittweisen Anhebung des Ertragsanteils kommen und eine verminderte Leistungsfähigkeit im Alter durch die Einführung von speziellen tarifären Vergünstigungen, z.B. in Form von Freibeträgen, steuerlich berücksichtigt werden.[413]

2. Bewertung des Reformvorschlags

Angesichts der Unsystematik dieses Reformvorschlages, ist strukturierte Kritik nur schwerlich zu üben. Begonnen werden soll mit der zugrundegelegten Fiktion, daß eigenfinanzierte Teile der Rente grundsätzlich aus unversteuertem Einkommen stammen und das, obwohl die Sonderausgabenabzugsregelung des § 10 EStG weiterhin Gültigkeit haben soll, um „die Belastung der Arbeitnehmereinkommen durch Sozialversicherungsbeiträge und Steuern nicht weiter zu verschärfen"[414]. Ein solches Vorgehen würde nur dann dem Korrespondenzprinzip - und zwar dem vorgelagerten Korrespondenzprinzip - entsprechen, wenn die Beiträge des Arbeitgebers zur Rentenversicherung auch tatsächlich aus versteuertem Einkommen stammen, das heißt nicht im Rahmen der Höchstgrenzen des § 10 EStG als Sonderausgaben geltend gemacht werden konnten. Allerdings würde eine solche Regelung der Argu-

---

412 Bei der Berechnung des Ertragsanteils wird aber - wie im geltenden Recht bereits - von einem durchschnittlichen Ertragsanteil über die durchschnittliche Lebenserwartung des Rentenberechtigten ausgegangen, das heißt es kommt nicht jährlich neu zu einer Ertragsanteilsberechnung: vgl. Sachverständigenkommission Alterssicherungssysteme, Berichtsband 1 (1983), S. 164.

413 Vgl. Sachverständigenkommission Alterssicherungssysteme, Berichtsband 1 (1983), S. 169 f.

414 Sachverständigenkommission Alterssicherungssysteme, Berichtsband 1 (1983), S. 165.

mentation von *Birk* entsprechen, der damit die Eigentumsgarantie des Grundgesetzes (Art. 14 GG) gesichert sieht.[415]

Dies ist allerdings nur sehr schwer nachzuweisen oder nachzuvollziehen, da ex post nicht eindeutig belegt werden kann, ob nun der Betrag, der als Sonderausgabe bei der Ermittlung des zu versteuernden Einkommens steuermindernd geltend gemacht wurde, in seinen Bestandteilen Beiträge zur Krankenversicherung, zur Arbeitslosenversicherung oder zur Rentenversicherung enthält. Ebenso wenig wird beachtet, daß es sich beim Arbeitgeberanteil an den Beiträgen zur gesetzlichen Rentenversicherung, um steuerfreien Arbeitslohn nach § 3 Nr. 62 EStG handelt.[416]

Ein weiteres Problem, das mit einer modifizierten Ertragsanteilsbesteuerung verbunden ist, bildet die pauschale Beibehaltung des zum Eintrittszeitspunkts in die Rente errechneten Ertragsanteils der Rentenzahlung. Würde dieser Ertragsanteil nach versicherungsmathematischen Methoden jährlich neu berechnet werden, so würde der steuerpflichtige Betrag in Höhe des Nichttilgungsanteils - vergleichbar zu einer Annuität bei einer Kreditrückzahlung - mit jedem Jahr längerem Rentenbezug auch steigen, bis er schließlich gegen 100% geht. Vernachlässigt man den Zins, so ist das Ergebnis der Pauschalierung des Ertragsanteils und seine jährliche Neuberechnung bei einer Person, die die durchschnittliche Restlebenserwartung im Zeitpunkt des Rentenbeginns genau erreicht, identisch.

Was aber am schwerwiegendsten bei einer kritischen Durchleuchtung des Vorschlages auffällt, ist, daß der Reformvorschlag eine alleinige Lösung der Ungleichbehandlungen im Rahmen der Altersvorsorge in einer Modifizierung des Einkommensteuerrechts sieht. Dabei wird übersehen, daß es nicht alleine das Steuerrecht ist, das diese Ungleichbehandlungen zu verantworten hat, sondern nur eine integrierte sozial- und steuerrechtliche Reform zum gewünschten Erfolg führen kann.[417]

Schließlich ist auch die Absicht, pauschal Freibeträge oder sonstige tarifliche Vergünstigungen für die Bezieher von Alterseinkommen einzuführen, völlig unverständlich. Die Argumentation, daß ein Bezieher von Alterseinkommen pauschal auch weniger Leistungsfähigkeit in seinem Einkommen besitzt und deswegen ein Sonderfreibetrag eingeführt werden müßte, kann nur als pauschalierende Ungerechtigkeit empfunden werden. Wenn die objektive Leistungsfähigkeit eines Individuums durch subjektive Mehrlasten vermindert wird, so kann diese ganz spezielle Situation

---

415 Vgl. Birk, D., Altersvorsorge (1987), S. 94 f.

416 Vgl. Kolb, R., Steuerbefreiung oder Steuererhöhung (Deutsche Rentenversicherung 1984), S. 486. *Kolb* sieht zusätzlich ein Problem in dem zu erwartenden Anstieg der Eigenfinanzierungsquote bei der gesetzlichen Rentenversicherung durch Beitragserhöhung. Dies könnte im Endeffekt auf eine Negativsteuer hinauslaufen.

417 Vgl. Zitzelsberger, H., Reformüberlegungen (Deutsche Steuer-Zeitung 1984), S. 471 f.; die wurde auch beim Modellvergleich deutlich wie die Interpretation auf den S. 133 ff. zeigt.

durch den Nachweis dieser Lasten bei der Ermittlung der subjektiven Leistungsfähigkeit berücksichtigt werden. Eine pauschalierende Regelung hingegen schafft lediglich durchschnittliche Gerechtigkeit.[418]

Positiv zu vermerken bei dem Vorschlag einer modifizierten Ertragsanteilsbesteuerung ist jedoch die Tatsache, daß es grundsätzlich zu einer Gleicherfassung der verschiedenen Arten von Alterseinkünften in Form von Renten- oder Pensionszahlungen kommt. Das bedeutet, daß zumindest bei der Besteuerung der Leistungen aus dem Altersvorsorgesystem berücksichtigt wird, inwiefern der Versorgungsberechtigte eigene Beiträge für die Versorgung entrichtet hat.

C. Modell der Vollbesteuerung mit Sonderfreibeträgen

1. Darstellung des Reformvorschlags

Die Sachverständigenkommission geht mit ihrem Modell der Vollbesteuerung mit Sonderfreibeträgen im Gegensatz zum Modell der modifizierten Ertragsanteilsbesteuerung einen Schritt weiter: Auch die einkommensteuerliche Behandlung der Beiträge zur Altersversorgung im Rahmen des Sonderausgabenabzugs soll in die Reform mit einbezogen werden.[419]

Grundsätzlich wird in dem Modell zwischen Vorsorgemaßnahmen, die Ansprüche auf Einkommenszahlungen im Alter aufgrund eines mit den Beiträgen erworbenen Rentenstammrechts sichern, und solchen Ansprüchen, die dem Berechtigten im Alter die Übertragung von Vermögen zusichern, unterschieden.

Für beide Modelle der Altersvorsorge soll das Korrespondenzprinzip beachtet werden.

- Die Beiträge, die dem Erwerb eines Rentenstammrechts dienen, sollen während der Ansparphase grundsätzlich in unbeschränkter Höhe in Form von Werbungskosten oder Betriebsausgaben steuerlich geltend gemacht werden dürfen. Dementsprechend sind die Leistungen aus diesen Vorsorgemaßnahmen während der Auszahlungsphase voll steuerlich zu erfassen.
- Die Beiträge, die der Ansammlung von im Alter zurückübertragbarem Vermögen dienen, müssen voll aus versteuertem Einkommen geleistet werden, was zur Folge hat, daß die Rückübertragung oder die Auflösung des Vermögens im Alter steuerfrei bleiben muß und nur die im Laufe der Zeit ange-

---

418 *Zitzelsberger* bezeichnet diese geplante Regelung auch als aus sozialpolitischen Gründen motiviert und nicht aus steuerrechtlichen: vgl. Zitzelsberger, H., Reformüberlegungen (Deutsche Steuer-Zeitung 1984), S. 470.

419 Vgl. zu der Darstellung des Modells der Vollbesteuerung mit Sonderfreibeträgen Sachverständigenkommission Alterssicherungssysteme, Berichtsband 1 (1983), S. 165 f.

sammelten und dann ausgezahlten Vermögensmehrungen während der Auszahlungsphase voll steuerlich erfaßt werden müssen.[420]

Damit wären die heutigen Regelungen der §§ 10 und 10c EStG ebenso wie die Ertragsanteilsbesteuerung in der heutigen Fassung nach § 22 Nr. 1 Buchst. a EStG überflüssig und könnten abgeschafft werden. Dafür müßte dann die Besteuerung von Alterseinkünften nach den oben dargestellten Leitlinien neu in das Einkommensteuergesetz aufgenommen werden, was z.B. im Rahmen einer neuen Einkunftsart „Alterseinkünfte" vorgeschlagen wird.

Zusätzlich zu diesen Regelungen möchte die Sachverständigenkommission in ihrem Reformmodell der Vollbesteuerung mit Sonderfreibeträgen einen generellen Freibetrag für alle Bezieher von Alterseinkommen und zusätzlich einen speziellen Freibetrag zumindest für die Bezieher von Renten aus der gesetzlichen Rentenversicherung einführen. Diesen Sonderfreibetrag sieht die Sachverständigenkommission in der Tatsache begründet, daß es aufgrund von Übergangsproblemen nicht zu einem sozial unerwünschten Absinken des (Netto-)Sozialrentenniveaus kommen darf und darin daß ein Teil der Bezieher von Sozialrenten aus der gesetzlichen Rentenversicherung oder anderen Regelversorgungswerken zu einem gewissen Teil die Arbeitnehmerbeiträge aus versteuertem Einkommen entrichtet haben, weil die historischen Grenzen des Sonderausgabenabzugs nach §§ 10 und 10c EStG zu niedrig angesetzt waren.[421]

2. Bewertung des Reformvorschlags

Im Gegensatz zum Modell der modifizierten Ertragsanteilsbesteuerung ist das Modell der Vollbesteuerung mit Sonderfreibeträgen ein erster Schritt in die richtige Richtung. Positiv ist vor allem die konsequente Beachtung des intertemporalen Korrespondenzprinzips, gleich ob in vorgelagerter oder nachgelagerter Form zu verzeichnen. Damit wäre zumindest dafür gesorgt, daß die Alterseinkünfte bei der Besteuerung in der Auszahlungsphase nicht willkürlich unterschiedlich behandelt würden.[422]

Gleichwohl ist aber auch das Modell der Vollbesteuerung mit Sonderfreibeträgen keine Lösung der eigentlichen Problematik, nämlich des Nebeneinanders verschiedenster gesetzlicher Regelversorgungssysteme. Wiederum wird versucht, die Ungleichbehandlungen im Rahmen der Altersvorsorge von abhängig Erwerbstätigen, alleine durch eine Korrektur der steuerlichen Behandlung dieser verschiedenen Sy-

---

420 Vgl. Ahrend, P., Neuregelung (Betriebs-Berater 1984), S. 1569.

421 Vgl. Sachverständigenkommission Alterssicherungssysteme, Berichtsband 1 (1983), S. 165 f.

422 Siehe wiederum sehr kritisch zum Korrespondenzprinzip im Zusammenhang mit dem Modell der Vollbesteuerung mit Sonderfreibeträgen: Birk, D., Altersvorsorge (1987), S. 92 ff.

steme zu neutralisieren. Dabei wird abermals vergessen, daß unterschiedliche Sachverhalte in Form unterschiedlicher Regelsicherungssysteme nicht mit einer steuerrechtlichen Reform alleine harmonisiert werden können.[423]

Ein weiteres Problem bei diesem Modell ist die geplante Einführung von pauschalen Freibeträgen und Sonderfreibeträgen für die Bezieher bestimmter Altersversorgungsleistungen. Zwar wird das Problem des Übergangs von altem auf neues Recht bei der Altersvorsorge richtigerweise erkannt. Ob allerdings eine pauschale steuerrechtliche Lösung der richtige Weg zur Beseitigung von Übergangsproblemen ist, wird bezweifelt. Zum einen wird hier eine Ungerechtigkeit mit einer anderen Ungerechtigkeit beseitigt und zum anderen lassen sich einmal erst eingeführte Freibeträge - noch dazu bei einer quantitativ so starken politischen Lobby, wie es die Gruppe der Bezieher von Alterseinkünften ist, - nur sehr schwer wieder abschaffen. Auch die Lösung der Übergangsprobleme, die eine solche Reform hervorruft, sollte nicht dem Steuerrecht alleine überlassen bleiben.

Zusätzlich birgt der Reformvorschlag ein Problem in der betraglich unbeschränkten Abzugsfähigkeit von Beiträgen zu Versorgungseinrichtungen, mit denen ein Rentenstammrecht für die Altersvorsorge erworben wird, im Rahmen der Ermittlung des zu versteuernden Einkommens. Mit der vorgeschlagenen Regelung ist es den Steuerpflichtigen möglich, einen großen Teil ihrer steuerlichen Leistungsfähigkeit in einen Lebensabschnitt mit zumeist niedrigerer Progressionsstufe im Bereich der Einkommensteuer zu transferieren. Dies dürfte zum einen problematisch in Hinblick auf die Forderung der Bundesregierung in ihrem Auftrag an die Kommission Alterssicherungssysteme sein, daß eine Reform für den Staatshaushalt kostenneutral sein muß.[424] Zum anderen kommt es hier zu möglichen Steuer- und Zinssubventionen an Einkommensgruppen, die von einem solchen Transfersystem profitieren könnten, das heißt solche Gruppen, die während der Erwerbsphase in einem größerem Umfang die Möglichkeit besitzen, Leistungsfähigkeit temporär zu transferieren. Dies widerspricht dem Gerechtigkeitsprinzip der Besteuerung und ist auch deshalb abzulehnen.[425]

---

[423] Vgl. Zitzelsberger, H., Reformüberlegungen (Deutsche Steuer-Zeitung 1984), S. 471 f. sowie Kolb, R., Steuerbefreiung oder Steuererhöhung (Deutsche Rentenversicherung 1984), S. 480 f.

[424] Dieses Problem wird auch von der Sachverständigenkommission gesehen, sie geht aber davon aus, daß es Aufgabe des Gesetzgebers sei solche Probleme durch sozial- oder steuerrechtliche Änderungen zu lösen: vgl. Sachverständigenkommission Alterssicherungssysteme, Berichtsband 1 (1983), S. 172.

[425] Es bleibt an dieser Stelle darauf hinzuweisen, daß eine solche Regelung auch nicht abschätzbare fiskalische Auswirkungen auf die Konsolidierung der Staatshaushalte haben kann.

D. Modell der belastungsäquivalenten Rentenformel

1. Darstellung des Reformvorschlags

Im Gegensatz zu den beiden vorangegangenen Reformvorschlägen der Sachverständigenkommission Alterssicherungssysteme setzt das Modell der belastungsäquivalenten Rentenformel primär nicht im Steuerrecht, sondern im Sozialversicherungsrecht, sprich bei der Berechnung der Sozialversicherungsrente, an.[426]

Im Kernpunkt sieht dieses Modell eine Steuerbefreiung für Renten aus der gesetzlichen Rentenversicherung vor. Gleichzeitig soll mittels einer Neugestaltung der Rentenformel ein belastungsäquivalenter Abschlag von der zu zahlenden Rente gemacht werden, der die vom Bundesverfassungsgericht beanstandeten Ungleichbehandlungen verschwinden läßt. Dazu wird die Rentenformel aus dem Jahre 1983[427] um einen sogenannten Minderungsfaktor a gekürzt.

Dieser Minderungsfaktor setzt nach einem Rentenfreibetrag ein, der dem Freibetrag nach dem Modell der Vollbesteuerung mit Sonderfreibeträgen entspricht. Der Minderungsfaktor soll sich in seiner Höhe an der steuerlichen Belastung aller anderen Alterseinkommen und hier insbesondere der Beamtenpensionen orientieren.[428]

Gleichzeitig müßten mit der neuen Rentenformel die Renten aus der gesetzlichen Rentenversicherung dem Progressionsvorbehalt nach § 32b EStG unterliegen, um beim Zusammentreffen mit anderen Alterseinkommen nicht neue Ungleichheiten im Rahmen der steuerlichen Behandlung von Altersvorsorgeaufwendungen aufkommen zu lassen.

Da es sich bei diesem Vorgehen um eine versteckte Finanzierung der gesetzlichen Rentenversicherungsträger durch den Fiskus handelt, da die Steuer auf die Sozialrente, die eigentlich dem Fiskus zusteht, direkt bei den Trägern der gesetzlichen Rentenversicherung verbleibt, bestehen auch in der Sachverständigenkommission

---

426 Allerdings darf das Modell nicht als eine sozialversicherungsrechtliche Lösung bezeichnet werden: vgl. Sachverständigenkommission Alterssicherungssysteme, Berichtsband 1 (1983), S. 166. *Kolb* erkennt zu Recht, daß das Modell der belastungsäquivalenten Rentenformel weitreichender Veränderungen im Einkommensteuerrecht - z.B. Steuerbefreiung der Renten aus der gesetzlichen Rentenversicherung - bedarf: vgl. Kolb, R., Steuerbefreiung oder Steuererhöhung (Deutsche Rentenversicherung 1984), S. 480.

427 Die Vorgehensweise wäre prinzipiell auch auf die neue Rentenformel nach der Rentenreform 1992 übertragbar.

428 Das bedeutet, daß der Minderungsfaktor a nicht auf immer und ewig festgesetzt werden kann, sondern in Abhängigkeit von Steuerrechtsänderungen immer wieder angepaßt werden muß, so daß die Unsicherheit bezüglich von Steuerrechtsänderungen auf die Höhe der zu erwartenden Sozialversicherungsrente übertragen wird.

berechtigte Zweifel, ob eine solche Reform als verfassungskonform anzusehen sei.[429]

2. Bewertung des Reformvorschlags

Neben dem bereits angesprochenen Problem der Verfassungskonformität des Modells der belastungsäquivalenten Rentenformel kann die Kritik, die bereits am Modell der Vollbesteuerung mit Sonderfreibeträgen geübt wurde, auch bei diesem Vorschlag weiterverfolgt werden, da sich die beiden Modelle in ihren Grundzügen und Wirkungen sehr ähneln. Der entscheidende Unterschied zwischen den Modellen liegt in der Tatsache begründet, daß das Modell der belastungsäquivalenten Rentenformel eine Lösung des Gesamtkomplexes lediglich im Bereich einer sozialrechtlichen Reform sucht, allerdings - wie oben bereits gezeigt wurde -[430] nicht ohne gravierende Änderungen im Bereich des Einkommensteuerrechts durchgesetzt werden kann.

Die Verlagerung der steuerrechtlichen Problematik der unterschiedlichen steuerlichen Behandlung der Altersvorsorgesysteme in das Sozialrecht kann ebensowenig wie die bei den anderen Modellen angestrebte rein steuerrechtliche Lösung ein Weg aus diesem Dilemma sein. Auch die Argumentation, daß mit dem Modell der belastungsäquivalenten Rentenformel den staatlichen Rentenversicherungssystemen keine Mittel entzogen werden, kann kein Argument für dieses Modell sein.

Schwer wiegen auch die Probleme des Modells in verwaltungstechnischer Hinsicht, etwa die Berechnung des jeweiligen Minderungsfaktors, das Zusammentreffen mehrerer Rentenansprüche, die Behandlung von Rentenzahlungen ins Ausland oder die Sicherstellung des Progressionsvorbehaltes.

V. Wissenschaftlicher Beirat beim Bundesministerium der Finanzen

Zeitlich nach der Sachverständigenkommission Alterssicherungssysteme wurde auch vom Wissenschaftlichen Beirat beim Bundesministerium der Finanzen in seinem „Gutachten zur einkommensteuerlichen Behandlung von Alterseinkünften“[431] zu der

---

429 Vgl. Sachverständigenkommission Alterssicherungssysteme, Berichtsband 1 (1983), S. 175. Birk ist unumstößlich der Meinung, daß eine solche „Einkommensteuer im Gewande der belastungsäquivalenten Rentenformel gegen Art. 106 und Art. 108 GG verstoßen, da sie weder den Gebietskörperschaften gemeinsam zufließt noch von den Ländern verwaltet wird“: Birk, D., Altersvorsorge (1987), S. 82.

430 Vgl. Kolb, R., Steuerbefreiung oder Steuererhöhung (Deutsche Rentenversicherung 1984), S. 480.

431 Gutachten zur einkommensteuerlichen Behandlung von Alterseinkünften, Schriftenreihe des Bundesministeriums der Finanzen - Heft 38 (1986). Jüngst wurden Kernpunkte des Gutachtens nochmals wiederholt: vgl. Wissenschaftlicher Beirat beim Bundesministerium der Finanzen, Gutachten (1994), S. 64 ff.

problematischen Materie der steuerrechtlichen und sozialversicherungsrechlichen Ungleichbehandlung im Rahmen der Altersvorsorge Stellung bezogen.[432]

Nachfolgend wird der Inhalt des Gutachtens skizziert und einer kritischen Beurteilung unterzogen.

A. Darstellung des Reformvorschlags

Wie der Titel bereits ausdrückt, beschäftigt sich das Gutachten des Wissenschaftlichen Beirats vorwiegend mit einer einkommensteuerrechtlichen Reform der Ungleichbehandlungen zwischen den verschiedenen Gruppen von Erwerbstypen und zwischen den verschiedenen Alterseinkünften im Rahmen der Altersvorsorge.

Der Wissenschaftliche Beirat zeigt in seinem Gutachten zunächst einmal die einkommensteuersystematischen Grundlagen auf, aus denen eine gerechte Behandlung der verschiedenen Arten von Altersvorsorgemaßnahmen abgeleitet werden kann: Zum einen ist es das Prinzip der Leistungsfähigkeit der Besteuerung und zum anderen das Korrespondenzprinzip der Besteuerung.[433]

Innerhalb des Korrespondenzprinzips unterscheidet auch der Wissenschaftliche Beirat drei verschiedene Ausprägungen:[434]

1. Das Korrespondenzprinzip nachgelagerter Art, d.h. eine Besteuerung der Leistungsfähigkeit, die in den Beiträgen zur Altersvorsorge liegt findet erst bei deren endgültigem Zufluß in der Auszahlungsphase statt; die Beiträge zur Altersvorsorge bleiben steuerfrei.

2. Das Korrespondenzprinzip vorgelagerter Art, d.h. alle Aufwendungen zur Altersversorgung müssen aus versteuertem Einkommen geleistet werden, dafür sind in der Auszahlungsphase die Leistungen aus der Altersvorsorge in Höhe des Tilgungsanteils steuerfrei.

3. Das gemischte Verfahren, d.h. die Abzugsfähigkeit von Beiträgen zur Altersversorgung bei der Ermittlung des zu versteuernden Einkommens ist betraglich nach oben begrenzt, der Rest muß aus versteuertem Einkommen geleistet werden; korrespondierend hierzu ist die steuerliche Behandlung in der Auszahlungsphase.

Grundsätzlich spricht sich der Wissenschaftliche Beirat für das nachgelagerte Verfahren des Korrespondenzprinzips aus, das heißt er möchte die Beiträge zur Alters-

---

432 Zur Auseinandersetzung mit dem Gutachten vgl. Winkler, E.-G., Gutachten (Versicherungswirtschaft 1986), S. 888 ff.

433 Vgl. Wissenschaftlicher Beirat beim Bundesministerium der Finanzen, Gutachten (1986), S. 6 ff.

434 Vgl. Wissenschaftlicher Beirat beim Bundesministerium der Finanzen, Gutachten (1986), S. 9 ff.

vorsorge steuerfrei stellen, dafür die Leistungen aus der Versorgungseinrichtung voll besteuern. Die Steuerfreiheit soll durch eine ungekürzte Abzugsfähigkeit der Beiträge im Rahmen von Vorsorgeaufwendungen sichergestellt werden. Das nachgelagerte Verfahren scheint dem Wissenschaftlichen Beirat unter anderem deswegen geeigneter zu sein, weil der ökonomische Redistributionsvorteil, der allen Arten von Leibrenten anhaftet, nicht auch Probleme bei der Besteuerung von Leibrenten aufwerfen soll, weswegen ein zu Beginn der Rentenzahlung zu ermittelnder und über die Laufzeit gleichbleibender steuerpflichtiger Ertragsanteil der Leibrente nicht notwendig wäre.[435]

Für die Abzugsfähigkeit von Versicherungsbeiträgen im Rahmen von Vorsorgeaufwendungen bei der Veranlagung zur Einkommensteuer hält es der Wissenschaftliche Beirat für notwendig, eine qualitative Abgrenzung bezüglich der folgenden Kriterien vorzunehmen:[436]

- Bindung der Vorsorgeaufwendungen an die Alters- und Hinterbliebenenvorsorge der gesetzlichen Rentenversicherung oder der Beamtenversorgung und
- fehlende Dispositionsfreiheit über die angesammelten Beträge sowohl während der Anspar- als auch während der Auszahlungsphase.

Das mögliche Kriterium der zwangsweisen Entrichtung von Beiträgen erschien wenig geeignet, da dann solche Erwerbstätige, die nicht Mitglied einer Zwangsversorgung sind, auch nicht in den Genuß der mit dem nachgelagerten Besteuerungsverfahren verbundenen möglichen Steuer- und/oder Zinsvorteile kommen können.[437]

Weitaus problematischer erscheint dem Wissenschaftlichen Beirat die quantitative Begrenzung der als Sonderausgaben im Rahmen der als Vorsorgeaufwendungen abzugsfähigen Beiträge zur Altersvorsorge. Einzig scheint festzustehen, daß die aufgrund des progressiven Tarifverlaufs der Einkommensteuer entstehenden Re-

---

435 Vgl. Wissenschaftlicher Beirat beim Bundesministerium der Finanzen, Gutachten (1986), S. 15 f.

436 Vgl. Wissenschaftlicher Beirat beim Bundesministerium der Finanzen, Gutachten (1986), S. 40 f.

437 Vgl. Wissenschaftlicher Beirat beim Bundesministerium der Finanzen, Gutachten (1986), S. 41. Mehrheitlich empfiehlt der Wissenschaftliche Beirat „als Vorsorgeaufwendungen zur Alterssicherung nur Beiträge zu gesetzlichen und privaten Leibrentenversicherungen steuerlich anzuerkennen“.

distributionseffekte durch eine betragliche Linearität der abzugsfähigen Vorsorgeaufwendungen vermieden werden sollen.[438]

Der Wissenschaftliche Beirat ist zudem der Meinung, daß falls sich der Gesetzgeber für eine beschränkte Abzugsfähigkeit der Vorsorgeaufwendungen entscheidet, die Grundsätze des sogenannten gemischten Verfahrens (vgl. oben unter 3.) Anwendung finden müßten. Die Berechnung des Tilgungsanteils soll dann allerdings nicht jedes Jahr neu nach versicherungsmathematischen Methoden erfolgen, sondern bei Eintritt in die Rentenleistungen einmalig und zwar als versicherungsmathematischer Anteil über die mittlere erwartete Laufzeit der Rentenzahlung.

Zudem soll ein allgemeiner Altersentlastungsbetrag eingeführt werden.[439] Zusätzlich sollen - übergangsweise - die Bezieher von Renten aus der gesetzlichen Rentenversicherung in den Genuß eines limitierten Vomhundertsatz-Freibetrags kommen, um die Übergangsprobleme vom alten auf das neue Recht auszugleichen.[440]

Um die Besteuerung abzusichern, schlägt der Beirat zusätzlich noch vor, einen Quellensteuerabzug - ähnlich dem des Lohnsteuerabzugs - bei den Renten vorzunehmen.[441]

B. Bewertung des Reformvorschlags

In seinen Grundzügen entspricht der Vorschlag des Wissenschaftlichen Beirats beim Bundesministerium der Finanzen dem Modell der Vollbesteuerung mit Sonderfreibeträgen der Sachverständigenkommission Alterssicherungssysteme.

Damit kann ein Großteil der Kritik, die bereits an dieser Stelle geübt wurde, auch für die Vorschläge des Wissenschaftlichen Beirats wiederholt werden.[442]

---

438 Vgl. Wissenschaftlicher Beirat beim Bundesministerium der Finanzen, Gutachten (1986), S. 44 ff. Während ein Teil des Beirats eine quantitative Begrenzung bei gleichzeitiger restriktiver qualitativer Einschränkung aufgrund eines unterstellten rationalen Verhaltens des Vorsorgenden für unnötig erklärt, spricht sich ein anderer Teil für eine quantitative Begrenzung aus, um die bereits dargestellten Steuer- und/oder Zinsvorteile beim nachgelagerten Verfahren einzuschränken. Folglich müßte für den Teil der Altersvorsorge, der aus versteuertem Einkommen geleistet wird das vorgelagerte Korrespondenzprinzip angewandt werden, was zu der bekannten Problematik der Ermittlung des Ertragsanteils führt.

439 Der Wissenschaftliche Beirat sieht die Einführung eines Altersfreibetrages, der jedem Steuerpflichtigen, der Alterseinkünfte bezieht zustehen soll, als notwendig an, weil er von einer generell verminderten Leistungsfähigkeit im Alter z.B. aufgrund von körperlichen Beschwerden oder geringerer Mobilität ausgeht: vgl. Wissenschaftlicher Beirat beim Bundesministerium der Finanzen, Gutachten (1986), S. 49 f.

440 Vgl. Wissenschaftlicher Beirat beim Bundesministerium der Finanzen, Gutachten (1986), S. 50 ff.

441 Vgl. Wissenschaftlicher Beirat beim Bundesministerium der Finanzen, Gutachten (1986), S. 62 ff.

Die Kritik fußt immer wieder auf der Argumentation, daß bei der Besteuerung von Altersversorgungsleistungen strikt zwischen einem Vermögensverzehr und einem Ertragsanteil getrennt werden soll. Es würde dann der Eigentumsgarantie des Grundgesetzes in Art. 14 GG widersprechen, wenn es zu einer Einkommensbesteuerung des privaten Vermögensbestandteils Rentenstammrecht in der gesetzlichen Rentenversicherung käme. Dabei sei es auch irrelevant, wie dieses Vermögen „Rentenstammrecht" gebildet wurde, das heißt durch Arbeitnehmer-, Arbeitgeber- oder Umlageanteil.[443]

Genau diese Konstellation würde sich aber bei dem oben dargestellten Reformvorschlag für den Arbeitgeberanteil ergeben, da es zumindest im Bereich der Zwangsvorsorge zu einem nachgelagerten Besteuerungsverfahren kommen soll.

Man kann sich dieser Argumentation keinesfalls verschließen; sie führt jedoch beim Problem der Harmonisierung der einkommensteuerlichen Behandlung von verschiedenen Altersvorsorgeinstrumenten zu keiner Lösung, da sie zu einseitig auf das Problem der Besteuerung von Renten aus der gesetzlichen Rentenversicherung angelegt ist. Allerdings kann diese Sichtweise ein wichtiger Anhaltspunkt bei einer noch zu erörternden Gesamtlösung sein.

Sieht man von der grundsätzlichen Problematik einer Anerkennung des Korrespondenzprinzips und einer Definition der Vorsorgeaufwendungen als temporal verschobene Leistungsfähigkeit ab, so ergeben sich weitere Ansatzpunkte der Kritik. Wiederum wird nicht der Versuch unternommen, neben den steuerrechtlichen Ungleichbehandlungen im Rahmen der Altersvorsorge, auch die unterschiedlichen bestehenden Altersvorsorgesysteme zu harmonisieren. Das bedeutet, daß der sozialrechtliche Aspekt der Ungleichbehandlungen auch vom Wissenschaftlichen Beirat vollkommen außer acht gelassen wird.

Zudem muß die generelle Einführung eines Altersfreibetrages - unabhängig vom Nachweis einer tatsächlich verminderten Leistungsfähigkeit - kritisiert werden. Eine solche pauschale Regelung ist nicht im Sinne der Steuergerechtigkeit. Wenn schon vom Wissenschaftlichen Beirat dieser Freibetrag zur Sicherstellung des steuerfreien Existenzminimums gefordert wird[444], dann muß man sich zwangsläufig die Frage stellen, warum bei den Erwerbstätigen nicht auch das Existenzminimum steuerfrei

---

442 Vgl. hierzu die Ausführungen auf S. 174 f.

443 Vgl. Kolb, R., Besteuerung der Renten (Betriebliche Altersversorgung 1987), S. 1 ff. Diese Argumentationskette ist sehr eng angelehnt an die Ausführungen von Birk zur Beachtung des Korrespondenzprinzips bei der Besteuerung von Altersvorsorgeleistungen: vgl. S. 155 ff. dieser Arbeit sowie Birk, D., Altersvorsorge (1987), S. 26 ff.

444 Vgl. Wissenschaftlicher Beirat beim Bundesministerium der Finanzen, Gutachten (1986), S. 60.

gestellt werden muß. Eine entsprechende Tarifgestaltung würde Sonderfreibeträge für bestimmte Erwerbs- oder Altersgruppen überflüssig machen.[445]

VI. Kronberger Kreis

Auch das Frankfurter Institut für wirtschaftspolitische Forschung e.V. hat in einem Gutachten zur Reform der Alterssicherung den Versuch unternommen, Ungleichheiten innerhalb und zwischen den verschiedenen Systemen der Alterssicherung durch eine Neugestaltung zu beseitigen. Die unter dem Namen „Kronberger Kreis" bekannte Gruppe von Wissenschaftlern hat ihre Ergebnisse in einer Broschüre zusammengefaßt und zur öffentlichen Diskussion gestellt.[446] Nachfolgend wird der Inhalt des Gutachtens kurz skizziert und kritisch durchleuchtet.

A. Darstellung des Reformvorschlags

Anknüpfungspunkt des Reformvorschlages war weniger die Entscheidung des Bundesverfassungsgerichts, daß die unterschiedliche steuerliche Behandlung der verschiedenen Altersvorsorgesysteme reformbedürftig ist. Vielmehr geht der Kronberger Kreis in seinem Gutachten von einem drohendem Zusammenbruch des gegenwärtigen Systems der Altersversorgung aufgrund der sich abzeichnenden Bevölkerungsentwicklung aus.[447] Konsequenterweise basiert der Reformvorschlag dann auch auf einer grundlegenden Reform der gesetzlichen Altersvorsorge und hängt das Problem der steuerlichen Gleichbehandlung als sekundäres Problem an die grundlegende Neugestaltung der gesetzlichen Altersvorsorge an.

Anknüpfungspunkt des Reformvorschlages ist, wie bereits erwähnt, die Problematik der Finanzierung der gesetzlichen Rentenversicherung in der Zukunft: immer mehr Rentner müssen von immer weniger Beitragszahlern finanziert werden. Dieses Problem, das in weiten Teilen auch nach der Rentenreform 1992 weiter Bestand hat, wird auch als steigender Altersquotient umschrieben.[448]

---

445 Dieser Schritt wurde mit der Verabschiedung des Jahressteuergesetzes 1996 bereits vollzogen.

446 Frankfurter Institut für wirtschaftspolitische Forschung e.V., Band 14 der Schriftenreihe, Reform der Alterssicherung (1987). Zur Auseinandersetzung mit dem Gutachten vgl. o.V. System (Der Volks- und Betriebswirt 3/1987), S. 16 f.

447 Vgl. Frankfurter Institut für wirtschaftspolitische Forschung e.V., Band 14 der Schriftenreihe, Reform der Alterssicherung (1987), S. 6.

448 Dabei trifft die Bezeichnung „Altersquotient" in diesem Zusammenhang nicht zu. Der Altersquotient drückt die Relation von Nicht-Mehr-Erwerbsfähigen („Alten") zu Erwerbsfähigen aus, wohingegen die Problematik, daß immer mehr Rentner von immer weniger Beitragszahlern zu versorgen sind, richtigerweise als Rentnerquotient bezeichnet werden müßte.

Der Kronberger Kreis moniert vor allem auch die Tatsache, daß die betriebliche und private Vorsorge nur einen geringen Stellenwert im Gesamtsystem der Altersvorsorge einnehme, und daß das gesetzliche Rentensystem nur allzu oft eigeninteressengesteuert von Politikern verändert und ihm eigentlich systemfremde Aufgaben auferlegt würden.[449]

Der Ausgangspunkt des Reformvorschlages ist eine über einen längeren Zeitraum durchgeführte Überführung der gesetzlichen Rentenversicherung vom Regelsicherungs- zum Mindestsicherungsinstrument der Altersvorsorge. Dieses System soll weiterhin im Umlageverfahren finanziert werden, allerdings mit der Modifikation, daß ein temporaler Risikoausgleich der versicherten Personen durch die Bildung von Schwankungsreserven bei einem wechselnden Bevölkerungsaufbau mit eingebaut wird.[450] Da das neue System lediglich eine Existenzsicherung garantiert, muß, um einen selbst gewählten Lebensstandard im Alter zu halten, ergänzend das Instrument der privaten Vorsorge eingesetzt werden.

Pflichtversicherte in diesem neuen System sollen - nach der Umstellungsphase - alle Bürger ab dem 20. Lebensjahr sein, die dann auch alle - unabhängig davon, ob sie z.B. Studenten, Arbeitslose, Wehrdienstleistende sind - gleich hohe Pflichtbeiträge leisten müssen.[451] Generell soll das neue System stärker am sogenannten Versicherungsprinzip[452] ausgerichtet sein.

Die Höhe des späteren Rentenbezuges bestimmt sich konsequenterweise nur nach der Anzahl der Beitragsjahre und orientiert sich an der Höhe der Sozialhilfe, sollte aber nach Meinung der Verfasser sogar leicht darunter liegen, um den Anreiz zur privaten Vorsorge zu erhöhen.[453]

Um aber eine weitestgehende Harmonisierung der verschiedenen Alterssicherungssysteme auch im einkommensteuerlichen Bereich sicherzustellen, enthält die Reform

---

449 Vgl. Frankfurter Institut für wirtschaftspolitische Forschung e.V., Band 14 der Schriftenreihe, Reform der Alterssicherung (1987), S. 14 ff. Vgl. auch zu dem Begriff der versicherungsfremden Leistungen S. 164 dieser Arbeit.

450 Vgl. Frankfurter Institut für wirtschaftspolitische Forschung e.V., Band 14 der Schriftenreihe, Reform der Alterssicherung (1987), S. 27: "Auf diese Weise wäre es überdies möglich, den gesetzlichen Alterskassen auch wieder stärker den Charakter einer Versicherung zu verleihen (...). Versicherung bedeutet Risikoausgleich innerhalb einer Gruppe von Personen, die von dem Eintritt des gleichen Gefahrenfalls bedroht sind, bei Ungewißheit darüber, ob, wann und in welchem Umfang dieses Risiko im Einzelfall eintritt."

451 Gegebenenfalls muß die Möglichkeit der Beitragsleistung bei nicht vorhandener Zahlungsfähigkeit durch geeignete direkte staatliche Transfers hergestellt werden. Bei nicht erwerbstätigen Ehepartnern wird der Beitrag nicht mit dem Faktor 2 sondern 1,5 bestimmt: vgl. Frankfurter Institut für wirtschaftspolitische Forschung e.V., Band 14 der Schriftenreihe, Reform der Alterssicherung (1987), S. 31.

452 Vgl. zum Versicherungsprinzip S. 161 ff. dieser Arbeit.

453 Vgl. Frankfurter Institut für wirtschaftspolitische Forschung e.V., Band 14 der Schriftenreihe, Reform der Alterssicherung (1987), S. 31 ff.

auch die Forderung, die Beamten und andere nach dem Alimentationsprinzip entlohnte Erwerbsgruppen mit in das neue System der Mindestsicherung einzubeziehen. Die heute übliche Vollversorgung dieser Erwerbsgruppen auch in der Altersphase könnte unter dem System einer Zusatzversorgung dennoch aufrecht erhalten werden. Zusätzlich wird für die Harmonisierung der einkommensteuerlichen Behandlung der verschiedenen Altersvorsorgesysteme plädiert, jedoch ohne daß näher darauf eingegangen wird.[454]

B. Bewertung des Reformvorschlags

Generell ist zum Reformvorschlag des „Kronberger Kreises“ zu sagen, daß er in weiten Teilen relativ allgemein gefaßt ist, d.h. viele Fragen zur Finanzierung und konkreten Ausgestaltung des Systems ungeklärt bleiben.

Ebenso erscheint die nicht genügend hinterfragte Entscheidung, das neue System über ein Umlageverfahren zu finanzieren, als kritikwürdig. Zwar läßt man die Problematik einer umlagefinanzierten Altersversorgung durchaus erkennen, glaubt aber die mit einem Übergang von der umlagefinanzierten hin zur kapitalgedeckten Form der gesetzlichen Altersvorsorge verbundenen Schwierigkeiten nicht lösen zu können.[455] Eine solch existentielle Entscheidung, wie die Entscheidung für oder gegen ein bestimmtes Verfahren der Finanzierung, darf aber nicht nur auf der Problematik einer langen und komplizierten Übergangsphase fußen; die mit einer umlagefinanzierten Form der Versicherung zusammenhängenden Probleme wie eben ein funktionierender „Generationenvertrag“ dürfen angesichts der zu erwartenden demographischen Entwicklung in Deutschland bei einer solch grundlegenden Reform nicht mit in das neue System hinüber „gerettet“ werden. Da zudem eine Berücksichtigung der Kindererziehung in der Neuregelung nicht vorgesehen ist, beschränkt sich der „Generationenvertrag“ auf zwei Generationen, was die demographische Entwicklung keinesfalls positiv beeinflussen dürfte. Zwar würde auch ein kapitalgedecktes Verfahren der Finanzierung auf die angesprochenen Probleme sensibel reagieren, es sollte jedoch zumindest intensiver in die Reformüberlegungen mit einbezogen werden.

Als problematisch muß auch die Einbeziehung von Beamten in die soziale Grundsicherung gesehen werden. Die verfassungsrechtlich geschützte besondere Stellung der Beamten im Staatsgefüge läßt eine solche Einbeziehung nicht ohne weiteres zu. Der Staat ist gegenüber seinen Staatsdienern, die bekanntlich auf Lebenszeit berufen werden, zu einer lebenslangen Alimentation verpflichtet.[456] Daher dürfte eine Ein-

---

454 Vgl. Frankfurter Institut für wirtschaftspolitische Forschung e.V., Band 14 der Schriftenreihe, Reform der Alterssicherung (1987), S. 57 ff.

455 Vgl. Frankfurter Institut für wirtschaftspolitische Forschung e.V., Band 14 der Schriftenreihe, Reform der Alterssicherung (1987), S. 34.

456 Zu den Grundsätzen des Berufsbeamtentums vgl. S. 13 ff.

beziehung der Beamten in das gesetzliche Rentenversicherungssystem sicherlich verfassungsrechtliche Probleme mit sich bringen.

Zusammenfassend läßt sich jedoch feststellen, daß ein Großteil der im Vorschlag des „Kronberger Kreises“ enthaltenen Regelungen als äußerst empfehlenswert für eine Neuorientierung in der gesetzlichen Rentenversicherung gesehen werden sollte und auch die Vorschläge zu einer Ausweitung der eigenverantwortlichen privaten Vorsorge, bei einer umfassenden Reform der Altersvorsorge unbedingt Berücksichtigung finden sollten.

VII. Institut für Wirtschafts- und Gesellschaftspolitik

Auch das Institut für Wirtschafts- und Gesellschaftspolitik in Bonn hat sich eingehend mit der Frage einer Neuordnung der staatlichen Altersvorsorge beschäftigt. In einer 1985 vorgestellten Studie[457] wurde von *Miegel/Wahl* ein datailliert ausgearbeiteter Plan zur Einführung einer Grundrente dargelegt. Die Publikation wird auch als „Biedenkopf-Plan“ bezeichnet, weil der CDU-Politiker *Biedenkopf* - als Vorstand des Instituts - sich ausnahmslos mit der Studie identifizierte und auch in neuerer Zeit immer wieder auf den damals vorgestellten Plan zurückgreift.[458]

A. Darstellung des Reformvorschlags

Meinhard/Miegel sehen insbesondere in folgenden Punkten Mängel des derzeitigen Systems der Altersvorsorge in Deutschland:

- Mängel in Hinblick auf die Bevölkerungsentwicklung:[459]
  Der steigende Altersquotient, der durch die stetig wachsende Bevölkerung in der Zeit von den Anfängen der gesetzlichen Rentenversicherung bis in die siebziger Jahre und das Abnehmen der Bevölkerung durch Geburtenausfall seit den siebziger Jahren entstand, ist in seiner Wirkung nur ungenügend in den Regelungen der gesetzlichen Rentenversicherung berücksichtigt.
- Mängel in Hinblick auf die wirtschaftliche Entwicklung:[460]
  Zyklisch auftretende konjunkturelle Schwächen in der Gesamtwirtschaft wie z.B. ein Rückgang des realen Bruttosozialprodukts machten substantielle Eingriffe in das System der gesetzlichen Rentenversicherung nötig; durch das Auseinanderdriften von Netto- und Bruttolohnentwicklung kam es zu einem

---

457 Miegel, M./Wahl, S., Gesetzliche Grundsicherung (1985). Ähnliche Vorschläge unterbreitet *Miegel* in Miegel, M., Sicherheit (1981).

458 Vgl. Leyendecker, W., Grundrente (Deutsche Rentenversicherung 1986), S. 144. Vgl. hierzu auch Biedenkopf, K. H., Neue Sicht (1985), S. 400 ff. sowie Biedenkopf, K. H., Einführung, in: Miegel, M. (Hrsg.), Weichenstellungen (1982), S. 13 ff.

459 Vgl. Miegel, M./Wahl, S., Gesetzliche Grundsicherung (1985), S. 36 ff.

460 Vgl. Miegel, M./Wahl, S., Gesetzliche Grundsicherung (1985), S. 42 ff.

stärkeren realen Wachstum der Sozialrenten im Gegensatz zu den Arbeitseinkommen.[461]

- Mängel in Hinblick auf die Erwerbstätigkeit:[462]
  Die Arbeitsmarktsituation ist speziell in der heutigen Zeit geprägt durch eine hohe und zum Teil lang andauernde Arbeitslosigkeit. Alle Zeiten, die zwar bei der Rentenberechnung mit angerechnet werden, in denen jedoch tatsächlich seitens des Versicherten keine Beiträge entrichtet werden, - seien es beitragsfreie Zeiten, Anrechnungszeiten etc. - bringen aber eine große Instabilität vor allem in umlagefinanzierten Rentenversicherungssystemen mit sich.

- Mängel bei der Behandlung vergleichbarer Sachverhalte:[463]
  In der derzeit gültigen Ausgestaltung des gesamten Komplexes der staatlichen Altersvorsorge zeigt sich in verschiedenen Bereichen eine Ungleichbehandlung vergleichbarer wirtschaftlicher und situativer Sachverhalte. So kommt es neben der Ungleichbehandlung von Beschäftigten im öffentlichen und privaten Bereich auch durch die unterschiedliche Ausgestaltung der gesetzlichen Gesamtversorgung für die verschiedenen Typen von Erwerbstätigen ebenso zu einer Ungleichbehandlung zwischen Männern und Frauen[464] sowie zwischen Unverheirateten und Verheirateten aufgrund der aus dem Status der Ehe abgeleiteten Versicherungsansprüche, wie z.B. die Witwen(r)-rente.

Basierend auf der Darstellung dieser Mängel stellt das Autorenteam *Meinhard/Miegel* folgenden Vorschlag für die Neuregelung der gesetzlichen Altersvorsorge zur Diskussion:

Kernstück des Vorschlags soll ein vollkommener Bruch mit dem derzeitigen System hin zu einer gesetzlich organisierten Grundsicherung für die Alters-, Invaliditäts- und Hinterbliebenenvorsorge sein, neben der Förderung der privaten Vorsorge eine große Bedeutung zukommen soll.[465]

Die nun schon mehrmals deutlich gewordenen Ungleichbehandlungen, die von den verschiedenen Regelungen der Alterssicherungssystem in sich und untereinander

---

461 Dieser Entwicklung wurde durch die im Rentenreformgesetz 1992 neu eingeführte Nettolohnanpassung der Sozialrenten Rechnung getragen.

462 Vgl. Miegel, M./Wahl, S., Gesetzliche Grundsicherung (1985), S. 45 ff.

463 Vgl. Miegel, M./Wahl, S., Gesetzliche Grundsicherung (1985), S. 54 ff.

464 Diese Ungleichbehandlung fußt vor allem auf der für Frauen niedrigeren Regelaltersgrenze obwohl sie eine längere statistische Lebenserwartung als Männer erwarten haben. Durch das Rentenreformgesetz wird die Regelaltersgrenze für Männer und Frauen stufenweise auf 65 Jahre angeglichen.

465 Vgl. Miegel, M./Wahl, S., Gesetzliche Grundsicherung (1985), S. 62 ff.

ausgehen, sollen ebenfalls durch den Vorschlag von *Meinhard/Miegel* vermieden werden.[466]

Dabei ist die Gewährung der Grundsicherung im Rahmen der Altersvorsorge an folgende Voraussetzungen geknüpft:

- Vollendung des 63. Lebensjahres und
- mindestens 25 Jahre unbeschränkte Steuerpflicht nach Vollendung der Volljährigkeit.

Es wird ersichtlich, daß die Gewährung der Grundsicherung im Alter völlig unabhängig von der Entrichtung von Beiträgen ist. Die Finanzierung der Grundsicherung, die in der Regel 40% des durchschnittlichen Nettoarbeitsentgelts aller abhängig Beschäftigten beträgt, erfolgt direkt aus dem allgemeinen Steueraufkommen, das durch die Erhöhung von indirekten Steuern bei gleichzeitiger Abschaffung der Arbeitnehmer- und Arbeitgeberbeiträge zur herkömmlichen gesetzlichen Rentenversicherung entsprechend erhöht werden soll.[467]

Die steuerliche Behandlung der Leistungen aus der gesetzlichen Grundsicherung kann zunächst einmal nicht nach dem sogenannten Korrespondenzprinzip der Besteuerung durchgeführt werden, weil explizit keine Beiträge im engeren Sinne an das Grundversorgungswerk geleistet wurden.

Meinhard/Miegel sind der Meinung, daß die Personen, die ausschließlich eine Grundsicherung erhalten, d.h. darüber hinaus kein weiteres Einkommen erzielen, auch keine Einkommensteuer bezahlen sollen. Explizit soll also ein einkommensteuerlicher Freibetrag in Höhe der Grundsicherung in den Steuertarif eingearbeitet werden, damit es zu einer einkommensteuerlichen Freistellung der „Nur-Grundsicherungs-Bezieher“ kommt.[468]

Natürlich würde eine Umstellung auf dieses System der sozialen Grundsicherung einen tiefgreifenden Einschnitt in das bisherige System der gesetzlichen Altersvorsorge bedeuten. Alle Versicherten, die im guten Glauben auf den späteren Bezug

---

466 Dabei ist u.a. neben der geschlechterspezifischen Ungleichbehandlung von Männern und Frauen z.B. in bezug auf die Regelaltersgrenze auch die erwerbstypenspezifische Ungleichbehandlung zwischen Erwerbstätigen in der Privatwirtschaft und in den öffentlichen Betrieben und Verwaltungen gemeint. Vgl. Miegel, M./Wahl, S., Gesetzliche Grundsicherung (1985), S. 65 f.

467 Vgl. Miegel, M./Wahl, S., Gesetzliche Grundsicherung (1985), S. 67 ff. Gerade eine Finanzierung über die Erhöhung der indirekten Steuern wird von *Meinhard/Miegel* als besonders gerecht im Sinne des Systems der Grundsicherung angesehen, weil so möglichst alle Bürger an der Finanzierung beteiligt werden und der im Modell der Grundsicherung enthaltene Umverteilungseffekt am sozial gerechtesten abgewickelt wird.

468 Ob hingegen dieser Grundfreibetrag auch auf die anderen Einkommensbezieher ausgedehnt werden soll bedarf erst noch einer gesonderten Prüfung, so *Meinhard/Miegel*. Vgl. Miegel, M./Wahl, S., Gesetzliche Grundsicherung (1985), S. 54 ff.

einer entsprechend hohen Altersversorgung Beiträge zur gesetzlichen Rentenversicherung geleistet haben, werden sich um ihre Mehrleistung in der Erwerbsphase „geprellt" fühlen, da die Höhe der neuen Grundsicherung beitragsunabhängig für alle Berechtigten gleich hoch sein wird. Ebenso können sich Probleme bei den Schon-Rentenbeziehern ergeben: liegt ihre aktuelle Altersrente aus der gesetzlichen Rentenversicherung über der zukünftigen Grundsicherung so müßten sie eine entsprechend hohe Einbuße bei Ihrem Einkommen in Kauf nehmen, wenn von heute auf morgen das System umgestellt werden würde.

Aus diesem Grund wird von *Meinhard/Miegel* eine Übergangsphase von etwa 25 Jahren angestrebt, in der alle am Umbau des Systems beteiligten Altersgruppen ihren spezifischen Beitrag zur Umstellung des Systems etwa in Form eines Verzichts auf die dynamische Rentenanpassung oder durch eine vorübergehend höhere Steuerlast zu leisten haben.[469]

B. Bewertung des Reformvorschlags

Auf den ersten Blick erscheint der Reformschlag des Instituts für Wirtschafts- und Gesellschaftspolitik als die optimale Lösung vieler Probleme, die im Zusammenhang mit der Altersvorsorge von Bedeutung sind. Bei einer genaueren Betrachtung der vorgeschlagenen Reformen zeigt sich jedoch, daß es durchaus Unstimmigkeiten bei mancher der einzelnen Regelungen und/oder den aufgezeigten Konsequenzen des Vorschlags gibt.

1. Grundlegend basiert das Konzept der staatlichen Grundsicherung vor allem auf der Bereitschaft und der Fähigkeit der Bürger, eigenständig und eigenverantwortlich eine private Zusatzsicherung aufzubauen, um die staatliche Grundsicherung nach eigenem Ermessen zu ergänzen. Vielen Personen und Haushalten wird es aber aufgrund ihrer eigenen Haushaltssituation nicht möglich sein, eine eigene Vorsorge zu treffen, weil das ihnen zur Verfügung stehende Konsumpotential während der Erwerbsphase gänzlich für die eigene Versorgung während dieser Zeit verwandt werden muß.[470]

2. Die Tatsache, daß die Grundsicherung allen Personen, die die Anspruchsvoraussetzungen erfüllen, gewährt werden soll, unabhängig davon, ob irgendwelche Beiträge, die zudem nur noch in Form von allgemeinen Steuerabgaben gezahlt werden sollen, geleistet wurden, verwundert jedoch.

---

[469] Vgl. Miegel, M./Wahl, S., Gesetzliche Grundsicherung (1985), S. 74 ff. Dabei ist jedoch zu beachten, daß eine höhere Steuerquote alle Konsumenten relativ gleich treffen würde.

[470] Vgl. Leyendecker, W., Grundrente (Deutsche Rentenversicherung 1986), S. 147 ff. In diesem Zusammenhang muß jedoch darauf hingewiesen werden, daß dieses Problem nur dann ursächlich durch den Systemwechsel auftreten würde, wenn das Einkommen der Vorsorgenden - in Form von Löhnen und Gehältern - nicht um die ersparten Arbeitnehmer- und Arbeitgeberbeiträge zu der gesetzlichen Rentenversicherung aufgestockt werden würde.

Dadurch entfällt für diejenigen Personen, die sich mit der Grundsicherung zufrieden geben, jedweder Leistungsanreiz, um eigenes Vermögen zur privaten Vorsorge aufzubauen. Dies birgt nicht absehbare volkswirtschaftliche Risiken in sich.

3. Auch die Finanzierung über eine Erhöhung der indirekten Steuern kann allein gesehen nicht als sozial gerechtfertigt beurteilt werden. Familien mit Kindern tragen aufgrund ihrer höheren Konsumquote auch relativ viel zur Finanzierung des Systems der staatlichen Grundsicherung bei, unabhängig davon, ob dies sozial gerechtfertigt ist. Deswegen müßte eine Finanzierung über indirekte Steuern mit einer entsprechenden sozialen Unterstützung solcher sozial bedürftiger Personenkreise einhergehen.

4. Des weiteren ließen sich noch die verfassungsmäßig umstrittene Einbeziehung der Beamten, die Gestaltbarkeit der Leistungen durch Einbeziehung in den Bundeshaushalt sowie die volkswirtschaftlich bedenkliche Ansammlung von großen Mengen Kapital in der Hand von privaten Versicherungsunternehmen und eine damit verbundene Gefahr für die langfristige Zins- und Inflationsentwicklung anführen.[471]

VIII. Grundrentenmodell der „GRÜNEN" und des Seniorenschutzbundes „Graue Panther"

Obwohl im Zusammenhang mit der Einführung einer Grundrente noch viele andere und zum Teil sehr ähnlich Vorschläge der Öffentlichkeit unterbreitet wurden, die alle darzustellen, den Umfang und die Zielsetzung dieser Arbeit bei weitem überschreiten würde, soll an dieser Stelle noch kurz auf das Grundrentenmodell der Partei der „GRÜNEN" sowie des Seniorenschutzbundes „Graue Panther" eingegangen werden.

Die Grünen begründen ihren Vorschlag mit einer neuen Armut, bei vielen Mitgliedern der Gruppe der Nicht-Mehr-Erwerbstätigen - besonders bei Frauen - und der konsequenten Privilegierung mancher Gruppen von Erwerbstätigen und Rentnern, wobei hier explizit die Beamten genannt werden.[472]

A. Darstellung des Reformvorschlags

Wie bei den meisten anderen dargestellten Reformvorschlägen so beschäftigt sich auch das Grundrentenmodell der Grünen zunächst mit der Kritik an der derzeit bestehenden Ausgestaltung der Altersvorsorgesysteme.

---

471 Vgl. ausführlich zur Kritik am Modell der gesetzlichen Grundsicherung nach *Meinhard/Miegel*: Leyendecker, W., Grundrente (Deutsche Rentenversicherung 1986), S. 144.

472 Vgl. GRÜNEN, Grundrente (1985), S. 7 ff.

Neben den bekannten Problemen der Finanzierung, der demographischen Entwicklung der Ungleichbehandlungen usw., wird hier vor allem auch die Diskriminierung der Frauen in der gesetzlichen Rentenversicherung z.B. durch die Nichtberücksichtigung der Hausarbeit im geltenden Sozialversicherungsrecht kritisiert.[473]

Bestandteile des Vorschlags der Grünen sind:[474]

1. eine Grundrente von mindestens 1.000 DM für alle,
2. eine einheitliche Rentenversicherung für die ganze Bevölkerung und
3. eine eigenständige Alterssicherung der Frauen.

Die Grundrente soll allen deutschen Staatsbürgern und Ausländern mit Wohnsitz in Deutschland ab dem 60. Lebensjahr gezahlt werden, ohne daß hierzu Beiträge zu leisten gewesen wären.[475] Zur Finanzierung werden zwei Varianten vorgeschlagen: zunächst die Finanzierung über das allgemeine Steueraufkommen oder auch über eine - auch schon in anderen Zusammenhängen diskutierte - Bruttowertschöpfungssteuer.[476] Die andere Finanzierungsmöglichkeit wird in der grundsätzlichen Beibehaltung der jetzigen Form der Umlagefinanzierung, jedoch unter der Streichung einer Beitragsbemessungsgrenze bei gleichzeitiger Festlegung der Rentenhöhe einheitlich für alle auf 1.000 DM gesehen. Zugleich sollen Beamte, Selbständige usw. mit in dieses System integriert werden.

Mit der Einführung einer einheitlichen Rentenversicherung für die ganze Bevölkerung soll neben der Grundrente ein weiteres Versorgungssystem etabliert werden, das eher nach den derzeit gültigen Prinzipien der Versicherung und der Beitragsäquivalenz[477] funktioniert. Zu diesem System soll der Versicherte Beiträge (prozentual innerhalb eines jährlich neu zu bestimmenden Einkommensintervalls) entrichten, die später dann auch die Höhe seiner zusätzlichen Rente bestimmen soll.[478] Die Finanzierung der Renten selbst erfolgt dabei im Umlageverfahren.

Zudem wird eine eigenständige Alterssicherung für Frauen gefordert. Das soll durch eine Kombination der Grundrente mit der Zusatzrente nach geschehen. Durch die Splittung der Beitragspunkte zur Zusatzrente des jeweils beitragspflichtigen Ehepartners auf beide Ehepartner wird eine Nivellierung der Ansprüche in der Ehe herbeigeführt. Durch eine zusätzliche Anerkennung von Erziehungszeiten soll der

---

473 Vgl. GRÜNEN, Grundrente (1985), S. 31 ff.

474 Vgl. GRÜNEN, Grundrente (1985), S. 77 ff.

475 Insofern zeigt sich hier eine Parallele zum Grundrentenmodell von *Meinhard/Miegel*.

476 Vgl. kritisch zu dieser Finanzierungsalternative Engels, W., Sabotage (Wirtschafts-Woche v. 22.12.1994), S. 146. Dahingehend befürwortend: Bußmann, L., u.a., Wertschöpfungsbeitrag (1992), S. 58 ff.

477 Vgl. zum Begriff des Beitragsäquivalenzprinzips S. 165 ff. dieser Arbeit.

478 Vgl. GRÜNEN, Grundrente (1985), S. 83 f.

nicht-berufstätige Ehepartner dem Berufstätigen z.B. im Falle des Todes oder einer Scheidung gleichgestellt werden.

B. Bewertung des Reformvorschlags

Der Grundrentenvorschlag der „GRÜNEN" und der „Grauen Panther" lebt vor allem von der unsystematischen Aneinanderreihung von verschiedenen - alleine gesehen z.T. interessanten - Reformvorschlägen.

Zum einen wird das derzeit geltende Finanzierungsverfahren der gesetzlichen Rentenversicherung - das Umlageverfahren - als ein Grund für die derzeitige Misere bezeichnet, zum anderen fordert man genau dieses Finanzierungsverfahren als das Richtige für die Zusatzrente nach diesem Modell.

Als problematisch dürfte auch das alternative Umlagefinanzierungsverfahren für die Grundrente gesehen werden, nach dem zwar keine Beitragsbegrenzung, jedoch eine einheitliche Grundrente erfolgen soll. Der damit bezweckte soziale Umverteilungscharakter steht in keinem Verhältnis zum Beitragsäquivalenzprinzip in der gesetzlichen Rentenversicherung.

Auch die Argumentation, daß es unter großen Teilen der Bezieher von Ruhestandseinkommen eine große Armut gibt, kann so nicht unbedingt aufrecht erhalten werden, da der Bezug einer kleinen Rente z.B. aus der gesetzlichen Rentenversicherung nicht unbedingt mit Armut gleichzusetzen ist.[479]

In anderen Bereichen läßt sich zudem die gleiche Kritik wie am Grundrentenmodell von Meinhard/Miegel vortragen, wie z.B. die verfassungsrechtliche Problematik der Einbeziehung der Beamten in das Versorgungssystem, der Wegfall des Arbeitgeberbeitrages und die Einführung einer Bruttowertschöpfungssteuer oder auch der grundsätzliche Anspruch auf 1.000 DM (Sozialhilfe-)Rente, ohne daß die Bedürftigkeit näher untersucht oder bewiesen werden muß.

---

479 Vgl. Bundesminister für Arbeit und Sozialordnung, Infratest 200/II, S. 10 ff.

IX. Zwischenergebnis

Nach Darstellung der ausgewählten Reformvorschläge zu sozialrechtlichen und steuerrechtlichen Vorschriften in Zusammenhang mit der Altersvorsorge sollen kurz die wichtigsten Ergebnisse zusammengefaßt werden:

1. Grundsätzlich konnte keiner der Reformvorschläge die an eine Reform angelegten Maßstäbe vollständig erfüllen.
2. Ein Kritikpunkt war immer wieder die fehlende Integration von Steuerrecht und Sozialrecht in einen Reformvorschlag.
3. Zum Teil wurden auch wichtige Bestandteile wie das Versicherungsprinzip und das Beitragsäquivalenzprinzip nicht im Reformvorschlag berücksichtigt.

Dieses Ergebnis fordert es nun geradezu heraus, basierend auf einer - im Verlauf der Arbeit herausgearbeiteten - Referenzbasis, einen eigenen Reformvorschlag zu entwickeln.[480]

[480] Zur eingehenden Auseinandersetzung mit vielen Reformvorschlägen vgl. Schmähl, W., Strukturreform (Die Angestelltenversicherung 1986), S. 162 ff.

Fünfter Teil: Reformvorschlag

Nach der Darstellung und Diskussion der Unzulänglichkeiten des aktuellen Systems der Altersvorsorge für abhängig Erwerbstätige und der bestehenden Reformvorschläge zu diesem Problembereich, ist es Ziel dieses abschließenden Teils der Arbeit, einen eigenen Reformvorschlag auszuarbeiten, mit dem die bestehenden Probleme zumindest weitgehend beseitigt werden könnten.[481]

Dabei kann insoweit nicht auf die gesamte Problematik einer praktischen Umsetzung eingegangen werden; vielmehr soll der Reformvorschlag sowohl Anstoß als auch Orientierungshilfe bei der praktischen Bewältigung der zweifelsohne bestehenden aktuellen und zukünftigen Probleme sein.

I. Notwendigkeit einer integrierten Reform von Sozialrecht und Steuerrecht

Die bisherigen Ergebnisse der Arbeit haben gezeigt, daß die Schwächen des bestehenden Systems und daraus folgende Ungleichbehandlungen nicht alleine aus problematischen Vorschriften innerhalb eines Rechtsbereichs resultieren.[482] Vielmehr wirken verschiedene Vorschriften aus dem Steuerrecht und dem Sozialrecht derart zusammen, daß nur eine integrierte Reform des Steuerrechts und des Sozialrechts eine Möglichkeit zur Lösung des gesamten Problems bietet.[483]

A. Problembereiche des Steuerrechts

Wie aus der Darstellung der verschiedenen Systeme der Altersversorgung für die unterschiedlichen Typen von abhängig Erwerbstätigen deutlich wurde, nimmt das Steuerrecht mitunter erheblichen Einfluß. Sowohl in der Anspar- als auch in der Absparphase werden die Netto-Konsumpositionen der Vorsorgenden durch Steuerentlastungs- und/oder Steuerbelastungswirkungen entscheidend verändert. Dabei

---

481 Zwar beschränkt sich der Reformvorschlag auf Deutschland, die Tatsache jedoch, daß auch andere Länder ähnliche Probleme haben zeigt z.B. Heubeck, K., Lage und Entwicklung (Zeitschrift für die gesamte Versicherungswissenschaft 1995), S. 575 ff.; Maydell, B. v., Alterssicherungssysteme (Die Angestelltenversicherung 1995), S. 237 ff.

482 Zur Vielfältigkeit der Problematik vgl. Borchert, J., Sozialstaat unter Druck (Zeitschrift für Sozialreform 1994), S. 1 ff. Für die Notwendigkeit einer steuerrechtlichen Reform in diesem Zusammenhang treten u.a. ein Leibfritz, W. u.a., Steuersystems (1990), insbes. S. 210 ff.

483 Vgl. Schmähl, W., Zielvorstellungen (Zeitschrift für Gerontologie 1980), S. 699 ff.; Klanberg, F., Besteuerung von Renten (Zeitschrift für die gesamte Versicherungswissenschaft 1984), S. 409 ff.; Lampert, H., Reform (Wirtschaftswissenschaftliches Studium 1987), S. 496 ff.

mußte jedoch festgestellt werden, daß die Vorgehensweise des Steuerrechts in keinster Weise als systematisch bezeichnet werden kann.

Eine diesbezüglich geforderte Systematik müßte sich primär an den Leitlinien der Besteuerung - wie sie in dieser Arbeit bereits dargestellt wurden -[484] orientieren. Hierbei sind vor allem das Leistungsfähigkeitsprinzip und das intertemporale Korrespondenzprinzip von großer Bedeutung. Das geltende Recht verstößt gegen diese Prinzipien in vielfacher Weise, was im folgenden zusammengefaßt wird

1. Nichtbeachtung des Leistungsfähigkeitsprinzips

Das Leistungsfähigkeitsprinzip[485] hat grundsätzlich zum Inhalt, daß der Fiskus lediglich das für den Steuerpflichtigen disponible Einkommen der Besteuerung unterwerfen soll. Dies bedeutet, daß

- nicht zugeflossenes Einkommen und
- nicht disponibles Einkommen

bei der Ermittlung des zu versteuernden Einkommens außer acht gelassen werden muß.

Wendet man diese Regel auf die Altersvorsorge von abhängig Erwerbstätigen an, so läßt sich folgern, daß gewisse Komponenten im Rahmen der Ermittlung des zu versteuernden Einkommens als nicht steuerbar eingestuft werden dürfen:

- die Arbeitgeberbeiträge zu den gesetzlichen Sozialversicherungen sowie die (fiktiv) bestehenden Gehaltsverzichte bei den Beamten sowie
- die Pflichtbeiträge der Arbeitnehmer zu den gesetzlichen Sozialversicherungen.

Diese Schlußfolgerung ist im geltenden Recht jedoch nur partiell erfüllt. Während die Arbeitgeberbeiträge explizit und die - sowieso nicht existenten - Gehaltsverzichte bei den Beamten implizit nicht besteuert werden, unterliegen die Arbeitnehmerbeiträge zu den gesetzlichen Sozialversicherungen partiell der Besteuerung, weil sie quantitativ im Rahmen der Berechnung der abzugsfähigen Sonderausgaben nach § 10 oder § 10c EStG eingeschränkt werden. Daraus ergibt sich die Konsequenz, daß ein mehr oder weniger großer Teil der unvermeidbaren Zwangsaufwendungen für die gesetzlichen Sozialversicherungen aus versteuertem Einkommen getragen werden muß.

---

[484] Vgl. S. 150 ff.

[485] Vgl. S. 152 ff.

Diese Versteuerung nicht disponibler Beträge widerspricht aber eindeutig dem Leistungsfähigkeitsprinzip und muß somit bei einer Reform beseitigt werden.

2. Nichtbeachtung des intertemporalen Korrespondenzprinzips

Das intertemporale Korrespondenzprinzip besagt grundsätzlich, daß steuerliche Leistungsfähigkeit bei einem Steuersubjekt intertemporal gesehen nur einmal erfaßt und damit besteuert werden darf.[486] Dabei unterscheidet man zwischen der vorgelagerten und der nachgelagerten Form der Besteuerung.[487]

Wendet man diese Unterscheidung auf die Altersversorgung an, so konkretisieren sich beide Verfahren folgendermaßen:

- Vorgelagertes Verfahren:
  Alle Aufwendungen, die zur Erlangung einer Form von Alterssicherung während der Erwerbsphase getätigt werden, müssen aus versteuertem Einkommen aufgebracht werden.
  Korrespondierend hierzu sind in der Altersphase bei Auszahlung der Altersversorgung lediglich die während der Anspar- und während der Auszahlungsphase erwirtschafteten Zinsen oder sonstigen Erträge der Besteuerung zu unterwerfen.
- Nachgelagertes Verfahren:
  Alle Aufwendungen, die zur Erlangung einer Form von Alterssicherung während der Erwerbsphase getätigt werden, mindern das zu versteuernde Einkommen, sie werden somit aus unversteuertem Einkommen aufgebracht.
  Korrespondierend hierzu sind alle Bezüge aus der Altersversorgung während der Auszahlungsphase insgesamt zu besteuern, d.h. es kommt im Gegensatz zum vorgelagerten Verfahren nicht zu einer Unterscheidung zwischen Rückzahlung von Kapital und Auszahlung von Erträgen.

Bei einer Untersuchung der derzeit angewendeten Besteuerung im Zusammenhang mit der Altersvorsorge zeigt sich, daß bei den untersuchten Formen der Altersvorsorge weder das eine noch das andere Verfahren konsistent angewandt wird.

Bei der *gesetzlichen Rentenversicherung* sind die Beiträge entweder steuerbefreit oder im Rahmen der Vorsorgeaufwendungen steuerlich abzugsfähig. Unabhängig davon erfolgt die Besteuerung der Leistungen aus der gesetzlichen Rentenversicherung mittels des sogenannten Ertragsanteils gem. § 22 Nr. 1 Buchst. a EStG. Daß

---

486 Vgl. S. 155 ff.

487 Vgl. ausführlich zum Problem der quantitativen Auswirkungen alternativer Korrespondenzsysteme bei der Besteuerung von Alterseinkünften: Krätzschmar, A., Alterssicherung (1995), S. 53 ff.

diese Behandlung nicht im Einklang mit dem intertemporalen Korrespondenzprinzip steht, wurde bereits an anderer Stelle ausführlich erläutert.[488]

Die *Beamtenversorgung* zeigt insofern Besonderheiten, da hierbei - wie nun bereits mehrmals erwähnt - von den Beamten explizit keine Beiträge während der Erwerbsphase entrichtet werden. Gleichzeitig werden die Altersbezüge voll als Einkünfte aus nichtselbständiger Tätigkeit erfaßt.[489] Dies erscheint auf den ersten Blick als mit dem intertemporalen Korrespondenzprinzip kongruent. Aber bei der Ermittlung der Einkünfte wird durch den Abzug des Alters-Entlastungsbetrags gemäß § 19 Abs. 2 EStG wiederum ein Teil der gesamten Lebens-Leistungsfähigkeit nicht besteuert.[490]

Im Rahmen der *Zusatzversorgung im öffentlichen Dienst* wird bei der steuerrechtlichen Behandlung eine sehr große Diskrepanz in bezug auf die Einhaltung des intertemporalen Korrespondenzprinzips deutlich:[491] Während der Erwerbsphase wird der Vorsorgende nur sehr eingeschränkt steuerlich belastet, insofern er die Umlage an die Versorgungseinrichtung mit seinem individuellen Steuersatz versteuern muß. Der verbleibende Restbetrag wird vom Arbeitgeber pauschal versteuert. Während der Altersphase jedoch werden die Renten aus der Zusatzversorgung lediglich mit ihrem Ertragsanteil nach § 22 Nr. 1 Buchst. a EStG einkommensteuerlich erfaßt, wodurch ein großer Teil der gesamten Leistungsfähigkeit niemals steuerlich erfaßt wird. Dies erscheint vor dem Hintergrund der steuerlichen Behandlung von Betriebsrenten als äußerst inkonsistent, weil diese - ähnlich ausgestaltet wie die Zusatzversorgung im öffentlichen Dienst - wie Beamtenpensionen als Einkünfte aus nichtselbständiger Tätigkeit mit entsprechender Gewährung des Alters-Entlastungsbetrags behandelt werden.

Auch die steuerliche Behandlung der *privaten Leibrentenversicherung* zeugt nicht gerade von Konsequenz in bezug auf die Einhaltung des intertemporalen Korrespondenzprinzips.[492] Wie bei der gesetzlichen Rentenversicherung sind die Beiträge zu privaten Leibrentenversicherungen im Rahmen der Sonderausgaben nach § 10 oder § 10c EStG bei der Ermittlung des zu versteuernden Einkommens abzugsfähig. Unabhängig von der tatsächlichen Aufbringung der Mittel - ob nun aus versteuertem oder aus unversteuertem Einkommen - werden die Leibrenten während der Altersphase wiederum mit ihrem Ertragsanteil nach § 22 Nr. 1 Buchst. a EStG versteuert. Dieses Vorgehen ist - wie bereits bei der gesetzlichen Rentenversicherung gezeigt wurde - völlig inkonsistent zum intertemporalen Korrespondenzprinzip.

---

[488] Vgl. S. 30 ff.

[489] Vgl. S. 73 ff.

[490] Vgl. S. 74 f.

[491] Vgl. S. 81 ff.

[492] Vgl. S. 90 ff.

B. Problembereiche des Sozialrechts

Die Problembereiche des Sozialrechts lassen sich grundlegend auf einen Nenner bringen: Die parallele Existenz verschieden ausgestalteter Regelsicherungssysteme verursacht eine unterschiedliche Behandlung ökonomisch gleicher Sachverhalte. So findet man auf der einen Seite die am Versicherungsprinzip und Beitragsäquivalenzprinzip orientierte Versorgung der Arbeiter und Angestellten in der gesetzlichen Rentenversicherung, auf der anderen Seite die am Alimentationsprinzip ausgerichtete Beamtenversorgung.

Unterschiedlichere Systeme bezüglich des gleichen Grundbedürfnisses - die Versorgung im Alter zu sichern - sind theoretisch kaum zu begründen.

Probleme bringt der mit den jeweiligen Versorgungswerken angestrebte Versorgungsumfang mit sich: Während die gesetzliche Rentenversicherung dem Versicherten eine Regelsicherung[493] bietet, die er dann bei Bedarf - und dieser besteht zweifelsohne - mit eigenen Vorsorgeformen ergänzen kann, garantiert die Beamtenversorgung dem Beamten beim Eintritt in den Ruhestand eine Versorgung, die ihm den zuletzt erworbenen Besitzstand in Form des Dienstgrades und der entsprechenden Bezüge weitgehend garantiert.

Auch die Tatsache, daß verschiedene Erwerbstätige - insbesondere Selbständige, vermögensverwaltende Tätigkeiten etc. - weder in der einen noch in der anderen Versicherungsform versicherungspflichtig sind, sondern allenfalls die Möglichkeit einer freiwilligen Versicherung in der gesetzlichen Rentenversicherung haben, hat eine ungleiche Behandlung zur Folge: Die Befreiung von der Teilnahme an einer Solidargemeinschaft bewirkt, daß die Lasten der Solidargemeinschaft nicht von ihnen mit getragen werden müssen.[494] Würden auch die Vorteile der Solidargemeinschaft diesen Personen verwehrt bleiben, dann wäre eine gerechte Behandlung wieder hergestellt. Dem ist aber nicht so, was explizit an der Existenz der sogenannten versicherungsfremden Leistungen gezeigt werden kann.

Versicherungsfremde Leistungen[495] sind Vorteile, die sich beim Empfänger direkt oder indirekt monetär in Form von höheren Leistungen oder niedrigeren Beiträgen im Rahmen ihrer Versicherung in der gesetzlichen Rentenversicherung auswirken. Hierzu zählen z.B. die Anrechnung von versicherungsfreien Zeiten (Ausbildung, Kindererziehung, etc.), aber auch direkt leistungssteigernder Vorschriften wie z.B.

---

493 Dem Versicherten wird garantiert, daß er die relative Position, die er unter allen Beitragszahlern während seiner Beitragszeiten eingenommen hat, auch während seiner Altersphase durch den Bezug einer entsprechend hohen Rente behält.

494 Damit ist eine große Gefahr für die Existenz der gesetzlichen Rentenversicherung verbunden: vgl. Siems, D., Nicht diskutabel (Wirtschafts-Woche v. 27.04.1995), S. 28 ff.

495 Vgl. zu den versicherungsfremden Leistungen S. 164 ff. sowie o.V.; Versicherungsfremde Aufgaben (ifo-Wochenbericht 1993), S. 523 ff.

die Rente nach Mindesteinkommen oder die Witwen(r)- und Waisenrente. Die damit verbundenen Lasten werden von der Solidargemeinschaft der Versicherten entweder durch höhere Beitragszahlungen oder durch verminderte Leistungen erbracht. Innerhalb dieser Gruppe ist damit ein versicherungsäquivalenter Ausgleich hergestellt, obwohl es - mikroökonomisch betrachtet - natürlich auch hier „Nicht-Verlierer" und „Verlierer" gibt.[496]

Bezieht man an dieser Stelle jedoch das oben beschriebene Problem der Versicherungsfreiheit insbesondere bei der gesetzlichen Rentenversicherung mit ein, so zeigt sich, daß es auch eine Gruppe reiner „Nicht-Verlierer" gibt, nämlich die Nicht-Versicherungspflichtigen. Dieses Problem erwächst genau dann, wenn versicherungsfremde Leistungen auch Vorteile für Nicht-Mitglieder der Solidargemeinschaft zeigen: Das ist eindeutig bei verschiedenen versicherungsfremden Leistungen der Fall. Hierzu muß man sich vor Augen halten, wer für die versicherungsfremden Leistungen aufkommen müßte, wenn es nicht die Beitragszahler wären:

Als erstes soll die Anrechnung von Kindererziehungszeiten näher betrachtet werden. Mit Kindererziehungszeiten wird für die Erziehenden ein Ausgleich für den Lohnausfall, den sie während der Zeit der Kindererziehung zu tragen haben, geschaffen. Der Hintergrund dieser „Subvention" liegt eindeutig in der Tatsache begründet, daß die Erziehung von Kindern positive gesamtwirtschaftliche Effekte hat. Nur die nachwachsende Generation kann das Sozialprodukt in der Zukunft erwirtschaften, von dem die dann nicht mehr Erwerbstätigen profitieren. Wenn nun diese Vorteile in einem geschlossenen Kreislauf vorliegen würden, d.h. nur diejenigen davon profitieren würden, die jetzt die Last z.B. in Form von höheren Beiträgen zu zahlen hätten, dann wäre Gerechtigkeit zwischen den Generationen hergestellt. Dies ist aber nicht der Fall:
Zu der Gruppe der später Nicht-mehr-Erwerbstätigen zählen nämlich nicht nur diejenigen, die jetzt Beitragszahler in der Gruppe der Versicherten bei der gesetzlichen Rentenversicherung sind, sondern alle Menschen, die in irgendeiner Weise aus dem zukünftigen Sozialprodukt Nutzen ziehen. Damit wäre die erste Gruppe der „Nicht-Verlierer" ermittelt. Ferner garantiert aber - und das steht in engem Zusammenhang mit dem Generationenvertrag - die Erziehung von Kindern nicht unbedingt, daß die so „belohnten" Kinder auch tatsächlich später ihren Beitrag zum System der Versicherung leisten: Die Kinder müssen nicht unbedingt Beitragszahler werden, sie könnten auch als Selbständige, Beamte etc. und somit später nicht versicherungspflichtig sein. Aber auch die Möglichkeit, daß Kinder generell nichts zum Sozialprodukt des Landes, das ihre Erziehung unterstützt hat, beitragen, wäre denkbar für

---

496 Wer aber genau in dem gesamten System des Sozialrechts und des Steuerrechts verliert, läßt sich zweifelsfrei nur schwer feststellen: vgl. Krumrey, H., Singles contra Familien FOCUS 33/95), S. 68 ff. Vgl. hierzu auch die Untersuchung von Oeter, F., Benachteiligung (Die Angestelltenversicherung 1995), S. 202 ff. sowie die Replik hierzu von Thiede, R., Benachteiligung (Die Angestelltenversicherung 1995), S. 207 ff.

den Fall, daß diese Kinder z.B. Deutschland den „Rücken kehren" und somit aus dem nationalen gesamtwirtschaftlichen Bereich ausscheiden.

Wendet man sich zweitens dem Bereich der Witwen(r)- und Waisenrenten zu, so wird wiederum das Problem einer unkontrollierten Subventionierung deutlich. Die Zahlung dieser Art von Renten ist im wesentlichen unabhängig von der persönlichen Einkommens- und Vermögenssituation des Empfängers. Geht man aber von dem Fall aus, daß die Empfänger tatsächlich „bedürftig" im Sinne des Sozialrechts sind, dann ersparen die Leistungen aus der gesetzlichen Rentenversicherung die Sozialhilfe. Diese aber müßte aus dem allgemeinen Steueraufkommen und damit aufgrund von Leistungen aller Steuerzahler aufgebracht werden, wohingegen die Witwen(r)- und Waisenrenten i.d.R. lediglich von den Beitragszahlern bezahlt werden.

Diese Beispiele ließen sich noch fortsetzen. Die beiden genannten Fälle zeigen aber bereits die bestehende Ungerechtigkeit im momentanen System der gesetzlichen Sozialversicherungen.[497]

Gerechterweise muß jedoch in diesem Zusammenhang ergänzt werden, daß nicht die gesamten versicherungsfremden Leistungen von den Beitragszahlern erbracht werden: Der Bundeszuschuß trägt zur Deckung des Finanzierungsbedarfs in den einzelnen gesetzlichen Sozialversicherungen bei. Allerdings deckt - auch nach neueren Untersuchungen - der Bundeszuschuß bei weitem nicht den gesamten Aufwand, den versicherungsfremde Leistungen verursachen.[498] Um aber eine möglichst gerechte Deckung der durch die versicherungsfremden Leistungen verursachten Kosten gewährleisten zu können, müßte demnach der Bundeszuschuß - finanziert aus dem allgemeinen Steueraufkommen - entsprechend erhöht werden.

C. Zwischenergebnis

Als Quintessenz der Mängel des Sozialrechts- und des Steuerrechtssystems bezüglich der Altersvorsorge von abhängig Erwerbstätigen läßt sich mithin zusammenfassen:

1. Die im Modellvergleich zu Tage getretenen Probleme und Ungerechtigkeiten bezüglich der Altersvorsorge von abhängig Erwerbstätigen basieren auf einem Zusammenwirken von Unzulänglichkeiten sowohl des Sozialrechts als auch des Steuerrechts.

2. Eine Behebung der Mängel muß somit durch eine integrierte Reform von Sozialrecht und Steuerrecht stattfinden.

---

497 Zwar sind die Beispiele hier allesamt auf die gesetzlichen Rentenversicherung bezogen, man findet jedoch versicherungsfremde Leistungen in allen Bereichen der gesetzlichen Sozialversicherungen.

498 Vgl. S. 164 ff. und Eitenmüller, S./Hain, W., Bundeszuschuß (Deutsche Rentenversicherung 1996), S. 55 ff.

3. Die Mängel sind so gravierend, daß nicht ein Kurieren von Symptomen, sondern nur eine grundlegende Generalreform - frei von bisherigen Wertevorstellungen - in der Lage ist, diese zu beseitigen.

II. Darstellung des Reformvorschlags

Ziel der Reform muß es sein, die bestehenden Mängel zu beseitigen und keine neuen Ungerechtigkeiten entstehen zu lassen. Auf dieser Basis wird im folgenden der Reformvorschlag vorgestellt und seine konkrete Ausgestaltung erläutert.

A. Aufbau des Altersvorsorgesystems

Kein Zweifel besteht an der Beibehaltung des bisherigen Aufbaus des Altersvorsorgesystems, orientiert an dem „Drei-Säulen-Prinzip". Dieses bewährte Prinzip ermöglicht individuelle Flexibilität, die bei dem folgenden Reformvorschlag - wie sich noch zeigen wird - von besonderer Bedeutung ist.

Allerdings unterscheidet das System nicht mehr nach der Art der Erwerbstätigkeit, d.h. ob abhängig oder unabhängig beschäftigt, Arbeitnehmer in der Privatwirtschaft oder Beamter, sondern für alle Personengruppen ist der Aufbau des Altersvorsorgesystems gleich:

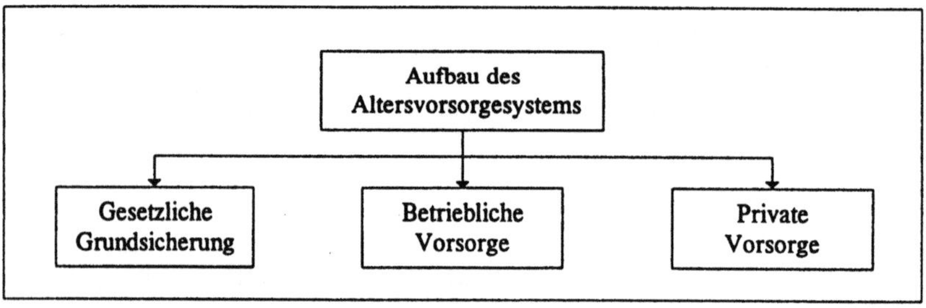

Abb. 41: Aufbau des Reformvorschlags[499]

Die gesetzliche Grundsicherung ist unabhängig von der persönlichen Situation für alle Vorsorgenden gleich. Auch zusammen mit der - grundsätzlich nicht vom Vorsorgenden beeinflußbaren - Höhe der betrieblichen Vorsorge ergibt sich eine Differenz zum gesamten erstrebten Altersvorsorgeniveau. Dieses ist durch persönliche Vorsorge aufzufüllen.

Am gravierendsten werden die Einschnitte in die gesetzliche Rentenversicherung sein, die in Zukunft als gesetzliche Grundsicherung den Ausgangspunkt für die Gesamtversorgung im Alter liefern soll.

---

499 Quelle: Eigene Darstellung.

B. Erste Säule: Gesetzliche Grundsicherung

Die gesetzliche Grundsicherung löst die durch die Existenz verschiedener Regelsicherungssysteme nebeneinander entstandenen Probleme dadurch, daß sie als verpflichtende Basis für „alle" eingeführt wird. Für die konkrete Ausgestaltung der gesetzlichen Grundsicherung sind vier Kriterien von Bedeutung, die der folgenden Abbildung entnommen werden können:

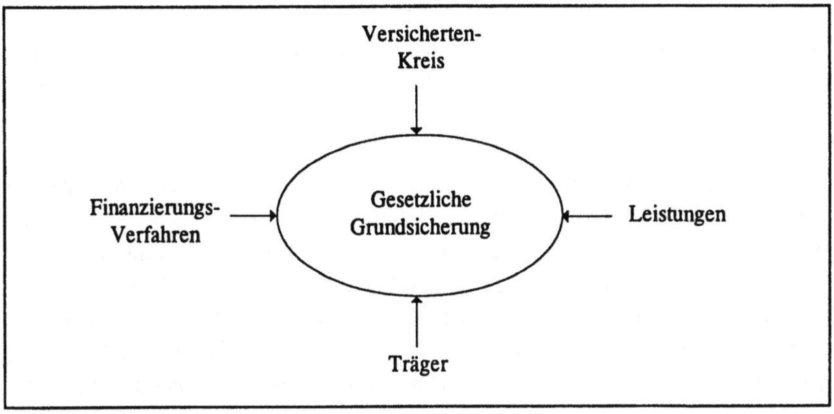

Abb. 42: Aufbau der gesetzlichen Grundsicherung[500]

1. Versicherten-Kreis

Zunächst ist zu klären, welche Personen als Versicherte in die gesetzliche Grundsicherung einzugliedern sind.

Die Tatsache, daß die gesetzliche Grundsicherung[501] die Basis-Versorgung für alle Personen im Alter sein soll, macht bereits deutlich, daß alle „Erwerbstätige" Mitglied dieser Versicherung sein werden. Dabei darf der Begriff „Erwerbstätige" jedoch nicht im herkömmlichen Sinne, also begrenzt auf solche Personen, die durch Einsatz ihres Produktionsfaktors „menschliche Arbeit" Faktorentgelt in Form von Arbeitslohn, Gewinnen etc. erzielen, interpretiert werden. Vielmehr muß das Kriterium für die Mitgliedschaft in der gesetzlichen Grundsicherung die Vollendung eines bestimmten Lebensalters, z.B. des 16. Lebensjahres sein.

---

500 Quelle: Eigene Darstellung.

501 Zur Idee der Grundsicherung vgl. u.a. Leyendecker, W., Grundrente (Deutsche Rentenversicherung 1986), S. 143 ff.; Wolf, J., Grundsicherung (Leviathan 1991), S. 386 ff.; Miegel, M., Reformaufgabe (Arbeit und Sozialpolitik 1989), S. 74 ff.; o.V. Grundrente (Wirtschafts-Woche v. 25.10.1985), S. 38 f.; Härlen, H., Grund- und Versicherungsrente (Versicherungswirtschaft 1986), S. 610 f; Hofmann, J., Umverteilung (Sozialer Fortschritt 1994), S. 111 f.; Schmähl, W., Strategien (Wirtschaftsdienst 1994/X), S. 508 ff.

Zudem müßte in diesem Zusammenhang über die Integration von

- in Deutschland ansässigen Ausländern und
- im Ausland ansässigen Deutschen

nachgedacht werden. Denkbar wäre z.B. eine partielle Einbindung oder eine partielle Befreiung - verbunden mit entsprechenden Teilleistungen - in die gesetzliche Grundsicherung mit gleichzeitiger freiwilliger Versicherungsmöglichkeit.

Die Versicherung endet mit dem Tod des Versicherten, Ansprüche gegenüber der Versicherung können nur vom Versicherten selbst und nicht von Erben oder Nachkommen geltend gemacht werden.

Ziel des Versicherungsschutzes ist es, dem Versicherten in der Altersphase eine existenzsichernde Grundrente zu gewährleisten, die ihn dann nicht zum „sozialen Pflegefall" werden läßt. Hierbei bliebe auch der Alters-Zeitpunkt zu klären, mit dem die Versicherten versicherungstechnisch gesehen in den Altersabschnitt eintreten. Die Einführung der generellen Altersgrenze von 65 Jahren mit der Verabschiedung des RRG 1992 war bereits ein Schritt in die richtige Richtung.[502] Die längere Lebenserwartung und das relativ späte Eintreten in das Erwerbsleben bedingt durch lange Ausbildungszeiten verbieten es auch bei der hier vorgestellten gesetzlichen Grundsicherung, einen früheren Renteneintritts-Zeitpunkt zu wählen.[503] Im Gegenteil sollte bei anhaltend positiver Entwicklung der Lebenserwartung durchaus auch über eine Verlängerung der regulären Lebensarbeitszeit nachgedacht werden.[504]

2. Finanzierungsverfahren

Auch im Rahmen des Finanzierungsverfahrens können Elemente des bestehenden Systems beibehalten werden, andere müssen aufgegeben werden..

Die Zweiteilung der Beitragsleistung der Versicherten in einen Arbeitgeber- und einen Arbeitnehmeranteil wird jedoch aufgegeben. Daraus resultiert aber nicht eine relative Mehrbelastung der Arbeitnehmer, da es rechnerisch zu einem Aufschlag des eigentlichen Arbeitgeberanteils auf den bisherigen Brutto-Arbeitslohn kommt. Sinn und Zweck der alleinigen „Bezahlung" des Beitrags nur durch den Arbeitnehmer ist zum einen, daß sich der Beitragszahler über die eigentliche Höhe seines Beitrags bewußt ist, und zum anderen eine damit verbundene Verwaltungsvereinfachung in

---

502 Verweis auf Gesetzesstelle. Ebenso Thelen, P., Horrorszenarien (Handelsblatt v. 11.11.1993), S. 7.

503 Vgl. auch Kutscher, J./Hoff, A., Längere Lebensarbeitszeit (Handelsblatt v. 14.10.1993), S. 7.

504 Allerdings sollte in diesem Zusammenhang nicht das Problem der Arbeitslosigkeit außer acht gelassen werden, das sich bei einer zunehmenden Menge an potentiell Erwerbstätigen ceteris paribus verstärken würde.

Zusammenhang mit verschiedenen anderen - noch zu erläuternden - Maßnahmen des Reformvorschlags.

Die dritte Finanzierungsquelle der derzeitigen gesetzlichen Rentenversicherung - der Bundeszuschuß - wird gestrichen. Dies steht in engem Zusammenhang mit der Tatsache, daß aus dem Recht der gesetzlichen Grundsicherung in Zukunft alle Vorschriften, die aufgrund von versicherungsfremden Leistungen entstanden sind, eliminiert werden, weil diese in einem Versicherungssystem nicht in Einklang mit der notwendigen Beitrags-Leistungs-Äquivalenz gebracht werden können.[505]

Die Höhe des Versichertenbeitrags bestimmt sich unabhängig von der persönlichen Einkommens- oder Vermögenssituation und ist für alle Versicherten gleich hoch. Konkret leitet sich die Höhe aus dem benötigten Rentenvolumen der gesetzlichen Grundsicherung ab.[506] Damit wird bereits deutlich, daß an dem - für viele mit einem negativen „Image" versehenen - Umlageverfahren festgehalten wird.[507] Die Gründe, warum dem Umlageverfahren gegenüber dem Anwartschaftsdeckungsverfahren der Vorzug gegeben wird, sind sehr vielschichtig.

Zunächst einmal unterscheiden sich beide Verfahren - was ihre Reagibilität bezüglich des Problems einer sinkenden Reproduktionsrate betrifft - kaum voneinander.[508] Sowohl Umlageverfahren als auch Anwartschaftsdeckungs- oder Kapitaldeckungsverfahren können nur dann für den Versicherten Vorteile im Sinne einer „Verzinsung" der „angesparten" Beiträge leisten, wenn es nicht zu einer schrumpfenden Bevölkerung kommt.[509]

Denn werden - wie im folgenden Abschnitt noch näher erläutert wird - die Leistungen aus der gesetzlichen Grundsicherung an die Entwicklung des Produktivitätsfortschritts (gemessen an den Real-Lohnsteigerungen) angepaßt, so kann dies nur das Umlageverfahren ermöglichen.[510] Bei der Finanzierung über ein Anwartschaftsdek-

---

505 Zur Beitragsäquivalenz vgl. S. 165 ff. Eine generelle Finanzierung der gesetzlichen Grundsicherung aus dem allgemeinen Steueraufkommen wird hingegen aufgrund der dadurch entstehenden Verflechtung zwischen Grundsicherung und Staatshaushalt und einer daraus resultierenden „Eingriffsmöglichkeit" des Staates abgelehnt.

506 Zudem sollten die Versicherungsträger verpflichtet werden, zum Ausgleich unvorhergesehener Risiken eine Schwankungsreserve zu halten.

507 Vgl. hierzu auch Heubeck, K., Anmerkungen (1994), in: Schwebler, R., Dieter Farny und die Versicherungswissenschaft (1994), S. 203 ff.

508 Vgl. hierzu die Ausführungen auf S. 38 ff. sowie Essen, U. van, Alterssicherung (1994), S. 34 ff.

509 Vgl. Artus, P., Rentenfinanzierung (Internationale Revue für soziale Sicherheit 1994), S. 3 ff.

510 Zur Umstellung auf ein Kapitaldeckungsverfahren vgl. Buttler, G./Jäger, N., Teilkapitaldeckungsverfahren (Zeitschrift für die gesamte Versicherungswissenschaft 1988), S. 385 ff.; Jäger, N., Umstellung (1991); Schmähl, W., Perspektiven (Wirtschaftsdienst 1994/XIII), S. 390 ff.

kungsverfahren müßte ansonsten die Rentenhöhe über einen sehr langen Zeitraum antizipiert werden, was - realistisch betrachtet - wohl nicht möglich ist.[511]

Mit einer Orientierung an den Real-Lohnsteigerungen wird mit dem ganzen System auch erst die Sicherheit geschaffen, daß die Renten später tatsächlich die existentiellen Bedürfnisse der Rentenempfänger abdecken. Die Verzinsung bei Verwendung des Anwartschaftsdeckungsverfahrens ist hierzu nicht in der Lage, weil hierauf noch wesentlich mehr Faktoren Einfluß nehmen.[512]

Falls aber - wie oft behauptet wird - die Verzinsung am Kapitalmarkt und die in Real-Lohnsteigerungen ausgedrückte Zunahme an Produktivität sich entsprechen, so stehen Umlageverfahren und Anwartschaftsdeckungsverfahren indifferent zueinander, weil sie sich kongruent entwickeln würden.

Beiträge müssen - was sich direkt aus dem Prinzip der „Allgemeinheit" der Versicherung ableiten läßt - auch von Versicherten entrichtet werden, die im herkömmlichen Sinne als nicht erwerbstätig einzuordnen sind. Sollte als allgemeiner Versicherungsbeginn das 16. Lebensjahr gelten, so befinden sich viele „Neu-Versicherte" zu diesem Zeitpunkt und auch noch einen bestimmten Zeitraum in schulischer und/oder beruflicher Ausbildung. Ebenso ist es denkbar und wahrscheinlich, daß die Zeit der Erwerbstätigkeit sich nicht zwingend über den gesamten Zeitraum von Versicherungsbeginn bis zum Eintritt in die Rentenphase erstrecken muß. Vielmehr sind hier auch mehr oder weniger lange Pausen z.B. in Form von Kindererziehung, Krankheit, Arbeitslosigkeit etc. denkbar.

Solche Zeiten sind auch im geltenden Recht der gesetzlichen Rentenversicherung bereits berücksichtigt worden: entweder es wurden fiktive Beitragszahlungen angenommen - z.B. bei den Ausbildungszeiten - oder die Beitragszahlungen wurden von anderen Institutionen des gesetzlichen Sozialversicherungssystems - z.B. bei Arbeitslosigkeit - übernommen. Beides hatte jedoch zum Effekt, daß die übrigen Beitragszahler die Belastungen zu tragen hatten. Damit wäre man wiederum beim Problem der versicherungsfremden Leistungen und deren „gerechter" Finanzierung angelangt.

Da alle versicherungsfremden Leistungen aus dem Beitrags- und Leistungsrecht der neuen gesetzlichen Grundsicherung eliminiert werden sollen, kann eine Berücksichtigung derselben nun nicht mehr im Rahmen dieses Teils des Sozialversicherungssystems stattfinden. Sollte aber der Staat dennoch die Absicht haben, solche Zeiten durch die Gutschrift von Beitragszeiten im Rahmen der gesetzlichen Grundsicherung

---

511 Vgl. Grohmann, H., Abschätzung, in: Grohmann, H. u.a. (Hrsg.), Kapitaldeckungsverfahren (1987), S. 67 ff. Zumindest würden sich bei der Finanzierung über ein Anwartschaftsdeckungsverfahren Zinsänderungen sofort auf die Dynamisierung der Renten übertragen.

512 Vgl. hierzu S. 38 ff.

zu belohnen, so muß er direkte Transfers dafür an die betreffende Institution der gesetzlichen Grundsicherung leisten und diese aus dem allgemeinen Steueraufkommen finanzieren.

Nun könnte man der Meinung sein, daß ein Kernstück der Sozialversicherung - die soziale Umverteilung - aus dem Bereich der gesetzlichen Grundsicherung verdrängt wurde. Dies ist so unzutreffend. Die soziale Umverteilung - ob man sie nun befürwortet oder nicht - wird nun lediglich an der Stelle vorgenommen, an der sie auch tatsächlich sozial umverteilend wirkt. Während bisher Nicht-Versicherungspflichtige und Versicherte oberhalb der Beitragsbemessungsgrenze bei der Finanzierung der sozialen Umverteilung aus dem Beitragsaufkommen der gesetzlichen Rentenversicherung profitiert haben, wird bei einer Finanzierung der sozialen Umverteilung aus dem allgemeinen Steueraufkommen tatsächlich eine Verteilung vorgenommen, die - abstrahiert man von dem Steuerrecht immanenten Umverteilungsproblemen - eher als sozial gerecht bezeichnet werden kann.

Zusätzlich könnte an dieser Stelle der Einwand erhoben werden, ob nicht durch eine Übernahme der Beitragszahlungen durch den Staat ein free-rider-Verhalten auf der einen und Frustration auf der anderen Seite hervorgerufen wird. Warum sollte jemand arbeiten und von seinem Arbeitslohn Beiträge entrichten, wenn er die dadurch „erkauften“ Vorteile auch ohne Einsatz der eigenen Arbeitskraft erreichen könnte. Das allerdings ist kein Problem, das durch die Neugestaltung der gesetzlichen Rentenversicherung als gesetzliche Grundsicherung entstehen wird. Das soziale „Schmarotzertum“ hat es schon immer gegeben und wird es auch - sofern nicht der Staat massive Eingriffe in den sozialen Wohlfahrtsstaat vornimmt - immer geben.[513] Eine Lösung des Problems ist mithin nicht die Aufgabe des hier zu entwickelnden Reformvorschlags. Im Gegenteil: Sinkende Lohnnebenkosten[514] und das subjektive Empfinden der Arbeitnehmer, nun nach dem Abzug von „Zwangsausgaben“ über eine höhere Netto-Konsumposition verfügen zu können, könnten helfen, Probleme des Sozialstaats wie z.B. Arbeitslosigkeit oder Schattenwirtschaft zu lösen. Zudem dürfte es nicht das Streben eines ökonomisch denkenden Menschen sein, sich mit seiner Konsumposition über sein ganzes Leben hinweg am sozialen Existenzminimum zu bewegen.[515]

---

513 Vgl. auch Kowalski, M./Reiermann, C., Verschwendung (FOCUS 36/94 v. 05.09.1994), S. 207 ff.; Engels, W., Drücke-Berger (Wirtschafts-Woche v. 29.01.1993), S. 122; Engels, W. Ausbeutung (Wirtschafts-Woche v. 22.01.1993), S. 122; Nell-Breuning, O. v., Sozialstaat (Sozialer Fortschritt 1982, S 27 f.

514 Dieser Meinung ist auch Schmähl, W., Lohnnebenkosten (Handelsblatt v. 23.11.1993), S. 8. Die Problematik betrifft aber auch andere Staaten in Europa: vgl. Siems, D., Die Kuh schlachten (Wirtschafts-Woche v. 23.09.1994), S. 14 ff.

515 Vielfältige Konsumwünsche, die nicht einmal im Bereich des allgemein als „Luxus“ bezeichneten Bereich liegen müssen, würden sonst für sie nicht realisierbar sein.

3. Leistungen

Die Leistungen aus der gesetzlichen Grundsicherung weichen am stärksten von der jetzigen Leistungs-"Vielfalt" der gesetzlichen Rentenversicherung ab.

In Zukunft wird es nur noch eine Art von Leistung im Rahmen der gesetzlichen Altersvorsorge in Form einer existenzsichernden Grundrente geben. Die Höhe der Grundrente orientiert sich dabei am sozialen Existenzminimum und wird dieses um einen bestimmten Betrag übersteigen, um weitere Anreizwirkungen gegen das free-rider-Verhalten zu schaffen.[516]

Als Maßstab für die Höhe der gesetzlichen Grundsicherung muß das zum Zeitpunkt des Rentenbezuges gültige soziale Existenzminimum, das sich wiederum am allgemeinen Preisniveau und damit auch der allgemeinen Lohnhöhe orientiert, herangezogen werden.

Zudem wird es notwendig sein, die Rentner durch die gesetzliche Grundsicherung gegen die Risiken von Krankheit durch Leistungen der gesetzlichen Grundsicherung zu versichern. Dabei wäre es auch denkbar, den Rentnern einen Zuschlag auf ihre Grundrente zu gewähren, dessen Höhe sich auf den dann von ihnen selbst zu entrichtenden Krankenversicherungsbeitrag beschränkt.

Auf diese Weise unterscheidet sich die gesetzliche Grundsicherung von der gesetzlichen Rentenversicherung im Bereich der gewährten Leistungen erheblich:

1. Die Einrichtung der Hinterbliebenenversorgung erübrigt sich, weil sich jeder Bürger eine eigenständige Versorgung aufbaut. Treffen jedoch die Unmöglichkeit des Nachgehens einer Erwerbstätigkeit und die Versorgung von Hinterbliebenen aufeinander, so muß diese Versorgung - wie andere Sozialleistungen auch - aus öffentlichen Haushalten, d.h. aus dem allgemeinen Steueraufkommen finanziert werden.

2. Stirbt ein Versicherter vor Erreichen der Altersgrenze, so erlöschen seine Ansprüche aus der gesetzlichen Grundsicherung; über die biometrische Verteilung innerhalb seiner Altersgruppe kommt es zu einem Risikoausgleich mit den Versicherten, die den Zeitpunkt des Eintritts in die Rentenphase er- und überleben.

3. Die Höhe der Leistungen aus der gesetzlichen Grundsicherung orientiert sich nun nicht mehr an der relativen Lohnhöhe des Versicherten während seines Erwerbslebens sondern deckt für jeden Versicherten ausschließlich das so-

---

516 Damit ist der Zusammenhang zwischen dem subjektiven Empfinden des Vorsorgenden, „mehr" als die Sozialhilfe eines Nicht-Vorsorgenden zum Konsum zur Verfügung zu haben und eine damit verbundene Motivation, Leistung in Form von produktiven Tätigkeiten zu erbringen, gemeint. Ähnliche Überlegungen gab es auch bereits früher: vgl. Witte, L., Leistung muß sich lohnen (Deutsche Richterzeitung 1975), S. 229 f.; Steffen, J., Regelsätze (Sozialer Fortschritt 1994), S. 69 ff.

ziale Existenzminimum ab. Erstrebt der Versicherte eine höhere Netto-Konsumposition in seiner Altersphase, so muß er auf einem anderen Weg dafür Sorge tragen.

4. Fraglich ist, ob die Risiken der Invalidität mit daraus folgender Berufs- und/oder Erwerbsunfähigkeit über die gesetzliche Grundsicherung weiterhin abgedeckt werden können. Grundsätzlich wäre ein solches Vorgehen sinnvoll, weil gerade dies ein Risiko ist, das durch eine Versicherung, wie sie die gesetzliche Grundsicherung darstellt, berücksichtigt werden sollte.

Mit diesen Leistungen hat der Staat sein Soll aus der Verpflichtung der Sozialen Marktwirtschaft gegenüber seinen Bürgern erfüllt: nicht mehr aber auch nicht weniger darf der Staat in das marktwirtschaftliche Geschehen intervenieren.

4. Träger

Die gesetzliche Grundsicherung muß nicht zwingend von einem staatlichen Versicherungsträger durchgeführt werden.[517] Ebenso braucht es nicht unbedingt nur ein einziges Versicherungsunternehmen geben, das eine Versicherung nach Art der gesetzlichen Grundsicherung anbietet.

Denkbar wäre ein System von Versicherungen, wie es auch im Bereich der Kfz-Haftpflichtversicherungen existiert: Es besteht Versicherungspflicht für jeden, der die entsprechenden Kriterien erfüllt, aber es besteht die freie Wahl des Versicherungsträgers. Ob damit nun unbedingt ein Wettbewerb zwischen den Versicherungsanbietern erreicht werden kann, ist fraglich; dafür sind die Rahmenbedingungen vermutlich zu eng abgesteckt.

Auf jeden Fall muß eine Versicherungsaufsicht dafür Sorge tragen, daß es seitens der Versicherungsträger nicht zu einer Negativ-Selektion in Form des „Rosinenpickens“ kommt. Das bedeutet, daß grundsätzlich jeder Versicherungsanbieter mit jedem Versicherungspflichtigen der gesetzlichen Grundsicherung kontrahieren muß, weil ansonsten die Aufnahme des Versicherungspflichtigen von den Versicherungen eventuell von spezifischen Risiken abhängig gemacht werden könnte.

Zudem muß natürlich ein besonderes Augenmerk auf die wirtschaftliche Stabilität des Versicherungsunternehmens gelegt werden. Schließlich sind diese Versicherun-

---

517 Daher auch die Bezeichnung „gesetzliche Grundsicherung“ und nicht „staatliche Grundsicherung“. Zur Möglichkeit der privaten Trägerschaft vgl. Siems, D., Sicher und reich (Wirtschafts-Woche v. 25.02.1994), S. 28 ff.

gen für die Deckung des existentiellen Grundbedarfs eines Großteils der Bevölkerung verantwortlich.[518]

Das Abstecken der rechtlichen Rahmenbedingungen, in denen sich die Versicherungsunternehmen bewegen können, bleibt natürlich dem Gesetzgeber vorbehalten. Die ökonomischen Rahmenbedingungen jedoch werden alleine durch die individuelle Kalkulation der Versicherungsträger definiert.[519]

5. Einkommensteuerliche Behandlung

Entsprechend dem Ziel, eine integrierte Reform des Sozialrechts und des Steuerrechts zu verwirklichen, muß es konsequenterweise im Zusammenhang mit der Einführung einer gesetzlichen Grundsicherung auch zu einer Neuregelung der damit im Zusammenhang stehenden einkommensteuerrechtlichen Regelungen kommen. Dabei ist - entsprechend dem Korrespondenzprinzip - sowohl die Behandlung der Beiträge als auch der Leistungen abgestimmt zu regeln.

Der grundsätzliche Aufbau der einkommensteuerlichen Behandlung der gesetzlichen Grundsicherung kann nachfolgender Abbildung entnommen werden:

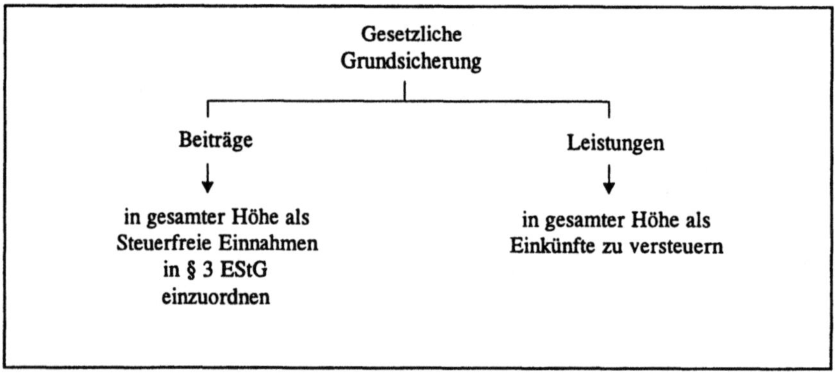

Abb. 43: Einkommensteuerliche Behandlung der gesetzlichen Grundsicherung[520]

Die Beiträge zur gesetzlichen Grundsicherung bleiben demnach steuerfrei, wohingegen korrespondierend die gesamten Leistungen aus der gesetzlichen Grundsicherung in voller Höhe als Einkünfte zu versteuern sind. Das hier gewählte nachgelagerte

---

518 Geklärt werden müßte, ob die Versicherungsaufsicht in das bestehende System der Versicherungsaufsicht in Deutschland eingegliedert oder dafür eine neue Behörde geschaffen werden sollte.

519 Denkbar wäre, daß es zu einer Differenzierung der Beitragsleistung bei vorgeschriebener Leistungshöhe kommen kann, wenn die in den Versicherungsunternehmen durch die Versicherungstätigkeit entstehenden Kosten unterschiedlich hoch sind.

520 Quelle: Eigene Darstellung.

intertemporale Korrespondenzprinzip scheint im Zusammenhang mit der generellen Ausgestaltung der gesetzlichen Grundsicherung als einzig sinnvoll.

Der Teil des Einkommens des Steuerpflichtigen der für die Beiträge zu der gesetzlichen Grundsicherung verwendet werden muß, stellt zunächst - wie auch das übrige Einkommen - objektive Leistungsfähigkeit dar. Gleichzeitig handelt es sich hierbei aber auch um indisponibles Einkommen, da er die Beiträge zwangsweise leisten muß und somit darüber nicht frei verfügen kann.[521] Damit müssen diese Beiträge bei der Ermittlung der subjektiven Leistungsfähigkeit die Steuerbemessungsgrundlage mindern, d.h. sie müssen steuerfrei gestellt werden. Eine solche Steuerfreistellung ist auf verschiedene Arten möglich:

Es wäre denkbar, sie

a) als steuerfreies Einkommen zu qualifizieren,

b) als Werbungskosten zum Abzug zu bringen,

c) im Rahmen der Vorsorgeaufwendungen steuermindernd geltend zu machen oder

d) als außergewöhnliche Belastungen einzuordnen.

Hier wurde der erste Weg gewählt, weil dieses Vorgehen als weniger konfliktträchtig und theoretisch geeigneter einzustufen ist, als die anderen Verfahren. Zudem wird auch der bisherige Arbeitgeberanteil an den gesetzlichen Sozialversicherungen, der zweifelsohne Arbeitslohn darstellt, auf diese Weise von der Einkommensteuer befreit

Unter dem Begriff der Werbungskosten werden solche Aufwendungen verstanden, die „zur Erwerbung, Sicherung und Erhaltung der Einnahmen (dienen, Anm. d. Verf.). Sie sind bei der Einkunftsart abzuziehen, bei der sie erwachsen sind."[522] Nun trifft zwar die erste Bedingung zu - die Beiträge werden geleistet, um Einnahmen später in Form der Rente zu erwerben -, die Bedingung, daß sie zwingend bei der Einkunftsart zum Abzug zu bringen sind, bei der sie erwachsen sind, kann jedoch bei den Beiträgen zur gesetzlichen Grundsicherung nicht erfüllt werden. Dann nämlich, wenn die Einnahmen in Form von Renten fließen, werden dafür keine Aufwendungen mehr nötig sein und umgekehrt fließen noch keine Einnahmen, wenn die entsprechenden Aufwendungen getragen werden müssen. Damit scheidet eine Berücksichtigung der Beiträge in Form von Werbungskosten aus.[523]

---

521 Der Steuerpflichtige/Vorsorgende ist nicht in der Lage, aus den Zwangsbeiträgen sein während der Ansparphase vorhandenes Existenzminimum zu decken.

522 § 9 Abs. 1 EStG.

523 So auch ein BFH-Urteil: BFH-Urteil v. 29.07.1986, IX R 206/84, BStBl II 1986, S. 747 ff.

Die Berücksichtigung als Sonderausgaben wäre grundsätzlich ebenfalls denkbar gewesen. Allerdings müßte dann die derzeitige Regelung der §§ 10 und 10c EStG hinsichtlich der quantitativen Beschränkung grundlegend neu gefaßt werden. Ansonsten wäre nämlich nicht garantiert, daß auch tatsächlich die Beiträge zu der gesetzlichen Grundsicherung in ihrer gesamten Höhe steuermindernd geltend gemacht werden könnten. Somit wurde diese Alternative ebenfalls verworfen.

„Erwachsen einem Steuerpflichtigen zwangsläufig größere Aufwendungen als der überwiegenden Mehrzahl der Steuerpflichtigen gleicher Einkommensverhältnisse, gleicher Vermögensverhältnisse und gleichen Familienstands (...) so wird auf Antrag die Einkommensteuer dadurch ermäßigt, daß der Teil der Aufwendungen, der die dem Steuerpflichtigen zumutbare Belastung (...) übersteigt, vom Gesamtbetrag der Einkünfte abgezogen wird."[524] Mit dieser Definition der außergewöhnlichen Belastungen wird bereits deutlich, daß auch ein Abzug der Beiträge zur gesetzlichen Grundsicherung im Rahmen der außergewöhnlichen Belastungen aus zwei Gründen nicht in Frage kommt: erstens stellen die Beiträge keine „außergewöhnliche" Belastung im Sinne des § 33 EStG dar und zweitens wäre aufgrund der „zumutbaren Belastung" auch nicht gewährleistet, daß die Beiträge insgesamt abzugsfähig wären.

Die Beachtung des intertemporalen Korrespondenzprinzips gebietet - bei vollständiger Steuerfreiheit der Beiträge zur gesetzlichen Grundsicherung - die vollständige Versteuerung der Rentenleistungen. Denn sowohl bei dem in der Rentenzahlung enthaltenen Zinsanteil als auch beim Tilgungsanteil kommt steuerliche Leistungsfähigkeit zum Ausdruck, die bisher noch nicht der Besteuerung unterworfen wurde.

Zu klären bliebe noch, unter welcher Einkunftsart die Rentenzahlungen zu erfassen wären. Die derzeitige Regelung, die Renten aus der gesetzlichen Rentenversicherung als sonstige Einkünfte nach § 22 EStG zu erfassen, könnte auch für die Renten aus der gesetzlichen Grundversorgung beibehalten werden.

Allerdings müßte die Vorschrift dahingehend geändert werden, daß die Renten nicht mit ihrem Ertragsanteil nach § 22 Nr. 1 Buchst. a, sondern in ihrer gesamten Höhe als Einkünfte erfaßt werden.

Die Aufrechterhaltung der Regelung des § 9a Nr. 1c EStG, nach der ein pauschaler Betrag von 200 DM als Werbungskosten zum Abzug gebracht wird, sollte gestrichen werden, da während der Zeit des Rentenbezugs vom Empfänger keinerlei „Anstrengungen" pauschal mehr nötig sind, um die Rente tatsächlich zu erhalten.

Durch die Steuerfreistellung des Existenzminimums im Steuertarif des Jahressteuergesetzes 1996 verbleibt nach Veranlagung zur Einkommensteuer von der existenzsichernden gesetzlichen Grundversorgung dem Rentenempfänger auch tatsächlich

---

[524] § 33 Abs. 1 EStG.

netto mindestens das Existenzminimum, wodurch die Versteuerung des gesamten Rentenbetrages aus der gesetzlichen Grundversorgung keine nachteiligen Wirkungen bezüglich seiner Netto-Konsumposition zeigt.

C. Zweite Säule: Betriebliche Altersvorsorge

Die Tatsache, daß die gesetzliche Grundversorgung lediglich die existentiellen Grundbedürfnisse der Rentenempfänger abdecken soll, wird die Nachfrage nach zusätzlichen Vorsorgemaßnahmen stärken. Damit dürfte die zweite Säule (betriebliche Altersvorsorge) sowie die dritte Säule (private Altersvorsorge) enorm an Bedeutung gewinnen.[525]

Allerdings sollen im Rahmen dieser Arbeit nicht die spezifischen Vor- und Nachteile der einen Art von betrieblicher Altersversorgung gegenüber der anderen Art abgewogen werden. Es soll lediglich eine systematische Einordnung der betrieblichen Altersversorgung in das Einkommensteuerrecht vorgenommen werden, damit auch in diesem Bereich das intertemporale Korrespondenzprinzip Anwendung findet.

Die Ausgestaltung der betrieblichen Altersversorgung zeigt dabei insofern Besonderheiten gegenüber anderen Systemen der Altersversorgung, daß der Begünstigte aus der Versorgung selbst i.d.R. keine eigenen Beiträge zur Erlangung eines Leistungsanspruchs entrichtet. Vielmehr übernimmt der Arbeitgeber alleine die Aufgabe, in unterschiedlichster Art und Weise den Anspruch des Arbeitnehmers abzusichern. Zudem liegt es i.d.R. nicht im Ermessen des Arbeitnehmers, ob und wie vom Arbeitgeber eine betriebliche Altersversorgung eingerichtet wird.

Die Frage ist nun, wie die betriebliche Altersversorgung einkommensteuerrechtlich in der Anspar- und in der Absparphase aus der Sicht des Arbeitnehmers behandelt werden soll.

Hierzu werden in der folgenden Abbildung zwei Alternativen vorgeschlagen:

---

525 Diese Entwicklung wird auch bei Beibehaltung des bestehenden Systems der gesetzlichen Rentenversicherung erwartet: vgl. Richter, G., Auswirkungen (Zeitschrift für die gesamte Versicherungswissenschaft 1995), S. 647 ff.

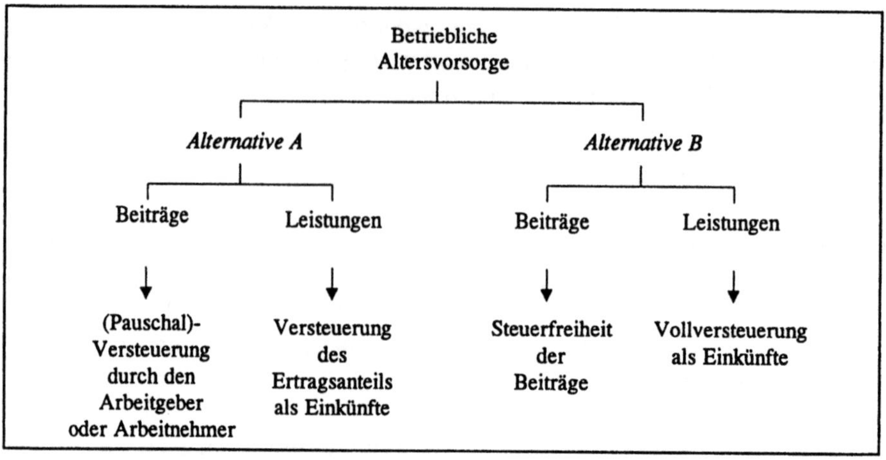

Abb. 44: Einkommensteuerliche Behandlung der Betrieblichen Altersvorsorge[526]

Alternative A:
Diese Alternative verfolgt das intertemporale Korrespondenzprinzip der vorgelagerten Art. Das bedeutet, daß die Beiträge zu der jeweiligen Einrichtung der betrieblichen Altersversorgung aus versteuertem Einkommen geleistet werden und im Gegenzug die Leistungen aus der betrieblichen Altersversorgung lediglich in Höhe der aufgelaufenen Zinsen und Zinseszinsen in Form des Ertragsanteils besteuert werden.

Alternative B:
Im Gegensatz zu Alternative A wird hier das intertemporale Korrespondenzprinzip der nachgelagerten Art propagiert. Die Beiträge zur betrieblichen Altersversorgung werden aus steuerfreiem Einkommen bestritten, wohingegen die Leistungen aus der betrieblichen Altersversorgung dann in voller Höhe als Einkünfte erfaßt werden.

Die Versteuerung der Beiträge in Alternative A kann zum einen durch die auch derzeit mögliche Pauschalversteuerung nach § 40b EStG[527] erfolgen. Dabei trägt der Arbeitgeber die Steuerlast. Daneben besteht auch die Möglichkeit, daß die Beiträge des Arbeitgebers als geldwerter Vorteil im Sinne des § 19 Abs. 1 Nr. 1 EStG qualifiziert werden, was eine individuelle Versteuerung durch den Arbeitnehmer bedeuten würde. Der Arbeitnehmer kann dabei insofern einen wirtschaftlichen Vorteil gewinnen, als er bei einer Pauschalversteuerung durch den Arbeitgeber selbst keine wirtschaftlichen Lasten aus der Gewährung einer betrieblichen Altersversorgung zu tragen hat. Auch bei einer „Überwälzung" der Steuerlast des Arbeitgebers auf den Arbeitnehmer kann dies insgesamt vorteilhaft sein, wenn der individuelle Grenzsteuersatz des Arbeitnehmers über dem Pauschalsteuersatz von 20 % liegt.

526 Quelle: Eigene Darstellung.

527 Pauschalierung der Lohnsteuer bei bestimmten Zukunftssicherungsleistungen mit dem Pauschalsteuersatz von 20 %.

Die Ermittlung des Ertragsanteils bei der Besteuerung der Leistungen birgt selbst wiederum ein großes Problem in sich.[528] An der bisherigen Vorgehensweise der Ermittlung des Ertragsanteils kann aber auch grundsätzlich festgehalten werden, sofern man regelmäßige Anpassungen der Ertragsanteile an eine veränderte Lebenserwartung und auch eine nach Geschlecht des Rentenempfängers differenzierte Berechnung vornimmt.

Alternativ wäre es auch denkbar, den Ertragsanteil dadurch zu ermitteln, daß die für die betriebliche Altersversorgung investierten Beiträge additiv verzeichnet werden und zusammen mit den erwarteten Rentenzahlungen und der Lebenserwartung des Rentenberechtigten auf dieser Basis eine Ermittlung des Ertragsanteils vorgenommen wird. Aber auch dieser Ertragsanteil sollte über den erwarteten Zeitraum der Rentenzahlung geglättet werden, damit für den Steuerpflichtigen eine Sicherheit bezüglich seiner zukünftigen Steuerlast und damit auch bezüglich seiner zukünftigen Netto-Konsumposition besteht.

Der Steuerfreiheit der Beiträge und die Vollversteuerung der Renten aus der betrieblichen Altersversorgung - wie sie die Alternative B vorsieht - sollte aus zwei Gründen der Vorzug gegenüber Alternative A gegeben werden:

1. Die komplizierte Berechnung des Ertragsanteils der Rentenzahlungen würde entfallen und
2. die nachgelagerte Besteuerung könnte beim Rentenempfangsberechtigten steuerliche Vorteile hervorrufen, so daß das erstrebte Interesse an betrieblicher Altersvorsorge steigt. Diese Vorteile konkretisieren sich durch die zinslose Steuerstundung, die aus dem Verzicht einer Besteuerung der Beiträge resultiert, und einer eventuell daraus folgenden endgültigen Steuerersparnis durch Verlagerung von Einkünften in eine Zeit mit möglicherweise relativ niedriger einkommensteuerlicher Progression.

Es muß dem Willen des Gesetzgebers überlassen bleiben, unter welchen Aspekten er sich für welche Form der Besteuerung entscheidet. Wichtig ist dabei nur, daß cin Verfahren des Korrespondenzprinzps konsequent angewandt wird.

D. Dritte Säule: Private Altersvorsorge

Wie bereits erwähnt wird die Begrenzung der gesetzlichen Altersversorgung auf eine existenzsichernde Grundrente auch die Nachfrage nach ergänzenden privaten Vorsorgemaßnahmen zunehmen lassen.

---

528 Vgl. zum Begriff und zur Ermittlung des Ertragsanteils S. 30 ff.

Der Bereich der privaten Altersvorsorge birgt allerdings noch ein schwieriges Problem in sich: die qualitative Abgrenzung des Begriffs private Altersvorsorge.[529]

Grundsätzlich kann unter privater Altersvorsorge die Gesamtheit aller Maßnahmen zusammengefaßt werden, die ein Vorsorgender durch Konsumpotentialverlagerung von der Aktiven- in die Ruhephase seines Lebens vornimmt. Ein solcher Konsumverzicht allerdings kann auf unterschiedliche Art und Weise zustande kommen. Es liegt in der Natur der privaten Altersvorsorge, daß sie sich der Vorsorgende selbst und grundsätzlich unbeeinflußt entsprechend seiner persönlichen Konsumpräferenzstruktur gestaltet.

Verzerrungen gehen jedoch vom Einkommensteuerrecht aus:

Die qualitative Abgrenzung im Rahmen der Vorsorgeaufwendungen nach den §§ 10 und 10c EStG kann in gewissem Maße die Entscheidung des Vorsorgenden für eine Art von privater Altersvorsorge beeinflussen.[530] Zudem wirkt auch die nicht am Korrespondenzprinzip orientierte[531] unterschiedliche einkommensteuerrechtliche Behandlung der Leistungen aus verschiedenen Arten der privaten Altersvorsorge nicht entscheidungsneutral.[532]

Durch die Anwendung des vorgelagerten Verfahrens entfällt allerdings die notwendige Qualifikation einer Maßnahme als private Altersvorsorge und damit auch die Entscheidungsbeeinflussung.

Die Qualifikation wäre deswegen unumgänglich gewesen, weil beim nachgelagerten Verfahren der Fiskus einen temporären oder sogar gänzlichen Steuerverzicht[533] leistet. Dieser könnte - abhängig vom individuellen Verlagerungspotential des Vorsorgenden - entscheidende Ausmaße annehmen, was einer - z.T. fragwürdigen - Steuersubvention gleich kommen würde. Zudem zählen die Beiträge zur privaten Altersvorsorge zur objektiven Leistungsfähigkeit des Steuerpflichtigen, weil sie nicht zwangsweise vorübergehend für den Konsum gesperrt werden, sondern ihre Verwendung einer freiwilligen Entscheidung des Steuerpflichtigen entspringt.

---

529 Vgl. S. 90 ff.

530 So bewirkt der durch die Abzugfähigkeit der Beiträge entstandene temporäre Verzicht des Fiskus auf die Besteuerung von Leistungsfähigkeit beim Steuerpflichtigen zumindest einen zinslosen Steuerkredit, unter Umständen auch eine progressionsbedingte Steuerersparnis.

531 Vgl. S. 90 und 155 ff.

532 Dies ist z.B. bei bestimmten Kapitallebensversicherungen der Fall, wenn die Beiträge bei den Sonderausgaben abzugsfähig sind und gleichzeitig die gesamte Leistung aus der Versicherung ebenfalls steuerfrei gestellt wird.

533 Vgl. hierzu S. 213 dieser Arbeit.

Des weiteren ist mit der einkommensteuerlichen Behandlung der gesetzlichen Grundsicherung und auch der betrieblichen Altersvorsorge, der Staat seiner Verpflichtung aus dem Sozialstaatsprinzip des Grundgesetzes bereits in ausreichender Weise nachgekommen, so daß grundsätzlich keine weiteren derartigen Subventionen bezüglich der Altersvorsorgeentscheidungen von Steuerpflichtigen notwendig sind.[534]

Die Mängel des bestehenden Systems versucht der Reformvorschlag durch die der nachfolgenden Abbildung zu entnehmende einkommensteuerliche Behandlung der privaten Altersvorsorge zu beheben:

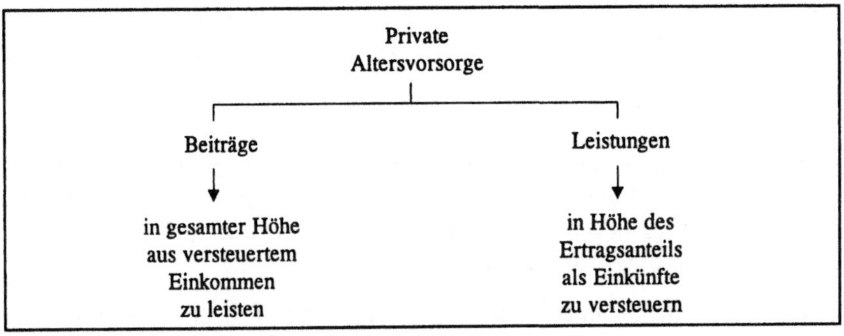

Abb. 45: Einkommensteuerliche Behandlung der privaten Altersvorsorge im Rahmen des vorgelagerten Verfahrens[535]

Grundsätzlich kommt bei der privaten Altersvorsorge das vorgelagerte Korrespondenzprinzip zur Anwendung. Das bedeutet, daß die Beiträge zur privaten Altersvorsorge gänzlich aus versteuertem Einkommen zu leisten sind, wohingegen die Leistungen lediglich mit dem Ertragsanteil zu besteuern wären.[536]

Warum aber wird in diesem Fall das vorgelagerte intertemporale Korrespondenzprinzip gewählt?

Nur durch die Besteuerung über das vorgelagerte Verfahren werden die Entscheidungen im Rahmen der privaten Altersvorsorge tatsächlich alleine und unabhängig von steuerlichen Rahmenbedingungen durch den Vorsorgenden selbst gefällt, was als enormer Gewinn an Selbstverantwortung zu werten ist.

534 Für mehr Eigenverantwortung in der Altersvorsorge plädiert auch Vaubel, R., Sozialpolitik (1990).

535 Quelle: Eigene Darstellung.

536 Zur grundsätzlichen Problematik der Ermittlung des Ertragsanteils vgl. S. 30 ff.

III. Umsetzungsprobleme

Die Umsetzung des hier vorgeschlagenen Reformentwurfs würde natürlich enorme Probleme mit sich bringen, die sich in verschiedene Bereiche aufteilen lassen.

A. Sicherung von Altansprüchen

Weitreichende Änderungen bringt vor allem die Transformation der gesetzlichen Rentenversicherung von der Regelsicherung hin zur gesetzlichen Grundsicherung mit sich. Diejenigen Versicherten, die momentan in der gesetzlichen Rentenversicherung - sei es als Beitragszahler oder als Leistungsempfänger- integriert sind, müßten bei einem abrupten Wechsel des Systems mehr oder weniger große Einbußen hinnehmen:

- Die jetzigen Leistungsempfänger müßten in der Zukunft eine Begrenzung ihrer Rentenzahlung auf ein existenzsicherndes Grundrentenniveau akzeptieren, was für viele bei Aufrechterhaltung des jetzigen Lebensstandards aufgrund der fehlenden oder ungenügenden betrieblichen und/oder privaten Altersvorsorge wohl nicht möglich sein dürfte.
- Die jetzigen Beitragszahler[537] sähen sich um einen Teil ihrer Beiträge betrogen, weil sie diese nur in Erwartung einer adäquat hohen Leistung in der Altersphase leisteten, dafür aber lediglich eine existenzsichernde Grundrente erhalten würden.

Dieses Problem der Versorgungslücke müßte bei einem Systemwechsel durch einen längeren Übergangszeitraum gelöst werden.

Damit darf aber nicht der Eindruck gewonnen werden, daß die „Leidtragenden" des Systemwechsels ausschließlich die Beitragszahler sein sollen. Vielmehr müssen „Opfer" auf beiden Seiten des Systems gebracht werden. Das bedeutet sowohl Leistungskürzungen als auch Einbußen bezüglich der Beitrags-Leistungs-Äquivalenz.

B. Versicherten-Kreis der gesetzlichen Grundsicherung

In der gesetzlichen Grundsicherung sollen alle Personen ab einem bestimmten Lebensalter - unabhängig von der Art ihrer „Erwerbstätigkeit" - erfaßt werden.

Besondere Probleme - insbesondere verfassungsrechtlicher Art - dürfte ein solches Vorgehen bei den Beamten mit sich bringen. Die durch das verfassungsrechtliche

---

537 Dabei ist der Grad der Betroffenheit natürlich davon abhängig, in welchem Stadium die Beitragszahler sich bereits befinden: für langjährige Beitragszahler ist der Systemwechsel schwieriger als für junge Beitragszahler, weil diese noch die Möglichkeit haben, die zu erwartende Versorgungslücke mit alternativen Vorsorgemaßnahmen aufzufüllen.

Alimentationsprinzip[538] geschützte Beamtenversorgung müßte dahingehend geändert werden, daß die Beamten zumindest für einen Teil ihrer Altersversorgung selbst explizit Beiträge aufzuwenden hätten. Das schließt natürlich eine weitergehende Versorgung - ähnlich der Zusatzversorgung im öffentlichen Dienst - nicht aus, womit der grundsätzliche Anspruch des Alimentationsprinzips in ausreichendem Maße berücksichtigt wäre.

Auch bei der Einbeziehung von Personen, die aus eigener Kraft nicht in der Lage wären, Beiträge zur gesetzlichen Grundsicherung zu leisten,[539] müßte der Gesetzgeber eine quantitative Abgrenzung hinsichtlich der aus Steuermitteln zu finanzierenden ersatzweisen Leistung von Beiträgen durch den Staat treffen. Denkbar ist in diesem Zusammenhang eine Orientierung am Haushaltseinkommen sowie eine zeitliche Begrenzung mit darüber hinaus gehender Gewährung der Beiträge auf Darlehensbasis.

C. Reform der einkommensteuerlichen Vorschriften

Ebenfalls von großem Umfang sind die im Zusammenhang mit der Reform der Altersvorsorge anstehenden Änderungen von einkommensteuerlichen Vorschriften.

Hier wäre zunächst die grundsätzliche Orientierung des Einkommensteuerrechts am intertemporalen Korrespondenzprinzip anzuführen. Dieses Prinzip ist bis jetzt im Einkommensteuerrecht entweder nur partiell oder nicht stringent umgesetzt. Die vorstehenden Reformvorschläge haben gezeigt, daß eine Umsetzung möglich ist und - bei entsprechender konkreter Ausgestaltung - zumindest nicht zu Steuermindereinnahmen führen müssen.

Technisch sind von den einkommensteuerlichen Änderungen drei Bereiche betroffen:

1. Die Steuerbefreiung der Beiträge zur gesetzlichen Grundsicherung in § 3 EStG,
2. die Reform der Abzugfähigkeit von Vorsorgeaufwendungen in den Vorschriften der §§ 10 und 10c EStG,
3. die einkommensteuerliche Behandlung von Betriebsrenten und Beamtenpensionen in § 19 EStG sowie
4. die einkommensteuerliche Erfassung von Leibrenten in § 22 EStG.

---

538 Vgl. S. 13 ff.

539 Dabei ist z.B. an Arbeitslose, (Allein-)Erziehende, Wehr- oder Ersatzdienstleistende, Auszubildende, Studenten etc. zu denken.

Daneben wäre auch denkbar, das besondere Erhebungsverfahren der Lohnsteuer in ähnlicher Weise auf den Bereich der Leibrentenbesteuerung auszudehnen.

Es zeigt sich mithin, daß die diesbezügliche Reform des Einkommensteuerrechts ohne großen Aufwand durchführbar wäre.

D. Grundsätzliche Probleme

Neben den eben dargestellten Detailproblemen ist aber zu erwarten, daß die Umsetzung des Reformvorschlags in großen Bereichen der Öffentlichkeit auf Widerstand stoßen wird.

Der sich nicht nur in Deutschland immer wieder abzeichnende Lobbyismus verschiedenster Gruppen und Organisationen dürfte neben der üblichen Uneinigkeit der politischen Parteien der größte Hinderungsgrund bei der angestrebten Reform sein.

Im Zusammenhang mit der vorgeschlagenen Reform wird es zweifelsohne Verlierer geben; aber es muß vor Augen gehalten werden, daß nur ein tiefgreifender und konsequenter Einschnitt die gesamte Situation der Altersversorgung in Deutschland vor dem finanziellen Ruin bewahren kann.[540]

Allen voran wird die Gruppe der Rentenempfänger sich gegen finanzielle Einbußen wehren. Bedenkt man die Größe dieser Gruppe und deren Wählerpotential[541], so ist zu fürchten, daß auch in diesem Bereich die Wahl oder Wiederwahl der Vernunft vorgezogen wird.[542] Hier könnte eine schonungslose Aufklärung der Bevölkerung über die unsichere Zukunft, in die die Altersversorgung steuert, einen guten Dienst erweisen.[543]

---

540 Man denke in diesem Zusammenhang nur an die voraussichtliche Bevölkerungsentwicklung hin zu einer Alterspyramide: vgl. Bomsdorf, E., 65-Jährigen (Handelsblatt v. 13.10.1993), S. 6. Vgl. auch Ruland, F., Zukunft (Neue Zeitschrift für Verwaltungsrecht 1995), S. 417 ff.

541 Vgl. zu Zusammenhang zwischen demokratischen Wahlentscheidungen und Altersvorsorge Breyer, F., Alterssicherung (1990), S. 159 ff.

542 Vgl. Hermann, C., Zukunft der Alterssicherung (Arbeit und Sozialpolitik 1989), S. 84 ff.

543 Vgl. hierzu die Ausführungen von Borchert, J., Absturz (1993).

Abschließende Bemerkungen

Ausgangspunkt der Überlegungen zu dieser Arbeit war es, die verschiedenartigen Verzerrungen offenzulegen, die durch den unterschiedlichen Aufbau der Altersversorgung für verschiedene Typen von Erwerbstätigen entstehen.
Dabei wurde deutlich, daß solche Verzerrungen zum einen durch das heillose Nebeneinander verschiedener Systeme der Altersversorgung entstehen. Diese Tatsache hat auch das Bundesverfassungsgericht in seinem Urteil aus dem Jahre 1980 aufgegriffen und den Gesetzgeber zu einer Reform aufgefordert, die jedoch - abgesehen von unsystematischen Detailkorrekturen - bis heute unterblieben ist.
Auf der anderen Seite ergibt sich ein Reformbedarf aus dem das System der gesetzlichen Rentenversicherung ständig bedrohenden Finanzierungsdefizit. Dies zwang den Gesetzgeber auch immer wieder in regelmäßigen Zeitabständen - alle 15 - 20 Jahre - zu weitreichenden Änderungen in der gesetzlichen Rentenversicherung, die aber über temporäre Entspannung hinaus keinen durchgreifenden Erfolg zeitigen konnten. Parallel erfolgten regelmäßig Detailkorrekturen: Zunächst gingen die Bemühungen dahin, die Finanzierungslücken durch das Drehen an der Beitragsschraube zu decken. Nachdem nunmehr die Schmerzgrenze bei den Beitragssätzen erreicht scheint, wendet sich der Gesetzgeber verstärkt der Leistungsseite zu: Er drängt darauf, die Leistungen der gesetzlichen Rentenversicherung zu kürzen.

Vor diesem Hintergrund ergibt sich die Notwendigkeit einer grundlegenden und an Strukturprinzipien ausgerichteten Reform der sozialversicherungsrechtlichen und steuerrechtlichen Behandlung der Altersvorsorge von abhängig Erwerbstätigen in Deutschland. Hierzu wurde in der Arbeit ein Reformvorschlag entwickelt, der unter Aufrechterhaltung der verfassungsrechtlich verankerten sozialen Marktwirtschaft versucht, diese Probleme weitestgehend zu beseitigen.

Unter Aufgabe der bisherigen gesetzlichen Zwangsvorsorgesysteme mit unterschiedlichem Versorgungsniveau wird ein einheitliches Grundsicherungssystem vorgeschlagen, das die Deckung existenzieller Grundbedürfnisse zum Ziel hat. Damit werden Ungleichbehandlungen, die aus dem parallelen Vorhandensein verschiedener Zwangsvorsorgesysteme entstanden sind, beseitigt. Da die Mitgliedschaft in der gesetzlichen Grundsicherung zwangsweise erfolgt, muß es im Rahmen der Besteuerung konsequenterweise zu einer Anwendung des intertemporalen Korrespondenzprinzips nachgelagerter Art kommen, d.h. die Beiträge während der Ansparphase mindern das zu versteuernde Einkommen, die späteren Leistungen aus der gesetzlichen Grundsicherung werden bei ihrer Auszahlung steuerlich voll erfaßt.

Aufgrund der Tatsache, daß die gesetzliche Versorgung künftig explizit nur noch zur Sicherung der existenziellen Grundbedürfnisse dient, wird es gegenüber heute zu einer Bedeutungszunahme der beiden anderen Säulen der Altersvorsorge kommen, die in ihrer steuerlichen Behandlung neu überdacht werden müssen.

Als zweite Säule der Altersversorgung ist zunächst die betriebliche Altersvorsorge zu nennen. Dabei stehen den Unternehmen eine Vielzahl an Gestaltungswegen offen. Im Rahmen der vorgeschlagenen Reform ist darauf zu achten, daß die steuerliche Behandlung - angelehnt an das intertemporale Korrespondenzprinzip - ebenfalls systematisch erfolgt. Grundsätzlich könnte bei der betrieblichen Altersversorgung sowohl eine nachgelagerte als auch eine vorgelagerte Besteuerung erwogen werden. Die nachgelagerte Besteuerung würde - bei Geltung einer Einkommensbesteuerung - beim Steuerpflichtigen zu Zinsvorteilen führen, wodurch betriebliche Vorsorgemaßnahmen durch Steuersubventionen gefördert würden. Falls eine solche Förderung im Sinne des Gesetzgebers ist, könnte er sich für dieses Besteuerungsverfahren entscheiden.

Bei der privaten Altersvorsorge - als dritter Säule der Altersversorgung - tritt ein zusätzliches Problem auf: Welche Formen des „Sparens“ sind als private Altersvorsorge zu qualifizieren? Da diese Frage kaum entscheidbar ist und die Entscheidungsfreiheit des Individuums hierbei nicht durch steuerliche Faktoren beeinflußt werden soll, wird bei Maßnahmen der privaten Altersvorsorge in Einklang mit dem System der Einkommensbesteuerung die steuerliche Behandlung in Form des vorgelagerten intertemporalen Korrespondenzprinzips propagiert. Damit entfällt das Problem der steuerrechtlichen Qualifikation als Form der Altersvorsorge. Das Sparen erfolgt aus versteuertem Einkommen und es kommt bei Rückfluß dieses angesparten Kapitals insoweit zu einer Steuerfreistellung, während die Zinsen auf das angesparte Kapital bei Zufluß steuerpflichtig sind.

Angesichts solcher Herausforderungen nützen „Stammtischparolen“ wie „Die Renten sind sicher“ lediglich in den Augen leichtgläubiger Wähler dem Ansehen der Politiker. Das aus der Untätigkeit zwangsläufig entstehende Chaos muß vermutlich von der Mehrzahl der jetzt verantwortlichen Politikern nicht mehr verantwortet werden. Deshalb ist vor allem die Initiative jüngerer Menschen gefragt, die von einer solchen Situation im Alter erhebliche Nachteile zu erwarten haben. Dieser Personenkreis muß für das scheinbar noch weit in der Zukunft liegende und insofern auch gern verdrängte Problem der Altersvorsorge sensibilisiert werden. Eine rechtzeitige Sensibilisierung ohne Angstmacherei schafft bei den Betroffenen Einsicht in die ökonomischen Zusammenhänge und bereitet damit den Boden für zukunftsfähige Lösungen.

Abschließend sei angemerkt, daß es niemandem nützt, den „Schwarzen Peter“ zwischen Steuerrecht und Sozialversicherungsrecht hin- und herzuschieben; nur eine gemeinsam abgestimmte Reform in naher Zukunft ist in der Lage, die wichtige Zukunftsfrage der Altersvorsorge langfristig zu lösen.

Literaturverzeichnis

Ahrend, Peter: [1] — Die *betriebliche Altersversorgung* und ihr Stellenwert in einer Sozialen Marktwirtschaft, Betriebliche Altersversorgung 1994, S. 186 - 191.

Alber, Jens: — Der *Sozialstaat* in der Bundesrepublik 1950-1983, Frankfurt/New York 1989.

Albrecht, Peter/ Timpel, Matthias: — Kapitalmarkttheoretische Fundierung des *Risikoausgleichs* im Kollektiv?, Zeitschrift für die gesamte Versicherungswissenschaft 1993, S. 593 - 614.

Allekotte, Heinz A.: — Möglichkeiten eines *intertemporalen Belastungsausgleichs* im Rahmen des Generationenvertrages der gesetzlichen Rentenversicherung 1981, in: Herder-Dorneich, P.: Dynamische Theorie der Sozialpolitik 1981, S. 203 - 223.

Almsick, Josef von: — Die *Rentenanpassung* zum 1. Juli 1992, Kompaß 1992, S. 161 - 168.

André, Achim: — *Organisationsfragen* im Bereich der Rentenversicherung, Sozialer Fortschritt 1994, S. 7 - 11.

Artus, Patrick: — *Rentenfinanzierung*, Sparen und Wachstum, Internationale Revue für soziale Sicherheit 1994, S. 3 - 17.

Bach, Stefan: — Die Perspektiven des *Leistungsfähigkeitsprinzips* im gegenwärtigen Steuerrecht, Steuer und Wirtschaft 1991, S. 116 - 135.

Bareis, Peter: — *Transparenz* bei der Einkommensteuer - Zur systemgerechten Behandlung sogenannter „notwendiger Privatausgaben", Steuer und Wirtschaft 1991, S. 38 - 51.

Barth, Siegrun/ Hain, Winfried/ Müller, Horst-Wolf: — Langfristige *demographische Bestimmungsfaktoren* der Rentenfinanzen - Eine Vorausrechnung mit dem neuen Rentenmodell 1993, Deutsche Rentenversicherung 1994, S. 228 - 258.

Bartsch, Herbert: — Die *Eigenleistungen* der Beamten zur Finanzierung der Pensionen, Zeitschrift für Beamtenrecht 1974, S. 345 - 352.

1 Die in den Fußnoten verwendeten jeweiligen Kurztitel wurden als sprechendes Schlagwort (im Nominativ) aus dem Titel der verwendeten Literaturquelle gebildet und werden im Literaturverzeichnis in kursiver Schrift wiedergegeben.

Bayer, Hermann-W.: Der Mensch, sein Leben, sein *Einkommen* und das Einkommensteuerrecht, Betriebs-Berater 1991, S. 517 - 526.

Behrens, Bolke: *Fatale Folgen*, Wirtschafts-Woche vom 28.02.1992, S. 46 - 50.

Benner, Willi/ Bals, Bernhard: *Arbeitsentgelt* im Sinne der Sozialversicherung und Arbeitslohn in Sine des Lohnsteuerrechts, Betriebs-Berater 1994, Beilage 1, S. 1 - 20.

Benz, René A.: Investitionstheoretische Analyse von intertemporalen *Einkommenstransfers* im privaten Bereich, unveröffentlichte Diplomarbeit an der Universität Bayreuth, Bayeuth 1993.

Berthold, Norbert: Der Einfluß der Gesetzlichen Rentenversicherung auf die *individuelle Ruhestandsentscheidung*, Das Wirtschaftsstudium 1987, S. 435 - 440.

Beveridge, William: *Soziale Sicherheit* und Vollbeschäftigung, Hamburg 1946.

Beveridge, William: Der *Beveridgeplan*, Zürich/New York 1942.

Biedenkopf, Kurt H.: Die *neue Sicht* der Dinge - Plädoyer für eine freiheitliche Wirtschafts- und Sozialordnung, München/Zürich 1985.

Biedenkopf, Kurt H.: *Einführung* in das Expertengespräch, in: Miegel, M. (Hrsg.), Vor neuen *Weichenstellungen* in der Rentenpolitik, Bonn 1982.

Biergans, Enno: *Renten* und Raten in der Einkommensteuer, 4. Auflage, München/Wien 1993.

Biergans, Enno/ Wasmer, Claudius: Zum Tatbestand der Besteuerung und zum *Leistungsfähigkeitsbegriff* in der Einkommensteuer, Finanz-Rundschau 1985, S. 57 - 63.

Birk, Dieter: *Altersvorsorge* und Alterseinkünfte im Einkommensteuerrecht, Köln 1987.

Birk, Dieter: *Steuergerechtigkeit* und Rentenbesteuerung - Überlegungen zu verfassungsrechtlichen Grundfragen der Neuordnung der Rentenbesteuerung, Deutsche Rentenversicherung 1986, S. 129 - 142.

Birk, Dieter: Das *Leistungsfähigkeitsprinzip* als Maßstab der Steuernormen, Köln 1983.

Birk, Dieter: *Steuergerechtigkeit und Transfergerechtigkeit*, Zeitschrift für Rechtspolitik 1979, S. 221 - 227.

Blohm, Hans/ Lüder, Klaus: *Investition*, 8. Auflage, München 1995.

Blomeyer, Wolfgang: Die *betriebliche Altersversorgung* im System der deutschen Sozialen Sicherheit, in: Battis, Ulrich u.a. (Hrsg), *Alterssicherungssysteme* im Vergleich, Regensburg 1988, S. 179 - 250.

Blüm, Norbert Die *Reform* der Rentenversicherung, Deutsche Rentenversicherung 1989, S. 266 - 289.

Blümle, Gerold: Der Einfluß unterschiedlicher Alterssicherungssysteme auf die private *Ersparnisbildung,* Wirtschafts-Studium 1992, S. 158 - 166.

Blumrath, Peter-N.: Die *Entwicklungsmöglichkeiten* des Drei-Säulen-Konzeptes der Alterssicherung, Karlsruhe 1987.

Bogner, Stefan/ Swoboda, Peter: Der *steuerliche Beitrag* zur Finanzierung unmittelbarer betrieblicher Pensionszusagen unter Berücksichtigung von Inflation und realen Gehaltssteigerungen, Zeitschrift für btriebswirtschaftliche Forschung 1994, S. 568 - 581.

Bomsdorf, Eckart: Zahl der über *65-Jährigen* steigt bis 2030 stärker als bisher erwartet, Handelsblatt vom 13.10.1993, S. 6.

Borchert, Jürgen: *Sozialstaat unter Druck*: Überalterung - Umweltprobleme - Staatsverschuldung, Zeitschrift für Sozialreform 1994, S. 1 - 23.

Borchert, Jürgen: Renten vor dem *Absturz*, Frankfurt am Main 1993.

Breyer, Friedrich: Ökonomische Theorie der *Alterssicherung*, München 1990.

Brockhoff: Die Neuregelung der *Besteuerung* privater Leibrenten, Deutsche Steuer-Zeitung 1954, S. 399 -402.

Brunner, Johann. K./ Falkinger, Josef: *Umlageverfahren*, Kapitaldeckungsverfahren und optimales Wachstum, Zeitschrift für Wirtschafts- und Sozialwissenschaften 1988, S. 617 - 620.

Buch, Holger: *Institutioneller Wandel* auf dem Arbeitsmarkt und dessen Folgen für den Generationenvertrag, Deutsche Rentenversicherung 1995, S. 750 - 759.

Buchert, Günter: Die *weitere Entwicklung* der gesetzlichen Rentenversicherung - Zur Sicherheit der Renten und zur ergänzenden privaten Vorsorge, Deutsche Rentenversicherung 1995, S. 733 - 749.

Bundesminister für Arbeit und Sozialordnung: Das neue Rentenrecht - Die *Rente '93*, Bonn 1993.

Bundesminister für Arbeit und Sozialordnung: Übersicht über die *Soziale Sicherheit*, Bonn 1991.

Bundesminister für Arbeit und Sozialordnung: *Rentenreform '92*, Bonn 1991.

Bundesminister für Arbeit und Sozialordnung: Alterssicherung in Deutschland 1986 Band II - Rentner und, Pensionäre - Forschungsbericht *Infratest 200/II*, München 1990

Bundesministerium der Finanzen: Entwurf eines Gesetzes zur Änderung des Grundgesetzes; *Entwurf eines Jahressteuergesetzes 1996*; Referentenentwürfe vom 20.02.1995, Geschäftszeichen IV B 2 - S 1900 - 59/95.

Burgmaier, Stefanie/ Dolle-Helms, Elke: *Aufs Glatteis*, Wirtschafts-Woche vom 27.04.1995, S. 122 - 131.

Burgmaier, Stefanie: *Nicht zu halten*, Wirtschafts-Woche vom 17.12.1993, S. 86 - 96.

Büser, Wolfgang: Die *heimliche Teuerung* in der Sozialversicherung, Süddeutsche Zeitung vom 7./8.12.1991, S. 34.

Büser, Wolfgang: Die *vorgezogene Rente* kostet künftig einen Abschlag, Süddeutsche Zeitung vom 19/20.10.1991, S. 34.

Bußmann, Ludwig/ Koch, Walter A. S./ Warneke, Perygrin: Der *Wertschöpfungsbeitrag* zur Finanzierung der Gesetzlichen Rentenversicherung, Frankfurt/New York 1992.

Buttler, Günter/ Jäger, Norbert: Reform der gesetzlichen Rentenversicherung durch ein, *Teilkapitaldeckungsverfahren*, Zeitschrift für die gesamte Versicherungswissenschaft 1988, S. 385 - 406.

Casmir, Bernd: Staatliche *Rentenversicherungssysteme* im internationalen Vergleich, Frankfurt am Main/Bern/New York/Paris 1990.

Conrad, Christoph: Arbeit, Ruhestand und Gerechtigkeit zwischen *Generationen* 1850-2050, Sozialer Fortschritt 1988, S. 217 - 220.

Däumler, Klaus-D.: Grundlagen der *Investitions*- und Wirtschaftlichkeits*rechnung*, 8. Auflage, Herne/Berlin 1994.

Denneberg, Dieter: Zum *Äquivalenzprinzip* in der gesetzlichen Rentenversicherung, Deutsche Rentenversicherung 1978, S. 133 - 138.

Deutsche Bundesbank: Zur *Finanzentwicklung* der gesetzlichen Rentenversicherung seit Beginn der neunziger Jahre, Monatsbericht März 1995, S. 17 - 31.

Dieckmann, Ernst: Die steuerliche Förderung der *Vorsorgeaufwendungen*, Versicherungswirtschaft 1984, S. 752 - 758.

Dießenbacher, Hartmut: *Generationenvertrag*, Geburtenrückgang, ökonomisches Wachstum und das Prinzip der Altersversicherung - ein europäisches Modell für die Dritte Welt?, LEVIATHAN 1988, S. 457 - 473.

Dinkel, Reiner: Das *Äquivalenzprinzip* in Privat- und Sozialversicherung - eine kritische Auseinandersetzung mit der herrschenden Orthodoxie, Zeitschrift für das gesamte Versicherungswesen 1984, S. 345 - 369.

Dinkel, Reiner: *Umverteilung* zwischen den Generationen in der gesetzlichen Rentenversicherung,Wirtschaftsdienst 1985, S. 184 - 190.

Dürkop, Harald: *Alterssicherung* in der EG - eine kritische Bestandsaufnahme der Alterssicherungssysteme für Arbeitnehmer in der Europäischen Gemeinschaft, Dissertation Universität Bayreuth 1992.

Eckerle, Konrad/ Schlesinger, Michael/ Prognos AG: *Prognos-Gutachten 1995 - Textband 1995* - Perspektiven der gesetzlichen Rentenversicherung für Gesamtdeutschland vor dem Hintergrund veränderter politischer und ökonomischer Rahmenbedingungen, Basel 1995.

Eitenmüller, Stefan/ Hain, Winfried: Was kostet der *Bundeszuschuß*? - Eine ökonometrische Untersuchung der gesamtwirtschaftlichen Auswirkungen eines erhöhten und über Steuern refinanzierten Bundeszuschusses zur gesetzlichen Rentenversicherung, Deutsche Rentenversicherung 1996, S. 55 - 77.

Engels, Wolfram: *Sabotage*, Wirtschafts-Woche vom 22.12.1994, S. 146.

Engels, Wolfram: *Ratzeputz weg*, Wirtschafts-Woche vom 15.04.1994, S. 150.

Engels, Wolfram: Das *Paradoxon* des Rentners, Wirtschafts-Woche vom 23.04.1993, S. 146.

Engels, Wolfram: *Drücke-Berger* und Tüchtig, Wirtschafts-Woche vom 29.01.1993, S. 122.

Engels, Wolfram: *Ausbeutung* auf Gegenseitigkeit, Wirtschafts-Woche vom 22.01.1993, S. 122.

Engels, Wolfram: *Human-Kapital*, Wirtschafts-Woche vom 10.04.1992, S. 154.

Erhard, Peter: *In memoriam*?: Neuordnung der Einkommenbesteuerung von Alterseinkünften, Der Betrieb 1987, S. 1215 - 1221.

Essen, Ulrich van: *Alterssicherung* und direkte Besteuerung, Frankfurt am Main/Berlin/Bern/New York/Paris/Wien 1994.

Färber, Gisela: Einkommenssicherung durch *Realkapitalbildung*, Handelsblatt vom 11./12.02.1994, S. 6.

Federmann, Rudolf: *Bilanzierung* nach Handelsrecht und Steuerrecht, 10. Auflage, Berlin 1994.

Feldstein, Martin: Savings behavior: new influences and consequences Social Security and Saving: The *Extended Life Cycle Theory*, American Economic Association 1976, S. 77 - 86.

Fetsch, Cornelius G.: Der *„echte Schreiberplan"* Die Fehler der Politik - und ihre Folgen, in: Wiegand, B. (Hrsg.), *Sozialstaat am Ende*, Wiesbaden 1994, S. 33 - 45.

Fichtelmann, Helmar: *Renten* und dauernde Lasten Teil *I*, Neues Steuerrecht 1994, Heft 7, S. 23 - 48.

Fichtelmann, Helmar: *Renten* und dauernde Lasten Teil *II*, Neues Steuerrecht 1994, Heft 8, S. 9 - 30.

Fichtelmann, Helmar: *Renten* und dauernde Lasten Teil *III*, Neues Steuerrecht 1994, Heft 9, S. 35 - 48.

Fischer, Peter: Über Renten und *Rentenbesteuerung*, Steuer und Wirtschaft 1988, S. 335 - 341.

Fisher, Irvin: Appreciation and Interest, in: Publications of the American Economic Association 1896.

Franke, Heinz: Ziele und *Notwendigkeiten* in der gesetzlichen Rentenversicherung aus der Sicht der Christlich Demokratischen Union, in: Schenke, Klaus/ Schmähl, Winfried (Hrsg.), Alterssicherung als Aufgabe für Wissenschaft und Politik, Festschrift für Helmut Meinhold, Stuttgart/Berlin/Köln/Mainz 1980.

Franke, Siegfried F.: Eine *einzelwirtschaftliche Analyse* der gesetzlichen Rentenversicherung, Wirtschaftsdienst 1981, S. 243 - 247.

Franke, Siegfried F.: Zur *Problematik* empirischer Sozialforschung Replik zur Kritik von Winfried Schmähl, Wirtschaftsdienst 1981, S. 352 - 354.

Frankfurter Institut für wirtschaftspolitische Forschung e.V. - Kronberger Kreis: Reform der Alterssicherung, Bad Homburg 1987.

Freyer, H.: Befreiungsversicherung, in: o.V., Versicherungsschutz, Der Betrieb Beilage 14/1968, S. 4-6.

Friauf, Karl H.: *Gleichmäßigkeit* der Besteuerung bei den Versorgungbezügen der Unselbständigen, Deutsche Steuer-Zeitung 1974, Ausgabe A, S. 51 - 61.

Fuchs, Maximilian: *Privatversicherung* und Sozialversicherung Vierteljahresschrift für Sozialrecht 1991, S. 281 - 315.

Gerstenberg, Bernhard: *Versorgungslohn* statt Barlohn, Betriebliche Altersversorgung 1994, S. 120 - 125.

Giloy, Jörg: Zur *Neuregelung* der Besteuerung von Alterseinkünften, Deutsche Steuer-Zeitung 1995, S. 289 - 292.

Griebeling, Gert: Arbeits- und insolvenzrechtliche Fragen zur *Unterstützungskasse*, Der Betrieb 1991, S. 2336 - 2342.

Grohmann, Heinz: Probleme einer *Abschätzung* des für ein Kapitaldeckungsverfahren in der gesetzlichen Rentenversicherung notwendigen Deckungskapitals - Theoretische Überlegungen und empirische Ergebnisse, in: Grohmann, Heinz u.a. (Hrsg.), *Kapitaldeckungsverfahren* versus Umlageverfahren, Berlin 1987, S. 67 - 89.

GRÜNEN/ Graue Panther: *Grundrente* statt Altersarmut - Die GRÜNEN und die Grauen Panther fordern Rentenreform, Berlin 1985.

Grüttner, Wolfgang: Die sozialversicherungsrechtliche *Anwartschaft*, Stuttgart/München/Hannover 1990.

Haegert, Lutz: Zu einer verfassungsgemäßen Besteuerung von Beamtenpensionen und Sozialrenten im Lichte nachweisbarer, als Beiträge zu ihrer Altersversorgung zu wertender *Besoldungsrückstände* von Beamten, in: Elschen, R./Siegel, T./Wagner, G. (Hrsg.): *Unternehmenstheorie und Besteuerung*, Festschrift für Dieter Schneider, Wiesbaden 1995, S. 267 - 313.

Hagedorn, Robert: Die entgeltlich erworbenen *Leibrenten* in neuer einkommenssteuerlicher Sicht, Neue Betriebswirtschaft 1953, Beilage Nr. 2, S. 31 - 34.

Hansmeyer, Ekkehart: *Verpflichtungen* aus der zusätzlichen Alters- und Hinterbliebenenversorgung für die Arbeitnehmer des öffentlichen Dienstes. Die Wirtschaftsprüfung 1994, S. 690 - 693.

Härlen, Hasso: *Grund- und Versicherungsrente*, Versicherungswirtschaft 1986, S. 610 - 611.

Hartmann, Werner: *Befreiung* von der Pflichtversicherung, Der Betrieb 1968, Beilage 14, S. 3 - 4.

Hattenhauer, Hans: *Geschichte* des deutschen Berufsbeamtentums, 2. Auflage, Köln/Berlin/Bonn/München 1993.

Hayek, Friedrich A. von: Die *Verfassung* der Freiheit, 2. Auflage, Tübingen 1983.

Heine, Wolfgang: *Ertragsanteil- oder Teilbesteuerung* gesetzlicher Renten? Zum Verhältnis von Besteuerung und Eigentum, Deutsche Rentenversicherung 1988, S. 401 - 435.

Heine, Wolfgang/ Rische, Herbert: *Zur unterschiedlichen Besteuerung* der Beamtenpensionen und der Renten aus der gesetzlichen Rentenversicherung (BVerfGE 54, 11 ff.) - Besteht ein aktueller verfassungsrechtlicher Handlungsbedarf? - Deutsche Rentenversicherung 1984, S. 101 - 128.

Heinze, Meinhard: *Möglichkeiten der Fortentwicklung* des Rechts der Sozialen Sicherheit zwischen Anpassungszwang und Bestandsschutz, in: Verhandlungen des fünfundfünfzigsten Deutschen Juristentages - Band I (Gutachten), München 1984, S. E1 - E 119.

Heither, Friedrich: Möglichkeiten und Grenzen der Änderung von Zusagen auf *betriebliche Altersversorgung*, Betriebs-Berater 1992, S. 145 - 149.

Helberger, Christof/ Wagner, Gert: *Beitragsäquivalenz* oder interpersonelle Umverteilung in der gesetzlichen Rentenversicherung? - Eine Analyse auf der Grundlage von Lebenseinkommen, in: Herder-Dorneich, P. (Hrsg.): Dynamische Theorie der Sozialpolitik, Berlin 1981, S. 331 - 392.

Henke, Klaus-Dirk: Die *betriebliche Altersversorgung* aus einkommensteuersystematischer Sicht, Finanzarchiv 1988, S. 268 - 282.

Henselmann, Klaus: *Erfolgsmessung* und Steuerbelastung, Heidelberg 1994.

Heppt, Ehrenfried: *Neueste Ergebnisse* der Erhebungen des Statistischen Bundesamtes über die betriebliche Altersversorgung 1990, Betriebliche Altersversorgung 1994, S. 179 - 185.

Hermann, Christopher: Zur *Zukunft der Alterssicherung* - Hat die Politik noch eine Chance?, Arbeit und Sozialpolitik 1989, S. 84 - 91.

Heubeck, Georg: Private Lebensversicherung, gesetzliche Rentenversicherung und betriebliche Altersversorgung als *Komponenten der Vorsorge*, Zeitschrift für die gesamte Versicherungswissenschaft 1970, S. 317 - 350.

Heubeck, Georg: Zum letzten Mal: Pflichtversicherung oder *Befreiungsversicherung*?, Betriebs-Berater 1968, Beilage 1.

Heubeck, Georg: Das versicherungstechnische *Äquivalenzprinzip* in der Sozialenquete, Zeitschrift für Versicherungswesen 1967, S. 235 - 237.

Heubeck, Klaus: Zur *Lage und Entwicklung* der Altersversorgungssysteme in Europa, Zeitschrift für die gesamte Versicherungswissenschaft 1995, S. 575 ;

Heubeck, Klaus: *Anmerkungen* zu den umlagefinanzierten Sozialversicherungen in Deutschland, in: Schwebler, R. (Hrsg.): Dieter Farny und die Versicherungswissenschaft, Karlruhe 1994, S. 203 - 227.

Heuer, Gerhard: *Kommentierung zu § 19 EStG*, in: Hermann/Heuer/Raupach, Einkommensteuer- und Körperschaftsteuergesetz Kommentar, Köln 1950/92.

Hockerts, Hans-G.: *Sozialpolitische Entscheidungen* im Nachkriegsdeutschland, Stuttgart 1980.

Hoernigk, Rudolf: Das *Rentenreformgesetz* in kritischer Würdigung, Betriebs-Berater 1972, S. 1417 - 1422.

Hofmann, Jürgen: Versicherung oder *Umverteilung*, Sozialer Fortschritt 1994, S. 111 - 112.

Horlemann, Heinz-G.: Die *Kapitallebensversicherung* und ihre Erträge im deutschen Einkommensteuersystem (1.Teil), Betriebs-Berater 1993, S. 2129 - 2137.

Horlemann, Heinz-G.: Die *Kapitallebensversicherung* und ihre Erträge im deutschen Einkommensteuersystem (2.Teil), Betriebs-Berater 1993, S. 2201 - 2214.

Horlemann, Heinz- G.: Die *Kapitallebensversicherung* und ihre Erträge im deutschen Einkommensteuersystem (3.Teil), Betriebs-Berater 1993, S. 2273 - 2277.

Huber, Bernd: Besteuerung, *intertemporale Neutralität* und zeitliche Inkonsistenz,
Finanz-Archiv 1991/92, S. 423 - 456.

Jacobs, Klaus: *Einkommensbezug* im Lebensverlauf - Positive und normative Aspekte aus verteilungspolitischer Sicht
Frankfurt am Main/Bern/New York/Paris 1991.

Jäger, Norbert: Die *Umstellung* der Gesetzlichen Rentenversicherung auf ein partiell kapitalgedecktes Finanzierungsverfahren - Eine Simulationsanalyse,
Frankfurt am Main/Bern/New York/Paris 1991;

Jansen, Rudolf: *Kommentierung zu § 22 EStG*,
in: Hermann/Heuer/Raupach, Einkommensteuer- und Körperschaftsteuergesetz Kommentar, Köln 1950/92.

Jüsgen, Werner: *Anmerkung* zum BVerfG-Urteil v. 26.03.1980,
Deutsche Steuerzeitung 1980, S. 437 - 440.

Jüsgen, Werner: Zur steuerlichen *Ungleichbehandlung* von Sozialrenten und Ruhegehältern,
Deutsche Steuerzeitung 1972, S. 281 - 289.

Kannengießer, Walter: Der *Fiskus* greift nach den Renten,
Die Angestelltenversicherung 1995, S. 145 - 148

Karl, Bernhard/ Kuntz, Norbert: Die *Private Rente*, Nördlingen 1992.

Keynes, John Manard: The general theory of employment , interest and money
London 1936.

Kirchhof, Paul: Der verfassungsrechtliche Auftrag zur Besteuerung nach der finanziellen *Leistungsfähigkeit*,
Steuer und Wirtschaft 1985, S. 319 - 329.

Kirchhof, Paul: *Steuergleichheit*, Steuer und Wirtschaft 1984, S. 297 - 314.

Klanberg, Frank: Die *Besteuerung* von Renten und Pensionen. Teil I: Empirische Befunde auf der Grundlage von Querschnittsdaten,
Deutsche Rentenversicherung 1989, S. 209 - 222.

Klanberg, Frank: Die *Besteuerung von Renten* als Problem der Sozialpolitik: Einige empirische Befunde, Zeitschrift für die gesamte Versicherungswissenschaft 1984, S. 409 - 431.

Klein, Franz: *Gleichheitssatz* und Steuerrecht - eine Studie über Gleichheit und Gerechtigkeit der Besteuerung im System des GG,
Köln - Marienburg 1966.

Koch, Karl — *Gedanken* zur Steuerpolitik in der 9. Legislaturperiode, Deutsche Steuer Zeitung 1981, S. 4-12.

Koch, Peter: — *Wechselseitige Auswirkungen* der Entwicklung von Individual- und Sozialversicherung, Zeitschrift für die gesamte Versicherungswissenschaft 1980, S. 199 - 213.

Köhler, Wolfgang/ Zermin Helmut: — *Die vierte Säule*, Wirtschafts-Woche vom 17.04.1992, S. 92 - 107.

Kolb, Rudolf: — *Besteuerung der Renten*? - Die Vorschläge des Wissenschaftlichen Beirats zur Besteuerung von Alterseinkommen, Betriebliche Altersversorgung 1987, S. 1 - 5.

Kolb, Rudolf: — Die Bedeutung des *Versicherungsprinzip* für die gesetzliche Rentenversicherung, in: Schmähl, Wilfried (Hrsg.): Versicherungsprinzip und soziale Sicherung, Tübingen 1985, S. 120 - 140.

Kolb, Rudolf: — *Steuerbefreiung oder Steuererhöhung* - Zur Besteuerung der Renten aus der gesetzlichen Rentenversicherung, Deutsche Rentenversicherung 1984, S. 479 - 519.

Kolb, Rudolf/ Ruland, Franz: — Die *Rentenversicherung* in einem sich einigenden Deutschland, Deutsche Rentenversicherung 1990, S. 141 - 153.

Körber, Karl-Otto: — Das *Gutachten* der Sachverständigenkommission Alterssicherungssysteme Teil *I*, Versicherungswirtschaft 1984, S. 112 - 119.

Körber, Karl-Otto: — Das *Gutachten* der Sachverständigenkommission Alterssicherungssysteme Teil *II*, Versicherungswirtschaft 1984, S. 554 - 561.

Kowalski, M./ Reiermann, C.: — Das Ende der *Verschwendung*, FOCUS vom 05.09.1994, S. 207 - 213.

Krätzschmar, Alfred: — *Alterssicherung* und Besteuerung, Heidelberg 1995.

Krumrey, Henning: — *Singles contra Familien*, FOCUS 33/1995, S. 68 - 74.

Külp, Bernhard: — Das *Mackenroth-Theorem*, Wirtschaftswissenschaftliches Studium 1993, S. 82 - 84.

Külp, Bernhard: — Unterschiedliche *Finanzierungssysteme* der gesetzlichen Rentenversicherung und ihr Einfluß auf die Verteilung zwischen den Generationen, Hamburger Jahrbuch für Wirtschafts- und Gesellschaftspolitik 1991, S. 35 - 54.

Kündig, Markus: *Das schweizerische Obligatorium* zur betrieblichen Altersversorgung, Betriebliche Altersversorgung 1983, S. 95 - 99.

Kutscher, Jan/ Hoff, Andreas: *Längere Lebensarbeitszeit* - nur ein frommer Wunsch?, Handelsblatt vom 14.10.1993, S. 7.

Lamers, Bernhard: *Intertemporale Einkommenstransfers* - Probleme ihrer einkommensteuerlichen Behandlung und ihre Begünstigung durch Prämien in der Bundesrepublik Deutschland, Dissertation Universität Münster 1975.

Lampert, Heinz: *Reform* der Rentenpolitik, Wirtschaftswissenschaftliches Studium 1987, S. 496 - 502.

Langen, Hans-G.: *Berechnung* der Altersrente, Die Angestelltenversicherung 1995, S. 157 - 164.

Lantau, Karl-Heinz: Die *Neuregelung der Besteuerung* privater Leibrenten nach dem Einkommensteuergesetz 1955, Betriebs-Berater 1955, S. 695 - 698

Laux, Hans: *Vorsorgeaufwendungen 1995*, Betriebs-Berater 1995, S. 857 - 859.

Laux, Hans: *Steuerermäßigungen* bei nichtrentenversicherungspflichtigen Arbeitnehmern, Anlage Praxis 1993, Heft 12, S. 27 - 30.

Lehner, Moris: *Wirtschaftliche Betrachtungsweise* und Besteuerung nach der wirtschaftlichen Leistungsfähigkeit, in: Lang, J. (Hrsg.): Die Steuerrechtsordnung in der Diskussion, Festschrift für Klaus Tipke, Köln 1995 S. 237 - 249.

Leibfritz, Willi/ u.a.: Der Beitrag des *Steuersystems* zur Reform der Alterssicherung, München 1990.

Leibfritz, Willi/ u.a.: Sicherung der Altersvorsorge durch *Aufgabenteilung* zwischen Individualversicherung und gesetzlicher Rentenversicherung, München 1986.

Lenze, Anne: Altersversorgung durch *Kindererziehung*?, Familie und Recht 1992, S. 328 - 335.

Leyendecker, Wolfgang: *Grundrente* - Rentenmodell für die Zukunft?, Deutsche Rentenversicherung 1986, S. 143 - 160.

Lieb, Ralf: *Direkte Steuerprogression*, Wiesbaden 1992.

Littmann, Konrad: *Besteuerung von Alterseinkommen* - Positives und Kritisches zu den Empfehlungen der Kommission Alterssicherungssysteme, Sozialer Fortschritt 1984, S. 65 - 73.

Löschau, Martin: Das neue *Rentenrecht* in West und Ost, Herne/Berlin 1992.

Loschelder, Wolfgang: „Annäherung" der *Beamtenversorgung* an die Rentenversicherung, Die öffentliche Verwaltung 1984, S. 1003 - 1009.

Lubnow, Michael: *Bessere Rahmenbedingungen* für die betriebliche Altersversorgung nötig, Handelsblatt vom 11.1.1994, S. 6.

Mackenroth, Gerhard: Die Reform der Sozialpolitik durch einen deutschen Sozialplan, Schriften des Vereins für Sozialpolitik 1952, Band 4, S. 39 - 89.

Marschner, Andreas: *Wichtige Änderungen* des Rentenversicherungsrechts zum 1.1.1996, Neue Wirtschaftsbriefe, Fach 27, S. 4485 - 4488.

Maurer, Alfred: Schweizerische Alters- und Hinterlassenenversicherung. Die Leistung und ihre Finanzierung, Versicherungsrundschau 1980, S. 57 - 69.

Maydell, Bernd von: *Alterssicherungssysteme* im Transformationsprozeß, Die Angestelltenversicherung 1995, S. 237 - 244.

Maydell, Bernd von: *Betriebliche Altersversorgung*, in: Sachverständigenkommission Alterssicherungssysteme (Hrsg.), Darstellung der Alterssicherungssystem und der Besteuerung von Alterseinkommen - Gutachten der Sachverständigenkommission Berichtsband 2, Stuttgart 1983.

Michel, Eduard: Zur *Verfassungsmäßigkeit* der Vorsorgepauschale nach dem neuen Einkommensteuerrecht, Betriebs-Berater 1975, S. 1246 - 1248.

Miegel, Meinhard: *Sicherheit* im Alter - Plädoyer für die Weiterentwicklung des Rentensystems, Stuttgart 1981.

Miegel, Meinhard/ Wahl, Stefanie: *Gesetzliche Grundsicherung* Private Vorsorge - Der Weg aus der Rentenkrise, Stuttgart 1985.

Minz, Hubert/ Conze, Peter: Recht des *Öffentlichen Dienstes*, 5. Auflage Regensburg 1991.

Moench, Dietmar: Der *Preis längeren Lebens* - Eine neue „Sterbetafel" für Vermögensteuer und Erbschaftsteuer, Deutsches Steuerrecht 1993, S. 898 - 903.

Muhr, Gerd: *Soziale Rentenversicherung* vor schwierigen Problemen (I), Soziale Sicherheit 1979, S. 1 - 6.

Muhr, Gerd: *Soziale Rentenversicherung* vor schwierigen Problemen (II), Soziale Sicherheit 1979, S. 33 - 40.

Münch, Ingo von: *Grundgesetz-Kommentar* Band 2 (Artikel 21 bis Artikel 69), 2. Auflage, München 1983.

Nell-Breuning, Oswald von: Vertrag zwischen drei *Generationen*, Wirtschafts-Woche vom 02.06.1978, S. 77 - 80.

Nell-Breuning, Oswald von: Was "kostet" der *Sozialstaat*?, Sozialer Fortschritt 1982, S. 25 - 28.

Neumann, Manfred: Möglichkeiten der *Entlastung* der gesetzlichen Rentenversicherung durch kapitalbildende Vorsorgemaßnahmen, Tübingen 1986.

Nitsche, Michael: Die *Geschichte des Leistungs- und Beitragsrechts* der gesetzlichen Rentenversicherung von 1889 bis zum Beginn der Rentenreform, Frankfurt am Main/Bern/ New York 1986.

Nolde, Gernot: *Kommentierung zu § 10 EStG*, in: Hermann/Heuer/Raupach, Einkommensteuer- und Körperschaftsteuergesetz Kommentar, Köln 1950/92.

O. V.: *Nachzahlungen* zur gesetzlichen Rentenversicherung, Anlage Praxis 1993, Heft 11, S. 23 - 24.

O. V.: Der *Privatvorsorge-Restraum* für renten-versicherungspflichtige Arbeitnehmer, Anlage Praxis 1993,Heft 10, S. 23 - 28.

O. V.: Wachsende *Versorgungslücken*, Anlage Praxis 1993, Heft 2, S. 37 - 39.

O. V.: Sozialversicherung durch *versicherungsfremde Aufgaben* belastet, Wochenbericht des deutschen Instituts für Wirtschaftsforschung 1993, Nr. 38, S. 523 - 526.

O. V.: In der *Hitliste* der Einkommen rangieren Beamte und Landwirte vor Angestellten, Handelsblatt vom 9.3.1992, S. 8.

O.V: *Höchstversorgung* kann in Zukunft erst nach vierzig Jahren erreicht werden, Handelsblatt vom 05.11.1991, S. 6.

O.V.: *Grundrente*. Wer soll das bezahlen?, Wirtschafts-Woche vom 25.10.1985, S. 38 - 40

O.V.: Das *System* implodiert, Der Volks- und Betriebswirt 1987, Heft 3, S. 16 - 17.

Oeter, Ferdinand: *Benachteiligung* der Familie in der Rentenversicherung!, Die Angestelltenversicherung 1995, S. 202 - 211.

Oeter, Ferdinand: *Was wir damals wollten* - Die Diskussion um den deutschen Sozialplan, in: Wiegand, B (Hrsg.), *Sozialstaat am Ende*, Wiesbaden 1994, S. 23 - 32.

Oeter, Ferdinand: Die *Überwindung des Versorgungsstaates* durch soziale Strukturpolitik, Deutsches Ärzteblatt 1956, S. 25 - 27.

Parsche, Rüdiger: *Steuerliche Neuregelung* der Altersvorsorge erforderlich, ifo-schnelldienst 1986, Heft 9, S. 3 - 10.

Peters, Wolfgang: Theorie der Renten- und *Invaliditätssicherung*, Berlin/Heidelberg/New York/London/Paris/Tokyo 1989.

Petin, Manfred: *Zusatzversorgung* für die Arbeitnehmer des öffentlichen Dienstes, Neue Wirtschaftsbriefe 1992, Fach 29, S. 951 - 952.

Post, Alfred/ Braun, Rembert: Öffentliches Dienstrecht Band I - *Beamtenrecht*, Bonn 1991.

Postinett, Axel: Der „*Fall Lufthansa*" als Prüfstein für die Altersversorgung im öffentlichen Dienst, Handelsblatt vom 06.04.1994, S. 6.

Prinz, Aloys: Die *Besteuerung* von Renten und Pensionen Teil II: Grundlagen der Besteuerung des Lebenseinkommens von Angestellten und Beamten, Deutsche Rentenversicherung 1990, S. 29 - 41.

Puskás, G. von: Die *Zusatzversorgung* im Wandel, Zeitschrift für das gesamte Tarifrecht 1992, S. 139 - 141.

Richter, Gerd: Die *Auswirkungen* der Bevölkerungsentwicklung unter Berücksichtigung der Zuwanderung auf die private bzw. betriebliche Alterssicherung, Zeitschrift für die gesamte Versicherungswissenschaft 1995, S. 647 - 659.

Rinne, Karin/ Wagner, Gert: Droht ein *Krieg der Generationen* - Empirische Evidenz zur Zufriedenheit mit der sozialen Sicherung, Sozialer Fortschritt 1995, S. 288 - 294.

Ritter, Gerhard A.: Der *Sozialstaat* - Entstehung und Entwicklung im internationalen Vergleich, München 1989.

Rössler, Heinz: *Gleichmäßigkeit* der Besteuerung bei den Versorgungsbezügen der Unselbständigen, Versicherungswirtschaft 1974, S. 444 - 447.

Ruf, Thomas:	Das versicherungsrechtliche *Äquivalenzprinzip* und die gesetzliche Rentenversicherung, Die Angestelltenversicherung 1979, S. 335 - 341.
Rüfner, Wolfgang:	*Gleichheitssatz* und Willkürverbot - Struktur und Anwendung im Sozialversicherungsrecht, in: Seewald, Otfried (Hrsg.), *Organisationsprobleme* der Sozialversicherung, Sankt Augustin 1992, S. 213 - 225.
Ruland, Franz:	Zur *Zukunft* von gesetzlicher Rentenversicherung und Beamtenversorgung, Neue Zeitschrift für Verwaltungsrecht 1995, S. 417 - 520.
Ruland, Franz:	Die *langfristige Sicherung* der Renten, Deutsche Rentenversicherung 1994, S. 213 - 227.
Ruland, Franz:	Auch andere Versorgungssysteme geraten nach dem Jahr 2010 in *Bedrängnis*, Handelsblatt vom 28./29.1.1994, S. 6.
Rürup, Bert:	*Renten- und Pensionsfinanzierung* nach dem Kapitalstockverfahren - Möglichkeiten und Probleme, Deutsche Rentenversicherung 1995, Heft 12, S. 718 - 725.
Rürup, Bert:	*Bevölkerungsentwicklung* und soziale Sicherungssysteme, in: Klose, H.-U. (Hrsg): Altern hat Zukunft, Opladen 1993, S. 258 - 285.
Rürup, Bert:	Reform der *Arbeitgeberbeiträge* zur Gesetzlichen Rentenversicherung, Wirtschaftsdienst 1979, S. 547 - 554.
Rürup, Bert:	Die gesetzliche Rentenversicherung als *bevölkerungspolitisches Instrument*?, Deutsche Rentenversicherung 1979, S. 349 - 364.
Sachverständigenkommission Alterssicherungssysteme:	Vergleich der Alterssicherungssysteme und Empfehlungen der Kommission - Gutachten der Sachverständigenkommission *Berichtsband 1*, Bonn 1983.
Sachverständigenkommission Alterssicherungssysteme:	Darstellung der Alterssicherungssysteme und der Besteuerung von Alterseinkommen - Gutachten der Sachverständigenkommission *Berichtsband 2*, Bonn 1983.
Saul, Klaus:	*Wirtschafts- und sozialpolitische Grundlagen* Industrialisierung, Systemstabilisierung und Sozialversicherung. Zur Entstehung, politischen Funktion und sozialen Realität der Sozialversicherung des kaiserlichen Deutschland, Zeitschrift für die gesamte Versicherungswissenschaft 1980, S. 177 - 198.

Schanz, Thomas: *Risikobewältigung* in der betrieblichen Altersversorgung mittelständischer Unternehmen, Frankfurt am Main/Berlin/Bern/New York/Paris/Wien 1992.

Schanz, Thomas: Die kongruent rückgedeckte *Unterstützungskasse* und alternative Durchführungswege der betrieblichen Altersversorgung im betriebswirtschaftlichen Vergleich, Der Betrieb 1993, S. 1149 - 1155.

Scheil, Xenia B.: *Steuerbelastung* von Altersrenten im internationalen Vergleich, Sozialer Fortschritt 1982, S. 250 - 254.

Scherer, Hans-P.: *300.000 Mark und mehr*, Wirtschafts-Woche vom 24.07.1992, S. 40 - 46.

Schewe, Dieter: Der Satz vom *Sozialaufwand* aus dem gleichzeitigen Sozialprodukt, Sozialer Fortschritt 1996, S. 35 - 38.

Schewe, Dieter: *Wirkungen* der Rentenformeln, Einkommensverteilung innerhalb der alten Generation und „Generationenvertrag", Sozialer Fortschritt 1995, S. 262 - 266.

Schewe, Dieter *Lehren* aus den vergangenen 110 Jahren Sozialpolitik?, Sozialer Fortschritt 1994, S. 35 - 38.

Schmähl, Winfried: *Strategien* und Maßnahmen künftiger Alterssicherungspolitik in Deutschland, Wirtschaftsdienst 1994, S. 507 - 514.

Schmähl, Winfried: *Perspektiven* der Alterssicherung in Deutschland Wirtschaftsdienst 1994, S. 390 - 395

Schmähl, Winfried: *Lohnnebenkosten* könnten durch aufgabenadäquate Finanzierung der Sozialversicherung sinken, Handelsblatt vom 23.11.1993, S. 8.

Schmähl, Winfried: *Einkommensentwicklung* und Einkommensverteilung im Lebensablauf - Ein problemorientierter Überblick - Sozialer Fortschritt 1988, S. 221 - 228.

Schmähl, Winfried: *Beiträge zur Reform* der Rentenversicherung, Nr. 13 Alterssicherung und Familienlastenausgleich, Tübingen 1988.

Schmähl, Winfried: *Strukturreform* der Rentenversicherung - Konzept und Wirkungen - Versuch einer Zwischenbilanz - Die Angestelltenversicherung 1986, S. 162 - 171.

Schmähl, Winfried: *Bevölkerungsentwicklung* und soziale Sicherung - Auswirkungen demographischer Veränderungen auf die soziale Sicherung im Alter, bei Krankheit und Pflegebedürftigkeit - Ein Überblick, in: Felderer, B. (Hrsg): Beiträge zur Bevölkerungsökonomie, Berlin 1986, S. 169 - 212.

Schmähl, Winfried: Zur Bedeutung des *Versicherungsgedankens* für die weitere Entwicklung der gesetzlichen Rentenversicherung, in: Schmähl, W. (Hrsg.): Versicherungsprinzip und soziale Sicherung, Tübingen 1985, S. 204 - 234.

Schmähl, Winfried: Über den Satz „*Aller Sozialaufwand* muß immer aus dem Volkseinkommen der laufenden Periode gedeckt werden", Hamburger Jahrbuch für Wirtschafts- und Gesellschaftspolitik 1981, S. 147 - 171.

Schmähl, Winfried: *Beitragsäquivalenz* in der Rentenversicherung - Anmerkungen zu einer einzelwirtschaftlichen Analyse, Wirtschaftsdienst 1981, S. 345 - 351.

Schmähl, Winfried: Alter und *Alterssicherung* als ökonomisches Problem, Zeitschrift für Gerontologie 1980, S. 217 - 221.

Schmähl, Winfried: *Zielvorstellungen* in der Diskussion über die Alterssicherung - Eine Skizze -, Zeitschrift für Gerontologie 1980, S. 222 - 246.

Schmid, Günther: *Übergangsregelungen* im Rentenreformgesetz 1992 und im Renten-Überleitungsgesetz, Neue Wirtschaftsbriefe 1992, Fach 27, S. 3869 - 3874.

Schmid, Günther/ Scheib, Robert: Das Finanzierungssystem der gesetzlichen Rentenversicherung, Neue Wirtschaftsbriefe 1993, Fach 27, S. 4075 - 4078.

Schmid, Günther/ Scheib, Robert: Die gesetzliche *Rentenversicherung* - Aufgaben, Organisation, Zuständigkeiten und das Versicherungsrecht nach der Rentenreform 1992, Neue Wirtschaftsbriefe 1992, Fach 27, S. 3935 - 3956.

Schmidt, Ingo: *Auswirkungen der Rentenreform* auf die Stabilität des Geldwertes, Berlin 1961.

Schmidt-Bleibtreu, Bruno/Klein, Franz: *Kommentar zum GG* für die Bundesrepublik Deutschland, 7. Auflage, Neuwied 1990.

Schmidt-Bleibtreu, Bruno: Das Steuerrecht in der Rechtsprechung des *Bundesverfassungsgerichts 1980*, Die Information 1981, Nr. 14, S. 313 - 315.

Schmitz, Horst: *Kinder-Überraschung*, Capital 1992, Heft 2, S. 171 - 179.

Schneider, Dieter: *Leistungsfähigkeitsprinzip* und Abzug von der Bemessungsgrundlage, Steuer und Wirtschaft 1984, S. 356 - 367.

Schneider, Dieter: *Investition*, Finanzierung und Besteuerung, Wiesbaden 1992.

Schneider, Dieter: Steuerbilanzen, Wiesbaden 1979.

Schneider, Hans-Peter: *Zusatzversorgung* der Arbeitnehmer im öffentlichen Dienst in: Sachverständigenkommission Alterssicherungssysteme (Hrsg.), Darstellung der Alterssicherungssysteme und der Besteuerung von Alterseinkommen - Gutachten der Sachverständigenkommission *Berichtsband 2*, Stuttgart 1983.

Schneider, Hans-Peter: *Zusatzversorgung* im öffentlichen Dienst und betriebliche Altersversorgung imVergleich, Sozialer Fortschritt 1984, S. 80 - 87.

Schneider, Werner: *Grundlagen* des beamtenrechtlichen Alterssicherungssystems im Vergleich zum sozialversicherungsrechtlichen System, Recht im Amt 1986, S. 109 - 112.

Schreiber Wilfried: *Existenzsicherheit* in der industriellen Gesellschaft, Vorschläge des Bundes Katholischer Unternehmer zur Reform der Sozialversicherungen, Köln 1955.

Schreiber, Wilfried: *Soziale Ordnungspolitik* heute und morgen Betrachtungen nach Abschluß der Sozialenquête, Köln 1968.

Schröder, Gerhard: Die *Diskrepanz* zwischen Renten- und Pensionsbesteuerung wird immer größer. Ausweg aus einer planmäßigen steuerlichen Benachteiligung der Empfänger beamtenrechtlicher Versorgungsbezüge Deutsche Steuer-Zeitung 1995, S. 231 - 239.

Schwiers, Torsten: *Alterssicherung* im öffentlichen Dienst - Vergleich der Lebenseinkommen von Beamten und Angestellten - unveröffentlichte Diplomarbeit an der Universität Bayreuth, Bayreuth 1993.

Seiler, Paul: 80 Jahre *Angestelltenversicherung* Vergangenheit - Gegenwart - Zukunft, Die Angestelltenversicherung 1992, S. 121 - 133.

Siems, Dorothea: *Nicht diskutabel*, Wirtschafts-Woche vom 27.04.1995, S. 28 - 30.

Siems, Dorothea: Die *Kuh schlachten*, Wirtschafts-Woche vom 23.09.1994, S. 14 - 19.

Siems, Dorothea: *Sicher und reich*, Wirtschafts-Woche vom 25.02.1994, S. 28 - 30.

Sigloch, Jochen: *Einkommensbesteuerung* der Unternehmen - Stand und Perspektiven in: Elschen, R./Siegel, T./Wagner, G./ (Hrsg.): *Unternehmenstheorie und Besteuerung*, Festschrift für Dieter Schneider, Wiesbaden 1995, S. 273 - 702.

Sigloch, Jochen: *Pensionsrückstellungen*, in: Gerke, W./ Steiner, M. (Hrsg.), Handwörterbuch des Bank- und Finanzwesens 1995, Sp. 1503 - 1514.

Sigloch, Jochen: *Steuersparen* - (K)ein ökonomisches Motiv, in: Universität Bayreuth - Jahresbericht des Präsidenten, Bayreuth 1984, S. 97 - 113.

Sigloch, Jochen: Grundfragen steuerbegünstigter *Kapitalanlagen* - dargestellt am Beispiel von Kommanditbeteiligungen, in: Fischer, L. (Hrsg.), Unternehmung und Steuer, Festschrift für Peter Scherpf, Wiesbaden 1983, S. 221 - 251.

Sigloch, Jochen/ Haueisen, Peter: *Direktversicherung* und Pensionszusage im wirtschaftlichen Vergleich, Der Betrieb 1983, S. 349 - 353.

Smith, Lee: The War between the *Generations*, Fortune vom 20.07.1987, S.50 - 53.

Söhn, Hartmut: *Verfassungsrechtliche Aspekte* der Besteuerung nach der subjektiven Leistungsfähigkeit im Einkommensteuerrecht: Zum persönlichen Existenzminimum, Finanzarchiv 1988, S. 154 - 171.

Söhn, Hartmut: Abzug von Rentenversicherungsbeiträgen als Sonderausgaben (§ 10 Abs. 1 Nr. 2 EStG) und *Ertragsanteilsbesteuerung* von Leibrenten (§ 22 Nr. 1 Satz 3 Buchstabe a EStG), Steuer und Wirtschaft 1986, S. 324 - 334.

Söhn, Hartmut: Sonderausgaben (§ 10 EStG) und Besteuerung nach der *Leistungsfähigkeit*, Steuer und Wirtschaft 1985, S. 395 - 404.

Sommer, Bettina: *Entwicklung* der Bevölkerung bis 2030, Wirtschaft und Statistik 1992, S. 217 - 222.

Speckbacher, Gerhard: *Alterssicherung* und intergenerationale Gerechtigkeit Eine modellorientierte Analyse, Heidelberg 1994.

Standfest, Erich: *Aktuelle Probleme* der Rentenversicherung, Deutsche Rentenversicherung 1995, S. 305 - 313.

Statistisches Bundesamt: Abgekürzte Sterbetafel 1991/93 für die Bundesrepublik Deutschland, Wirtschaft und Statistik 1995, S. 405 - 413.

Statistisches Bundesamt: Allgemeine Sterbetafel 1986/88 für die Bundesrepublik Deutschland, Wirtschaft und Statistik 1991, S. 234 - 241.

Statistisches Bundesamt: Statistisches Jahrbuch 1994, Stuttgart 1994.

Statistisches Bundesamt: Statistisches Jahrbuch 1995, Stuttgart 1995.

Steffen, Johannes: Verhältnis der *Regelsätze* zum Arbeitseinkommen - Das Lohnabstandsgebot der Sozialhilfe -, Sozialer Fortschritt 1994, S. 69 - 72.

Steinlin, Peter: Die *Beitragsgerechtigkeit* in der Sozialversicherung, Versicherungswissenschaftliches Archiv 1958, S. 313 - 326.

Steinmeyer, Heinz-D.: Die *Gehaltsumwandlungsversicherung* als betriebliche Altersversorgung, Betriebliche Altersversorgung 1992, S. 192 - 198.

Student, Dietmar: *Ex und hopp*, Wirtschafts-Woche vom 23.07.1993, S. 14 - 18.

Stützel, Dieter: *Verfassungsmäßigkeit* der steuerlichen Ungleichbehandlung der Vorsorgeaufwendungen von Arbeitnehmern und Selbständigen?, Der Betrieb 1992, S. 758 - 760.

Thelen, Peter: Die Sozialversicherung als *Ausfallbürge* des Staates, Handelsblatt vom 31.12.1993, S. 21.

Thelen, Peter: *Horrorszenarien* durch Rentenreform '92 relativiert, Handelsblatt vom 11.11.1993, S. 7.

Thelen, Peter: Keine *Lebensstandard-Sicherung* im Alter ohne die zweite und dritte Säule, Handelsblatt vom 21.12.1993, S. 6.

Thiede, Reinhold: *Benachteiligung* der Familie in der Rentenversicherung?, Die Angestelltenversicherung 1995, S. 207 - 211.

Thiede, Reinhold: *Versicherungsfremde Leistungen*: Abbauen, verlagern oder anders finanzieren?, Die Angestelltenversicherung 1995, S. 223 - 225.

Thiemer, Beate: Das *Alimentationsprinzip* - Erklärungsansätze seit den Anfängen einer finanzwissenschaftlichen Theoriebildung, Berlin 1992.

Thullen, Peter: Der Begriff der *Beitragsäquivalenz* aus Sicht der Versicherungsmathematik, Deutsche Rentenversicherung 1981, S. 497 - 513.

Tichy, Roland: Eine Bemerkung zur *3-Generationen-Solidarität* in der Rentenversicherung, Sozialer Fortschritt 1983, S. 134 - 136.

Tiedtke, Klaus/ Reuß, Joachim: *Höchstbeitragsregelung* und Vorsorgepauschale bei Vorsorgeaufwendungen, Deutsches Steuerrecht 1994, S. 957 - 963.

Transfer-Enquête-Kommission: Das *Transfersystem* in der Bundesrepublik Deutschland, Stuttgart/Berlin/Köln/Mainz 1981.

Tschudi, Hans P.: Das *Drei-Säulen-Prinzip*, Schweizerische Zeitschrift für Sozialversicherung und berufliche Vorsorge 1987, S. 1 - 20.

Vaubel, Roland: *Sozialpolitik* für mündige Bürger: Optionen für eine Reform, Baden-Baden 1990.

Versorgungsanstalt des Bundes und der Länder: Bericht über das Geschäftsjahr 1993 - *Geschäftsbericht 1993*, Karlsruhe 1993.

Vogel, Walter: Bismarcks *Arbeiterversicherung* Ihre Entstehung im Kräftespiel der Zeit, Braunschweig 1951.

Vorstand des VDR *Die Rentenversicherung*: Zukunftssicher und anpassungsfähig, Deutsche Rentenversicherung 1995, S. 314 -315.

Wagner, Fritjof: *Beamtenrecht*, 4. Auflage, Heidelberg 1994.

Wagner, Gert: Zur Meßbarkeit eines versicherungsgemäßen Risikoausgleichs und der *Umverteilung* in der gesetzlichen Rentenversicherung, in: Schmähl, Winfried (Hrsg.), Versicherungsprinzip und soziale Sicherung, Tübingen 1985, S. 141 - 203.

Wagner, Gert: *Interpersonelle Umverteilung* in der gesetzlichen Rentenversicherung, Wirtschaftsdienst 1985, S. 190 - 196.

Wagner, Gert: Umverteilung in der gesetzlichen *Rentenversicherung*, Frankfurt am Main 1984.

Weise, Herbert: *Rentenfinanzierung* und Rentenvesteuerung - Das Besteuerungspotential der Renteneinkommen in der Bundesrepublik Deutschland, Finanzarchiv 1979, S. 396 - 436.

Weisensee, Carl: Die *Besteuerung der Ruhegelder*. Verfassungsrechtliche Bedenken - Neuregelung geboten, Deutsche Steuer Zeitung 1964, S. 289 - 294.

Weißenberger, Erich: Die *Rentenanpassungen* nach Inkrafttreten des Rentenreformgesetzes 1992 und des Renten-Überleitungsgesetzes in der Praxis, Deutsche Rentenversicherung 1992, S. 570 - 582.

Weizsäcker, Robert K. von: *Alterssicherung* und demographische Inzidenz: Verteilungstheoretische Konsequenzen der Rentenreform 1992, Finanzarchiv 1990, S. 485 - 501.

Welter, Reinhard: Die Besteuerung der Rentenaus der gesetzlichen Rentenversicherung (§ 22 Nr. 1 Buchst. A EStG) und das *Gleichbehandlungsgebot* (Art. 3 Abs. 1 GG), Steuer und Wirtschaft 1980, S. 332 - 341.

Welter, Reinhard: Die *Besteuerung von Renten* aus der gesetzlichen Rentenversicherung (§ 22 Nr. 1 Buchst. a ESTG) und das Gleichbehandlungsgebot (Art. 3 Abs. 1 GG) - Erste Anmerkungen zur Entscheidung des Bundesverfassungsgerichts und deren Folgen - Steuer und Wirtschaft 1980, S. 332 - 341.

Wesselkock, Klemens: Die deutschen Lebensversicherer fühlen sich der demographischen *Herausforderung* gewachsen, Handelsblatt vom 28.12.1993, S. 6.

Winkler, Ernst-G.: Das *Gutachten* des Wissenschaftlichen Beirats beim Bundesministerium der Finanzen zur einkommensteuerlichen Behandlung von Alterseinkünften, Versicherungswirtschaft 1986, S. 888 - 892.

Winkler, Ernst-G.: Die *Entwicklung* der steuerlichen Abzugsfähigkeit von Vorsorgeaufwendungen, Versicherungswirtschaft 1992, S. 688 - 689.

Wissenschaftlicher Beirat beim Bundesministerium der Finanzen: Perspektiven staatlicher Ausgabenpolitik *Gutachten,* Schriftenreihe, Heft 51, Bonn 1994.

Wissenschaftlicher Beirat beim Bundesministerium der Finanzen *Gutachten* zur einkommenssteuerlichen Behandlung von Alterseinkünften, Schriftenreihe, Heft 38, Bonn 1986.

Witte, Leo: *Leistung muß sich lohnen,* Deutsche Richterzeitung 1975, S. 229 - 230.

Wolf, Jürgen: Sozialstaat und *Grundsicherung,* Leviathan, Zeitschrift für Sozialwissenschaft 1991, S. 386 - 410.

Zeidler, Wolfgang: *Verfassungsrechtliche Fragen* zur Besteuerung von Familien- und Alterseinkommen, Steuer und Wirtschaft 1985, S. 1 - 9.

Zezschwitz, Friedrich von: *Sozialrenten und Beamtenpensionen* im Vergleich der letzten 20 Jahre, Zeitschrift für Beamtenrecht 1995, S. 157 - 168.

Zimmermann, Hans-G: Privates Sparen versus *Sozialversicherung*, Berlin/Heidelberg/New York/Tokyo 1988.

Zitzelsberger, Heribert: *Reformüberlegungen* zur Besteuerung der Alterseinkommen, Deutsche Steuer-Zeitung 1984, S. 467 - 475.

Zöllner, Detlev: *Landesbericht Deutschland*, in: Köhler, P. A./Zacher, H. F. (Hrsg.): Ein Jahrhundert Sozialversicherung, Berlin 1981, S. 51 - 179.

Zöllner, Detlev: *Vergleich* von Sozialversicherungssystemen verschiedener Länder in ihrer geschichtlichen Entwicklung, Zeitschrift für die gesamte Versicherungswissenschaft 1980, S. 215 - 224.

Rechtsquellen und Drucksachen - Verzeichnis

ALV 1927:	Gesetz über Arbeitsvermittlung und Arbeitslosenversicherung, vom 16.07.1927, RGBl 1927, S. 187.
AngV 1911:	Versicherungsgesetz für Angestellte, vom 20.12.1911, RBGl 1911, S. 989.
AO 1977:	Abgabenordnung (AO 1977) vom 16.03.1976, BGBl I 1976, S. 613, ber. BGBl I 1977, S. 269, zuletzt geändert durch Gesetz vom 18.12.1995, BGBl I 1995, S. 1959.
ArEV:	Verordnung über die Bestimmung des Arbeitsentgelts in der Sozialversicherung (Arbeitsentgeltverordnung - ArEV), vom 18.12.1984, BGBl I 1984, S. 1642, zuletzt geändert durch Verordnung zur Änderung der Sachbezugsverordnung 1995 und der Arbeitsentgeltverordnung vom 08.12.1995, BGBl I 1995 S. 1643.
BAT:	Bundes-Angestelltentarifvertrag (Bund, Länder, Gemeinden) (BAT), vom 23.02.1961, zuletzt geändert durch Tarifvertrag zur Änderung des BAT vom 12.06.1995, GMBl 1995, S. 554.
BeamtVG:	Gesetz über die Versorgung der Beamten und Richter in Bund und Ländern (Beamtenversorgungsgesetz - BeamtVG), vom 02.09.1976, BGBl I 1976, S. 2485, zuletzt geändert durch Art. 5 des Gesetzes zur Änderung wehrpflichtrechtlicher, beamtenrechtlicher u.a. Vorschriften vom 24.07.1995, BGBl 1995, S. 962.
BhV:	Allgemeine Verwaltungsvorschrift über die Gewährung von Beihilfen in Krankheits-, Geburts- und Todesfällen (Beihilfevorschriften - BhV) vom 19.04.1985.
BetrAVG:	Gesetz zur Verbesserung der betrieblichen Altersversorgung, vom 19.12.1974, BGBl I 1974, S. 3610, zuletzt geändert durch Einigungsvertrag vom 31.08.1990, BGBl II 1990, S. 889, 1024.
BiRiLiG:	Gesetz zur Durchführung der Vierten, Siebenten und Achten Richtlinie des Rates der Europäischen Gemeinschaften zur Koordinierung des Gesellschaftsrechts (Bilanzrichlinien-Gesetz - BiRiLiG), vom 19.12.1985, BGBl I 1985, S. 2355.
BT-Drucks. 9/632:	Gutachten des Sozialbeirats über langfristige Probleme der Alterssicherung in der Bundesrepublik Deutschland, BT-Drucks. 9/632 vom 03.07.1991.

EGHGB:	Einführungsgesetz zum Handelsgesetzbuche, vom 10.05.1897, RGBl 1897, S. 437, zuletzt geändert durch Gesetz zur Durchführung der Richtlinie des Rates der Europäischen Gemeinschaften über den Jahresabschluß und den konsolidierten Abschluß von Versicherungsunternehmen (Versicherungsbilanzrichtlinie-Gesetz - VersRiLiG) vom 24.06.1994, BGBl I 1994, S. 377.
EStG:	Einkommensteuergesetz 1990 in der Fassung der Bekanntmachung vom 07.09.1990, BGBl I 1990, S. 1898, ber. BGBl I 1990, S. 808, zuletzt geändert durch Jahressteuer-Ergänzungsgesetz 1996, vom 18.12.1995, BGBl I 1995, S. 1959.
FinÄndG 1967:	Gesetz zur Verwirklichung der mehrjährigen Finanzplanung des Bundes, II. Teil - Finanzänderungsgesetz 1967, vom 21.12.1957, BGBl I 1967, S. 1259.
Fürsorge-Gesetz 1881:	Gesetz betreffend die Fürsorge für die Witwen und Waisen der Reichsbeamten der Zivilverwaltung, vom 20.04.1881, RGBl 1881, S. 85.
GG:	Grundgesetz für die Bundesrepublik Deutschland vom 23.05.1949, BGBl 1949, S. 1, zuletzt geändert durch Gesetz zur Änderung des Grundgesetzes vom 03.11.1995, BGBl. I 1995, S. 1492.
GKV 1883:	Gesetz betreffend die Krankenversicherung der Arbeiter (Krankenversicherungsgesetz), vom 15.06.1883, RGBl 1883, S. 73
HGB:	Handelsgesetzbuch, vom 10.05.1897, RGBl 1897, S. 219, zuletzt geändert durch Gesetz zut Bereinigung des Umwandlungsrechts (UmwBerG) vom 28.10.1994, BGBl I 1994, S. 3210.
Jahressteuergesetz '96:	Jahressteuergesetz 1996, vom 11.10.1995, BGBl I 1995, S. 1250.
RBG 1873:	Reichsbeamtengesetz, vom 31.03.1873, RGBl, 1873, S. 61.
RAV 1995:	Verordnung zur Anpassung der Renten im Gebiet derBundesrepublik Deutschland ohne das in Artikel 3 des Einigungsvertrages genannte Gebiet im Jahre 1995 und zur zehnten Anpassung der Renten in dem in Artikel 3 des Einigungsvertrages genannten Gebiet (Rentenanpassungsverordnung 1995 - RAV 1995), vom 01.06.1995, BGBl II 1995, S. 772.

RRG 1957:	Gesetz zur Neuregelung des Rechts der Rentenversicherung der Arbeiter, vom 23.02.1957, BGBl I 1957, S. 45, sowie Gesetz zur Neuregelung des Rechts der Rentenversicherung der Angestellten, vom 23.02.1957, BGBl I 1957, S. 88.
RRG 1972:	Gesetz zur weiteren Reform der gesetzlichen Rentenversicherung und über die Fünfzehnte Anpassung der Renten aus den gesetzlichen Rentenversicherungen sowie über die Anpassung der Geldleistungen aus der Gesetzlichen Unfallversicherung (Rentenreformgesetz - RRG), vom 16.10.1972, BGBl I 1972, S. 1965.
RRG 1992:	Gesetz zur Reform der gesetzlichen Rentenversicherung (Rentenreformgesetz 1992 - RRG 1992), vom 18.12.1989, BGBl I 1989, S. 2261.
RÜG 1991:	Gesetz zur Herstellung der Rechtseinheit in der gesetzlichen Renten- und Unfallversicherung (Rentenüberleitungsgesetz - RÜG), vom 25.07.1991, BGBl I 1991, S. 1606.
RV 1889:	Gesetz betreffend die Invaliditäts- und Altersversicherung, vom 22.06.1889, RGBl 1889, S. 97.
RVO:	Reichsversicherungsordnung, vom 19.07.1911, RGBl 1911, S. 509, in der Fassung der Bekanntmachung vom 15.12.1924, RGBl 1924, S. 779, zuletzt geändert durch Gesetz vom 15.12.1995, BGBl I 1995, S. 1824.
SV-Größen 1995:	Verordnung über maßgebende Rechengrößen der Sozialversicherung für 1995 (Sozialversicherungs-Rechengrößenverordnung 1995) vom 12.12.1994, BGBl II 1994, S. 3806.
VBL-Satzung:	Satzung der Versorgungsanstalt des Bundes und der Länder in Karlsruhe in der Fassung der 25. Änderungssatzung vom 15.11.1991, BAnz. Nr. 47 vom 07.03.1992.
Versorgungs-TV:	Tarifvertrag über die Versorgung der Arbeitnehmer des Bundes und der Länder sowie von Arbeitnehmern kommunaler Verwaltungen und Betriebe (Versorgungs-TV), vom 04.11.1966, zuletzt geändert 21. Änderungstarifvertrag vom 15.11.1991.
Weimarer Verfassung:	Verfassung des Deutschen Reichs vom 11.08.1919, RGBl 1919, S. 1383.

Rechtsprechung - Verzeichnis

Bundesverfassungsgericht:

Urteil vom 16.03.1955	2BvK 1/54	BVerfGE Bd. 4, S. 155.
Urteil vom 24.07.1963	1BvL 30/57, 11/61	BVerfGE Bd. 17, S. 6.
Urteil vom 21.01.1970	2BvL 27/63	BVerfGE Bd. 27, S. 371.
Urteil vom 11.10.1977	1BvL 8/74	BVerfGE Bd. 46, S. 62.
Urteil vom 06.06.1978	1BvR 102/76	BVerfGE Bd. 48, S. 351.
Urteil vom 26.03.1980	BvR 121/76 - 1BvR 122/76	BVerfGE Bd. 54, S. 39.
Urteil vom 29.05.1990	1BvL 20, 26, 184, 4/86	BVerfGE Bd. 82, S. 60.
Urteil vom 12.06.1990	1BvL 72/86	BVerfGE Bd. 82, S. 198.
Urteil vom 24.06.1992	1BvR 459/87	BVerfGE Bd. 86, S. 369.
Urteil vom 25.09.1992	2BvL 5, 8, 14/91	BVerfGE Bd. 87, S. 153.

Sonstige Gerichte:

BFH-Urteil vom 28.11.1975, VI R 165/74, BStBl II 1976, S. 228.

BFH-Urteil vom 29.07.1986, IV R 206/84, BStBl II 1986, S. 747.

BFH-Urteil vom 26.07.1995, X R 113/93, BStBl II 1996, S. 157 ff.

FG-Urteil Sachsen-Anhalt vom 14.06.1993, I67/93, EFG 1993, S. 717.

FG-Urteil Rheinland-Pfalz vom 28.05.1974, IV 140/71, EFG 1974, S. 426.

LSG - NRW, Beschluß des Landessozialgerichts Nordrhein-Westfalen, vom 07.12.1994, Az L4 An 1/94 LSG NRW

Rainer Mauer wurde 1966 in Bamberg geboren. Studium der Betriebswirtschaftslehre von 1986 bis 1991 an der Universität Bayreuth. Von 1991 bis 1997 wissenschaftlicher Mitarbeiter am Lehrstuhl für Betriebswirtschaftliche Steuerlehre und Wirtschaftsprüfung (Prof. Dr. J. Sigloch) an der Universität Bayreuth. Promotion zum Dr. rer. pol. im Juli 1996. Seit Juni 1997 Berater im Bereich Finanzmanagement bei der Unternehmensberatung Dr. Wieselhuber & Partner GmbH in München.

GPSR Compliance

The European Union's (EU) General Product Safety Regulation (GPSR) is a set of rules that requires consumer products to be safe and our obligations to ensure this.

If you have any concerns about our products, you can contact us on ProductSafety@springernature.com

In case Publisher is established outside the EU, the EU authorized representative is:

Springer Nature Customer Service Center GmbH
Europaplatz 3
69115 Heidelberg, Germany

Batch number: 10815974

Printed by Printforce, the Netherlands